国家社科基金
后期资助项目

犯罪参与行为的处罚边界：网络时代的新展开

Limits of Criminal Punishment for Participation in Crimes: New Exposition in the Internet Era

敬力嘉 著

社会科学文献出版社
SOCIAL SCIENCES ACADEMIC PRESS (CHINA)

国家社科基金后期资助项目
出版说明

  后期资助项目是国家社科基金设立的一类重要项目，旨在鼓励广大社科研究者潜心治学，支持基础研究多出优秀成果。它是经过严格评审，从接近完成的科研成果中遴选立项的。为扩大后期资助项目的影响，更好地推动学术发展，促进成果转化，全国哲学社会科学工作办公室按照"统一设计、统一标识、统一版式、形成系列"的总体要求，组织出版国家社科基金后期资助项目成果。

全国哲学社会科学工作办公室

序

2023年初春，三年疫情带来的悲欢离合，已随着祥和的春节沉淀在我们每个人的心间。陪伴家人游历在望天树下、梯田埂边，漫步滇池畔、探访古巷间，过去三年时常惶惑不安的心灵得到了充分的修复与滋养。于此期间，我的第二本专著也在不知不觉中修改完工了。在完成书稿这特殊的三年里，我更加深刻地体会到了现实社会的变幻莫测与刑法对社会产生的重要影响，也更坚定了从事刑法学教学科研工作的信念。

在信息技术飞速发展的当下，行为具备事实上的参与性已逐渐成为常态。如何区分犯罪参与行为与日常不可罚行为，已成为一般公民、互联网企业以及司法实务部门都需要面对的难题。面对信息网络环境下犯罪参与行为需罚性的急剧增强，不同于既有研究成果多着眼于为此类行为提供入罪的理论根据，本书选择的研究主题，是共犯理论这一刑法理论研究中的"黑暗之章"在信息网络环境下面临的新挑战——如何确立犯罪参与行为的处罚边界。针对这一问题，本书尝试在研究范式、基本理念与教义学方案这三个层面作出探索性的回应。

首先，在研究范式上，本书尝试将刑法治理与技术治理机制有机融合。当今时代，信息通信技术飞速发展，大数据、区块链、元宇宙、ChatGPT等新的技术热点层出不穷。为飞速发展的信息技术提供系统、前瞻的治理方案，本书力有不逮。毕竟，面对"人类认知的局限性与自身对人类尊严无限信仰之间的矛盾"[1]，刑法学研究者不应制造与贩卖有关技术发展的不专业预言，否则就会陷入"科幻法学"的尴尬境地。与此同时，对于信息网络环境下犯罪类型与形态的实然变化，刑法学研究者也决不应当视而不见。因此，本书尝试以对犯罪参与行为的规范研究为基础，立足于我国网络产业发展的实然现状与信息网络环境下实施不同类型犯罪参与行为的实然技术逻辑，对犯罪参与行为的处罚边界展开

---

[1] 〔美〕沃尔特·李普曼：《舆论》，常江、肖寒译，北京大学出版社，2018，第200页。

系统探讨。

其次，在基本理念上，本书尝试确立信息网络环境下适度前瞻的审慎刑法观。我国学界有关积极刑法观与消极刑法观的争议，过于聚焦扩张和限缩国家刑罚权的对立。然而，在社会发展的不同阶段以及在立法、司法的不同层面，对于刑罚权的扩张和限缩存在不同需求是应然之理。无论社会如何发展，刑法立法与司法适用均应在适度前瞻的基础上保持审慎。基于以上立场，本书尝试从法治和整体刑法的立场出发，修正信息网络环境下的单向度刑法观（无论积极或消极），厘定刑法确立的举止规范体系，从而确立刑法介入犯罪参与行为治理的法治限度，充分发挥刑法的治理功能。

最后，在教义学方案上，本书尝试系统厘定信息网络环境下犯罪参与行为的处罚边界。随着信息网络环境下正犯行为的常态性缺位，"一对多"犯罪模式导致的参与行为法益侵害风险的社会化，以及产业化犯罪链条中意思联络的消解，以区分制为基本框架，主张信息网络犯罪[①]参与行为已具备正犯性[②]成为我国学界日渐有力的观点。与之针锋相对的观点，是坚持在传统共犯结构中可以对此类参与行为妥当归责的认知。[③]前者的基本逻辑是允许以参与行为的实际作用消解形式分工，后者则主张分工决定定罪，实际作用决定量刑。然而，对犯罪参与体系而言，两种理论进路都会导致犯罪参与分工的形式化，致使规范层面的犯罪参与

[①] 包括狭义信息网络犯罪与网络化的传统犯罪，参见敬力嘉《信息网络犯罪规制的预防转向与限度》，社会科学文献出版社，2019，第30~38页。

[②] 包括主张"共犯行为正犯化"、"正犯行为共犯化"、"预备行为实行化"、累积犯等观点，都在试图论证信息网络犯罪参与行为的正犯性。参见于志刚《共犯行为正犯化的立法探索与理论梳理——以"帮助信息网络犯罪活动罪"立法定位为角度的分析》，《法律科学》2017年第3期，第83~87页；王肃之《网络犯罪原理》，人民法院出版社，2019，第381~383页；阎二鹏《预备行为实行化的法教义学审视与重构——基于〈中华人民共和国刑法修正案（九）〉的思考》，《法商研究》2016年第5期，第64页；皮勇《论网络服务提供者的管理义务及刑事责任》，《法商研究》2017年第5期，第22页。

[③] 包括主张帮助犯的量刑规则、双层区分制为前提的共犯归责等方案，参见张明楷《论帮助信息网络犯罪活动罪》，《政治与法律》2016年第2期，第5页；王霖《网络犯罪参与行为刑事责任模式的教义学塑造——共犯归责模式的回归》，《政治与法律》2016年第9期，第38页。

和事实层面的行为内容混同,成为归责对象,① 犯罪参与分工失去在具体构成要件中标识行为不法类型的功能,对信息网络环境下犯罪参与行为的处罚边界产生了巨大的扩张压力。

面对以上问题,本书尝试引入归责视角,在行为论与犯罪参与理论相结合的语境下,指出信息网络犯罪中集体法益的保护范围呈现扩张趋势,并在有效厘清正犯形象与前规范行为概念的前提下,探索区分作为归责结果的"犯罪参与行为"、作为归责对象的"参与行为"以及作为归责标准的"犯罪参与",并厘清其各自的规范内涵。在此基础上,提出不同构成要件类型下的刑事归责标准,并进一步实现对具体构成要件中犯罪参与行为不法的准确评价,明确信息网络环境下刑法对犯罪参与行为的处罚边界。

本书凝聚了我过去三年有关信息网络环境下犯罪参与理论的阶段性思考,尽管在结合司法实践的实证研究方面还存在较为显著的不足,但已基本完成"目光在技术与规范、理论与实践之间来回往返"的学术尝试,为我今后研究的进一步深化指明了道路。本书得以顺利出版,首先要感谢国家社科基金后期资助项目立项、结项评审专家,以及各位师友对书稿提出的宝贵意见。其次要感谢《政治与法律》《华东政法大学学报》《法商研究》《武汉大学学报(哲学社会科学版)》《北方法学》《中国人民公安大学学报(哲学社会科学版)》等刊物的编辑部,本书部分内容曾在相关刊物发表,在此表示诚挚的感谢。同时,社会科学文献出版社为本书申报国家社科基金后期资助项目提供了非常专业的指导,易卉与郭锡超两位编辑对书稿进行了非常细致的编校,在此一并表示感谢。

最后要感谢的,是我生命中最重要的人——王晓晓博士。感谢你对我的包容与鼓励,让我一直充满动力地在刑法学研究的道路上努力前行。携手七年,步入婚姻三年,我们都已成为更好的自己。在书稿完成一校之际,我们也迎来了爱情的结晶——亲爱的"2厘米"。也把此书送给我们亲爱的宝贝,祝福他一生无忧无虑、平安健康。

---

① 如果共犯的刑罚可以重于正犯,相关学者所赞许的双层区分制保障的构成要件的定型化,就只是贝林式客观、中立、抽象的构成要件定型化,没有实质的不法内涵,这样的定型化并无意义。参见梁根林《罪刑法定原则:挑战、重申与重述——刑事影响力案件引发的思考与检讨》,《清华法学》2019年第6期,第73~77页。

本书的很多观点属于探索性质，不成熟之处敬请学界诸位方家批评指正。

敬力嘉
二〇二三年七月于武汉大学法学院

目 录

第一章 信息技术发展对犯罪参与理论的冲击 ………………… 1
- 第一节 形式化、现象化行为概念与犯罪参与 ………………… 1
- 第二节 实质化、规范化行为概念与犯罪参与 ………………… 9
- 第三节 信息网络犯罪中集体法益保护范围的扩张与限度 …… 14

第二章 实施构成要件行为的正犯形象与前规范的行为概念 … 36
- 第一节 社会生活中的正犯形象与构成要件行为 ……………… 36
- 第二节 归责视域下的正犯形象与前规范行为 ………………… 39

第三章 作为举止规范违反者的正犯 …………………………… 59
- 第一节 由抽象举止规范衍生的具体个人义务 ………………… 60
- 第二节 举止规范及其衍生规范 ………………………………… 67

第四章 作为禁止规范违反者的作为正犯 ……………………… 80
- 第一节 故意作为犯的一般禁止规范 …………………………… 80
- 第二节 故意作为犯的特别禁止规范 …………………………… 85
- 第三节 过失作为犯的禁止规范 ………………………………… 108

第五章 作为命令规范违反者的不作为正犯 …………………… 114
- 第一节 故意纯正与不纯正不作为犯的命令规范 ……………… 114
- 第二节 过失不作为犯的命令规范 ……………………………… 132
- 第三节 举止规范类型的总结 …………………………………… 141

第六章 故意作为型犯罪参与的处罚边界 ……………………… 148
- 第一节 故意作为型犯罪参与的规范内涵 ……………………… 148
- 第二节 故意作为型犯罪参与的归责标准 ……………………… 155

第三节　信息网络环境下故意作为型犯罪参与的刑事归责 …… 158

第七章　故意不作为型犯罪参与的处罚边界 …………………… 231
　　　第一节　信息网络环境下故意不作为型犯罪参与归责的挑战 … 231
　　　第二节　故意不作为型犯罪参与的归责标准 ………………… 233
　　　第三节　信息网络环境下故意不作为型犯罪参与的刑事归责 … 242

第八章　过失犯罪参与的处罚边界 ……………………………… 246
　　　第一节　过失犯罪参与的规范内涵 …………………………… 246
　　　第二节　过失犯罪参与的归责标准 …………………………… 250
　　　第三节　信息网络环境下过失犯罪参与的刑事归责 ………… 267

参考文献 ……………………………………………………………… 279

第一章　信息技术发展对犯罪参与理论的冲击

第一节　形式化、现象化行为概念与犯罪参与

一　形式、现象的区分制体系及反思

作为形式、现象区分制体系的理论支柱，罗克辛（Roxin）的犯罪参与理论在我国学界占据了重要的地位，我国学界目前占主流地位的"双层区分制"理论即奠基其上。[①] 因此，本书选择首先对其进行探讨与反思。该犯罪参与理论的中心支柱，是以"符合行为的流程之中心角色"[②]为界定正犯形象的指导原则。依据该指导原则，正犯作为一个具体个人，其基本结构和立法价值得以融合：一方面，法律法规从该原则预设的正犯形象中获得其含义；另一方面，立法机关的自由裁量权和价值观，即他认为这些结构中哪些与正犯行为不法的评价相关，决定了正犯的规范含义。[③] 罗克辛从描述正犯形象的这些一般性思考中，推导出正犯作为与构成要件相关核心人物的指导原则。一方面，它表明了对于参与的界定有决定性作用的立法评估的观点；另一方面，它是一种清晰的前规范区分标准。罗克辛评估了这一具有预选效果的标准，认为从这一标准中必然产生对限制性正犯概念的需求。[④]

引人注目的是，这种以正犯形象为指导的方法论，集中于作为一个具体个人的正犯。然而在具体犯罪构成要件中描述的行为，却被假定为非具体个人所为的、抽象的"符合行为的流程"。但是，当人们第一眼

[①] 参见钱叶六《双层区分制下正犯与共犯的区分》，《法学研究》2012年第1期，第127页。
[②] Claus Roxin, Täterschaft und Tatherrschaft, 9. Aufl., 2015, S. 25 ff.
[③] Claus Roxin, Täterschaft und Tatherrschaft, 9. Aufl., 2015, S. 19 ff.
[④] Claus Roxin, Täterschaft und Tatherrschaft, 9. Aufl., 2015, S. 27.

看到刑法分则中的构成要件时，会发现描述的都是特定的个人行为。[1]因此，问题在于，对正犯的抽象概括应如何与这种具体描述的构成要件行为相匹配。这确立了罗克辛体系的第二个支柱，这个支柱已经在核心人物的抽象模型中列出。这是"开放"式正犯概念[2]的基础，即根据核心人物的指导原则，"仅在依据完整的法律材料"时，才能根据不同的构成要件将不同类型的罪名具体化。[3] 由于正犯概念的这种弹性，罗克辛的犯罪参与理论摆脱了忽视个案正义的概念演绎，此外，这样一个开放的概念肯定存在牺牲制度形成和法律确定性的风险。[4] 在这方面，以核心人物的指导原则作为对法定构成要件决定性的评价观点，自然具有了决定的规制功能：在典型的各种犯罪类型中，它必须强调每种类型的刑事不法的具体个人基本要素，并将其置于构成要件的维度（与构成要件相关的正犯概念）中。[5]

但是，在构成要件中描述的行为若被无差别地记录为"符合行为的流程"，就会存在是否可以仅基于对正犯图像纯粹的描述来实现这样的抽象化的疑问。以我国《刑法》第232条故意杀人罪的构成要件为例，其中描述了"故意杀人"。但是，这并不是描述"符合行为的流程"或"核心人物"，而是具体的规范性构成要件行为，其主体是关系代词"谁"。因此，按照罗克辛的方法，即将"故意杀人"一词限制为该行为的执行，将"行为人"理解为所谓的犯罪事实中"最清楚的核心人物"的做法，在法律措辞中得不到任何支持。更重要的是，根据法律方法论，这实际上涉及对构成要件语义进行目的限缩。

在立法者采用的（内化于规范中的）日常语言中，也可以通过"某人通过对他人的生命和健康进行现实的紧迫的威胁，来强迫他人杀害第三人"来描述某人"故意杀人"。因此，一方面从规范层面来看，我国

---

[1] Wolfgang Schild, in: Neumann/Puppe/Schild (Hrsg.), Nomos-Kommentar zum Strafgesetzbuch, 1. Aufl., 1995, Vorbem. §§ 25 ff. Rn. 73, 80.
[2] Claus Roxin, Täterschaft und Tatherrschaft, 9. Aufl., 2015, S. 122 ff.
[3] Claus Roxin, Täterschaft und Tatherrschaft, 9. Aufl., 2015, S. 122 ff., 528 ff.
[4] Ulrich Stein, Die strafrechtliche Beteiligungsformenlehre, 1988, S. 56 ff.
[5] Claus Roxin, Täterschaft und Tatherrschaft, 9. Aufl., 2015, S. 441 ff.

《刑法》第232条规制的范围也包括了犯罪人只是"通过"其他人杀了人。[1] 行为支配与意志支配之间的纯粹形式差异，与构成要件行为的质量（也就是规范内涵）无关，而仅涉及其具体执行形式。[2] 另一方面，对于罗克辛来说，杀人只包括亲手实行者，这就是为什么需要以意志支配为根据，才能将直接行为人实施的构成要件行为归责于强迫他人杀人者。[3] 然后，合格、必要"意志支配者"进入行为进程的中心位置并"实现"构成要件，而没有涉及该意志支配者被刑法评价的行为本身。换句话说，正犯与构成要件层面的联系，可能会在通过核心人物实质性的"构成要件实现"[4] 的准则中受到威胁，在该准则中，独立（形式）的构成要件行为，只是对个人进行结果归责的几种方式之一。

这种方法存在的一个核心问题是，结果归责（对行为和正犯）的层次不协调。众所周知，正犯与构成要件的联系是由前面已提到的正犯自己实现的"行为支配"[5] 的子类别建立的。根据罗克辛的观点，正犯与构成要件行为，都应在作为亲手实行者的"行为支配者"范畴内不断趋同。因此，支配的不同形式，是核心人物的实质指导原则和形式构成要件行为之间的基础连接点。这已表明，在将亲手实施的行为和构成要件行为相提并论时，存在对法律措辞的省略，而正犯本身可能会与构成要件行为相分离：当人们考虑唆使一个野生动物去袭击受害人时，那种与亲手实施相关的直接支配的画面就破裂了。[6]

罗克辛本人显然不认为这是一个问题，因为他提到的是由因果定律所调节的行为流程的支配可能性，而因果定律是亲手实施的行为所固有的（因而具有客观的可归责性）。[7] 但是，以下解释可以使问题更加明确：当使用不再受因果定律影响的工具时，行为人自身的行为支配，便

---

[1] Wolfgang Schild, Täterschaft als Tatherrschaft. Erweiterte Fassung eines Vortrages gehalten von der juristischen Gesellschaft zu Berlin am 22. Januar 1992, 1994, 11 ff.
[2] Wolfgang Schild, Täterschaft als Tatherrschaft. Erweiterte Fassung eines Vortrages gehalten von der juristischen Gesellschaft zu Berlin am 22. Januar 1992, 1994, 10 ff.
[3] Claus Roxin, Täterschaft und Tatherrschaft, 9. Aufl., 2015, S. 143.
[4] Claus Roxin, Strafrecht Allgemeiner Teil II, 2006, § 25 Rn. 4 f.
[5] Claus Roxin, Täterschaft und Tatherrschaft, 9. Aufl., 2015, S. 127 ff.
[6] Wolfgang Schild, in: Neumann/Puppe/Schild (Hrsg.), Nomos-Kommentar zum Strafgesetzbuch, 1. Aufl., 1995, Vorbem. §§ 25 ff. Rn. 74.
[7] Claus Roxin, Täterschaft und Tatherrschaft, 9. Aufl., 2015, S. 173.

会成为对其进行正犯性的结果归责的理由，而行为支配本身必须是一些经过其他论证的归责的结果。根据通常的社会理解，即使放开动物导致符合构成要件的流程不可支配，动物造成的伤害也必须归责于动物主人放开它的意图。① 但是，这也在方法中阐明了必须对刑法中的行为概念进行分解，且必须从一开始界定构成要件行为时就将使用工具考虑进来。用希尔德（Schild）的话说，"构成要件行为本身必须作为（社会）归责的结果加以认识"②。

传统的正犯理论与构成要件符合性之间的关系存在问题，其真正原因在于缺乏具体、个人化的构成要件行为概念。③ 在第一层次（不法行为），行为支配理论停留在着眼于客观与主观归责的因果行为概念，这一行为概念是对所有犯罪参与者一致适用行为支配理论的基础。④ 在以此方式确定的"符合行为的流程"中，只有亲手实施构成要件行为的正犯，才能进入第二层次的个人归责。这就是为什么构成要件行为的概念仍然是纯粹外在（形式）的。使用自己身体范围之外（不包括像棍子或者刀子这种）、可被理解为身体延长部分的工具时，就不再必然符合形式的构成要件行为概念。特别是对于将人类行为作为工具使用，必须避免将核心人物的构成要件实现视为构成要件附带的归责类型。

因此，在罗克辛的犯罪参与理论中，核心人物的指导原则有利于弥补具体、实质、规范构成要件行为概念的缺失。⑤ 简言之，犯罪参与的形式不被认为是行为不法类型，而是归责类型。因此，还缺少具体的、实质的构成要件行为概念。关于这样一个概念为什么至今未被研讨出来，不是本书需要进一步展开阐释的话题。因为无论如何，发展构成要件行为的一般概念，在其中纳入正犯概念，并且针对具体犯罪类型予以具体

---

① Wolfgang Schild, in: Neumann/Puppe/Schild (Hrsg.), Nomos-Kommentar zum Strafgesetzbuch, 1. Aufl., 1995, Vorbem. §§ 25 ff. Rn. 74 ff.
② Wolfgang Schild, in: Neumann/Puppe/Schild (Hrsg.), Nomos-Kommentar zum Strafgesetzbuch, 1. Aufl., 1995, Vorbem. §§ 25 ff. Rn. 74.
③ Georg Freund, Strafrecht Allgemeiner Teil. Personale Straftatlehre, 2 Aufl., 2009, § 10 Rn. 45 ff.
④ Volker Haas, Kritik der Tatherrschaftslehre, ZStW 2007, S. 119.
⑤ Wolfgang Schild, in: Neumann/Puppe/Schild (Hrsg.), Nomos-Kommentar zum Strafgesetzbuch, 1. Aufl., 1995, Vorbem. §§ 25 ff. Rn. 77, 79 f.

化，已成为一个值得进一步研究的刑法学理论问题。

二　实质、法定的单一正犯体系及反思

希尔德发展出的一种概念化模式，与以人为本的核心人物指导原则，即罗克辛体系的支柱正好相反。[①] 他将参与形式的界限系统地定位在没有考虑结果的行为不法的维度内。他认为，在事前评价的视角实施的、足以造成结果的行为计划，才是故意犯罪的典型不法。为了确证这样造成结果的意志/计划，需要强调其真实性。因为对于事前判断而言，只有根据因果关系或经验知识得出的潜在的行为支配可能性，才是判断基础。[②] 如此，在直接实施计划的行为中，才能将真实的因果流程支配意图与现实可能相融合。这样，在构成要件结果中，这种适格行为计划的外部实现，就可以归责于计划者成功实施的构成要件行为，而行为人的实施意志，就可以作为内在原因被追溯。[③]

只要具体的被计划使用的工具提前将行为计划变成适格的策略，计划者使用什么方法去实现他的计划，对于希尔德来说是无关紧要的。[④] 因此，原则上适格的策略会被视为行为人的行为计划，不管被计划的他人行为本身是否采用了合法的形式。虽然他可以自由决定行为计划中其他人的行动，但这绝不意味着他的行为不可预测。因为自由永远是有限的，因此也可能受到外部和内部环境的影响和激励，这通常仅意味着需要采取更多的诱惑策略来克服它。[⑤] 故意的（正犯）构成要件行为，最终会被实质、规范地认定为通过使用工具导致计划结果的实现。然后，

[①] Wolfgang Schild, in: Neumann/Puppe/Schild (Hrsg.), Nomos-Kommentar zum Strafgesetzbuch, 1. Aufl., 1995, Vorbem. §§ 25 ff. Rn. 111 ff.

[②] Wolfgang Schild, in: Neumann/Puppe/Schild (Hrsg.), Nomos-Kommentar zum Strafgesetzbuch, 1. Aufl., 1995, Vorbem. §§ 25 ff. Rn. 152 ff.

[③] Wolfgang Schild, in: Neumann/Puppe/Schild (Hrsg.), Nomos-Kommentar zum Strafgesetzbuch, 1. Aufl., 1995, Vorbem. § 25 Rn. 2, 10 ff.

[④] Wolfgang Schild, in: Neumann/Puppe/Schild (Hrsg.), Nomos-Kommentar zum Strafgesetzbuch, 1. Aufl., 1995, Vorbem. §§ 25 ff. Rn. 158 ff.

[⑤] Wolfgang Schild, in: Neumann/Puppe/Schild (Hrsg.), Nomos-Kommentar zum Strafgesetzbuch, 1. Aufl., 1995, Vorbem. §§ 25 ff. Rn. 282, 328 ff.

德国刑法第25条规定的作为形式就成为此类工具使用的现象化类型。[1]

希尔德最初以法哲学的论点来支持这一实质的"正犯概念",即恰恰是因为不法计划者在自己的行为中突破了法律思想家的普遍道德认识,所有可资利用的他人与资源、条件对于他而言都只是完成不法计划的工具。[2] 这种方法的逻辑性结论就是,所有的参与者都必须是实质的正犯。德国刑法第25条在这里不再起到支撑作用,因为根据希尔德的观点,规范只是将现象学上的正犯和规范的行为维度联系在一起,进一步的规范化不应该被允许:那些想仅仅或主要以规范的方式确定正犯的正犯性的人,都不能引用德国刑法第25条。[3] 因此,罗克辛犯罪参与理论中产生的危险,首先是从另一方面产生威胁:罗克辛把他的理念作为一个现象化行为概念的基础,因此,他为了将人类行为规划在一个越来越能解决犯罪事实的规范里,必须远离实质的构成要件行为概念。然而希尔德却刚好相反地发展出了一个不一致的、实质上的构成要件行为概念,这个概念不会再被德国刑法第25条中被理解的单纯行为形式所限制。因此,一个实质的单一正犯概念被放到了故意犯罪的面前,为了让这个概念能解释犯罪参与体系,必须从外部限制它。[4]

出于这种需要,希尔德索性把德国刑法第26条、第27条解释成实证法意义上的"形式化规范",这种规范将某种行为计划排除在正犯性领域之外,并将其宣告为形式、法定的犯罪参与,由此,正犯概念也同时被带到了刑法典规定的形式(也就是德国刑法第25条中提及的内容)当中。[5] 与此同时,对刑法上的犯罪参与做限制性的附加要求,在希尔德看来是立法者从法律上对正犯的确定:所有的计划被排除在构成要件行为之外,这些计划至少包含其他人符合构成要件的故意不法行为。对

---

[1] Wolfgang Schild, in: Neumann/Puppe/Schild (Hrsg.), Nomos-Kommentar zum Strafgesetzbuch, 1. Aufl., 1995, Vorbem. §§ 25 ff. Rn. 284.

[2] Wolfgang Schild, in: Neumann/Puppe/Schild (Hrsg.), Nomos-Kommentar zum Strafgesetzbuch, 1. Aufl., 1995, Vorbem. §§ 25 ff. Rn. 278 ff.

[3] Wolfgang Schild, in: Neumann/Puppe/Schild (Hrsg.), Nomos-Kommentar zum Strafgesetzbuch, 1. Aufl., 1995, Vorbem. § 25 Rn. 6.

[4] Wolfgang Schild, in: Neumann/Puppe/Schild (Hrsg.), Nomos-Kommentar zum Strafgesetzbuch, 1. Aufl., 1995, Vorbem. §§ 25 ff. Rn. 333 f.

[5] Wolfgang Schild, in: Neumann/Puppe/Schild (Hrsg.), Nomos-Kommentar zum Strafgesetzbuch, 1. Aufl., 1995, Vorbem. §§ 25 ff. Rn. 333.

于这种客观的立法决定自然不会有实质的合理理由,然而这种实体法的决定,终究会被法律的使用者所接纳。①

为什么这种明显与正义感背道而驰的解决办法在德语文献中很难获得共鸣?这是很容易理解的:通过德国刑法第26条,将间接实施犯罪被承认的模型("强迫支配",利用一个没有犯罪意图的人或者使用一个没有不法意识的工具)从德国刑法第25条第1款的第二种行为方式中排除出去,根本没有说服力,这是一种明显与初始前提(实质的单一正犯概念是不可逾越的事实见解)的正确性相矛盾的标志。对立法动机的探索也表明,曾经的立法者无论如何不会从形式上去限制一个实质单一正犯概念,而是宁愿认可一个实质化的正犯学说,也就是行为支配理论。②

虽然希尔德暂时认为,实质单一正犯概念作为一种无法逾越的事实,从立法者的立法权限中逃离出来;③但是从这个角度来看,正犯 – 参与者体系的实体法规定,对他来说应该是立法的专横行为,因为他认为实质单一正犯概念在事实逻辑上的强制性在于,这一概念符合日常社会的归责模型。在此背景下,应以实质单一正犯概念为指导,对刑法有关犯罪参与的规定进行全面修订。④

在这个问题上,罗克辛的观点无疑更有说服力。他坚决反对将实质单一正犯的假定作为正犯的本体含义。⑤它的关键点在于受朗格(Lange)启发的观点,⑥如果持这样的假定,那么每个犯罪参与者就只是犯罪工具,而不是实在的、作为意志自决主体的人了。事实并非如此,因为"行为"不仅会触发自然流程的因果关系,还存在于我们的自我体验中。

---

① Wolfgang Schild, in: Neumann/Puppe/Schild (Hrsg.), Nomos-Kommentar zum Strafgesetzbuch, 1. Aufl., 1995, Vorbem. §§ 25 ff. Rn. 334, 342.
② Vgl. BT-Drucks, IV/650 (E1962), 147 f.
③ Wolfgang Schild, in: Neumann/Puppe/Schild (Hrsg.), Nomos-Kommentar zum Strafgesetzbuch, 1. Aufl., 1995, Vorbem. §§ 25 ff. Rn. 333.
④ Marcus Marlie, Unrecht und Beteiligung. Zur Kritik der Tatherrschaftsbegriff, 2009, 211 ff; Thomas Rotsch, "Einheitstäterbegriff" statts Tatherrschaft. Zur Abkehr von einem differenzierenden Beteiligungsformensystem in einer normativ-funktionalen Straftatlehre, 2009, 311 f.
⑤ Claus Roxin, Täterschaft und Tatherrschaft, 9. Aufl., 2015, S. 669 f.
⑥ Richard Lange, Der moderne Täterbegriff und der deutsche Strafgesetzentwurf, 1935, S. 66.

行为是"对意图支配下自我实现的解释"①，这就是为什么"我"计划的构成要件行为经历中，必须排除与"我"自己同一维度的另外一个行为人的构成要件行为经历。以某个行为人想要故意侵犯法益为出发点，"我"可以通过自己的行为经历共享该行为人的犯罪故意，而无须自己去经历该行为人产生故意的过程。因此，对于正犯和犯罪参与者行为的界分，取决于相关人员根据其计划故意想要做什么，或可以想要做什么。在这个问题上，计划必须与（为了在这方面适合）在多个主体交互中故意自我实现的事实相对应。

后来，希尔德自己也认识到，无论如何不能强行提出一个实质单一正犯概念。他后来认为，将德国刑法第25条的领域限制在参与规范之外是不正确的。② 与他以前的观点不同的是，他认为一个自由的行为人不能被理解为一个幕后操纵者用来实施犯罪行为的工具。理由并不是溯责禁止，这一理论的论据通常是有普通法和宪法根据的"自治或者责任原则"。这种公理必然自陷荒谬境地，因为它无法解释，为什么不能仅由正犯与共犯的社会关系，来证明犯罪参与的刑事可罚性。③ 相反，真正的自由与作为工具的角色不兼容的真正原因在于，自由的能力本身，构成一种仅从自由来说，可以被视作责任类型的构成要件行为。但是那些在充分认识支配下按幕后操纵者计划行事的人，不能同时被视为幕后操纵者用来实施同一构成要件行为的工具。幕后操纵者必须通过将其他人作为工具实施犯罪，但是如果需要此人自己实施构成要件行为，那则是不可能的。但是"自由行为"并不意味着"可被刑法处罚的行为"，因为德国刑法第17条规定，允许对并非真正自由的行为进行惩罚。因此，间接正犯可以将一个他认为对不法行为缺乏了解的人作为工具来实施犯罪。

修改之后，希尔德的方法有着迷人的魅力。第一，他一如既往地将行为支配理论的事实基础确立为一个在行为人看来适格的行为计划的实施，这个行为计划通过因果关系或经验知识，预先传达原则上的支配可

---

① Urs Kindhäuser, Intentionale Handlung. Sprachphilosophische Untersuchungen zum Verständnis von Handlung im Strafrecht, 1980, S. 207.
② Wolfgang Schild, in: Neumann/Puppe/Schild (Hrsg.), Nomos-Kommentar zum Strafgesetzbuch, 1. Aufl., 1995, Vorbem. § 25 Rn. 9.
③ Wolfgang Schild, in: Neumann/Puppe/Schild (Hrsg.), Nomos-Kommentar zum Strafgesetzbuch, 1. Aufl., 1995, Vorbem. § 25 Rn. 31.

能性。第二，他清楚地表明，人作为工具的行为计划与自然因果关系的计划，在结构上没有不同，也就是说，这也是普遍的行为不法现象。第三，在日常心理学中似乎可以证明，在某些条件下，以及为什么在某些条件下其他人的不法行为可以被预测。第四，德国刑法第 25 条第 1 款的第二种行为方式，在技术上给将另一个人作为工具的行为计划设置了一个规范界限，当其他人能够自由地、有充分意识地实施犯罪时，这个界限就被突破了。

但是，和"通过另一个人"（德国刑法第 25 条第 1 款的第二种行为方式）的联系表明，希尔德实际上并没有（完全）与实质单一正犯概念的基本观念保持距离。仅通过德国刑法第 25 条第 1 款的第二种行为方式叠加的限制，不法计划的真正"工具化的万能"仍存在。另一个应该在充分的意识下实施构成要件行为的人，根本不能被视为法律意义上的工具，然而这并没有改变将其作为为了满足自己目的的"正犯工具"[①]的实际计划中的任何东西。希尔德采用了加拉斯（Gallas）的公理，试图合理解释这一情况，公理如下："通过将其他人作为工具利用的行为支配在那里找到它的界限，那里法律将直接行为的实施评价为自由的。"[②] 显然，对希尔德来说，实际上仍然"仅仅"涉及将原则上被认为是工具使用的实质行为概念从刑法上形式化：如果计划中的其他人在其充分意识下实施构成要件行为，那么在没有法律制度自相矛盾的情况下，就不能说幕后操纵者想"通过另一个人"实施犯罪。

第二节 实质化、规范化行为概念与犯罪参与

一 前规范行为概念的意义

基于以上对罗克辛与希尔德观点争议的梳理和解析，我们有必要更深入地思考，对于在事实层面将第三人作为工具的行为计划的解释，是

[①] Wolfgang Schild, in: Neumann/Puppe/Schild (Hrsg.), Nomos-Kommentar zum Strafgesetzbuch, 1. Aufl., 1995, Vorbem. § 25 Rn. 21.

[②] Willhelm Gallas, Täterschaft und Teilnahme, in: Willhelm Gallas (Hrsg.), Beiträge zur Verbrechenslehre, 1968, S. 78–79.

否应区别于对自由行为人行为计划的解释。虽然自由的不法行为计划可以确立会导致结果的适格策略——人与人之间的有条件的行为决定，总是来源于由非常具体的社会关系交织成的一种心理上的复杂网络，而不是来源于等同于纯粹的任意性，或不可预测性的自给自足的自由。但是，这仅意味着他人的不法决定是可预测的，并不意味着计划的幕后操纵者会亲身经历他人按照自己的计划实施的行为。然而，自己亲自侵害法益的经历，不仅仅以外部事件的计划进程为前提（这一计划进程的内容是以某种方式开始损害法益）。行为人自己使用一种具有一般约束力的解释模式，这一点至关重要。在这种模式下，他将他人损害法益的行为作为他故意的自我实现的产物去经历，并将其归咎到作为犯意来源的他自己身上。①

这意味着，在行为人计划通过其他人意图支配下的行为侵害法益时，行为人主体间难以同时感受法益侵害经历。无论其他人行为经历的可预测性多么可靠，都无法改变这一点。因此，解释"正犯"行为的起点，始终是一个十分确定、指向其自身的事前"基础行为"②（一个确定的、与身体相关的行为解释），在这个行为中，具体的自我实现的意志将逐渐客观化并对其自身起作用。这样，就在事先具体的人的行为不法方面，可与希尔德的理论搭建起桥梁。但是也产生了一个主要的偏离：前规范的（"实质"）行为概念的边界，不是通过法律制度的某种评价在技术上被收缩，而是对它来说作为"自然的解释边界"已经存在。

"行为"是一种密码，它能使人们完成在日常社交生活中的语言游戏，将外界变化作为实现自我意图产生的意义关联负责。③ 与此同时，一个由同一个故意引起的外界事件，就可以对故意自我实现的不同属性（作为还是不作为）、类型（故意还是过失）、模式（"我"还是"我们"故意）保持开放。这就是为什么"行为"的内涵必然比单纯的"意图支

---

① Urs Kindhäuser, Intentionale Handlung. Sprachphilosophische Untersuchungen zum Verständnis von Handlung im Strafrecht, 1980, S. 202 ff.

② Urs Kindhäuser, Intentionale Handlung. Sprachphilosophische Untersuchungen zum Verständnis von Handlung im Strafrecht, 1980, S. 84 ff.

③ Urs Kindhäuser, Intentionale Handlung. Sprachphilosophische Untersuchungen zum Verständnis von Handlung im Strafrecht, 1980, S. 129 f., 144 f., 206 f.

配下导致了结果"更丰富。① 如果对于单个正犯如何根据故意犯罪的行为类型行事缺乏有正当根据的说明，那么尤其是对于犯罪故意和犯罪参与理论而言，对行为进行目的解释的日常实践模型就具有了理论说服力。因为，如果一个确定的（不法）行为意义的外部归因与行为人的自我解释不一致，行为分析的元模型就会发挥重要的"锐化作用"。在一种理性的行为意义解释中，只要某种认知前提满足他的个人情况（与解释行为意义的"私密语言"无关），只能被理解为表达特定伤害意图的行为，就永远不会被行为人偏离方向地解释。② 法律意义上的故意既不是一种内部的心理事实，也不是真正的法律归因，而是与日常生活中对"故意"的归因等同。③

此外，"意图行为概念"④ 在不断更新时会强制人们关注，在几个自反性的行为主体相互作用时，解释故意自我实现的特殊性：只有在"我"可以故意地将由"我"计划的其他人的（不法）行为经历，根据具有一般约束力的解释模式改头换面时，复杂的自我意图支配下的自我实现才是可能的。要利用他人实现犯罪意味着：首先，"我"可以计划强迫另外一个人替"我"自己实施不法行为⑤（例如，甲通过殴打乙迫使乙为他偷东西）；其次，"我"也可以计划改变另外一个人相对较差的故意状态（过错类型），来实现"我"自己的更高维度的不法行为⑥（例如，甲想要偷走丙的外套，就请求毫不知情的乙，帮他从衣帽间取走"他的"外套）。后一种类型还存在这样一种情况，即"我"通过操纵性的干涉，创建一个能利用第三人实施合法行为的法律的干预权限，来实现

---

① Urs Kindhäuser, Intentionale Handlung. Sprachphilosophische Untersuchungen zum Verständnis von Handlung im Strafrecht, 1980, S. 159 ff.
② Ingeborg Puppe, in: Neumann/Puppe/Schild (Hrsg.), Nomos-Kommentar zum Strafgesetzbuch, 1. Aufl., 1995, § 15 Rn. 68 ff.
③ Wolfgang Schild, Täterschaft als Tatherrschaft. Erweiterte Fassung eines Vortrages gehalten von der juristischen Gesellschaft zu Berlin am 22. Januar 1992, 1994, 32 ff.
④ Urs Kindhäuser, Intentionale Handlung. Sprachphilosophische Untersuchungen zum Verständnis von Handlung im Strafrecht, 1980, S. 202 ff.
⑤ Claus Roxin, Täterschaft und Tatherrschaft, 9. Aufl., 2015, S. 142 ff., 713 ff.
⑥ Claus Roxin, Täterschaft und Tatherrschaft, 9. Aufl., 2015, S. 170 ff., 724 ff.

"我"的不法计划①（例如，甲追赶别人的小柯基犬到穿着昂贵皮草的丁面前，丁为了保护他珍贵的皮草外套不受损害，就用他的雨伞打小柯基犬）。

对每个单个参与者故意的基础行为的援引，也要考虑到过错原则，因为只有每个人自己的行为可以被指责为有过错。只有在自己的身体活动中经历的意愿的着手，即为了（原则上）适格行为计划的实施，才是归责于每个人的事实理由；它既不能被推迟，也不能被撤回到直接的自己的身体举止经历之后。在事前的故意基础行为当中，原则上，心理与生理学的事实支配能力，通过因果关系和经验知识，与故意自我实现的着手的自我解释②融合在一起，成为故意自我实现能力的经历。一方面，必须检查每个基础行为，以确定（从行为人的事实角度出发）根据经验标准是否足以在相同情况下引发相关事件；另一方面，必须询问如何故意地解释行为人的行为。但是，必须指出的是，这两个组成部分之间是严格相关的：在做出决定时，行为人必须提前实施一种原则上合适的自我实现策略，即一种公认的故意自我实现的（简单的或复杂的）解释模式。

二 "犯罪"与"参与"规范内涵的区分

总体而言，本书的目的，是在上述意义上证明"犯罪"和"参与"是不同类型的不法行为，并且在教义学上尽可能全面地确保这一区分得以实现。本书将从以下方面展开对这一主题的教义学论证。

首先，要奠定从具体的构成要件行为中得出正犯概念的一般基础。本书为此使用了正犯的概念，这一概念在与希尔德的联系中被理解为构成要件行为的抽象的上层概念。因此，必须在具体的犯罪类型中对此进行探讨。事实证明，我国《刑法》第 25~29 条（以及德国刑法第 25~27 条）集中规定了故意犯罪的类型。对于其他犯罪类型，特别是过失犯罪和不作为犯罪，这些规定至多提供了参考标准。但是，如果在教义学

---

① Rolf-Dietrich Herzberg, Mittelbare Täterschaft bei rechtmäßig oder unverboten handelndem Werkzeug, 1967, S. 26 ff.
② Urs Kindhäuser, Intentionale Handlung. Sprachphilosophische Untersuchungen zum Verständnis von Handlung im Strafrecht, 1980, S. 207.

上适当统一了犯罪类型，就可能证明这些参考标准已过时。

其次，在对犯罪参与行为进行进一步的规范分析之前，需要先对信息网络犯罪中集体法益保护范围扩张的表现、成因与教义学限缩进路进行考察，这样才能厘定信息网络环境下犯罪参与行为处罚边界扩张的内在动力，为展开行为层面犯罪参与行为处罚范围的确定奠定实质基础。

接下来需要展开行为层面的分析。在对犯罪参与类型进行简要分析之后，本书将寻求确立一般的前规范的行为概念，这一概念以有着各种不同变化形式的所有犯罪种类为基础。在涉及使用的解释方案中可以看到这一概念与金德霍伊泽尔（Kindhäuser）的关系，[1] 通过这些方案，我们可以解释日常社交生活中的行为和行为意识（所谓的"意图行为概念"）。当然，对于目的论解释过程，存在一个问题，即某些行为含义的自我归因与他人归因之间，原则上可能存在差异。但是，该问题（和解释民法中的意思表示和行为一样）可以通过指出行为人的"私人语言"[2]没有法律上的关系而得到解决。然而，最重要的是，日常社交生活中的意图行为概念成功地将行为模式的不同阶段系统地定位在行为概念本身。当然，也存在不同的行为模式，这些行为模式根据相继提出的刑法体系类别来确定"行为"的概念。在这方面，具有代表性的有罗克辛（因果行为概念和现象学的亲自实施）和弗里施（Frisch）（符合构成要件的风险制造）的模型。这些理念可被证实与社会日常生活中的行为理解不符。

然后，需要在举止规范理论上对这里出现的方法进行巩固。一方面，应该表明，尽管具体的作为义务的制定肯定并不总是那么容易，但是可以通过计划来假定以及通过实践来坚持一般的举止规范；另一方面，人们试图根据规范独立地推导出"正犯"和"犯罪参与者"基本类型之间的区别。最后，本书会介绍和讨论两种不同的犯罪模型，也就是以察齐克（Rainer Zaczyk）为代表的"新康德主义"和以金德霍伊泽尔为代表的真正的"语言分析主义"。

接下来，还需探讨德国刑法第25条第1款的第二种行为方式的归责

---

[1] Urs Kindhäuser, Intentionale Handlung. Sprachphilosophische Untersuchungen zum Verständnis von Handlung im Strafrecht, 1980, S. 11 ff.

[2] Urs Kindhäuser, Intentionale Handlung. Sprachphilosophische Untersuchungen zum Verständnis von Handlung im Strafrecht, 1980, S. 57 ff.

结构和教义功能。在论及许乃曼（Schünemann）关于"结果原因的支配"[1]原则时，应该表明，为什么只有针对实际的个人不法行为事前量身定制的构成要件行为概念在目的论上是适当的。这与以下事实见解紧密联系在一起，即行为支配理论必须追溯到其最后的真正原因——实际可控的事前行为计划。对推导的内在联系进行简要的理解，也是为了表明刑事司法中使用行为支配标准的内容有何不同。

最后，对于本书制定的犯罪参与行为的归责标准，需要在信息网络环境下，基于我国的实定法规定，针对故意作为型、过失作为型以及不作为型犯罪参与进行具体的归责认定，检验本书所提出理论方案的妥当性。

第三节　信息网络犯罪中集体法益保护范围的扩张与限度

接下来需要考察的，是信息网络犯罪中集体法益保护范围的扩张与限度。在信息通信技术高速发展的当下，应已无人再质疑"网络空间已形成"的论断。网络参与主体通过网络参与行为影响现实法益，应为现实世界的市场规则、社群规范、技术架构以及法律规范（包括刑法规范）所规制。[2] 网络空间并非自外于现实世界的平行空间，应为现实空间的一部分，[3] 二者不构成所谓"双层社会"。在政府和商业机构的共同推动下，一个能高效规制网络空间的综合架构正在形成，刑法是其重要组成部分。自《刑法修正案（九）》［以下简称《修（九）》］颁布实施以来，我国信息网络犯罪[4]的罪名体系得到逐步完善。基于刑法最后手

---

[1] Bernd Schünemann, Grund und Grenzen der unechten Unterlassungsdelikt. Zugleich ein Beitrag zur strafrechtlichen Methodenlehre, 1971, S. 235 f.
[2] 参见〔美〕劳伦斯·莱斯格《代码2.0——网络空间中的法律》（修订版），李旭、沈伟伟译，清华大学出版社，2018，第132～150页。
[3] Sebastian Bosch, Straftaten in virtuellen Welten. Eine materiellrechtliche Untersuchung, 2018, S. 87.
[4] 本书探讨的对象限于狭义信息网络犯罪，包括我国《修（九）》新增的第286条之一拒不履行信息网络安全管理义务罪、第287条之一非法利用信息网络罪、第287条之二帮助信息网络犯罪活动罪以及修改后的第253条之一侵犯公民个人信息罪。

段性原则的要求，明确网络空间规制架构中刑法功能的实质限度，也就是信息网络犯罪所保护的法益，实为必要。《修（九）》创设的新型信息法益为法定主体的信息专有权，性质为集体法益。本书不再探讨信息专有权的法益内涵及制度功能，[①] 仅着眼于厘定刑法对信息网络犯罪中集体法益的保护范围。

在教义学层面，此范围由集体法益直接侵害结果与构成要件行为之间的规范（因果或危险）关联决定。[②] 然而，以所谓"信息安全""网络空间秩序"等作为信息网络犯罪所保护集体法益，在行为不法评价的基础面，多有论者主张局部[③]或全面[④]放弃集体法益对构成要件解释的指导功能，也就是对集体法益直接侵害结果与构成要件行为之间规范关联的判断，通过提高对构成要件行为明确性的要求厘定此类罪名保护范围。但为了追求有效的风险预防，"此类前置性构成要件无法被描述得非常精确"[⑤]，法律适用者不可避免会走上以司法解释为依托、以刑事政策导向决定集体法益保护范围的道路。这未尝不是一种实践理性，但事实上已将"保护集体法益"这一构成要件的法定目的[⑥]置换为刑事政策（法律适用者）目的，无法为将刑法适用于预防目的的追求提供内在规范限度，容易导致集体法益保护范围的恣意扩张。本书拟考察我国信息网络犯罪中集体法益保护范围扩张的表现与成因，最终明确其扩张的限度。

[①] 有关信息专有权的法益内涵与制度功能，参见敬力嘉《大数据环境下侵犯公民个人信息罪法益的应然转向》，《法学评论》2018 年第 2 期；敬力嘉《论企业信息权的刑法保护》，《北方法学》2019 年第 5 期；敬力嘉《个人信息保护合规的体系构建》，《法学研究》2022 年第 4 期。

[②] 参见敬力嘉《实质预备犯语境下宣扬恐怖主义、极端主义罪的教义学重述》，《当代法学》2019 年第 4 期，第 128 页。

[③] 参见张凯《法益嬗变的困境与坚守》，《中国刑事法杂志》2017 年第 2 期，第 19～20 页。

[④] 本书认为，以集体法益指导对行为要素目的解释的观点，是从法益出发判断待规制行为是否为构成要件行为，没有评价构成要件行为是否具备值得刑法处罚的法益侵害抽象危险，属于完全放弃集体法益对构成要件解释的指导功能。参见高巍《刑法教义学视野下法益原则的畛域》，《法学》2018 年第 4 期。

[⑤] Eva Maria Maier, "Organisierte Kriminalität oder ziviler Ungehorsam?, Methodische und rechtsphilosophische Anmerkungen zur rechtsstaatlichen Problematik der Strafverfolgung von Tierschutzaktivistinnen gemäß § 278a StGB", JK 2010, S. 46 - 47, 49.

[⑥] Vgl. Sebastian Löffler, Rechtsgut als Verfassungsbegriff?, Der Rekurs auf Güter im Verfassungsrecht unter besonderer Berücksichtigung der Rechtsprechung des Bundesverfassungsgerichts, 2017, S. 88.

一　信息网络犯罪中集体法益保护范围扩张的表现

关于刑事立法中集体法益保护范围的整体扩张、内涵嬗变以及功能转化，① 我国学界已有一定关注，相关论述的核心逻辑均为整体扩张→内涵嬗变→功能转化，进而产生对法益解释论功能乃至立法批判功能的体系性质疑。② 支持法益论者，多认可集体法益保护范围整体扩张和内涵嬗变的"现状"，试图通过要求集体法益应与个人法益具备实质关联，以及集体法益内涵应具备明确性，③ 限制集体法益内在的扩张惯性，实现维持法益功能的理论追求，这一进路也面临"实质关联"标准空洞、法益侵害评价标准缺失④等批评。事实上，作为以上两种理论进路的逻辑前提，集体法益保护范围的扩张却还未经严格检验。以刑法中前置性构成要件增加为依据，本书难以如既有研究一般，直接得出"集体法益保护范围扩张"的结论。因为是否扩张与扩张的程度并非一个无法干预的客观事实，而是刑事政策导向下教义学层面的理论选择。本书首先需探讨的，是在传统话语体系中，信息网络犯罪中集体法益保护范围扩张的规范表现。

（一）集体法益与个人法益的紧张关系

信息网络犯罪中集体法益保护范围扩张的第一个表现，在于法益保护前置化所导致的集体法益与个人法益的紧张关系。

关于集体法益与个人法益的关系，本书持二元论的基本立场，二者存在质的区别，均应保护。要求保护集体法益应是为实现对个人法益的前置保护，可在概念层面实现二者共存。但在解释适用保护集体法益的具体罪名时，评价的基础是行为给法益主体所造成的法益侵害，这使法益概念层面的和谐表象迅速被瓦解：缺乏损害个人法益的实质内涵，对超个人主体的抽象集体法益造成的侵害程度难以准确衡量，法益退居为积极一般预防目的指引下行为要素评价的辅助标准甚至正当化背景，以

---

① 参见孙国祥《集体法益的刑法保护及其边界》，《法学研究》2018年第6期。
② 参见赵书鸿《犯罪化的正当性：法益保护？》，《中国刑事法杂志》2019年第3期。
③ 参见王永茜《论集体法益的刑法保护》，《环球法律评论》2013年第4期。
④ 参见贾健《人类图像与刑法中的超个人法益——以自由主义和社群主义为视角》，《法制与社会发展》2015年第6期。

行为对个人法益的侵害作为评价基础，集体法益本身则失去独立存在的价值，集体法益与个人法益的紧张关系由此一览无余。无论是一元论法益观所主张的集体法益应能还原为个人法益、与个人有关、能为个人所感知，[①] 还是二元论法益观所主张的集体法益应具备使用上的包容性、消耗上的非竞争性与不可分配性[②]等标准，都不能调和集体法益与个人法益的紧张关系。

  传统刑法理论中，人的图像是具备意志自由、行为自由，从而能够自我答责的独立个体。"公共"（集体）被建构为与"个体"相对应的概念，是个体存在的外在环境与基本框架，是实现个人权利的空间与个人自由的社会条件。以限缩刑罚权恣意发动的价值追求为底色，无论是一元论或二元论法益观，均认可集体法益应具备这一本体内涵。"公共安全"与"公共秩序"由此作为独立于个人法益的集体法益类型由刑法进行保护，以实现对个人法益的前置保护。在对保护"公共安全"与"公共秩序"的传统罪名，如危险驾驶罪和寻衅滋事罪的解释适用中，前者有关侵害"公共安全"的抽象危险是否应允许反证和后者有关"公共秩序"是否应还原为个人法益的争议已清晰体现出，在具体罪名的解释适用中，集体法益与个人法益间的紧张关系已成为集体法益解释论功能的显著障碍。

  在信息网络犯罪的解释适用中，二者间的紧张关系体现得更加明显。在我国学界关于信息网络犯罪所保护法益的有限探讨中，作为"公共安全"与"公共秩序"的下位概念，"信息安全"[③] 与"网络空间秩序"[④]是承载法益保护前置化使命的理想载体。鉴于法益侵害的难以衡量，情

[①] Vgl. Winfried Hassemer, Theorie und Soziologie des Verbrechens. Ansätze zu einer praxisorientierten Rechtsgutslehre, 1973, S. 19.
[②] Vgl. Roland Hefendehl, Das Rechtsgut als materialer Angelpunkt einer Strafnorm, in: Hefendehl/von Hirsch/Wohlers（Hrsg.）, Die Rechtsgutstheorie. Legitimationsbasis des Strafrechts oder dogmatisches Glasperlenspiel?, 2003, S. 126-127.
[③] 参见王肃之《被害人教义学核心原则的发展——基于侵犯公民个人信息罪法益的反思》，《政治与法律》2017年第10期。
[④] 参见李世阳《拒不履行网络安全管理义务罪的适用困境与解释出路》，《当代法学》2018年第5期。

节犯的立法模式成为方便之选。本书同意情节应属违法构成要件要素①的观点，情节标准应体现构成要件行为的法益侵害程度。然而，对侵犯公民个人信息罪而言，若以"信息安全"作为该罪所保护法益，难以认为最高人民法院、最高人民检察院《关于办理侵犯公民个人信息刑事案件适用法律若干问题的解释》（以下简称《公民个人信息解释》）设置的某些情节标准，如违法所得数额、行为主体身份等可以反映构成要件行为的法益侵害程度。②对拒不履行信息网络安全管理义务罪而言，"致使违法信息大量传播"、"致使用户信息泄露，造成严重后果"、"致使刑事案件证据灭失，情节严重"以及其他相当程度的严重后果，属于对相关特定主体利益的侵害，难以认为是对超个人主体的"网络空间秩序"法益的直接侵害。"信息安全"与"网络空间秩序"只是雅各布斯（Jakobs）所描述的"规范设定的动机"，刑法规范的效力才是二者背后真正的"法益"。③在有关帮助信息网络犯罪活动罪和非法利用信息网络罪的既有研究中，更多是通过"帮助行为正犯化"和"预备行为实行化"完成形式面的入罪论证，几乎不涉及以法益为核心的刑事可罚性实质根据的探讨，这也导致司法实践中罪名适用存在一定程度的混乱情况。④可以说，在信息网络犯罪的解释适用中，集体法益与个人法益的紧张关系是集体法益丧失在行为不法评价中核心地位的重要原因之一。

正如雅各布斯所指出的，这一紧张关系体现了如下悖论：法益论者既认为"刑法若保护没有普遍或社会关联的个人利益，则与其在整体社会控制系统中的位置相悖"⑤，又认为"不按照宪法指引下的社会价值经验保护个人利益的集体法益没有边界"⑥，难以保证集体法益概念的稳定

---

① 参见石聚航《侵犯公民个人信息罪"情节严重"的法理重述》，《法学研究》2018年第2期。
② 以主流观点认可的个人信息权作为本罪所保护法益，本书认为这个结论依然成立。只有确立适格法益，推动司法解释完善情节标准才有理论依据。
③ Vgl. Günther Jakobs, Rechtsgüterschutz?, Zur Legitimation des Strafrechts, 2012, S. 19 – 21.
④ 参见敬力嘉《网络参与行为刑事归责的"风险犯"模式及其反思》，《政治与法律》2018年第6期。
⑤ Vgl. Winfried Hassemer, Theorie und Soziologie des Verbrechens. Ansätze zu einer praxisorientierten Rechtsgutslehre, 1973, S. 233.
⑥ Vgl. Winfried Hassemer, Theorie und Soziologie des Verbrechens. Ansätze zu einer praxisorientierten Rechtsgutslehre, 1973, S. 231 ff, 233.

与自治。① 但本书不会因此放弃法益论的基本立场，因为"刑法规范的目的不可能只是公民的顺从"②。为了跳出这一悖论，法益论者需要回答刑法对集体法益的保护如何服务于个人法益的保护这一问题。

（二）集体法益与构成要件的紧张关系

信息网络犯罪中集体法益保护范围扩张的第二个表现，在于法益保护前置化所导致的集体法益与构成要件之间的紧张关系。

在解释论层面，法益是立法者欲通过特定刑法规范（构成要件）保护的目的；在立法论层面，法益是立法者能通过特定刑法规范（构成要件）保护的目的。③ 在解释论层面，信息网络犯罪保护的集体法益应为构成要件目的解释的"目的"；在立法论层面，信息网络犯罪保护的集体法益应决定其构成要件行为。无论在解释论层面还是在立法论层面，集体法益都应是具体构成要件的逻辑起点。但是，当征表"刑法规范的效力"的"信息安全"与"网络空间秩序"被认可为适格集体法益时，在解释论层面，由于集体法益与个人法益的紧张关系，集体法益对构成要件解释的导向功能面临显著障碍；在立法论层面，从信息网络犯罪的法条规定，例如上文所指出的拒不履行信息网络安全管理义务罪来看，法益对构成要件设置的导向功能显然也非常有限。

当然，历来都有观点承认前实定法的法益概念对刑事立法的观念指导与批判功能，而否定所谓方法论的法益概念对构成要件设置与解释的目的导向功能，认为法益保护只能通过规范效力的确证实现，法益对构成要件的设置与解释只具有观念指导意义，法益侵害方式、范围与程度的确认只能回溯到规范保护目的。此类观点认为，"寻找法益的过程本身就是人们对实定法构成要件进行诠释的过程"④，若以法益作为构成要件解释工具，本身就犯了循环论证的错误，法益只是刑法规范保护的对象，

---

① Vgl. Günther Jakobs, Rechtsgüterschutz?, Zur Legitimation des Strafrechts, 2012, S. 25 – 26.
② Claus Roxin, Rechtsgüterschutz als Aufgabe des Strafrechts?, in: Roland Hefendehl (Hrsg.), Empirische und dogmatische Fundamente, kriminalpolitischer Impetus, 2005, S. 148.
③ Vgl. Sebastian Löffler, Rechtsgut als Verfassungsbegriff?, Der Rekurs auf Güter im Verfassungsrecht unter besonderer Berücksichtigung der Rechtsprechung des Bundesverfassungsgerichts, 2017, S. 88.
④ 熊琦：《德国刑法问题研究》，台北：元照出版有限公司，2008，第51页。

不是对构成要件进行目的解释的"目的"。[1] 概言之，此类观点认为，为了维持法益的立法批判功能，它对构成要件的设置与解释只应提供观念指导。

然而在本书看来，这一理论进路属于典型的"明修栈道，暗度陈仓"，表面区分法益保护目的和规范保护目的，实质以规范保护目的替代法益保护目的，法益侵害性不再是不法成立的必备要素。[2] 因为即使刑法禁止的方式、范围与程度超出法益保护目的，法益保护"也总能得到改善"[3]，无须考虑法益保护目的是否实现，规范违反本身就足以充实行为不法的内涵，这一缺陷在信息网络犯罪构成要件的设置与解释中体现得非常明显。我国相关刑事立法走在疲于回应层出不穷的新型信息网络犯罪行为的道路上，属于应急式、补丁式立法，法律监管的更新只会滞后于技术发展，难以具备体系性和前瞻性。[4] 而由于立法层面设置构成要件不以法益侵害为导向，刑事司法完全依赖司法解释为构成要件确立政策性的解释标准，缺乏法益保护目的作为必要的规范指引与限度，不为本书所取。

更加激进的观点直接承认信息网络犯罪作为法定犯的"法益性缺失"，也就是承认其构成要件设置未以与直接法益侵害结果间的规范关联，而是单纯以刑法规范的效力为基础，主张脱离法益，以规范要素的限缩解释限定相关罪名的处罚范围。[5] 如果承认信息网络犯罪的"法益性缺失"，固然可以维持法益在核心刑法领域的立法批判功能，却是以放弃法益理论对广大前置性构成要件的解释力为代价，亦不为本书所取。从法益论本身出发，信息网络犯罪中集体法益与构成要件的紧张关系似乎无从缓解。

---

[1] 参见李波《规范保护目的：概念解构与具体适用》，《法学》2018 年第 2 期。

[2] 参见陈璇《结果无价值论与二元论之争的共识、误区与发展方向》，《中外法学》2016 年第 3 期，第 781 页。

[3] Vgl. Günter Jakobs, Kriminalisierung im Vorfeld einer Rechtsgutsverletzung, ZStW 97 (1985), S. 751, 753 f.

[4] 参见王肃之《从回应式到前瞻式：网络犯罪刑法立法思路的应然转向——兼评〈刑法修正案（九）〉相关立法规定》，《河北法学》2016 年第 8 期。

[5] 参见刘艳红《"法益性"的欠缺与法定犯的出罪——以行政要素的双重限缩解释为路径》，《比较法研究》2019 年第 1 期。

二 信息网络犯罪中集体法益保护范围扩张的动因

传统刑法理论中个体主体性的基本图像是自我决定的,因而刑法是以个体自由的保护为核心。然而随着信息通信技术的发展与网络空间的延展,网络参与的门槛日渐降低,可造成消极影响的范围逐渐扩大、程度逐渐加深,个体自由成为人类社会广泛体系性风险的重要来源,保护个体自由与保护个体自由存在的社会条件间的冲突逐渐成为刑法理论内在的结构性矛盾,[1] 信息网络犯罪中集体法益保护范围的扩张是这一矛盾的集中体现。本书将对造成这一结构性矛盾的原因进行进一步探讨。

(一) 法益侵害风险社会化

信息网络犯罪中集体法益保护范围扩张的第一个原因,在于网络空间网络参与行为法益侵害风险的社会化。

将当代网络化、数据化的社会描述为充满风险的社会,是预防性刑事政策主导下的叙事路径。在这一叙事路径下,信息网络犯罪风险的基本特质被表述为新型、普遍存在、不可预见、高频度与可衡量。"行为人随时随地可对任何网络连接的对象实施犯罪行为",是对互联网环境下所面临犯罪风险的经典描述。转换为刑法教义学的语言,这一特征可被表述为"网络参与行为可能引发的法益侵害风险,在侵害对象的广泛性与后果的严重性上呈现高频度与不可预见的特征"[2],也就是"法益侵害风险社会化",网络空间中立的技术架构是这一特征形成的现实基础。网络空间的根基是实现网络参与主体连接与数据交互的互联网。互联网具备完善的身份与行为验证机制,是刑法规范在网络空间中规制效力的保障。通俗地说,只有知道"是谁在哪里做了什么",才可能适用刑法对其进行规制。然而作为互联网的基础技术架构,TCP/IP 协议只提供数据包发送地和目的地的 IP 地址,并不核实数据包的发送者、发送地以及具体内

---

[1] Henrique Carvalho, *The Preventive Turn in Criminal Law*, Oxford University Press, 2017, p. 132.

[2] See. Katharina Dimmroth, Wolf J. Schünemann, "The Ambiguous Relation Between Privacy and Security in German Cyber Politics", in (Edited.) Wolf J. Schünemann, Max-Otto Baumann, *Privacy, Data Protection and Cybersecurity in Europe*, Springer International Publisher, 2017, p. 101.

容。即使 IPV6 协议全面普及，能够做到为每一个入网设备都分配一个 IP 地址，配合互联网准入的实名制实现完全的人机对应，也可能无法完全准确回答"哪个网络参与行为人在哪里做了什么"。互联网这一"技术中立"的特征似乎使网络空间具备了难以规制的"本质"，[1] 着力于预防风险成为理性选择。

"风险"本为社会学领域中立的描述性概念，是指根据现有科技发展水平与一般人经验，无法判断概率、严重程度与范围的现实损害发生可能性，[2] 描述的是行为与现实损害最远的距离。而刑法理论中的风险，是指行为导致现实法益侵害结果发生的趋势，[3] 根据对特定群体或行为情境而非个人具体行为的评估，这一趋势基本可测定（类型化）。[4] 要求这一趋势基本可测定（类型化），是为了保障行为不法内涵基本的明确性。正如德国风险刑法理论的首倡者之一普勒提维茨（Prittwitz）所说，"只有在制造风险的决定可被归属于个人时，才有刑法介入的空间"。[5] 而对于恐怖主义犯罪、信息网络犯罪等新型犯罪，入罪根据不再是可测定（类型化）的法益侵害风险，而是社会学意义上的中性风险，包括人的风险。这一法益侵害风险计算的去个体化趋势，使每个人都成为潜在风险源。刑法的功能由以往着眼于"人"的保护的保护法益与保障人权，逐渐转向着眼于制度与社会系统的保护的犯罪风险预防，包括人的风险的预防，[6] 犯罪风险预防从以往的刑罚处罚附随效果，被提升为国家刑事政策主动追求的目标。将安全与秩序作为刑法所保护的集体法益，以此显示刑法对信息网络犯罪风险具备掌控与介入的能力[7]似乎成为应

---

[1] 参见〔美〕劳伦斯·莱斯格《代码 2.0——网络空间中的法律》（修订版），李旭、沈伟伟译，清华大学出版社，2018，第 36 页。

[2] Vgl. Rüdiger Breuer, Gefahrenabwehr und Risikovorsorge im Atomrecht, Deutsches Verwaltungsblatt, 93. Jahrgang des Reichsverwaltungsblatt, 1978, S. 829 – 831.

[3] Cornelius Prittwitz, Strafrecht und Risiko, 1993, S. 33.

[4] Tobias Singelnstein, Logik der Prävention. Eine kriminologische Perspektive auf das Strafrecht und andere Formen sozialer Kontrolle, in: Brunhöber (Hrsg.) 2014, Strafrecht im Präventionsstaat. S. 41 (45 f.).

[5] Cornelius Prittwitz, Strafrecht und Risiko, 1993, S. 384.

[6] S. Lisa Kathrin Sander, Grenzen instrumenteller Vernunft im Strafrecht. Eine Kritik der Präventionsdoktrin aus strafrechtsgeschichtlicher und empirischer Perspektive, 2007, S. 272.

[7] Vgl. Jens Puschke, Legitimation, Grenzen und Dogmatik von Vorbereitungstatbeständen, 2017, S. 24.

然之选，集体法益失去立法批判和解释论功能退化成立法正当性的象征似乎也在预期之中，其保护范围显著扩张。

(二) 法益保护主观化

信息网络犯罪中集体法益保护范围扩张的第二个原因，在于网络空间法益安全保护的主观化。

不夸张地说，"法益侵害风险社会化"征表的"风险核心—预防导向"是当前学界信息网络犯罪研究遵循的核心逻辑。以法益侵害风险预防为核心的本质，是试图把曾经只认为是偶然发生的损害结果归属给具体、当下发生的行为，这促使行为不法的评价在时间维度需要考虑行为将来的后果，在社会维度需要考虑行为的社会影响。[①] 也就是说，当法律把所有行为都假定为风险行为时，所有当下的行为都可能产生法所不欲的后果，法益侵害风险成为所有行为固有的特征。以帮助信息网络犯罪活动罪为例，本罪构成要件所规制的为他人提供互联网接入、服务器托管、网络存储、通信传输等技术支持，或者提供广告推广、支付结算帮助等行为均属基础性网络参与行为，但都可能被人用于实施违法犯罪活动，自然都属于风险行为。刑法视域中的网络参与行为已无风险有无之分，只有风险大小之别，刑法需要提供识别值得处罚的风险行为的规范标准。

然而，以"信息安全"与"网络空间秩序"作为信息网络犯罪所保护的集体法益，网络参与行为具备的法益侵害风险是否会转化为值得刑法处罚的法益侵害风险，从客观层面几乎无从入手，只能结合行为人的主观方面进行评价，以行为人主观的不法意图充实行为不法的内涵。考察我国信息网络犯罪的立法规定可以发现，无论是拒不履行信息网络安全管理义务罪对网络服务提供者"责令改正而拒不改正"的要求，还是非法利用信息网络罪"设立用于……的网站、通讯群组""为……发布信息"，帮助信息网络犯罪活动罪"明知他人利用信息网络实施犯罪……"，以及《公民个人信息解释》第5条第1款第2项"知道或者应当知道他

[①] Vgl. Reinhard Kreissl, Sicherheit als symbolisches Gut, in: Steiger/Schiller/Gerhold (Hrsg.), Sicherheitsforschung im Dialog. Beiträge aus dem Forschungsforum Öffentliche Sicherheit, 2015, S. 83.

人利用公民个人信息实施犯罪……"的规定,都体现出立法者通过行为人与行为可能造成的法益侵害结果间的主观连接充实行为不法内涵的努力。以行为人主观的危险要素为基础,此类行为具备的法益侵害风险被试图类型化,转化为值得刑法处罚的法益侵害抽象危险,行为不法的评价呈现鲜明的主观化趋势,集体法益的保护范围由此得到显著扩张。

(三) 法益保护义务主体一般化

信息网络犯罪中集体法益保护范围扩张的第三个原因,在于网络空间中法益保护义务主体的一般化。

由于只有国家能够实在影响客观安全与秩序架构,才可能有效保护安全与秩序,[①] 网络空间网络参与行为法益侵害风险的社会化与法益安全保护的主观化,为国家推动构建更有利于行为规制的网络空间架构提供了正当根据。在以 TCP/IP 协议为基础的互联网现有中立技术架构下,法律规范难以有效规制网络参与行为,但政府与商业机构正在推动网络空间的架构向更有利于规制的方向转变。按照功能标准,互联网可以大致分为网络链接层、网络互联层、传输层与应用层,[②] 从传统的 IP 地址追踪、Cookies、SSO 身份验证、标识层技术直至当前越来越发达的生物信息识别技术,互联网基础架构的中立性允许通过改写其任意一层的代码,推动维护网络空间安全与秩序义务主体的一般化。

值得注意的是网络空间监管义务主体的扩张。我国信息网络犯罪的治理主体主要包括三类:第一类是司法主体,包括人民法院与人民检察院,第二类是网络服务提供者,第三类是行政主体,包括网信办、公共机关的网络安全保卫部门(以下简称"网安部门")等,本书指称的网络空间监管主体是指第二、第三类主体。我国互联网监管模式的基本特征可以总结为以网安部门为主导、以网络服务提供者为支撑、以网信办为中枢的多头共治。根据现行《公安部刑事案件管辖分工规定》(公通字〔2020〕9号),网安部门直接管辖的刑事案件包括计算机犯罪与信息网络犯罪。对于网络化的传统犯罪,在相关案件的侦查、证据固定、鉴

[①] Vgl. Christoph Gusy, Objektive und subjektive Sicherheit-was schützt das Recht?, in: Saskia Steiger/Jochen Schiller/Lars Gerhold (Hrsg.), Sicherheitsforschung im Dialog. Beiträge aus dem Forschungsforum Öffentliche Sicherheit, 2015, S. 201.

[②] Vgl. Felix Francke, Netzneutralität in Europa. Ursprünge-Bausteine-Regulierungen, 2019, S. 42.

定等过程中，各级网安部门提供了最为必需的技术支撑，这也导致网安部门成为信息网络犯罪案件办理事实上的主导部门，在具体工作中产生了扩张权力边界的较大需求。例如，在实地调研中，网安部门认为在办理案件时，调取银行记录会遇到各种门槛和阻碍，应当予以消除。此外，他们还认为根据《网络安全法》的规定，网络服务提供者应当为他们提供"技术接口"，留存广泛的日志，而不局限于某一方面的特定内容，以便于他们及时掌握有关用户行为轨迹的所有有价值的数据。[1]

首先，国家网信部门承担了协调与执法的重要功能。根据《网络安全法》第8条的规定，国家网信部门负责统筹协调网络安全工作和相关监督管理工作，除了对涉及网络治理的所有职能部门，包括公安局、工商局、商务局以及国安等部门的工作进行协调，在政府职能部门同网络服务提供者就有关案件，如相关证据的调取等事项的沟通中，也发挥了重要的协调功能，还承担了确定关键信息基础设施范围、进行网络安全执法状况检查、关停违法网站等重要执法功能。不能忽视的是，国家网信部门负责起草的一系列法律法规及其他规范性文件，如已生效的《关键信息基础设施安全保护条例》《网络安全审查办法》《互联网信息服务深度合成管理规定》《互联网用户账号信息管理规定》等，正在赋予它自身更加广泛的监督检查与执法功能。

其次，网络服务提供者已成为"互联网控制的焦点"[2]。2016年11月，我国首部网络专门法《网络安全法》获得通过。鉴于网络服务提供者处于对网络信息流动前端干预的有利地位，本法第三章和第四章分别为网络运营者，包括网络服务提供者设置了网络运营安全和网络信息安全保护义务，第五章也为其不履行相应义务的不作为设置了警告、处分、罚款、吊销营业执照等法律责任。"刑事制裁是法律的终极威慑"[3]，《修（九）》增设了第286条之一拒不履行信息网络安全管理义务罪，对网络

---

[1] 参见《我院刑事法研究中心博士生团队赴四川调研信息网络犯罪协同治理》，武汉大学法学院官网，http://law.whu.edu.cn/info/1052/2914.htm，最后访问日期：2023年1月20日。

[2] 参见〔美〕劳伦斯·莱斯格《代码2.0——网络空间中的法律》（修订版），李旭、沈伟伟译，清华大学出版社，2018，第75页。

[3] Herbert L. Packer, *The Limits of the Criminal Sanction*, Stanford University Press, 2008, p. 250.

服务提供者增设了刑事作为义务,也就是"网络信息安全保护义务"[①],对于我国网络服务提供者而言,其已经成为具备实际且最严厉法律效力的义务来源,是法定作为义务体系规制范围的基准,试图以此实现犯罪风险防控的目的。由此,网络服务提供者兼具网络空间被规制对象、配合义务主体以及治理主体三重属性。

最后,在信息网络犯罪风险防控体系下,一般企业与公民的合作义务也迅速增加。以《个人信息保护法》《数据安全法》《网络安全法》为核心的专门立法体系,以《网络安全保护等级条例(征求意见稿)》《网络数据安全管理条例(征求意见稿)》《关键信息基础设施安全保护条例》以及上海、浙江、深圳等省、市的数据条例为核心的法规体系,以《网络信息内容生态治理规定》《互联网信息服务算法推荐管理规定》《网络安全审查办法》《互联网平台分类分级指南(征求意见稿)》《互联网平台落实主体责任指南(征求意见稿)》为核心的其他规范性文件体系,以 GB/T35273-2020《信息安全技术 个人信息安全规范》和《网络安全标准实践指南——网络数据分类分级指引》为核心的技术标准与行业规范体系,以及《修(九)》所增设的第 287 条之一非法利用信息网络罪、第 287 条之二帮助信息网络犯罪活动罪、第 291 条之一第 2 款编造、故意传播虚假信息罪和第 253 条之一侵犯公民个人信息罪,事实上是给参与网络空间活动的一般企业与公民,包括网络服务提供者增加了对信息网络犯罪风险广泛的、多层次的管控义务。以帮助信息网络犯罪活动罪为例,该罪为提供技术支持、广告推广、支付结算等网络参与行为的一般主体创设了实质的犯罪风险审查与管控义务。

在我国网络空间治理规则初步构建与完善的当下,企业与公民合作义务的增加有其必然性与合理性,确立"信息安全"与"网络空间秩序"作为信息网络犯罪保护的集体法益,无疑是实现这一目标最为便捷的规范路径。但当网络空间的规则架构使权力主体的规制权力逐步达到新的高度时,我们必须为网络空间预留必要的自由成长空间。明确信息网络犯罪中集体法益保护范围扩张的限度,成为非常值得探索的理论问题。

---

① 参见敬力嘉《信息网络安全管理义务的刑法教义学展开》,《东方法学》2017 年第 5 期。

三 信息网络犯罪中集体法益保护范围扩张的限度

雅各布斯曾指出,"刑法不保护既定存在的法益,因为在行为人履行积极义务的过程中,法益才被创造出来"[①]。虽然本书不认同他的规范论的核心主张,但认同他对法益特征的描述:法益具有利益维度与价值维度,因此它既具备实在性也具备建构性,这在集体法益保护范围的扩张中得到充分体现。通过上面的分析已可证明前文所提出的观点——信息网络犯罪中集体法益保护范围的扩张并非一个无法干预的客观事实,而是刑事政策导向下教义学层面的理论选择。本书接下来需要确定集体法益内涵的规范标准,以此为基础确定集体法益对信息网络犯罪构成要件解释的指导功能,进而明确信息网络犯罪中集体法益保护范围扩张的限度,以探索修复集体法益功能的理论进路。

(一) 价值维度

在集体法益的价值维度,通过明确以网络空间发展的消极自由为集体法益的价值前提,以保护公民个人的基本权利为集体法益的价值基准,可以消解集体法益与个人法益的紧张关系。

1. 价值前提:网络空间发展的消极自由

应当说,集体与个人,实质是安全、秩序与自由,其对立从来都是伪命题,真正存在紧张关系的是自由与被用以维持公共安全与秩序、具备强制力的权力。个人自由能与权力控制下的公共安全与秩序在犯罪预防的目的下统一吗?

首先应当追问,自由的内涵是什么?自由如正义一般拥有一张普罗透斯之面,没有绝无争议的内涵。对于作为法律、政治权利范畴的自由,本书采用最广为接受的分析范式,即积极自由与消极自由。所谓积极自由,指人类的自我主宰与自我实现。[②] 看似美好的追求,在社会共同体及其共享价值逐渐崩解的现代社会中,会导致对外在"理性"标准的依赖,蕴含了社会强制的风险。何以在避免这一强制风险的同时,避免社

[①] Vgl. Günther Jakobs, Rechtsgüterschutz?, Zur Legitimation des Strafrechts, 2012, S. 18.
[②] 〔美〕E. 博登海默:《法理学:法律哲学与法律方法》,邓正来译,中国政法大学出版社,2004,第109页。

会因过度张扬个体自由而崩溃？答案唯有从消极自由中寻找。所谓消极自由，是指将个体放在其所处的社会关系中考察，保证其不受非己所愿的强制，核心诉求是避免个人行为受到自我意愿以外的标准规制，因此"它是尊重人的学说，而非管教人的学说"[①]。

若不将法律视为一套僵硬的规则，而是当作人们进行立法、裁判、执法和谈判的活动，分配权利义务，并据以解决纷争、创造合作关系的活生生的程序，[②] 便会理解，法律规范，包括刑法规范，其作用在于排除外在强制复归自由状态，处罚或预防犯罪是为了给形成进步与发展的网络空间创造秩序条件。而"文明不是人类设计的产物，我们要向前发展，就必须为目前的观念和理想留有不断修正的余地"[③]。只有消极自由所征表的权利活动空间，而非任何权力行为或其结果的本身，才能为社会的持续发展以及对错误的修正提供可能。消极自由作为现代法治的基本精神，应当在当代社会的重构过程中继续占据元价值的地位。

当然，同样基于价值多元的背景，也有观点认为自由并不具有最高价值的地位，而应是以符合大多数人的利益为最高追求，可以在特定时空维度内以安全高于自由。[④] 功利主义追求的实现大多数人利益被作为这种论点最好的注脚，被用来论证安全价值及其权力之维的正当性，这其实是对边沁思想的极大误解。虽然边沁把法律理解为一个以追求"最大多数人的最大幸福"为目标的掌权者的意志产物，但这是他基于对古典自然法学建构方法的批判，而从霍布斯那里寻求"支援"。他认为只要有民主政治的公民选举和良好的法律统治，加上社会监督等辅助机制的制衡，掌权者就只能安于功利原则的制约，而无须假定公民有不服从的权利。"个人自由仍是边沁最神圣的信仰，他的立场是个人必然是最有利于自己幸福的最佳判断者。"[⑤] 他的功利主义法学实质是继承消极自由

---

① 〔英〕以赛亚·柏林：《自由论》，胡传胜译，译林出版社，2003，第178页。
② 〔英〕弗里德里希·奥古斯特·冯·哈耶克：《自由宪章》，杨玉生等译，中国社会科学出版社，2012，第325页。
③ 〔英〕弗里德里希·奥古斯特·冯·哈耶克：《自由宪章》，杨玉生等译，中国社会科学出版社，2012，第44~46页。
④ 郝艳兵：《风险刑法——以危险犯为中心展开》，中国政法大学出版社，2012，第61页。
⑤ 邓春梅：《消极自由与积极自由——柏林法价值理论及其发展研究》，湘潭大学出版社，2014，第2页。

理念前提下的实践智慧，仅探讨公民权利的实践方式，我们不能只取其操作性探索而忽略其价值前提。从这个意义上说，重视理念启蒙的自然法学和作为实践智慧的分析法学在法治理论上殊途同归，都追求实现消极自由。"人类社会的发展不是通过人类理智运用已知的方法去追求一个确定的目标实现的。"① 因为"人类的理智既不能预知未来，也不能着意塑造未来。它的进步表现在不断发现错误"②。信息网络犯罪所保护的集体法益的价值前提，应为网络空间发展的消极自由。

2. 价值基准：保护公民个人基本权利

刑法视域内，确立网络空间发展的消极自由为价值前提的最大意义，在于明确秩序，或者说安全本身不是刑法的目的。个人自由是现代社会不确定性的源泉，却也是法律应当保障的对象，③ 安全与秩序的概念只有在自由主体组成的社会语境下才有意义。应当通过对权利的充分保护将个人导向合作，而不是单向扩张义务范围实施压制型控制。通过完善刑法对公民权利的保护，充分保护权利实现的空间，而非单向度地加强对现有秩序的控制，才能确保网络空间的持续、良性发展。

在以约束刑罚权恣意发动、保障公民个人自由为底色的法益理论视域下，依照以往通说，作为法益主体，公共（集体）与个人之间属于零和博弈的关系，若认可集体法益独立于个人法益，为了约束集体法益的扩张本性而要求集体法益以保护个人法益为前提，会使集体法益与个人法益间产生无法消解的紧张关系，造成集体法益的功能障碍。行为人作为信息主体，在网络空间制造、获取、传播、利用相关信息构成信息网络犯罪时，这一特征体现得更加清晰。④ 通过明确以网络空间发展的消极自由为价值前提，可以在要求集体法益应直接或间接保护公民个人基本权利体现"集体法益为了个人存在"的基础上，厘定公共（集体）是个人主体性存在的前提，⑤ 个人法益与集体法益的刑法保护同等重要，

---

① 〔英〕弗里德里希·奥古斯特·冯·哈耶克：《自由宪章》，杨玉生等译，中国社会科学出版社，2012，第66页。
② 〔爱尔兰〕J. M. 凯利：《西方法律思想简史》，王笑红译，法律出版社，2002，第303页。
③ Henrique Carvalho, *The Preventive Turn in Criminal Law*, Oxford University Press, 2017, pp. 4 - 5.
④ 参见敬力嘉《论企业信息权的刑法保护》，《北方法学》2019年第5期。
⑤ Vgl. Günther Jakobs, Rechtsgüterschutz?, Zur Legitimation des Strafrechts, 2012, S. 25 - 27.

不存在先后或导出关系。① 以保护公民个人基本权利作为集体法益的价值基准，既可确保集体法益以人为本的价值底色，也可在刑法教义学层面消解集体法益与个人法益的紧张关系，确保集体法益概念的稳定与自洽，使其自身足以成为指导信息网络犯罪构成要件解释的稳定基点。

以此标准衡量，"信息安全"与"网络空间秩序"征表的只是维持刑法规范效力的价值取向，并未以保护公民个人权利作为实质价值基准，未通过适格集体法益价值维度的检验。

（二）利益维度

在实定利益维度，要求集体法益具备现实关联与可具体化，可以消解集体法益与构成要件的紧张关系。

在解释论层面，法益应当是可以被侵害的事实。② 如果集体法益只是精神性的价值而与现实生活没有任何关联，则对它的侵害无法被衡量。③ 既然集体法益应当是现实的，那么它的内涵应可具体化。区分法益、法益对象与行为对象，是对法益内涵进行具体化的前提。④ 例如，杀人罪所保护的法益是"人的生命"，规范背后的法益对象是"一个具体的人的生命"，其行为对象则是行为所针对的具体的"人"。对法益的实害结果或具体危险才可被评价为对法益的直接侵害，与法益侵害的评价标准不同，对法益对象的弃之不顾或者消极影响就足以评价为直接侵害，这涵盖了以间接侵害为可罚性基础的抽象危险犯范畴。

在衡量对集体法益的侵害时，无法如个人法益侵害一般以直接、具体的损害为基础，而是以间接侵害为可罚性基础，保护集体法益的构成要件应属抽象危险犯。⑤ 基于"构成要件是对犯罪行为的规范描述，构成要件行为是'假定'的犯罪行为"⑥ 的认识，此类构成要件符合性评

---

① 参见敬力嘉《实质预备犯语境下宣扬恐怖主义、极端主义罪的教义学重述》，《当代法学》2019 年第 4 期，第 130 页。
② Knut Amelung, Rechtsgüterschutz und Schutz der Gesellschaft, 1972, S. 399 ff.
③ Vgl. Jens Puschke, Legitimation, Grenzen und Dogmatik von Vorbereitungstatbeständen, 2017, S. 92.
④ Roland Hefendehl, Kollektive Rechtsgüter im Strafrecht, 2002, S. 40.
⑤ 本书不涉及有关抽象危险犯进一步细化的争议，仅将其作为一个类别概念使用。
⑥ Sophie Zaufal, Was kann ein strafrechtlicher Tatbestand leisten? Die Bestimmtheit von Strafnormen als hermeneutisch-methodisches Problem im Verfassungsstaat. , 2018, S. 264 f.

价的实质对象，是构成要件行为与直接法益侵害结果间的规范关联，此关联可被评价为法益侵害抽象危险。① 从二元论法益观的基本立场出发，本书认为构成要件实现集体法益保护的方式、范围与程度是由构成要件行为对集体法益的攻击路径（Angriffswege），也就是构成要件行为与集体法益直接侵害结果之间的规范连接所决定的，而非依赖于法律适用者解释出的"规范保护目的"。从这个意义上讲，对于不具备现实、具体法益对象的集体法益，构成要件符合性判断所需评价的规范连接无从具体化，应属"表象法益"（Scheinrechtsgut），不应予以承认。保护集体法益的犯罪构成，包括信息网络犯罪，虽均属抽象危险犯这一大的类型，但只有集体法益背后具有现实、具体的法益对象，才可以此为前提，通过确立"构成要件行为具备的法益侵害抽象危险"的规范判断标准，进一步明确各罪名具体的构成要件类型以及相应的刑事归责路径，进而消解集体法益与构成要件之间的紧张关系。

以此标准衡量，"信息安全"与"网络空间秩序"背后存在的不是现实、具体的法益对象，而是刑法规范的效力。无法进一步明确相关罪名对应的构成要件类型，作为集体法益的内涵无法具体化，未通过集体法益利益维度的检验。

（三）集体法益功能冲突的消解路径

1. 行为不法的评价："客观 - 目的与合宪解释论"

厘清确定集体法益内涵的规范标准后，需进一步探索适宜的构成要件解释方法，真正实践集体法益的解释论功能。对信息网络犯罪而言，构成要件行为的不明确与不可明确，是需要认知到的事实。以非法利用信息网络罪第 1 款第（1）项②和帮助信息网络犯罪活动罪的规定为例，作为独立处罚事实性预备行为的实定法，只对待处罚事实性预备行为进行了事实层面的归纳与一定程度的类型化，并未提供足够明确的刑事可罚性判断标准，构成要件行为并不明确。在传统的预防刑法理论语境下，它们作为刑法规范也是不可明确的。因为它们并不是有责的直接法益侵

---

① 参见敬力嘉《实质预备犯语境下宣扬恐怖主义、极端主义罪的教义学重述》，《当代法学》2019 年第 4 期，第 128~129 页。

② 该罪第 1 款第（1）项规定："设立用于实施诈骗、传授犯罪方法、制作或者销售违禁物品、管制物品等违法犯罪活动的网站、通讯群组。"

害行为，而是服务于犯罪预防目的。因此，在教义学层面找到可明确行为不法内涵的构成要件解释方法，具备充分的必要性。

有关刑法解释论，刑法学理论中长期存在主观解释与客观解释的路径争议。前者以历史上立法者的立法目的为核心，后者以独立于立法者的立法目的、不断发展变化的法条客观内涵为核心。而所谓"法条的客观内涵"，实质是由具备刑事政策内涵的刑罚目的，更确切地说，是法律适用者的预防目的所决定的。对于实行犯相关罪名的法条解释，上述解释路径争议的解决办法在于以文义解释为边界，在此范围内体系地考虑立法目的与法律适用者的预防目的，对文义解释进行扩张或限缩。也就是说，法条可能的文义承担了目的解释边界的功能。[①] 但是，"具备前置预防功能的构成要件需要保持开放性"[②]。对于信息网络犯罪，它们作为刑法规范的功能已经发生了实质改变，向着追求风险预防的警察法转变，构成要件的开放性是其显著特征。在这样的背景下，文义解释已经无法承担目的解释边界的功能，很多情境下反而会成为罪名适用边界扩张的助推器。

那么，寻找足以承担目的解释客观边界的构成要件解释方法便成为当务之急。有些观点主张可以用刑罚目的的定型化取代行为不法内涵的定型化。例如，德国学者波姆（Böhm）就认为，"当适用法律的目的尽可能清晰、明确、细致，用以实现目的的手段也事实上合比例时，这样的法律就是刑法"[③]。我国当前无论是学界还是实务界，对于信息网络犯罪解释适用的主流见解事实上都遵循了这样的思路。但本书认为，这样的进路或许具备实用性，但长远来看并不可取。事实上，这是对刑法所应坚持的行为刑法原则，也就是以行为作为评价基础这一基本原则的背离。在罪刑法定原则框架下，明确性原则与行为刑法原则有着紧密连接，

[①] Claus Roxin, Strafrecht Allgemeiner Teil（Band I, Grundlagen. Der Aufbau der Verbrechenslehre）, 4. Auflage, 2006, § 5 Rn. 26 ff.

[②] Eva Maria Maier, Organisierte Kriminalität oder ziviler Ungehorsam?, Methodische und rechtsphilosophische Anmerkungen zur rechtsstaatlichen Problematik der Strafverfolgung von Tierschutzaktivistinnen gemäß § 278a StGB, *JK* 2010, S. 46 – 47, 49.

[③] Maria Lauram Böhm, Der Gefährder und das Gefährdungsrecht. Eine rechtssoziologische Analyse am Beispiel der Urteile des Bundesverfassungsgerichts über die nachträgliche Sicherungsverwahrung und die akustische Wohnraumüberwachung, 2011, S. 308.

不容突破。所谓明确性原则，不只是说刑法应当具体地确定所处罚的任一行为，还要求此行为具备的危险性应当可被理解，可被归责，这是刑事立法者不可推卸的责任。① 刑事立法者有义务"尽可能详尽地描述应受刑罚处罚性的前提条件，只有这样，构成要件的效力和适用范围才能通过解释得到明确。也就是说，对被刑法规范所规制的公民来说，行为受刑罚处罚的风险至少应当可识别。因此，按照刑法明确性原则的要求，用可识别、可理解的语言来描述相关罪名的法定构成要件，对一般公民来说极为重要"②。因此，"不只是构成要件中的目的应当确定，在具体案件中待处罚行为的不法内涵也应当通过构成要件得到明确"③。这就要求，通过对构成要件的解释，使符合构成要件的行为本身就足以反映可罚行为所具备的特别的潜在危险性。④

以此为前提，在法治国语境下对信息网络犯罪相关罪名进行解释，应以已存在的生活事实为基础，对构成要件所保护法益以及待处罚行为的不法内涵进行具体化，以此作为对构成要件进行目的解释的客观边界。换言之，若要充实信息网络环境下行为的刑事可罚性，仅有对该行为将来可造成不法的计算，也就是对法益侵害风险的考量还不够，需要的是"基于过去的计算"。也就是说，对法益侵害风险判断的基础是待处罚行为具体的不法内涵，这样才能消弭以文义为外衣进行目的解释恣意扩张行为应受刑罚处罚性的可能，这样的解释方法可被描述为"客观－目的解释论"。而本书确立法益内涵的价值标准在于直接或间接保护宪法基本权利，这确保了目的解释的合宪性，保障法律适用者对构成要件的目的解释是公民个人自决的表达，而不是法律适用者个人自决的表达。⑤ 因

---

① Walter Gropp, Tatstrafrecht und Verbrechenssystem und die Vorverlagerung der Strafbarkeit, in: Sinn/Gropp/Nagy (Hrsg.), Grenzen der Vorverlagerung in einem Tatstrafrecht, 2011, S. 13 (19).
② BVerfG NJW 1998, S. 2589 (2590); BVerfGE S. 41, 314 (319); BGH NJW S. 2014, 3459 (3460).
③ Sophie Zaufal, Was kann ein strafrechtlicher Tatbestand leisten?, Die Bestimmtheit von Strafnormen als hermeneutisch-methodisches Problem im Verfassungsstaat. , 2018, S. 282 – 283.
④ Petra Velten, Die Organisationsdelikte haben Konjunktur: Eine moderne Form der Sippenhaftung?, Banken und Tierschützer vor Gericht, JS (2) 2009, S. 57.
⑤ Karl-Ludwig Kunz/Martino Mona, Rechtsphilosophie, Rechtstheorie, Rechtssoziologie. Eine Einführung in die theoretischen Grundlagen der Rechtswissenschaft, 1. Aufl. , 2006, S. 218.

此，遵循客观-目的与合宪的解释方法，是践行信息网络犯罪集体法益解释论功能的教义学进路。

2. 超越悖论——集体法益功能冲突的消解

通过前文的分析已经可以清晰地看出，集体法益内涵的开放性所带来的集体法益保护范围的扩张并未扩展集体法益的功能范畴，反而会导致集体法益立法批判与解释论功能在无解的冲突中双双消弭。因为在集体法益全能化尽头等待着的，是功能的虚无化。历史经验告诉我们，如果法益概念只是一个空洞、可以任意填充内容的外壳，纳粹党也可以将他们主张保护的价值注入法益。[①]

本书认为，修复集体法益功能的最后一个关键，在于明确支撑集体法益内涵开放性的理论基础——前实定法和方法论法益之间的功能冲突是伪命题，厘清这一问题的核心在于区分价值评价的对象、行为与工具。法益应当由价值面与实定利益面组成，在厘定法益内涵时，立法者是以实定利益作为价值评价对象确定刑法应当保护的利益，确定法益的价值面内涵是价值评价行为，立法者所遵循的"保护公民个人基本权利"的价值基准是价值评价工具。对具体刑法规范（构成要件）进行立法批判时，具体刑法规范（构成要件）是价值评价对象，立法批判属于价值评价行为，法律适用者遵循的"保护公民个人基本权利"的价值基准是价值评价工具。通过这样的分析可以清晰看到，在立法论层面，法益是立法者能（值得）通过特定刑法规范（构成要件）保护的目的，评价什么目的值得刑法保护的价值基准，也就是完成立法批判的价值评价工具不是法益概念整体，而是决定法益价值面内涵的"保护公民个人基本权利"这一价值基准。可以说，发现与解释法益的过程，也就是实践法益解释论功能的过程是实现法益立法批判功能的必经之路。这一命题与我国学者所提出的"刑法解释是刑法的本体"[②]这一功能主义的刑法解释论存在本质区别，因为前者要求法律适用者在发现与解释法益的过程中遵循与立法者一致的价值基准，后者则主张给法律适用者基于刑事政策的目的考量进行的解释赋予立法性质的权威。本书认为，功能主义的刑

---

① Vgl. Günther Jakobs, Rechtsgüterschutz?, Zur Legitimation des Strafrechts, 2012, S. 22.
② 参见劳东燕《功能主义刑法解释论的方法与立场》，《政法论坛》2018年第2期。

法解释论无法回避对法律适用者实质造法正当性的质疑，而依照本书主张的以集体法益为核心的"客观-目的与合宪解释论"，能够实现尊重立法目的与回应社会发展并重的理论追求。

围绕法益，特别是集体法益究竟是刑法的正当根据抑或只是学理的弹珠游戏，学界进行了长久的争论与探索。法益诚然不是厘定刑罚处罚范围的唯一根据，却是不可轻言放弃的内在基准。以前实定法与方法论法益之间的功能冲突作为理论根据产生的集体法益内涵的开放性，实质消解了集体法益的功能。厘清确定集体法益价值之维与利益之维的规范标准，明确立法批判的根据是决定集体法益价值维度的价值基准而非集体法益本身，才可以真正理解实现集体法益的解释论功能是贯彻其立法批判功能的具体路径。而正如本书所指出的，网络空间的技术结构具备强化社会控制的巨大潜力，倘若将其视为难以适用刑法规制的犯罪空间，则不仅讽刺，也会遮蔽我们追求构建符合法治追求的网络空间规范架构的视线。故明确信息网络犯罪中集体法益保护范围扩张的限度，势在必行。

第二章　实施构成要件行为的正犯形象与前规范的行为概念

明确了信息网络环境下集体法益保护范围扩张的教义学限度,接下来需要回到行为层面,厘定正犯以及构成要件行为的规范内涵与功能定位,并在此基础上,明确前规范行为概念的存在价值及其具体内涵,从而在规范层面的具体构成要件中厘定正犯行为与犯罪参与行为的规范内涵及其边界。

第一节　社会生活中的正犯形象与构成要件行为

一　作为"核心人物"的正犯形象

如果我们让正犯概念完全中立,并且脱离刑法犯罪参与理论的影响,我们绝对会将其与"核心人物"的个人形象相联系,继而就会像罗克辛一样,认为它是立法价值观的出发点。对于隐喻性地将正犯描述为犯罪流程主要人物,继而将其想象为"通常意识中存在的可塑形象"[1]的观点,我们不能忽视。当人们思考正犯的性质时,这种形象的自动出现似乎也不是巧合。相反,将正犯作为主要人物的普遍观点,与传统的社会角色思维相适应。这种角色思维主要研究社会空间中历史政治以及道德责任的归因。因此,无论何时,主要是基于在这种社会空间中发生的犯罪行为的(主要)责任,正犯被认为是犯罪流程的"核心人物"。[2]

上述正犯形象也反映在日常用语的概念联系之中,因为即使在日常用语的使用中,也不会简单地将"正犯"理解为结果制造者,而是会依据社会一般人的前见,将其理解为结果的"创造者"。也就是指通常情

---

[1] Claus Roxin, Täterschaft und Tatherrschaft, 9. Aufl., 2015, S. 26.
[2] Wolfgang Schild, in: Neumann/Puppe/Schild (Hrsg.), Nomos-Kommentar zum Strafgesetzbuch, 1. Aufl., 1995, Vorbem. §§ 25 ff. Rn. 258 f.

况下，那些基于其强大的地位而实施行为的人，通过作为（即符合因果律地导致）或不作为（即通过在事件发生中有影响力地"旁观"）造成危害结果。① 这种力量的使用在亲手实施犯罪的原型中最为明显，这就是为什么"行为支配者"是核心人物最显而易见的形象。②

二 "核心人物"实施的构成要件行为

由于立法者将构成要件的表述定位为基于常识的规范内化，可以假定，刑法分则单个构成要件的行为主体，是指向并精确指代这个核心人物，或主要人物的行为制造者的。但是，这不是罗克辛所提出理论的意义。根据其犯罪参与理论，刑法典的各个构成要件生动描述了犯罪流程核心人物的不同类型，行为不法作为中性的"符合构成要件的行为"，与核心人物的类型相匹配。③ 然而事实与以上见解正好相反，刑法分则中对构成要件的描述，已经包含实现个人不法时刻的构成要件行为本身。④ 并不是"客观的"行为不法的多层次归责过程产生了正犯，而是具体的构成要件行为本身产生了正犯。因此，必须有一个一般的正犯概念，这个概念在构成要件行为中对每种类型的犯罪都进行了定义，并将日常用语和立法术语中的核心人物作为构成要件行为的主体。⑤ 对于受明确性原则约束的刑法中的个人不法概念来说，对行为刑法的坚持不是教条主义，而是刑事归责必不可少的前提。

但是，如何将在构成要件行为中产生正犯概念的假说，与植根于我们的日常观点中作为行为创造者的一般正犯形象统一起来？这一形象显然是针对故意犯罪的不法类型量身定做，如果人们直接关注这样的构成要件行为，就不会提出使立法者必须为了法规接受者的利益用日常语言

---

① Wilfried Bottke, Täterschaft und Gestaltungsherrschaft. Zur Struktur von Täterschaft bei aktiver Begehung und Unterlassung als Baustein eines gemeineuropäischen Strafrechtssystems, 1992, 35 f.
② Bernd Schünemann, Grund und Grenzen der unechten Unterlassungsdelikt. Zugleich ein Beitrag zur strafrechtlichen Methodenlehre, 1971, S. 250, 285.
③ Wolfgang Schild, in: Neumann/Puppe/Schild (Hrsg.), Nomos-Kommentar zum Strafgesetzbuch, 1. Aufl., 1995, Vorbem. §§ 25 ff. Rn. 80, 170.
④ Claus Roxin, Täterschaft und Tatherrschaft, 9. Aufl., 2015, S. 25 f., 335 f.
⑤ Wolfgang Schild, in: Neumann/Puppe/Schild (Hrsg.), Nomos-Kommentar zum Strafgesetzbuch, 1. Aufl., 1995, Vorbem. §§ 25 ff. Rn. 79 ff.

描述构成要件，特别是针对正犯作为一个人的日常形象的明确性原则了吗？

这种困境实际上只是表面的。当人们根据希尔德的方法假设了具体、个人的符合构成要件的行为概念时，这个概念可以通过它所有的联系，以及日常社会生活用语的定位得到发展，这种困境就迎刃而解了。① 这种有条不紊的方法还具有决定性的优势，即在前规范正犯形象中创造的负担，并不会被带到法定的正犯形象当中。从与之相关的社会心理框架中，分离出针对核心人物的"符合构成要件的流程"，并且赋予其轮廓，这种负担被证明是很难克服的困难。在前规范的社会责任结构中，对符合构成要件的犯罪流程进行这样的分解，可能适合于对正犯进行前规范的建构，甚至构成其存在的根据。② 日常观点总是涉及历史、政治和道德的责任归因。但是，符合法治国要求的行为刑法，绝不能脱离法定的构成要件的范畴，然而如果人们只关注刑法前的正犯形象，脱离构成要件评价犯罪行为的危险就会作为趋势存在。③ 只有打破被日常观点预先评价的犯罪流程，并且将不法行为独立出来，然后再检查其构成要件符合性，犯罪才能在刑法上被确定，进而判断行为人应当承担的刑事责任。④

可能存在反对的意见，即明确性原则在这里与它背后标准内化的清晰化原则相对立：一方面，可以根据社会的日常用语，来表述在各个犯罪类型中典型的行为的具体个人概念；另一方面，与罪刑法定原则的直接联系，确保了对正犯的识别不会以与构成要件无关的社会责任归属而告终。即使在过失犯罪的构成要件行为中，前规范的正犯形象与故意犯罪的不法类型的中心含义也不一定与正犯一般概念的定位相对立。因为

---

① Wolfgang Schild, in: Neumann/Puppe/Schild (Hrsg.), Nomos-Kommentar zum Strafgesetzbuch, 1. Aufl., 1995, Vorbem. §§ 25 ff. Rn. 131 ff.
② Wilfried Bottke, Adolf Hitler und die Tötung von Eva Braun und Geli Raubal. Zugleich Versuch einer Personeröterung, in Grau/Wolf (Hrsg.), Gedächtnisschrift für Dieter Meurer, 2002, S. 65.
③ Wolfgang Schild, in: Neumann/Puppe/Schild (Hrsg.), Nomos-Kommentar zum Strafgesetzbuch, 1. Aufl., 1995, Vorbem. §§ 25 ff. Rn. 258 f.
④ Wolfgang Schild, in: Neumann/Puppe/Schild (Hrsg.), Nomos-Kommentar zum Strafgesetzbuch, 1. Aufl., 1995, Vorbem. §§ 25 ff. Rn. 258.

它还不应超出日常用语的范围，所以还要将有结果的过失的不法行为的主体称作"过失正犯"。[①] 但是，归根结底，这仅是术语问题，而且，尤其是在过失领域中偶尔关于"行为责任人"[②] 的措辞也表明，过失构成要件行为也必须作为一个具体的个人概念在法律上被发展。

第二节 归责视域下的正犯形象与前规范行为

一 法定、统一正犯概念的缺失

一般性的正犯概念通常处于构成要件行为中，这种方法与日常观点表面上存在紧张关系。但是仍然需要思考的是，据此得出的一般性的正犯概念与"正犯性和犯罪参与"通常描述下的正犯概念是什么关系，德国刑法第25条的有关规定可以提供有益的借鉴。

在德国刑法第25～31条的表述中，"参与"似乎蔓延至整个刑法典，也就是现行法律中的所有犯罪类型，并进行了统一规定。通过以下论证，可以发现事实并非如此。

（一）德国刑法第25条是故意犯罪行为一般正犯概念的具体化

德国刑法第25条没有规定所有犯罪类型的正犯概念，而是将故意犯罪的三种不同的正犯形式具体化。作为使用工具的形式，使用工具在日常用语中从一开始就只涉及积极的故意的行为："个人化的控制中心"[③]（一般叫作"意志"）设定了一个目标，并合理地确定了意图支配自我实现这个目标的方法。[④] 以故意杀人罪为例，这意味着，人们可以通过三种方式杀人，也就是"自己"、"通过他人"以及"和其他人一起"。

[①] Wilfried Bottke, Adolf Hitler und die Tötung von Eva Braun und Geli Raubal. Zugleich Versuch einer Personeröterung, in: Grau/Wolf (Hrsg.), Gedächtnisschrift für Dieter Meurer, 2002, S. 76.

[②] Wilfried Bottke, Täterschaft und Gestaltungsherrschaft. Zur Struktur von Täterschaft bei aktiver Begehung und Unterlassung als Baustein eines gemeineuropäischen Strafrechtssystems, 1992, 24 ff.

[③] Bernd Schünemann, Grund und Grenzen der unechten Unterlassungsdelikt. Zugleich ein Beitrag zur strafrechtlichen Methodenlehre, 1971, S. 235.

[④] Wolfgang Schild, in: Neumann/Puppe/Schild (Hrsg.), Nomos-Kommentar zum Strafgesetzbuch, 1. Aufl., 1995, Vorbem. §§ 25 Rn. 11.

因此，德国刑法第25条的规定规范了将一个行为作为构成要件行为归责的前提条件，即"简单的我故意"（"自己"）、"复杂的我故意"（"通过他人"）和"我们故意"（"共同的"）的行为模式。需要思考的是，故意犯罪的三种行为模式的规范化对其他的犯罪类型意味着什么。在我国刑法既未规定正犯概念，也未规定故意犯罪正犯形式的背景下，思考以上问题具有更加重要的理论意义。

（二）过失犯罪

乍看之下，过失犯罪（如我国《刑法》第133条规定的交通肇事罪）的犯罪构成并没有将上述意义上的行为进行归罪，而是指控了"通过过失"导致的结果。一般的没有考虑结果的行为，在我国《刑法》中没有直接入罪，但在德国刑法第276条第2款（为了在交通运输中使用获得伪造证件）中得到了初步规定，并在法律上统一被定义为忽视交通中必要的注意义务。这与法律制度的统一性原则相对应，即"曾经的立法者"在德国刑法第25条中没有考虑到过失犯罪。

后者也可以通过改革的历史来证明：当时流行的不法理论仅在结果由个人导致中发现了过失犯罪的本质，这就是为什么不同类型的不法行为的区分从一开始就表现为过时的。[1] 这应该不取决于行为表达（因为在法律上是中立的）。[2] 齐林斯基（Zielinski）证明了这一点并不完全一致：法律上的注意义务只能被理解为从属义务，人们实施没有注意的行为就构成了注意义务的违反。[3] 违反注意义务的行为是指行为人没有注意到与计划相关的在行为时应该遵守的注意义务，因此，过失犯罪的个人行为不法总是存在于具体、故意的基础行为当中。[4]

例如，在我国刑法的语境下，若依法配备公务用枪的甲将用来保障

---

[1] Wolfgang Schild, in: Neumann/Puppe/Schild (Hrsg.), Nomos-Kommentar zum Strafgesetzbuch, 1. Aufl., 1995, Vorbem. §§ 25 Rn. 66 m. 34 ff.

[2] Wilhelm Gallas, Die moderne Entwicklung der Begriffe Täterschaft und Teilnahme im Strafrecht, in: Mezger, Edmund u. a. (Hrsg.), Deutsche Beiträge zum VII. Internationalen Strafrechtskongreß in Athen vom 26. September bis 2. Oktober 1957, ZStW Sonderheft Athen, 1957, 3 (18).

[3] Vgl. Diethart Zielinski, Handlungs-und Erfolgsunwert im Unrechtsbegriff. Untersuchungen zur Struktur von Unrechtsbegründung und Unrechtsausschluss, 1973, S. 152 ff.

[4] Günther Jakobs, Strafrecht Allgemeiner Teil. Grundlagen und die Zurechnungslehre, 2. Aufl., 1991, S. 6.

安全的枪支随意乱丢乱放,乙将该枪拿去玩了两天后,偶遇仇人丙,并用枪打伤了丙。甲未参与乙的行为计划,不会因为乙的故意伤害行为承担刑事责任。但实际上,甲违反枪支管理规定,丢失枪支不及时汇报,导致严重危害后果发生,涉嫌丢失枪支不报罪。之所以为依法配备公务用枪的甲设置"前置"注意义务,在于预防危害结果发生。该示例并不意味着我国刑事立法例外承认过失的帮助犯,① 而是表明在过失犯领域难以确立"责任自担"或"普遍的溯责禁止"原则。由于在过失犯领域存在以防止他人过失为目的的注意义务,人们原则上不会为其他人"独立的行为"负责的定律已被打破。

除此之外,在客观上,溯责禁止的学说不能令人满意地解释由它假定的对先前和之后行为人的不平等待遇:为什么那些被普遍禁止从事某些行为(例如,参加非法的街头比赛)的人,能因为第三人自主决定违反禁止规范、受到行为激励的事实而获益?② 然而,正如普珀(Puppe)正确意识到的那样,这将导致像"狗只会咬后面的人"这样粗糙的而且仅仅是外部的原则,这一原则与公正的价值决定没有任何关系。③ 因此如果人们拒绝这种过时的区分,那么除个人义务外就没有其他东西需要被界定了。

但是,特别是由于实践原因,在数个过失行为共同导致法益侵害的情形中,单独过失行为与法益侵害结果间的因果关系难以确定,产生了是否可以考虑"过失共犯"的问题。就此,可以思考以下两个案例。

例一:甲和乙在山坡上一起用力推动一块很重的石头,这块石头意外砸中了从山下经过的丙,导致丙死亡。根据传统的过失犯理论,甲和乙各自实施了违反注意义务的行为,二者的行为导致了危害结果发生,不需要过失共犯的结构也可以分别完成对二人的结果归责。④

例二:甲和乙漫不经心地玩游戏,每人推动一块石头,但只有一块

---

① 参见李世阳《共同过失犯罪研究》,浙江大学出版社,2018,第135页。
② Ingeborg Puppe, in: Neumann/Puppe/Schild (Hrsg.), Nomos-Kommentar zum Strafgesetzbuch, 1. Aufl., 1995, Vorbem. §§ 13 ff. Rn. 179 ff.
③ Ingeborg Puppe, in: Neumann/Puppe/Schild (Hrsg.), Nomos-Kommentar zum Strafgesetzbuch, 1. Aufl., 1995, Vorbem. §§ 13 ff. Rn. 181.
④ Rolf-Dietrich Herzberg, Täterschaft und Teilnahme. Eine Systematische Darstellung anhand von Grundfällen, 1977, S. 72.

石头砸中了从山下经过的丙，导致丙死亡。此时，问题就产生了。关于这个例子，存在两种不同的情形。其一，如果可以证明甲或乙的石头砸中了丙，那就只用判断，是否可以将风险的制造和法益的损害归责于甲和乙。答案是肯定的。如果双方事前都同意一起玩游戏，直接的结果制造者通过一起玩游戏的合意，产生了推下石头的动机。而相应的游戏参与者同意参与游戏，才触发了游戏的竞争，制造了违反注意义务的结果。因此，当甲或乙直接导致危害结果发生时，双方的举止均违反了注意义务，应当就危害结果的发生对双方进行归责。其二，如果未能查清是谁推下的石头致丙死亡，那么根据存疑有利于被告人的原则，由于缺少各自因果关系的证明，似乎不应将结果归责于甲和乙的行为。许多人认为此种观点难以接受，这也是近年来的刑法学文献中，清晰的过失共犯的法律形象越来越被广泛认可的原因所在。尤其是考虑到现代社会分工的复杂性，这一法律形象被接受的难度显著下降。然而，如果可以查明行为人是被对方激励去参与这一推石头的危险游戏，那么至少可以根据游戏参与者违反注意义务的关联行为对其提起诉讼，并不需要这种过失共犯形象。因为行为人要么自己推了致受害人死亡的石头，要么答应一起玩游戏从而导致了直接造成结果的行为发生。

在上述两种情形中，都存在一个违反注意义务的行为。之所以可以将危害结果归责于这个行为，前一情形中是因为行为直接导致了结果，后一情形中是因为行为人答应一起做游戏。相反，如果不能证明行为人之间存在共同游戏的合意，那么根据存疑有利于被告的原则，就必须排除对结果的归责。共同正犯的意义并不是替代结果归责对因果关系的证明要求。① 在例二的第二种情形中，通过承认合法则条件说意义上"造成结果最低限度的条件"，可以较好地解释行为人违反注意义务与法益侵害结果之间的因果关系。②

因此，援引故意犯罪正犯的行为模式要么已经不必要了，要么不可能了，否则会破坏一般原则。如德国刑法第25条规定的故意犯罪正犯的行为方式，并不涉及违反注意义务的行为。因此，将单一正犯概念适用

---

① Ingeborg Puppe, Wider die fahrlässige Mittäterschaft, GA 2004, S. 129 ff.
② Urs Kindhäuser, Gefährdung als Straftat. Rechtstheoretische Untersuchungen zur Dogmatik der abstrakten und konkreten Gefährdungsdelikte, 1989, S. 83.

于过失犯应当是可行的。①

(三) 故意的（不纯正）不作为犯罪

因此，德国刑法第25条规定的"正犯性"的表现形式，代表了故意犯罪行为的三种不同类型。必须思考的是，是否应该以及怎样将德国刑法第25条的内容，与故意的（不纯正的）不作为犯罪的行为不法联系起来。毕竟，在这方面也可以考虑根据"社会犯罪领域"中的地位进行划界。但是，应该指出的是，并非总是在"正犯性与犯罪参与"这一关键词下来讨论故意的（不纯正的）不作为犯罪的正犯判断标准，而更多是与这种犯罪类型的法律规定相联系。②

因此，德国刑法第13条的法条表述是明智的，其标题为"通过不作为实施"，并且使用了"实现构成要件"的刑法术语。许多迹象表明，法律对（不纯正的）不作为的具体化说明是不一致的，并因此排除了通过不作为的参与。因为德国刑法第13条在体系上位于第25条之前，并且对于"实施"这一术语，法定标题是不加区分地适用于与作为相当的不作为的全部法规素材。从中，人们可以从法律体系的立场看到，法律上犯罪参与的术语在刑法领域实现了具体化。它在结构平等的层面，在技术上排除了"教唆"和"帮助"对故意不纯正不作为犯的适用。

若参考德国刑法第13条这样的特别法，③ 那将不得不看到教义学上的（不一定也是价值论上的）不法行为，在结构上故意的保证人不作为等同于积极作为的正犯。基于对违反义务的不作为行为不法的解释，无论如何都很明显，如果个人的行为必要性始终与作为事实的法益危害直接相关，并且"仅"要求有行为义务的人尽最大努力阻止结果发生，那么相关的不作为必然始终被视为单独犯罪。④ 因此，德国刑法第13条第

---

① Wilhelm Gallas, Die moderne Entwicklung der Begriffe Täterschaft und Teilnahme im Strafrecht, in: Mezger, Edmund u. a. (Hrsg.), Deutsche Beiträge zum VII. Internationalen Strafrechtskongreß in Athen vom 26. September bis 2. Oktober 1957, ZStW Sonderheft Athen, 1957, 3 (18).

② Wolfgang Schild, in: Neumann/Puppe/Schild (Hrsg.), Nomos-Kommentar zum Strafgesetzbuch, 1. Aufl., 1995, Vorbem. §§ 25 Rn. 66.

③ Klaus Hoffmann-Holland, Die Beteiligung des Garanten am Rechtsgutsangriff. Zur Abgrenzung von Täterschaft und Beihilfe durch Unterlassen, ZStW 118 (2006), S. 118, 620.

④ Armin Kaufmann, Die Dogmatik der Unterlassungsdelikte, 1959, S. 186.

1款的处罚规定在很大程度上与第25条的行为标准相关，并且以保证人不作为与作为犯罪的构成要件相当为前提条件。这种解读是经过历史检验的，在1975年德国刑法总则的改革中，立法者删除了在1962年第13条中拟定的最终版本的一般参与原则（"作为正犯还是犯罪参与者"）。①

然而，仍然需要注意的是，德国立法者将在1962年版本中拟定的参与规范（"作为正犯还是犯罪参与者"）从德国刑法第13条中删除，就是为了不介入教义学上的争论，即在不作为犯罪领域是否可以区分正犯和犯罪参与。② 鉴于这种"中立的保留态度"，人们就不能说，曾经的德国立法者不容置疑地将德国刑法第13条排除在正犯-参与者体系之外。因此，至少可以简短地提出在不作为领域是否也无法区分正犯与犯罪参与的疑问。如果可以，那将是十分有意义的。这主要提出了不作为的事实结构和故意犯罪正犯的行为方式能否兼容的问题，在这方面，以下内容可以先得到证实。

1. 间接正犯中的不作为？

间接正犯的不作为，也就是某人"通过他人"不作为，在日常用语中是不可能的。③ 这样一个"类似于工具使用"④ 的词，从一开始就只可能存在于法律专业术语中。然而它明显与不作为的事实结构背道而驰：与社会相关的不作为只有在某人让某些事发生时才有意义，⑤ 这些事他本可以根据自己对事实的推断防止发生（通过对某种干预行为的不作为来故意允许状态发生变化），但是"我"不能"通过他人"放弃实施这样一种救助行为。⑥

如果可以的话，就只能根据法定的犯罪参与类型，使德国刑法第25条第1款的第二种行为方式的规定适用于不作为。然而与第25条第1款的第二种行为方式相关的不作为，不是不作为的间接正犯，而是对"间

---

① Vgl. BT-Drucks, V/4095, S. 8.
② Vgl. BT-Drucks, V/4095, S. 8.
③ Wolfgang Schild, in: Neumann/Puppe/Schild（Hrsg.）, Nomos-Kommentar zum Strafgesetzbuch, 1. Aufl., 1995, Vorbem. §§ 25 Rn. 214.
④ Hans-Jörg Schwab, Täterschaft und Teilnahme bei Unterlassungen, 1996, S. 223.
⑤ Hans-Jörg Schwab, Täterschaft und Teilnahme bei Unterlassungen, 1996, S. 223.
⑥ Armin Kaufmann, Die Dogmatik der Unterlassungsdelikte, 1959, S. 117 ff.

接正犯性"的救助行为的不作为。① 毫无疑问,这些行为可能是一般命令规范的对象。例如,根据德国刑法第 138 条的规定,瘫痪的人只能通过将小孩送至电话旁来履行举报的职责。② 但是,不实施这样一种"间接正犯性"的救助行为并不是间接正犯的不作为。从这个意义上说,行为人自己也没有意识到:如果瘫痪的人没有把孩子送到电话旁,那么他将把他的行为视为自己的故意允许行为,而不是"通过"孩子来实施的复杂的不作为。

将这种情况和间接正犯进行同等评价也是不合适的:从价值论上来讲,这不是将"行为支配"者不履行救助义务视为不作为正犯,从不作为的"救助参与"中予以排除的问题,这是因为该行为义务人通常"仅"被敦促来启动或支持他人的(主要是医生的)救助职能。③ 因此,命令规范一直只要求行为人尽自己所能,以启动有成功希望的救助措施。如果不实施被认为可以实施的救助措施,这种不作为就在结构上相当于被否认的行为:必须采取救助措施,与违背必要性地不采取这种措施相关联。简而言之,通过不作为的故意的容许总是成立单独正犯。

这些情况的分类涉及一个特殊问题,即其中有人为了阻碍救助人员原本打算的或已经实施的利益保护,而去强迫或者欺骗救助人员。这种情况不应被评价为"通过作为的不作为",④ 而是直接的作为犯罪。相反,单纯"降低必要性实现"的情形也应评价为不作为的教唆。⑤

2. 共同正犯中的不作为?

共同正犯中的不作为从语言上来看是完全可能的,即约定实施一个指向共同不作为的"不作为计划"。⑥ 然而,对不作为的事实逻辑结构的援引在这里提出一个问题,人们怎样以分工合作的方式实现不作为。人们可以正当地同时不实施特定干预行为所必需的分工(即一致不实施

---

① Armin Kaufmann, Die Dogmatik der Unterlassungsdelikte, 1959, S. 89.
② Armin Kaufmann, Die Dogmatik der Unterlassungsdelikte, 1959, S. 186.
③ Armin Kaufmann, Die Dogmatik der Unterlassungsdelikte, 1959, S. 186 ff.
④ Armin Kaufmann, Die Dogmatik der Unterlassungsdelikte, 1959, S. 194.
⑤ Armin Kaufmann, Die Dogmatik der Unterlassungsdelikte, 1959, S. 191 ff.
⑥ Wolfgang Schild, in: Neumann/Puppe/Schild (Hrsg.), Nomos-Kommentar zum Strafgesetzbuch, 1. Aufl., 1995, Vorbem. § § 25 Rn. 216.

"共同"的救助行为),① 但是这种"达成共识的容许"最多只能被视为一种结构,即在这一场合只能通过共同的行为来实现救助,否则每个人都无法实施可能的救助行为。② 在这一场合,仅通过几个人的积极合作就可以避免侵害法益,并且参与者也意识到了这一点(例如,埋葬受害者的重物只能由两个人一起移动)。但是,这里出现的问题并不涉及共同正犯的行为人,而是可以对每个个人的不作为进行惩罚的两个先决条件:一方面是个人事前的行为能力,另一方面是导致损害结果的每个单独不作为的因果关系。③

当然,在不作为犯归责体系中必须解决两个问题,即确定义务来源和查明因果关系。如果人们通过采用不作为共同正犯的理论方案来摆脱这些待解决的问题,以这样的方式来掩盖明确的体系规定,必然不可避免地导致犯罪体系结构的矛盾。因为原则上,在不作为领域中,共同正犯也是以每个人对结果的贡献的因果关系(根据主流观点,即必要救助行为的假定的因果关系)为前提条件。④ 因此因果关系不能用共同正犯来证明,相反,共同正犯的成立必须建立在个人贡献的因果关系上。当然,在个别情况下,是否能够以及如何证明这种因果关系是另一回事。然而无论如何,这都是一个涉及因果关系自身的问题。这些应该在其他地方讨论。⑤ 应用合法则的因果关系有助于解决上述问题,既能克服传统因果关系判断中教条主义的缺点,又能避免产生新的问题。

事前的结果避免可能性的问题,也可以在不援引不作为共同正犯的情况下得到解决。对于单个行为人来说,通过不作为导致结果发生的、基础的故意容许行为总是(已经)存在,即当他事前采取的干预措施提

---

① Armin Kaufmann, Die Dogmatik der Unterlassungsdelikte, 1959, S. 89.
② Claus Roxin, Strafrecht Allgemeiner Teil II, 2006, § 31 Rn. 173.
③ 如果事后查明某人没有协助他人,那他是否可以以没有反对合法替代行为为由被减轻罪责。Vgl. Ingeborg Puppe, in: Neumann/Puppe/Schild (Hrsg.), Nomos-Kommentar zum Strafgesetzbuch, 1. Aufl., 1995, Vorbem. §§ 13 ff. Rn. 104. 108, 120 ff.
④ Ingeborg Puppe, in: Neumann/Puppe/Schild (Hrsg.), Nomos-Kommentar zum Strafgesetzbuch, 1. Aufl., 1995, Vorbem. §§ 13 ff. Rn. 94; dies, Wider die fahrlässige Mittäterschaft, GA 2004, S. 129, 131.
⑤ Ingeborg Puppe, Der Erfolg und seine kausale Erklärung im Strafrecht, ZStW 92 (1980), S. 906 ff.; dies, in: Neumann/Puppe/Schild (Hrsg.), Nomos-Kommentar zum Strafgesetzbuch, 1. Aufl., 1995, Vorbem. §§ 13 ff. Rn. 124.

供了结果避免的原则上的可能性时。① 因此义务人也必须变得主动起来，如果他预测到有第三人不作为的干预，并且根据他自己无法（或者认为不能够）改变的充分条件，认为结果很有可能发生。② 只有在结果发生之前就已经确定了独立于正犯行为的结果条件时，才考虑免除个人的行为义务，这首先是由一般规范效力的假设所致。③ 除此之外，事前的行为能力在积极作为领域也不应超出原则上的支配能力。④ 因此在不作为领域，这只取决于（通过不作为的）故意的容许行为原则上导致结果的能力。

3. 保证人违反保证义务的不作为

对于保证人尽管有着公认的行为能力，仍未阻止行为人实施损害法益的行为，如何评价此类情形仍存在很大争议。若专注于作为义务来源的教义学前提，则可以准确解析保证人不作为的规范内涵：行为人的侵害行为构成一种危险，如果保证人有能力采取行为或回避，则他必须阻止这种危险。如果保证人有能力采取阻止法益侵害危险的行为，那么允许侵害法益的责任就应当归属于他。保证人的作为义务不来自行为人的构成要件行为，而是他必须采取措施阻碍法益侵害结果的实现：从另一方面来说，不作为的保证人通过使法益陷入不受保护的状态，应该和行为人一样对侵害法益的行为负责。⑤

因此，作为正犯，通过自身的行为支配，阻碍不作为的保证人"直接"造成结果，这一仍然普遍存在的观点从一开始就是值得商榷的。⑥ 保证人要么有能力采取履行其义务所必需的行为——那样他就构成了单

---

① Ingeborg Puppe, in: Neumann/Puppe/Schild (Hrsg.), Nomos-Kommentar zum Strafgesetzbuch, 1. Aufl., 1995, Vorbem. §§ 13 ff. Rn. 124.

② Ingeborg Puppe, Der Erfolg und seine kausale Erklärung im Strafrecht, ZStW 92 (1980), S. 863, 907.

③ Ingeborg Puppe, Der Erfolg und seine kausale Erklärung im Strafrecht, ZStW 92 (1980), S. 863, 907; dies, Ingeborg Puppe, in: Neumann/Puppe/Schild (Hrsg.), Nomos-Kommentar zum Strafgesetzbuch, 1. Aufl., 1995, Vorbem. §§ 13 ff. Rn. 124.

④ Wolfgang Schild, in: Neumann/Puppe/Schild (Hrsg.), Nomos-Kommentar zum Strafgesetzbuch, 1. Aufl., 1995, Vorbem. §§ 25 Rn. 137 ff.

⑤ René Bloy, Anstiftung durch Unterlassen? JA 1987, S. 492 f; Claus Roxin, Strafrecht Allgemeiner Teil II, 2006, § 31 Rn. 141.

⑥ 关于这一观点参见 Willhelm Gallas, Strafbares Unterlassen im Fall einer Selbsttötung, JZ 1960, S. 686。

独的不作为犯罪，要么由于作为犯的优势不能避免法益侵害——那样他就完全没有作为义务，因此也不会产生不作为犯罪参与的问题。[1] 不作为保证人和积极的作为正犯之间的共同犯罪结构也是如此：如果保证人和作为的正犯商定，保证人放弃他的损害能力，则保证人和该作为的正犯之间的协议不构成共同的行为决定，而仅是确认保证人个人放弃实现他对法益侵害因果流程的干预力。[2]

通过不作为实施的故意的容许行为，其不作为决定的原始结构是一致的，[3] 且只与原始的结果避免义务相联系。在不作为领域缺少实质的衍生作为义务和与之相应的容许行为。但是，如果一般的举止规范体系没有附加规则，就不宜在教义学上主张"具备从属性的保证人不作为"[4]的观点。如果人们始终在教义学上错误地把保证人义务看作结果避免义务，那么人们就无法在不作为领域制定一般的从属性规则。[5]

然而，在刑法文献中早就有探索性的观点，尝试将不作为领域正犯和犯罪参与的区分，与根据不同保证人地位的保护方向进行的功能性区分统一起来：为直接和全面地保护法益而被任命的保护保证人一直是正犯，而有义务监管特定危险源的监督保证人通常只是帮助犯。[6] 但是，这种划分在举止规范层面是不切实际的，因为每个具体的保证人义务都必须在决定性的时间点实现法益保护，并因此客观上构成原始的结果避免义务。[7]

---

[1] Armin Kaufmann, Die Dogmatik der Unterlassungsdelikte, 1959, S. 24 f; René Bloy, Anstiftung durch Unterlassen? JA 1987, S. 490; Joachim Renzikowski, Restriktiver Täterbegriff und fahrlässige Beteiligung, 1997, S. 32.

[2] Wolfgang Schild, in: Neumann/Puppe/Schild (Hrsg.), Nomos-Kommentar zum Strafgesetzbuch, 1. Aufl., 1995, Vorbem. §§ 25 Rn. 217.

[3] Armin Kaufmann, Die Dogmatik der Unterlassungsdelikte, 1959, 186 f.; René Bloy, Anstiftung durch Unterlassen? JA 1987, S. 490, 493.

[4] René Bloy, Anstiftung durch Unterlassen? JA 1987, S. 490, 493.

[5] René Bloy, Anstiftung durch Unterlassen? JA 1987, S. 490, 493.

[6] Rolf-Dietrich Herzberg, Täterschaft und Teilnahme. Eine Systematische Darstellung anhand von Grundfällen, 1977, S. 259 ff.; Bernd Schünemann, Grund und Grenzen der unechten Unterlassungsdelikt. Zugleich ein Beitrag zur strafrechtlichen Methodenlehre, 1971, S. 377.

[7] Armin Kaufmann, Die Dogmatik der Unterlassungsdelikte, 1959, S. 297; Hans-Jörg Schwab, Täterschaft und Teilnahme bei Unterlassungen, 1996, S. 399; René Bloy, Anstiftung durch Unterlassen? JA 1987, S. 391 f.; Claus Roxin, Täterschaft und Tatherrschaft, 9. Aufl., 2015, S. 509.

4. 真正从属性的不作为

尽管不作为具有统一的原始不法结构，但是，仍然存在某些类型的"真正从属的"[①] 容许行为，这些行为并不对应于与作为犯构成要件直接相关的、保证人命令规范创设的构成要件。

首先，亲手作为犯就是这样。通过不作为来容许这种犯罪，在很大程度上取决于行为人亲手实施这种作为的犯罪行为。[②] 但是这绝不意味着不作为的单一正犯式不法结构理论[③]要被迫接纳对保证人有罪不罚的现象。[④] 因为在亲手作为犯的情况中，人们把与行为实施密不可分的实质法益妨害与安宁状态的扰乱看作每个构成要件的外部"结果"，[⑤] 这样就打开了德国刑法第13条的应用领域。进一步假设，若第13条第1款第二个主句关于不作为犯罪的规定不再要求与主动的保证人协助相适应的行为无价值，那么该规定就可以轻易地被归入亲手作为犯的容许行列，从而产生了不作为正犯。[⑥] 当然，如果不作为保证人实施了与协助等同的制裁规范创设的构成要件，那就必须考虑到没有与行为相关的具体的正犯。然而通过第13条第1款第二个主句中有利于正犯的类推，很容易发生这种情况。据此，违反义务没有制止第三人醉酒驾驶的保证人，会因为他容许醉驾的不作为而受到惩罚。

这同样适用于与法益相关的、违反保证人义务的容许，尤其适用于不制止第三人盗窃的情形。如果人们观察商店保安故意允许别人偷东西这一典型情况，就会发现这里缺少一个等同于作为的保证人构成要件：保证人为保护财产而进行干预的义务，逻辑上取决于行为人非法获取财产的企图。[⑦] 保证人必须阻止第三人侵占财产的企图实现，这就是为什么使他有义务的要求是第三人行为的衍生物。但是人们也可以将受行为

[①] Gerald Grünwald, Die Beteiligung durch Unterlassen, GA 1959, S. 110.
[②] Armin Kaufmann, Die Dogmatik der Unterlassungsdelikte, 1959, S. 629 ff.
[③] Armin Kaufmann, Die Dogmatik der Unterlassungsdelikte, 1959, S. 300, 302.
[④] Claus Roxin, Täterschaft und Tatherrschaft, 9. Aufl., 2015, S. 495.
[⑤] Günther Jakobs, Strafrecht Allgemeiner Teil. Grundlagen und die Zurechnungslehre, 2. Aufl., 1991, S. 2, 29.
[⑥] Gerald Grünwald, Die Beteiligung durch Unterlassen, GA 1959, S. 110; Armin Kaufmann, Die Dogmatik der Unterlassungsdelikte, 1959, S. 300 ff.; Claus Roxin, Täterschaft und Tatherrschaft, 9. Aufl., 2015, S. 510 ff.
[⑦] Urs Kindhäuser, Hollerbach FS, 2001, S. 451, 454.

人威胁的财产丧失看作盗窃犯罪"（具体的危害）结果"，这样，第13条就能适用于对盗窃犯罪违反保证人义务的容许。按照这种方式，就实现了第13条第1款第二个主句要求的、与主动的保证人协助等价的行为无价值，不作为就是可罚的。通过引用德国刑法第27条有关帮助犯的规定，就能将不作为的保证人缺少侵占财产的意图纳入考量。据此，不制止第三人盗窃行为的保证人，就会因为通过不作为容许他人盗窃而受到惩罚。

最后，也可以设想一类特殊情况，即监督保证人不阻止由他监管的第三人实施特定的参与行为。这种情况下就只能以监督保证人对相应参与行为的容许为归责对象，因为监督保证人仅负责在他的保证义务范围内阻止犯罪行为，而不是保护受害人免受第三人行为的伤害。例如，如果父亲没有阻止他未成年的儿子实施盗窃，那他就容许了这个行为发生；然后他没能阻止盗窃行为，则应根据不纯正不作为犯的法理，承担盗窃罪的刑事责任。[1] 如果父亲不阻止他的儿子为诸如人身伤害的犯罪行为提供帮助，则同样适用：父亲在这里也是"对帮助犯的不作为的正犯"，基于义务的单一正犯原则在这里也保持不变。特殊性仅在于，要禁止的行为本身就是具备从属性的行为。

二 刑法中的"归责"概念

鉴于法定、统一正犯概念的不可得，对于犯罪参与体系中的区分归责，其核心基点便应当从正犯转向行为，在归责视域中厘清前规范的行为概念，从而厘定构成要件行为的规范内涵，进而在具体构成要件中区分正犯与犯罪参与者的行为不法类型，首待厘清的是"归责"概念。

我国学界通常在结果归责的意义上使用"归责"，以与结果归因相区分。[2] 这与我国学界通过客观归责理论继受"归责"概念有直接关系，但这样的理解失之片面。与犯罪行为评价相关的"归责"概念具体指"否定性的规范归责"（missbilligende normative Zurechnung），也就是"对

---

[1] Claus Roxin, Strafrecht Allgemeiner Teil II, 2006, § 26 Rn. 87.
[2] 主观和客观归责概念在我国学界均是在这个意义上被使用，参见陈璇《论主客观归责间的界限与因果流程的偏离》，《法学家》2014年第6期；庄劲《客观归责还是主观归责？——一条"过时"的结果归责思路之重拾》，《法学家》2015年第3期。

行为人蔑视了刑法规范（命令或禁止）的判断"①，是构建行为不法内涵与作为规范主体的行为人之间规范连接的过程。② 在自鲍姆加顿（Baumgarten）与康德（Kant）以来的道德哲学的语境下，这一过程包括确定行为（作为待归责的对象）是行为人所为，以及该行为为刑法规范所禁止。前者是事实归责（imputatio facti），后者是规范归责（imputatio iuris）。前者要求行为应为行为人的意志支配，③ 后者要求刑法规范（Norm）对行为的禁止，两者共同构成了归责的理由。④ 而在刑法教义学语境中，为了统合"归责"的概念，只能严格区分归责定义与归责对象，将"行为人蔑视了刑法规范"化约为"规范违反"⑤（Normverstoß）。这意味着，刑法规范对行为的禁止成为归责的唯一理由，而归责对象限于刑法规范的内容。

三　归责视域下的行为论之争

长期以来，"存在—规范"被视为刑法教义学中行为论发展的主线。⑥随着犯罪论体系的完善，行为论虽通说难定，但已基本实现构成要件，即归责标准的规范化，有关行为的争议被逐渐消解于有关具体构成要件要素的探讨中。基于归责理由的区分，也就是对犯罪参与行为的归责仅凭刑法规范禁止（可避免的客观结果引起）便足够，还是需要被刑法规范禁止的行为受行为人意志支配从而能归属于该行为人为依据，下文拟

---

① Vgl. Stephan Ast, Handlung und Zurechnung, 2019, S. 21.
② Vgl. Niklas Luhmann, Grundrechte als Institution. Ein Beitrag zur politischen Soziologie, 1965, S. 63.
③ 鲍姆加顿与康德对归责的定义分为"常态归责"（ordentliche Zurechnung）和"非常态归责"（außerordentliche Zurechnung）。前者以受自由意志支配的行为为对象，是归责的常态；后者以过失行为为对象，是归责的例外。Vgl. Alexander Gottlieb Baumgarten, Initia philosophiae practicae primae acroamatice, Halle, 1760, § 125, S. 81 f. Übersetzung von Alexander Aichele, Enthymematik und Wahrscheinlichkeit. Die epistemologische Rechtfertigung singulärer Urteile in Universaljurisprudenz und Logik der deutschen Aufklärung: Christian Wolff und Alexander Gottlieb Baumgarten, Rechtstheorie, Bd. 42, 2011, S. 503 f; Immanuel Kant, Metaphysische Anfangsgründe der Rechtslehre. Metaphysik der Sitten, Erster Teil, hrsg. Von Bernd Ludwig, 3. Aufl., 2009, S. 25.
④ Vgl. Stephan Ast, Handlung und Zurechnung, 2019, S. 205.
⑤ Vgl. Werner Hardwig, Die Zurechnung: Ein Zentralproblem des Strafrechts, 1957, S. 121.
⑥ 参见陈兴良《行为论的正本清源——一个学术史的考察》，《中国法学》2009年第5期。

梳理行为论的发展脉络，尝试重新分离作为归责对象的行为与作为归责标准的构成要件，以厘清作为归责对象的事实性参与行为的概念。

在归责理由的视角下，看似"毫无共识"的行为论诸学说，其实分别处在以因果行为论（Kausale Handlungslehre）与目的行为论（Finale Handlungslehre）为分野的理论框架内。首先考察因果行为论范畴内的诸学说，传统上被视作因果行为论代表的主要有李斯特（Liszt）、贝林（Beling）与拉德布鲁赫（Radbruch），三者都将犯罪行为界定为违法且有责的构成要件实现，实现构成要件的是行为。在这一前提下，李斯特将行为定义为基于人之所欲、对外部世界的改变，经过三阶层犯罪论体系的评价后成为犯罪行为；[1] 贝林则用构成要件符合性取代行为成为犯罪论的核心，认为它是刑法中行为的基本特征，具备后才能认定行为的违法性和有责性；[2] 拉德布鲁赫虽然给予了行为"与结果存在因果关联的身体动静"[3] 的定义，但后来直接否定了行为概念存在的独立价值，将之作为构成要件实现的时刻，认为与刑法有关的行为"从一开始就是融入构成要件的社会生活中的事件"[4]。

在分离归责对象与标准的认识基础上，可以看到，因果行为论的核心内容不是作为归责对象的行为，而是作为归责标准的犯罪（行为）论体系。所谓因果行为论实际上是因果犯罪论，刑法规范的禁止是归责的唯一理由，不考虑行为人的主观意志。[5] 那么，脱离构成要件对因果行为论进行的批判难言妥当。因果行为论语境下刑法中的行为是"造成符合描述答责性的构成要件的流程的举止"[6]，其实就是构成要件实

---

[1] Vgl. Franz v. Liszt, Lehrbuch des deutschen Strafrechts, 22. Aufl., 1919, S. 116 ff.
[2] Vgl. Ernst Ludwig v. Beling, Die Lehre vom Tatbestand, in: Hegler/August (Hrsg.), Festgabe für Reinhard von Frank, 1930, S. 9 ff.
[3] Gustav Radbruch, Der Handlungsbegriff in seiner Bedeutung für das Strafrechtssystem. Zugleich ein Beitrag zur Lehre der rechtswissenschaftlichen Systematik, 1904, S. 75.
[4] Gustav Radbruch, Zur Systematik der Verbrechenslehre, in: Hegler/August (Hrsg.), Festgabe für Reinhard von Frank, 1930, Bd. 1, S 161 f.
[5] 李斯特就将"故意"表述为"伴随对属于法定构成要件全部行为情状意思确证（Willensbestätigung）的认识"。Franz v. Liszt, Lehrbuch des deutschen Strafrechts, 22. Aufl., De Gruyter, 1919, S. 163.
[6] Urs Kindhäuser, Günther Jakobs und Hans Welzel, in: Kindhäuser, Urs u. a. (Hrsg.), Strafrecht und Gesellschaft, 2019, S. 164.

现,① 将之界定为刑法规范所禁止的结果引起并无不妥。但基于构成要件符合性是刑法中行为的本质特征,这一源自贝林的错误认知,构成要件(归责标准)所具备的界限、定义和结合功能被赋予了行为(归责对象),② 这极大阻碍了对行为内涵的探索。正如前文所指出的,刑事归责的对象是事实性行为,无须把构成要件的功能强加给它。

以此观之,因果行为论将选定作为刑事归责对象的行为视为事实判断而非规范评价的方向并无偏差。在归责标准上,此后的人格行为论、社会行为论与否定行为论并未脱离因果犯罪论体系,但以寻找具备界限、定义和结合功能的行为概念为追求,开启了作为归责对象的行为内涵的规范化尝试,试图为确定作为归责对象的行为提供"客观"标准。然而,人格行为论将行为理解为行为人的人格表达,③ 社会行为论将具有社会意义的身体动静理解为行为,④ 否定行为论将结果的回避可能性,确切地说是结果引起与对阻止结果发生的不作为的回避可能性理解为行为,⑤ 三者均无法脱离构成要件厘定行为概念的外延,难以实现其理论追求,最终与作为归责标准的构成要件相混同,⑥ 既让行为概念失去了独立意义,也消除了厘清其内涵的可能。

返本溯源,因果行为论的核心不是界定作为归责对象的事实性行为,而是通过"构成要件实现"描述行为人在合法与不法的行为选项中作出的实施不法行为的选择,以此作为归责结果,对行为人作出这一选择的目的,以及如何作出这一选择在所不问。但这样一来,归责的理由只有

---

① Gustav Radbruch, Der Handlungsbegriff in seiner Bedeutung für das Strafrechtssystem. Zugleich ein Beitrag zur Lehre der rechtswissenschaftlichen Systematik, 1904, S. 162.
② Vgl. Werner Maihofer, Der Handlungsbegriff im Verbrechenssystem, 1953, 6 ff.
③ Vgl. Claus Roxin, Strafrecht Allgemeiner Teil I, 2006, § 8 Rn. 44 ff.
④ Vgl. Eberhard Schmidt, Soziale Handlungslehre, in: Bockelmann, Paul u. a. (Hrsg.), Festschrift für Karl Engisch, 1969, S. 341 ff, 350 f.
⑤ Vgl. Günther Jakobs, Studien zum fahrlässigen Erfolgsdelikt, 1972, S. 19.
⑥ 人格行为论与社会行为论视域下刑法中的行为概念通常直接由构成要件限定,否定行为论视域下刑法中的行为概念则由具体社会语境下行为人个体的"意义表达"(Sinnausdruck),即"行为人通过具体构成要件实现所体现、对所关联刑法规范的否认"限定,都离不开用构成要件定义行为的"规范"意义。Vgl. Claus Roxin, Strafrecht Allgemeiner Teil I, § 8 Rn. 75; Stephan Ast, Handlung und Zurechnung, 2019, S. 118; Günther Jakobs, System der strafrechtlichen Zurechnung, 2012, S. 23.

对结果引起的禁止,缺乏对结果归责的必要限制。① 在犯罪参与体系中,这个问题体现得更加清晰:区分行为人对构成要件实现的贡献的理由是什么?答案只能在另一个归责理由中寻找,也就是行为人的目的性(意志支配)。

目的行为论的代表主要有威尔采尔(Welzel)、考夫曼(Kaufmann)与齐林斯基(Zielinski)。威尔采尔在强调法律是"现实的秩序"②(wirkliche Ordnung)的前提下,将行为的本质界定为目的性(Finalität),即行为人主观的目标设定,而非没有意义(Sinn)的自然因果流程。对于实现构成要件行为的客观方面而言,目的性就是故意,继而将之融入行为概念中。③ 而为了说明过失的行为性,他将过失界定为事实层面的"可避免的结果引起"④,是"目的行为的实行方式"⑤。考夫曼与齐林斯基为了进一步论证目的行为的普适性,认为身体举止是否具备引起结果的适格性对行为概念来说并不重要,结果在过失犯中是处罚根据,在故意犯中只定义处罚幅度。⑥

从区分归责对象与标准的视角来看,由于目的行为论主张刑法中对行为的评价(归责标准)只能建立在"具有存在基础的对象"⑦(归责对象)之上,在混同归责标准与对象的基础上构建了基于事实的归责标准:目的犯罪(行为)论体系。然而,行为人只能控制自己的身体举止,不意味着刑法只能禁止或命令身体举止;刑法规范是否禁止或命令身体举

---

① 名为"归责理论"、对构成要件进行"实质"解释的客观归责理论,其实是将构成要件行为描述为"刑法规范禁止的可能引起结果、应被禁止的行为(危险行为)",试图用法规范的禁止解决结果与行为间归属关系的判断,也就是事实归责,不提供法是否、如何禁止,也就是规范归责的标准,不是真正的归责理论。Vgl. Stephan Ast, Handlung und Zurechnung, 2019, S. 90.

② Hans Welzel, Der Allgemeiner Teil des deutschen Strafrechts in seinen Grundzügen, 1940, S. 112.

③ Hans Welzel, Das Deutsche Strafrecht. Eine Systematische Darstellung, 11 Aufl., 1969, S. 64.

④ Hans Welzel, Abhandlungen zum Strafrecht und zur Rechtsphilosophie, 1975, S. 21.

⑤ Hans Welzel, Der Allgemeiner Teil des deutschen Strafrechts in seinen Grundzügen, 1940, S. 130.

⑥ Vgl. Diethart Zielinski, Handlungs-und Erfolgsunwert im Unrechtsbegriff. Untersuchungen zur Struktur von Unrechtsbegründung und Unrechtsausschluss, 1973, S. 134, 138 ff; Armin Kaufmann, Vom Stand der Lehre vom personalen Unrecht, in Günther Stratenwerth u. a. (Hrsg.), Festschrift für Hans Welzel zum 70. Gerburtstag, 1974, S. 403.

⑦ Hans Welzel, Das Deutsche Strafrecht. Eine Systematische Darstellung, 11 Aufl., 1969, S. 21.

止，也不取决于未来结果是否会出现。① 那么，区分由因果性定义的构成要件（归责标准）与由目的性定义、实现构成要件的事实性行为（归责对象）是应有之义。而作为归责标准，属于构成要件的故意或过失的内容一开始就不属于行为人的现实目的，而是由刑法规范所禁止的内容决定。② 目的行为论却试图把犯罪论体系建立在事实层面的目的性之上，在构成要件中同时考量结果和目的，规范禁止的内容随即被边缘化。而为了说明过失的行为性，又只能用因果性（"刑法规范禁止的结果引起"）取代目的性作为故意和过失行为的共同内涵，与其基本理论立场相悖。试图以目的行为论为基础构建归责标准的必然结论，是刑法规范不禁止危险行为，而禁止行为人认为危险的身体举止，③ 无疑与现代法治国的基本精神相悖。

通过以上考察可以发现，基于"刑法规范禁止"的规范归责理由，因果行为论构建了作为归责标准沿用至今的犯罪论体系，却无法提供作为归责对象的事实性行为的内涵；基于"行为人意志支配"的事实归责理由，目的行为论为探索作为归责对象的事实性行为内涵指明了方向，却无法提供立场一以贯之的归责标准。根本原因在于，归责对象与标准本处于事实与规范两个层次。本书拟沿循目的行为论的方向，明确作为归责对象的事实性行为内涵。

四 作为归责对象的意图行为

为了探寻事实层面受行为人意图支配的行为样态，将行为人事实的目的性进行规范构建的目的行为论需予以扬弃，金德霍伊泽尔的意图行为论（Intentionale Handlungslehre）进入本书视野。④ 意图行为论认为，法规范之前作为社会现象的行为并非独立的存在，所谓"举止"是目的性的概念集合（teleologische Begriffskategorien），以此为依据，我们可以根据各自不同的意义，对受意志支配下的身体动静及其引起的外在世界

---

① 参见敬力嘉《实质预备犯语境下宣扬恐怖主义、极端主义罪的教义学重述》，《当代法学》2019年第4期，第132页。
② Vgl. Urs Kindhäuser, Intentionale Handlung. Sprachphilosophische Untersuchungen zum Verständnis von Handlung im Strafrecht, 1980, S. 186 ff.
③ Vgl. Stephan Ast, Handlung und Zurechnung, 2019, S. 99.
④ 对于金德霍伊泽尔的有关理论，后文还将进一步展开分析，此处仅归纳核心观点。

的改变进行解释与反应。① 概言之，行为是"对与人自己身体相关举止的解释"②。那么，对行为的外在部分应作阶层式理解：第一层是基础行为（Basis-Handlung），是代表行为人自我意图客观化、客观可感的身体举止方式，例如打人时的挥动拳头；第二层是基础行为合因果法则地造成任一事件，例如挥动拳头导致对方嘴唇破裂。③ 与此相对应，"意图"（Intention）应被定义为"在社会生活中可被客观解释的意义表达"④，也具备两个层次：行为人实现自我身体举止的目标设定，以及对"通过自我身体举止符合经验层面因果法则地造成一个事件"的意义的客观解释。

遵循这一理论进路，行为人意图控制下自我实现（intentionale Selbstverwirklichung）的身体举止是行为意义的基础承载者，是归责的对象，行为意义的解释则应与前者相区分，是归责的结果。换言之，行为"不是事物的本身"（Ding an Sich），而是多方交互影响下经过解释的事实。⑤ 如此，作为归责对象的事实性行为应为基础行为，赋予它"意义"的不是第一层次行为人内在的自我实现的意图，而是第二层次的解释。鉴于第二层次解释标准的开放性，在刑法教义学语境下，事实归责层面的解释标准应为主体间交流产生的认知，需要根据多个自反性行为主体的交流理解行为人支配其自我实现的意图，而非个体的心理事实；⑥ 规范归责层面的解释标准应为刑法规范禁止的内容，也就是构成要件实现。

以此为理论基础，刑法视域中行为人的目的性就被从事实层面、目的行为论意义上的自然目的性（natürliche Finalität）中解放出来，⑦ 由多个行为人的"参与行为"最终实现构成要件自然也并非不可想象。作为

---

① Vgl. Urs Kindhäuser, Intentionale Handlung. Sprachphilosophische Untersuchungen zum Verständnis von Handlung im Strafrecht, 1980, S. 94.
② Urs Kindhäuser, Hollerbach FS, 2001, S. 627, 633.
③ Vgl. Urs Kindhäuser, Intentionale Handlung. Sprachphilosophische Untersuchungen zum Verständnis von Handlung im Strafrecht, 1980, S. 157.
④ Urs Kindhäuser, Intentionale Handlung. Sprachphilosophische Untersuchungen zum Verständnis von Handlung im Strafrecht, 1980, S. 186.
⑤ Vgl. Urs Kindhäuser, Intentionale Handlung. Sprachphilosophische Untersuchungen zum Verständnis von Handlung im Strafrecht, 1980, S. 131, 139, 206 f.
⑥ Vgl. Urs Kindhäuser, Intentionale Handlung. Sprachphilosophische Untersuchungen zum Verständnis von Handlung im Strafrecht, 1980, S. 198, 202 ff.
⑦ Vgl. Urs Kindhäuser, Intentionale Handlung. Sprachphilosophische Untersuchungen zum Verständnis von Handlung im Strafrecht, 1980, S. 187 - 189.

归责对象的"参与行为"是基础行为,其内涵应为事实层面犯罪参与人的意图行为;造成法益侵害结果的"犯罪参与行为",则属于第二层次的"参与行为合因果法则地造成任一事件"。对第二层次解释标准的探讨下文将进一步展开,当前已可得出的结论是,正犯与共犯行为的区分是基础行为层面质的区分。因为在事实层面,行为人可把他人的行为计划(与体验)纳入自己的行为计划以备实施,但不能直接把他人的行为计划(与体验)视为自己的。一个外在事件不可能是两个不同意图控制下的自我实现,① 这是基础行为为意图行为提供的内在界限。因此,每个犯罪参与人都不是他人实现其意图的工具,而是自我意图支配下的自我实现。那么,正犯与共犯的区分标准应在于事实层面行为计划内容的不同,正犯是在自我意图支配下实现构成要件者,共犯则是在自我意图支配下,通过将正犯的不法行为纳入自己的行为计划共同实现构成要件或支持构成要件实现者,后者在事实层面已能被视为一个共犯亲自实现的独立结果。

如何在刑法规范中解释这一多人的行为造成法益侵害的因果流程,下文将继续探讨;但所有犯罪参与人都对事实层面的结果发生(法益侵害)具备支配关系,这一点已可确认。"正犯直接实施的是构成要件行为"的结论不能成立,"参与行为"应理解为构成要件实现的参与行为,而非构成要件行为的参与行为。换言之,"构成要件"是规范层面的归责标准,"构成要件实现"是事实层面的归责结果,犯罪参与人都是通过自己的参与行为实现构成要件,而不是其他犯罪参与人通过中心人物的行为实现构成要件。②

本书认为,意图行为论为作为归责对象的参与行为内涵提供了较为令人满意的解释。遗憾的是,金德霍伊泽尔从一开始便走上将归责对象与标准混同的道路,将行为定义为"具有决定性的作为(entscheidbares Tun),行为人借此足以造成一个事件"③,试图统一说明作为与不作为的

---

① Vgl. Wolfgang Schild, in: Neumann/Puppe/Schild (Hrsg.), Nomos-Kommentar zum Strafgesetzbuch, 1. Aufl., 1995, Vorbem. § 25 Rn. 79.
② Vgl. Bastian Kreuzberg, Täterschaft und Teilnahme als Handlungsunrechtstypen. Zugleich ein Beitrag zur allgemeinen Verhaltensnormlehre, 2019, S. 142.
③ Vgl. Urs Kindhäuser, Intentionale Handlung. Sprachphilosophische Untersuchungen zum Verständnisvon Handlung im Strafrecht, 1980, S. 175.

行为性；后来他直接用归责取代行为作为犯罪论的核心，将事实归责的对象界定为"与构成要件实现相关、可避免的举止"[1]，将意图重新解释为"待实现的符合规范的目的"[2]，而非已实现、待规范评价的目的。在区分（保护法益的）举止规范与（维护举止规范效力的）制裁规范的前提下，他将犯罪界定为规范违反（Normwiderspruch），具体即"违反义务且有责地未以其行为遵守某一规范"，规范归责的对象是行为人"意图控制下遵守规范的能力"[3]（intentionale Normbefolgungsfähigkeit）。他将本应为事实归责理由的意图（目的性）作为普适的归责标准，最终混同了归责的对象与标准。以此为依据，在他的犯罪参与理论中，共犯与正犯行为都是事实层面意图控制下各自不被允许的举止及其结果（风险创设）的可避免性，只有设定正犯是亲手实现，共犯是间接实现构成要件者的前提，才能对两者进行区分，[4] 但其理论却无法解释如此设定的依据。如此，意图行为论丧失了它本应具备的功能，这一理论进路不为本书所取。

---

[1] Kindhäuser/Zimmermann, Strafrecht Allgemeiner Teil, 9. Aufl., 2020, S. 57.

[2] Urs Kindhäuser, Intentionale Handlung. Sprachphilosophische Untersuchungen zum Verständnis von Handlung im Strafrecht, 1980, S. 627.

[3] 包括事实层面的行为能力（Handlungsfähigkeit）与规范层面的动机能力（Motivationsfähigkeit）。Vgl. Kindhäuser/Zimmermann, Strafrecht Allgemeiner Teil, 9. Aufl., 2020, S. 54–59.

[4] Vgl. Kindhäuser, Hollerbach FS, 2001, S. 627–649.

第三章 作为举止规范违反者的正犯

正如上述章节所提到的，每种犯罪类型的个人不法都是源于某种特定类型的不法行为。对于没有犯罪结果的行为不法，则须源自行为人违反行为时已事前规定的作为义务。但是，就具体个人的作为义务的产生，即违反作为义务构成的个人不法，以及这些作为义务的目的和功能是什么等问题依旧未明。首先要从义务产生的角度，对作为义务的目的和功能进行分析，才能找到个人不法的准确本质。特别是，其中还有一个问题需要厘清：是否行为不法在事前就已包含在具体的参与类型中？[①] 在以往对该问题的讨论中，仍然缺乏对个体作为义务的价值论、目的论和本体论[②]的推导和定义。为了深入对这个问题的基础研究，需要在理论上确立一个完整的作为义务生成体系。该理论应立足事前视角，将不法行为的特征与个人实现不法的时刻统一在一个具体个人的作为义务中，且需遵循罪责原则以获得合法性。因此，必须确立一个抽象、普遍适用的举止规范体系，以此为基础，可以事前确定行为人在具体行为时应遵循的作为义务。这种作为义务是依据类型化的（作为/不作为）、需避免（禁止规范）或采取（命令规范）的行为及其类型（故意/过失），以及意图模式（我/我们的意图）与意图内容（简单/复杂的意图）进行调整。建立这样的理论基础是至关重要的，原因有以下三点。

首先，为了能够了解行为人的行为不法在多大程度上已经包含在各自参与类型的贡献里，有必要明晰规范赋予个体义务所需满足的条件。

其次，必须证明，为什么刑法中不同构成要件确立的义务类型，可

[①] Wolfgang Schild, in: Neumann/Puppe/Schild（Hrsg.）, Nomos-Kommentar zum Strafgesetzbuch, 1. Aufl., 1995, Vorbem. § § 25 Rn. 94, 96–98, 100.
[②] 从价值、目的和社会效果的角度思考。Armin Kaufmann, Die Dogmatik der Unterlassungsdelikte, 1959, S. 1 ff.; ders, Lebendiges und Totes in Bindings. Normlogik und moderne Strafrechtsdogmatik, 1954, S. 69 ff.

以对不同的具体行为情状进行事前视角的消极或积极评价。[1] 这是尤为重要的，因为在刑法中存在犯罪竞合理论，鉴于义务类型与规范类型在行为不法结构中的位置和功能完全不同，不能基于举止规范和作为义务（即作为义务作为具体的举止规范）推导出竞合论。[2]

最后，必须在方法论上证明，依据举止规范理论，可以确立关键行为情状下具体行为人的作为义务。这种具体义务的确立特别是在过失方面带来复杂的问题，实际上，这是在尝试确立普遍的举止规范体系时不可避免会出现的难点。同时这些难点在实践层面也会成为批判者对全面适用举止规范理论的主要攻击点。因此，经常有学者认为，不可能一刀切地制定出教义学语境下可靠的规范。这些规范不能在事前准确地告诉行为人必须避免或者不做什么。由于规范与行为情状相关，需要将案件具体化，而这对一般人来说是难以完成的任务。[3] 这种意见在必要的范围内必须被谨慎对待。对于各类型犯罪所依据的举止规范以及由此产生的义务，本书将进行进一步分析。

第一节　由抽象举止规范衍生的具体个人义务

行为人个体的罪责只能与其所作出的某一作为或不作为联系在一起，判断其应属作为或不作为，则应视个人具体的作为义务而定。这些作为义务是如何产生的，以及在不法架构中有何种功能，仍有待厘清。关于此，继阿明·考夫曼（Armin Kaufmann）之后，有观点主张作为义务是个体化的举止规范。也就是说，各项义务必须与所依据的规范具有相同本质的规则内容：不作为或者作为（这里指具有意图）的意图行为。然而，规范虽规定了"所有人每时每刻都应该"，但义务规定了"特定人

---

[1] Albin Eser, Verhaltensregeln und Behandlungsnormen. Bedenkliches zur Rolle des Normadressanten im Strafrecht, in: Albin Eser u. a. (Hrsg.), Lenckner-FS (1998), S. 25.

[2] 关于这一犯罪构成模式的详细讨论，参见 Urs Kindhäuser, Gefährdung als Straftat. Rechtstheoretische Untersuchungen zur Dogmatik der abstrakten und konkreten Gefährdungsdelikte, 1989, S. 13 ff., 50 ff.

[3] Vgl. Wolfgang Schild, in: Neumann/Puppe/Schild (Hrsg.), Nomos-Kommentar zum Strafgesetzbuch, 1. Aufl., 1995, Vorbem. § 25 Rn. 92, 105 ff; Gunnar Duttge, Zur Bestimmtheit des Handlungsunwerts von Fahrlässigkeitsdelikten, 2001, S. 459 ff.

在某个时间点上的某一作为或不作为"的"法律义务"①。

假设举止规范本身具有行为控制功能，那么以上这种引申出的规范与义务之间的关联需要得到进一步的解释。既然按照上述的模式，义务的产生需要以规范的产生为前提，就要从刑法分则中具体构成要件所依据的举止规范的产生，以及举止规范为何要以有意图的行为作为对象等问题作为研究的起点。

一 考夫曼四阶层规范论语境下的规范产生过程

考夫曼的四阶层规范论②提供了一种法学方法论指导下的举止规范产生方法，下文将对其进行简要介绍。

在第一个评价阶段，规范制定者依据社会的情况，将其所认为具有积极一般意义的利益作为法益。③ 同时，在这个意义上的法益不仅是指对该利益拥有实质的、完整的权利，也包含了对该利益不受干扰的情况进行处置的权利。④

至于法益是如何产生的，这个问题在刑法学界颇有争议，本书在前文已作探讨，此处不再展开论述。根据考夫曼的观点，一般法律意义上的法益是指被积极评价的功能单元（Funktionseinheiten），或自由发展的利益（Freiheitsentfaltungsinteressen）。立法者想通过制定一般的（即不一定是惩罚性的）举止规范对这些法益加以保护。⑤ 而刑法意义上的法益则仅仅是保护法益本身的一般举止规范，即在特定的社会制度框架内，其所保障或执行的是维持最低限度的社会道德标准。这种不可缺少的规范则必须通过刑罚（即刑罚的威慑、刑罚的宣告、刑罚的执行）的手段

---

① Armin Kaufmann, Lebendiges und Totes in Bindings. Normlogik und moderne Strafrechtsdogmatik, 1954, S. 131.

② Armin Kaufmann, Lebendiges und Totes in Bindings. Normlogik und moderne Strafrechtsdogmatik, 1954, S. 69 ff.

③ Armin Kaufmann, Lebendiges und Totes in Bindings. Normlogik und moderne Strafrechtsdogmatik, 1954, S. 69 ff.

④ Urs Kindhäuser, Gefährdung als Straftat. Rechtstheoretische Untersuchungen zur Dogmatik der abstrakten und konkreten Gefährdungsdelikte, 1989, S. 148 ff.

⑤ Armin Kaufmann, Lebendiges und Totes in Bindings. Normlogik und moderne Strafrechtsdogmatik, 1954, S. 69 ff.

来实现。① 这种法益保护的观念来自"功能-目的论"②，却遭到了立基于道德哲学的学者们的反对。根据后者的观点，法益应该是由道德承认普遍存在的先验成果，即通过公民的相互自主的宪法行为产生。③ 本书支持考夫曼的论断，即规范制定者依据他认为积极和值得保护的社会情况制定刑法规范。④

在第二个评价阶段中，先要确定，那些在第一个评价阶段中所受损害或维护法益的事件（Ereignisse），又会得到相应消极或积极的评价。⑤ 对于规范产生的第二阶段，人们可以批判性地注意到，"事件"本身严格来说是没有价值的。⑥ 尽管如此，没有什么可以阻止外部世界的某些变化，因为表象性的原因，在单独的思考步骤中事先确定为人类行动可能的参考点（mögliche Bezugspunkte menschlicher Handlungen），从而使之可以进入一般（初步）评价。

在第三个评价阶段中，依据考夫曼的观点，建立了以第二个阶段的事件与行为人意志之间的联系：行为人的行为，如果是为了第二个阶段意义上的特定结果而有意实现，或者有悖于义务的履行而对法益造成威胁。那么根据之前的价值判断，可将这种行为划分为积极的和消极的两类。⑦ 关于第三阶段，需澄清相关用语。首先，根据我们的日常理解，行动并不仅仅是触发盲目运行的因果过程（"事件"）。更确切地说，它们被特定群体所运用和解释，从而也被行为者自身作为在塑造外部世界

---

① 关于制裁规范对法益保护有效性的保障，参见 Georg Freund, Strafrecht Allgemeiner Teil. Personale Straftatlehre, 2 Aufl., 2009, § 1 Rn. 5 ff.
② Bernd Schünemann, in: LK, § 25 Rn. 38.
③ Diethart Zielinski, Handlungs-und Erfolgsunwert im Unrechtsbegriff. Untersuchungen zur Struktur von Unrechtsbegründung und Unrechtsausschluss, 1973, S. 128 f.
④ 当然，规范制定者本身最终只是一定社会制度框架下的产物，这也是为什么选择所保护的法益也是同一制度的衍生品。
⑤ Armin Kaufmann, Lebendiges und Totes in Bindings. Normlogik und moderne Strafrechtsdogmatik, 1954, S. 70.
⑥ Urs Kindhäuser, Gefährdung als Straftat. Rechtstheoretische Untersuchungen zur Dogmatik der abstrakten und konkreten Gefährdungsdelikte, 1989, S. 60.
⑦ Armin Kaufmann, Lebendiges und Totes in Bindings. Normlogik und moderne Strafrechtsdogmatik, 1954, S. 71 ff.

中各种意义维度上自我实现的解释模式。① 其次，意图不完全是内心的精神实体（Entitäten）或意义数据（Sinnesdaten），而是根据对实现外化的行为解释来确定。② 据此，第三阶段中无价值判断的对象总是指有意图的（规范所决定的）行为：最初，对有意图的基本行为进行否定性评价，这可以被理解为对违反规则的表达。③ 对有可能造成法益侵害的基本行为也要进行否定性评价，因为该行为在实施时未仔细考虑到行为所带来的风险。④ 在不作为方面也是如此：命令性规范对于行为人来说有履行可能性而不履行时，这种故意不作为也要被进行否定性评价。⑤ 但是，为了避免法益的侵害，也要采取一定的注意行为，而未尽到注意义务的，也属于过失不作为。⑥

对于规范产生的第四阶段来说，由于只有人的行为才能受到精神上的影响，因此，经过第三阶段的评价，才会导出有关禁止消极评价的行动意志，或要求积极评价的行动意志的规范：第三阶段的每一个价值判断都会转化为与对象相同的目标判断，即价值论和目的论在规范中融合在一起，既是评价规范，又是确定规范。⑦ 在事前决定的情况下，这种与规范接收人意愿的直接关联会有两个基本的后果。第一个是对个别行为的评估，不能再看其是否与法益的事实相关，即事后确定的因果关系，不能再看其是否与法益相关。更确切地说，只有意图行为无价值或事前不作为的行为无价值，才对个人行为不法起决定性作用。⑧ 第二个是规

---

① Armin Kaufmann, Lebendiges und Totes in Bindings. Normlogik und moderne Strafrechtsdogmatik, 1954, S. 77.
② Armin Kaufmann, Lebendiges und Totes in Bindings. Normlogik und moderne Strafrechtsdogmatik, 1954, S. 75.
③ Armin Kaufmann, Lebendiges und Totes in Bindings. Normlogik und moderne Strafrechtsdogmatik, 1954, S. 76 ff., 111 f.
④ Armin Kaufmann, Lebendiges und Totes in Bindings. Normlogik und moderne Strafrechtsdogmatik, 1954, S. 71.
⑤ Armin Kaufmann, Die Dogmatik der Unterlassungsdelikte, 1959, S. 25, 92 f.
⑥ Armin Kaufmann, Die Dogmatik der Unterlassungsdelikte, 1959, S. 166 f.
⑦ Armin Kaufmann, Lebendiges und Totes in Bindings. Normlogik und moderne Strafrechtsdogmatik, 1954, S. 74.
⑧ Armin Kaufmann, Lebendiges und Totes in Bindings. Normlogik und moderne Strafrechtsdogmatik, 1954, S. 71; Ulrich Stein, Die strafrechtliche Beteiligungsformenlehre, 1988, S. 81; Hans-Ullrich Paeffgen, Der Verrat in irriger Annahme eines Illegalen Geheimnisses (§ 97 b StGB) und die allgemeine Irrtumslehre, 1979, S. 122.

范命令只能指（原则上）主观上也是可能的或可以避免的行为。[1]

因此，刑法所确立的一般举止规范体系具有规则功能，即它的目的是塑造和维护人与人和谐共存的关系，从而实现对法益的预防性保护。这种举止规范的定位，可以说是"通过一般预防的方式保护法益"[2]。当然，规范只有以人的意图为媒介，才能达到这种行为控制效果，这也是为什么只有意图控制的行为才能被视为禁止或命令的对象。因此，规范能够在这个意义上决定人的行为，其前提条件有两个方面：首先，规范必须以行为意图为对象；其次，规范必须以内容上可以理解的方式描述被禁止的行为。也就是说，无论作为还是不作为，所必须依据的举止规范的内容本质相同：意图行为。[3]

在评价功能上，该规范与举止的性质（作为或不作为）、类型（故意或过失行为）以及在故意犯罪的情况下计划行为的故意内容（正犯或共犯）相联系：消极评价的举止是禁止性规范，积极评价的举止是命令性规范。[4] 积极的举止所传达的是侵害的意图；而消极的举止则是违反注意义务所带来的风险。这是因为在前一种情况下，行为人采取的是具有较大回避可能性的伤害计划；而在后一种情况下，行为人表露的"仅"是不确定的客观危险举止。[5] 同样的情况比照适用于不作为领域：对具体认可救助义务的不作为，原则上被评价为有意图放任法益侵害行为。这种不作为与粗心大意地对救助可能性的审查，或粗心大意地实施救助行为相比，得到的更多是负面的评价。因为，这仅是通过缺少（行为所涉的相关人员）注意义务方面而建立起的法益关系。[6]

由于价值判断与规范的对象是一致的，因此，这种法益关系的评价差异也必然被包含在规范中：不同的评价转化为不同的目标规范，即一

---

[1] Armin Kaufmann, Lebendiges und Totes in Bindings. Normlogik und moderne Strafrechtsdogmatik, 1954, S. 75.
[2] Bernd Schünemann, in: LK, §25, Rn. 13.
[3] Diethart Zielinski, Handlungs-und Erfolgsunwert im Unrechtsbegriff. Untersuchungen zur Struktur von Unrechtsbegründung und Unrechtsausschluss, 1973, S. 121.
[4] Armin Kaufmann, Lebendiges und Totes in Bindings. Normlogik und moderne Strafrechtsdogmatik, 1954, S. 1 ff.
[5] Hans-Ullrich Paeffgen, Der Verrat in irriger Annahme eines Illegalen Geheimnisses（§ 97 b StGB）und die allgemeine Irrtumslehre, 1979, S. 139.
[6] Armin Kaufmann, Die Dogmatik der Unterlassungsdelikte, 1959, S. 92, 170 ff.

方面将其转化为故意犯罪行为所依据的目标规范（即故意规范），另一方面将其转化为过失犯罪行为所依据的目标规范（即过失规范）。因此，尽管这两类目标规范"因血缘关系"而相互关联，这是因为它们是同个积极法益决定（第一阶段）的结果；但是它们的不同之处在于，它们是以各自第三阶段不同的评价为基础。① 确定规范中行为诉求的出发点也相应地产生分歧：在故意作为的情况下，规范指示与（归责的）决定衔接是侵犯法益；而在过失作为的情况下（明知与该情形有关），规范指示与（归责的）决定相衔接，是为了弥补举止规范所依据的消极经验规律的不足。

关于故意的作为，还应对正犯与共犯的禁止性规范②进行区分：原本在第三阶段中有意图的法益保护（Rechtsgutszugriffe），是通过对正犯的举止规范禁止其侵害行为得以实现，而在第三阶段中所派生的有意图的法益侵害（Rechtsgutsangriffe），仅通过共犯的举止规范禁止其侵害行为即得以实现。正犯与共犯的行为何时被认定参与其中，取决于意图计划的内容：如果行为人自身在特定的意思表示维度下有意侵害法益，则受到正犯举止规范的规制；如果行为人主动或支持侵害他人法益，则只受到共犯举止规范的规制。

就正犯的禁止性规范问题而言，德国刑法第25条规定的三类行为属于同一举止规范。在这方面，该规范由不同的义务类型构成，即直接正犯义务、间接正犯义务和共同正犯义务。例如，从故意杀人罪"你不得杀人！"这一正犯禁止性规范出发，就会发现，具体的直接正犯不作为义务可以是"你不得想用刀捅甲"，而间接正犯的不作为义务可以是"你不得将步枪递给乙，期待他认为黑暗中的影子是动物，而实际上向存在的人甲开枪"，共同正犯的不作为义务则可以是"你不得用拳将甲和乙一同打死"。

---

① Hans-Ullrich Paeffgen, Der Verrat in irriger Annahme eines Illegalen Geheimnisses (§ 97 b StGB) und die allgemeine Irrtumslehre, 1979, S. 139.
② Armin Kaufmann, Lebendiges und Totes in Bindings. Normlogik und moderne Strafrechtsdogmatik, 1954, S. 168 ff.

二 目的论下的规范形塑及其评估标准

规范具体化的核心问题,主要在于厘清抽象规范与具体义务的关系。规范规定了"所有的人都应……"[1],这意味着理论上每个人都是一般犯罪,或是身份犯罪等所设定举止规范的接受主体。[2] 而作为义务,则是指在特定情况下,呼吁特定的人不做或实施特定的行为。在一定条件下,针对每个人的举止规范,会形成一个规范接受主体的潜在作为义务。它以一种具有法律约束力的方式,事前确定了行为人在决策情况下的具体意图。[3] 因此,违反已经具体化规范的义务,是对每一个行为不法的定义。具体到规范形成过程中的假设,还要结合各类型义务的发展来详细说明。

而为了使规范能够发挥其行为控制功能,必须在作出决定时事先确定所预测的行为是被禁止的,还是被允许的。因此,举止规范和作为义务,只能以决策情况中可以事先认识到的情况为基础。"严格的前车之鉴"是有重要决定作用的。[4] 根据本书的观点,制定作为义务清单所依据的程序,包括"主观可接受的预测"[5]。这意味着客观的事前评估者只能以行为人接触的情况作为判断资料,而不能将额外的情况知识纳入其中。[6] 适当判断标准的问题,特别是对于过失规范的规定有一定的借鉴意义。根据目的论的观点,他们也必须能够,至少是程序化地塑造具体的决定规范。据此,规范的接受主体可以在此基础上激励自己的行为。因此,不能依据从一开始就不属于规范接受主体意识范围的情况确立有关作为义务,必须提供进一步的细节。[7] 对于本书所主张的故意规范,主观上可以接受的预测范围是指故意犯罪直接所依据的禁止性规定,以

---

[1] Armin Kaufmann, Lebendiges und Totes in Bindings. Normlogik und moderne Strafrechtsdogmatik, 1954, S. 131.
[2] Armin Kaufmann, Lebendiges und Totes in Bindings. Normlogik und moderne Strafrechtsdogmatik, 1954, S. 125.
[3] Armin Kaufmann, Lebendiges und Totes in Bindings. Normlogik und moderne Strafrechtsdogmatik, 1954, S. 129 f.
[4] Ulrich Stein, Die strafrechtliche Beteiligungsformenlehre, 1988, S. 68.
[5] Armin Kaufmann, Jescheck-FS (1985), S. 251 (256).
[6] Eberhard Struensee, Der subjektive Tatbestand des fahrlässigen Delikts, JZ 1987, S. 53 (62).
[7] Manfred Heinrich, Rechtsgutzugriff und Entscheidungsträgerschaft, 2002, S. 140.

及禁止行为人对法益作出原始故意的决定,[1] 反之亦然。如果规范接受者认为至少有可能发生侵犯法益的危险,并已认识到有希望的救助策略,或事实上想象到有希望的救助策略,则命令规范接受者采取行动。

三 对考夫曼体系的批评意见

不可否认,在以上论述中,考夫曼对他的规范理论进行了修正,但仍然受到了其他学者的质疑。例如,莫尼塔(Monita)认为,反对考夫曼规范论的理由既涉及它的系统内推论,也涉及对行为和不法的基本理解。因此,德语文献中对法益的形成过程存在一些不同的观点。[2] 在考夫曼的规范生成模型中,法益的形成过程占据了评价的第一个阶段,公民的宪法行为是在相互承认关系下实施的。反之,这必然导致不法行为的概念大大偏离对个人不法行为的传统理解。有学者[3]则设想了另一种替代性的犯罪构成模型,虽然其模型与考夫曼的学说一样基于异质性的义务概念,但由于举止规范的内容是客观上禁止引起因果流程或阻碍犯罪行为成功实施,义务类型和规范类型在不法的结构中被赋予了完全不同的功能。因此,任何与人有关的法益条件的消极变化,即任何主动或允许事实成功的发生,都是对规范的违反。[4] 而违反义务,则只是通过某种举止所表现出的、不希望承认某种举止规范效力的声明。[5] 接下来,本书将进一步划分举止规范的衍生规范类型,并阐明划分的理论根据。

第二节 举止规范及其衍生规范

如果要认定不同类型的行为不法,关于如何确定各自举止的规范性

---

[1] Manfred Heinrich, Rechtsgutzugriff und Entscheidungsträgerschaft, 2002, S. 140.
[2] Rainer Zaczyk, Strafrechtliches Unrecht und die Selbstverantwortung des Verletzten, 1993, S. 128 ff.
[3] Urs Kindhäuser, Gefährdung als Straftat. Rechtstheoretische Untersuchungen zur Dogmatik der abstrakten und konkreten Gefährdungsdelikte, 1989, S. 13 f.
[4] Urs Kindhäuser, Gefährdung als Straftat. Rechtstheoretische Untersuchungen zur Dogmatik der abstrakten und konkreten Gefährdungsdelikte, 1989, S. 29, 53.
[5] Urs Kindhäuser, Gefährdung als Straftat. Rechtstheoretische Untersuchungen zur Dogmatik der abstrakten und konkreten Gefährdungsdelikte, 1989, S. 13, 20, 50 f.

参考点就会存在分歧。根据举止的不同类型（作为和不作为），也有不同类型的规范标准：一方面是禁止性规范，在一定条件下具体化为不作为的义务；另一方面是命令性规范，在一定前提下具体化为作为的义务。根据不法行为的性质，可以将禁止性规范进一步分为故意实施犯罪行为和过失实施犯罪行为。据此，命令性规范分为故意（真正或不真正）不作为犯罪行为以及过失（真正或不真正）不作为犯罪行为。在对这些关系进一步阐述之前，首先需要厘清寻找不同类型举止规范基准的理论基础。

一 理论基础：责任原则与具体个人的行为无价值

在行为刑法语境下，危害结果（或危险）并不是凭空产生的，而是必然要将此归结于特定的个人行为。由于罪责原则实质上与人自担其责的意志形成和确立相关，因此，只有个人意志支配的行为才能成为个人行为不法的理由。[①] 然而，人只有通过直接决定去执行某项行为计划，或不决定去执行某项行为计划，才能发挥自由意志的能力。[②] 因此，只有在个人意志决定下，或者事前未按规范作出特定意志，使得意图目的的实现，才能被视为刑法意义上的无价值。

违反禁止性规范的基础行为之所以被认定为无价值，原因在于行为人是依据其对行为的设想实施行为从而对法益造成特定的损害。与此相对应的是，违反命令性规范的不作为导致的是意图无价值。因为如果不作为者作出救援决定，原则上可以防止法益受到损害，但不作为者却没有作出救援决定。[③] 然而，如果责任原则总是要求特定的意图行为作为义务的对象，就必须在事前立场判断行为人是否实施了此种意图行为。那么，根据考夫曼的论述，行为人在作出决定时具备履行作为义务要求的意志能力。对行为人来说，此时采取意图行为是可能的。[④] 这一结论

[①] Ulrich Stein, Die strafrechtliche Beteiligungsformenlehre, 1988, S. 65, 78; Hans-Ullrich Paeffgen, Der Verrat in irriger Annahme eines Illegalen Geheimnisses (§ 97 b StGB) und die allgemeine Irrtumslehre, 1979, S. 122; Armin Kaufmann, Lebendiges und Totes in Bindings. Normlogik und moderne Strafrechtsdogmatik, 1954, S. 71 f.

[②] Ulrich Stein, Die strafrechtliche Beteiligungsformenlehre, 1988, S. 81.

[③] Ulrich Stein, Die strafrechtliche Beteiligungsformenlehre, 1988, S. 81.

[④] Armin Kaufmann, Lebendiges und Totes in Bindings. Normlogik und moderne Strafrechtsdogmatik, 1954, S. 81.

反过来又导致了一个必要的结论，即作出具体违反作为义务的意图行为，亦必须达到最大的行为罪责。①

二 作为故意行为不法有机组成部分的结果

需要说明的是，在行为不法的判断过程中，对个体违反自身行为（作为或不作为）义务判断的重视，绝不意味着将结果要素排除在不法范围之外。这一点尤其适用于故意的行为不法，这在本书的研究中具有核心意义。结果不法是事前结果预测可能的形式，是个人违反作为义务的组成部分。② 然而，这绝不仅仅是基于因果律在外界客观预测的基础上确认意志的形式。③ 确切地说，故意犯罪相关保护法益的规范，必须针对真实侵害行为主体的主观意志。④ 因为只有将理解力的联系作为根据因果关系知识预测的主观能力，才能够为故意犯罪的规范性参照点提供与之适当的绝对性主张：只有对其行为的真实因果关系有（至少是微不足道的）明知可能性的人，才有违反或规避的现实意图。否则，就会缺少对违反法益价值的主观意图参照。⑤ 有待判断的是一种"真正的"行为人意志的实现，至少在行为人事前的理性规划中是这样的。行为人具体规划的行为必须是其意志力的体现，这种意志力无论如何都是为了实现行为计划所采取的适格手段。⑥ 这意味着，行为人必须以适用因果法则的必要条件来规划其所欲实施的犯罪行为，即有一个原则上适格的

---

① Diethart Zielinski, Handlungs-und Erfolgsunwert im Unrechtsbegriff. Untersuchungen zur Struktur von Unrechtsbegründung und Unrechtsausschluss, 1973, S. 141; Hans-Ullrich Paeffgen, Der Verrat in irriger Annahme eines Illegalen Geheimnisses（§ 97 b StGB）und die allgemeine Irrtumslehre, 1979, S. 122; Ulrich Stein, Die strafrechtliche Beteiligungsformenlehre, 1988, S. 81.

② Diethart Zielinski, Handlungs-und Erfolgsunwert im Unrechtsbegriff. Untersuchungen zur Struktur von Unrechtsbegründung und Unrechtsausschluss, 1973, S. 134.

③ Diethart Zielinski, Handlungs-und Erfolgsunwert im Unrechtsbegriff. Untersuchungen zur Struktur von Unrechtsbegründung und Unrechtsausschluss, 1973, S. 133.

④ Jürgen Wolter（Hrsg.）, Objektive und personale Zurechnung von Verhalten, Gefahr und Verletzung in einem funktionalen Straftatsystem, 1981, S. 116.

⑤ Diethart Zielinski, Handlungs-und Erfolgsunwert im Unrechtsbegriff. Untersuchungen zur Struktur von Unrechtsbegründung und Unrechtsausschluss, 1973, S. 134.

⑥ Diethart Zielinski, Handlungs-und Erfolgsunwert im Unrechtsbegriff. Untersuchungen zur Struktur von Unrechtsbegründung und Unrechtsausschluss, 1973, S. 134.

行为对象和一个原则上适格的行为方式。

对于不能犯未遂的犯罪行为人也是如此。虽然行为人没有在具体实践中验证其所用因果律的必要条件，但他也是依据其设想的一个合理因果流程实施犯罪行为。原则上，行为人据此也能根据其对因果流程的设想，制订适格的计划来实现结果。从这个角度看，未遂的结果只是"人类认知能力不完善"的一种表现。[1] 但是，如果这种不完善是作为有知识的人的意志力所固有的，那么它必然也需要被涵盖到规范评价的范畴内。[2] 同样的情况也适用于客观因果流程与行为人设想严重不一致的未遂案，因为在这里，行为人在开始时仍然使用经验法则和因果法则，即使他完全出于严重的不理解而误判了它们的结果，也是如此。相反，在迷信犯的未遂中，情况则截然不同，行为人采用的方法（正如他自己知道的那样）从一开始就不在一般理性标准所承认的因果律之内。[3]

在任何情况下，行为人只是根据其理性的因果律知识提出自己认为可能成功的行为。行为人在这样做时是否符合因果律实现的一般条件（例如，意图杀人时给装有子弹的手枪上膛），还是假定不符合，与规范性指示无关。对规范评价具有决定性意义的是，行为人实施的是一种切实有效的"一视同仁"行动。如果实际给出了适用因果律的框架条件（行为人若不加检查），那么最初由这一行为造成的具体风险结果，也就可以毫无障碍地归责于该行为。

因此，从原则上对于结果发生适格的事前立场来看，绝不能将符合构成要件的结果视为"巧合"。[4] 如果我们不能将某些事件（特别是为特定目的的理性事件）视为我们举止的经验性后果，那么举止规范体系整体作为一个规则体系，将必须作为一个功能-目的论的概念而消解：如

---

[1] Erich Samson, Das Verhältnis von Erfolgsunwert und Handlungsunwert im Strafrecht, in: Erich Samson u. a. (Hrsg.), Grünwald-FS (1999), S. 585 (598).

[2] Erich Samson, Das Verhältnis von Erfolgsunwert und Handlungsunwert im Strafrecht, in: Erich Samson u. a. (Hrsg.), Grünwald-FS (1999), S. 585 (599).

[3] Claus Roxin, Strafrecht Allgemeiner Teil II, 2006, § 29, Rn. 363 ff.

[4] Diethart Zielinski, Handlungs-und Erfolgsunwert im Unrechtsbegriff. Untersuchungen zur Struktur von Unrechtsbegründung und Unrechtsausschluss, 1973, S. 142.

果该规范试图"通过人类有目的的活动"[1]来防止侵害结果的发生。而仅仅是出于这一原因而禁止基础行为,那么,相应的禁止性规定在宪法上又怎么会仍然是合法的呢?[2] 然而,尽管有这种还原性的荒谬,但齐林斯基所论证的问题核心在于,在日常社会生活中,我们不再把某些事件的发生视为偶然,而应作为适格的基础行为的结果。[3] 从不法行为计划的角度来看,符合构成要件结果的发生是"巧合",是侵害行为没有成功。[4] 因为法律与社会预设的生活条件相联系,就采用了这种观点。

另外,齐林斯基不愿意接受基于规范理论考虑以下假设:客观上与确定对结果发生是否适格有关的(次要的)价值判断,并不能额外激励行为人认识到这一点,因为每个行为人(包括迷信犯)都假定他的行动能够成功。但是,如果结果发生对违反规范的动机没有施加影响,从逻辑上看,就不可能具有提升不法和罪责的功能。[5] 这种(本身就是决定性的)论证关注的重点有误,因为结果的发生并未提升不法。确切来说,它就像机会的不可知性一样,[6] 总是事先就已存在于行为人理性的不法行为计划中了。[7] 因此,它的发生总是只通过偶然因素的缺失而消极地被限定。如果与预期相反,偶然性因素确实有干扰,在某些情况下可能

---

[1] Diethart Zielinski, Handlungs-und Erfolgsunwert im Unrechtsbegriff. Untersuchungen zur Struktur von Unrechtsbegründung und Unrechtsausschluss, 1973, S. 121.

[2] Hans-Ullrich Paeffgen, Der Verrat in irriger Annahme eines Illegalen Geheimnisses (§ 97 b StGB) und die allgemeine Irrtumslehre, 1979, S. 107 ff.

[3] Rainer Zaczyk, Strafrechtliches Unrecht und die Selbstverantwortung des Verletzten, 1993, S. 102; Michael Köhler, Die bewusste Fahrlässigkeit. Eine strafrechtlich-rechtsphilosophisch Untersuchung, 1982, S. 329; Friedrich-Christian Schroeder, Das Strafgesetz zwischen Tatvergeltung und Verhaltensverbot, in: Gerhard Dannecker u. a. (Hrsg.), Otto-FS (2007), S. 165 (176).

[4] Günther Stratenwerth, Zur Relevanz des Erfolgsunwertes im Strafrecht, in: Gerald Grünwald u. a. (Hrsg.), Schaffstein-FS (1975), S. 177 (183 f.); Wolter, Zurechnung, S. 117, 127; Friedrich-Christian Schroeder, Das Strafgesetz zwischen Tatvergeltung und Verhaltensverbot, in: Gerhard Dannecker u. a. (Hrsg.), Otto-FS (2007), S. 165 (176).

[5] Diethart Zielinski, Handlungs-und Erfolgsunwert im Unrechtsbegriff. Untersuchungen zur Struktur von Unrechtsbegründung und Unrechtsausschluss, 1973, S. 147.

[6] Ulrich Stein, Die strafrechtliche Beteiligungsformenlehre, 1988, S. 114.

[7] Diethart Zielinski, Handlungs-und Erfolgsunwert im Unrechtsbegriff. Untersuchungen zur Struktur von Unrechtsbegründung und Unrechtsausschluss, 1973, S. 134 f; Ulrich Stein, Die strafrechtliche Beteiligungsformenlehre, 1988, S. 113.

会产生降低不法的效果，① 这就是为什么我国《刑法》第23条第2款顺理成章地规定了对未遂者可适用减刑。

在这样的背景下，齐林斯基认为，如果缺少了结果发生的随机性，就缺乏通向最终行为的桥梁，这样的观点不具有说服力。② 在行为实施终了和结果发生后，符合行为人预期的意外是不存在的。可以认为，在行为不法中，结果已经被设想为基本符合计划发生的导向，偶然性意外只是结果发生的消极限定因素。因此，在结果发生的情况下，可以无障碍地将其归属于行为主体意图行为的实现。

这同样适用于故意不作为的领域：这里的义务对象是一种行为。根据不作为者自身对中断法益侵害因果流程所必需要素（即适格的行为对象、行为手段、心理和生理的行动力③）的认知，进而通过实施积极的救助行为阻碍法益侵害结果的发生。如果对事实情况的认识和所需救助计划不存在"意外"的错误，且意外因素不再对事件发展起作用，那么，不作为的一方就可被认定为有意容许法益侵害结果的发生。如此认定的理由，在于"意外的救助"未如法规范期望的那样发生。④

三 过失行为不法的规范依据

前文已经证明了一个可以追溯到人类活动的意图性结构的行为概念，应将行为主体视作行为不法的发起者，那么还有待澄清的是，应当如何以意图行为为基础，理解过失行为不法的规范依据？更确切地说，能否在过失行为不法与服务于法益保护的举止规范之间建立直接的规范关联？下文拟对本书援引的意图行为论的倡导者——金德霍伊泽尔的观点进行进一步批判性分析，以试图解答以上疑问。

---

① Jürgen Wolter, (Hrsg.), Objektive und personale Zurechnung von Verhalten, Gefahr und Verletzung in einem funktionalen Straftatsystem, 1981, S. 127; Friedrich-Christian Schroeder, Das Strafgesetz zwischen Tatvergeltung und Verhaltensverbot, in: Gerhard Dannecker u. a. (Hrsg.), Otto-FS (2007), S. 165.
② Diethart Zielinski, Handlungs-und Erfolgsunwert im Unrechtsbegriff. Untersuchungen zur Struktur von Unrechtsbegründung und Unrechtsausschluss, 1973, S. 142 ff.
③ Armin Kaufmann, Die Dogmatik der Unterlassungsdelikte, 1959, S. 35 ff.
④ Armin Kaufmann, Die Dogmatik der Unterlassungsdelikte, 1959, S. 105.

（一）金德霍伊泽尔观点介绍

金德霍伊泽尔明显偏离了纯粹的法益保护说,[1] 他的制度设计致力于分析性的语言哲学,将犯罪行为定义为由规定性规则和归因性规则构成的解释性产物。他认为,"犯罪行为是……分层级归责的结果,其创设的规范内容并非为了遵循规范而避免构成要件的实现。为了实现对犯罪行为的准确理解,需要一种与目的论有极大区别的对不法、故意和过失的解释"。[2] 据此,他将个人不法——如民法上的意思表示的归责模式一样——分为客观和主观的表示价值,也即把客观的表示要件归于规范违反的类别,主观要件归入责任违反的类别。[3] 这种模式体现在刑法的犯罪构成要件的双重功能上:首先需要将其解释为法律原则,以矛盾的措辞表达为举止规范。因此,任何导致结果发生或者不阻止结果发生的举止都是要避免的,这也是为什么规范违反总是要在事后认定。[4] 在命令规范的场合,应体现为通过实施某个行为以使结果不出现,在禁止规范的情形下,应体现为通过不为某个行为以使结果不出现。[5] 在这一意义上,每个事后可以查明的个人导致的结果产生或者结果未能避免的事实,都是刑法评价的对象。[6]

不可否认,举止规范本身在内容上并没有说明规范对象在多大程度上受这些规范的约束,也没有说明在何种前提下,他需要为缺少对规范的约束性的行为上有效的承认承担责任。这个问题的答案是由刑法的第二种功能——制裁与归责规范提供的:如果一个人因其举止受刑罚是合

---

[1] Urs Kindhäuser, Gefährdung als Straftat. Rechtstheoretische Untersuchungen zur Dogmatik der abstrakten und konkreten Gefährdungsdelikte, 1989, S. 1 ff.; Joachim Vogel, Norm und Pflicht bei den unechten Unterlassungsdelikten, 1993, S. 27 ff., 93 ff.

[2] Urs Kindhäuser, Gefährdung als Straftat. Rechtstheoretische Untersuchungen zur Dogmatik der abstrakten und konkreten Gefährdungsdelikte, 1989, S. 25.

[3] Urs Kindhäuser, Gefährdung als Straftat. Rechtstheoretische Untersuchungen zur Dogmatik der abstrakten und konkreten Gefährdungsdelikte, 1989, S. 34 f., 60, 92.

[4] Urs Kindhäuser, Gefährdung als Straftat. Rechtstheoretische Untersuchungen zur Dogmatik der abstrakten und konkreten Gefährdungsdelikte, 1989, S. 60 f., 83.

[5] Urs Kindhäuser, Gefährdung als Straftat. Rechtstheoretische Untersuchungen zur Dogmatik der abstrakten und konkreten Gefährdungsdelikte, 1989, S. 53.

[6] Urs Kindhäuser, Gefährdung als Straftat. Rechtstheoretische Untersuchungen zur Dogmatik der abstrakten und konkreten Gefährdungsdelikte, 1989, S. 60.

法的，则此人应负刑法上的责任。因此，刑法对一些举止形式作出负面评价，禁止这些举止形式，对于依据法律规范进行的共同生活是不可或缺的。① 刑罚是对规范违反的回应，通过对规范违反者科处刑罚，以表明为了规范的公正性而遵守规范是正确的。② 当然，刑罚的分配也必须是公正的，这就要求行为人能够理解自己的行为和国家的反应以及两者各自与规范的约束性的关系。因此，应受刑罚的举止和惩罚的分配并不只是具有简单的意图行为的结构，而是显示出与具有更高级意图的言语行为相似的情形。③

要使犯罪行为具有适当的模型，其构造规则必须符合与约束相关的意思表示的归责标准。因此，该犯罪行为的言语行为也特别具有主观的表示构成要件，而该构成要件是按照分层级的意图模式所构建的。④ 构成个人不法的第一个意图层级，包括客观上以举止客观地表达的解释价值，即不愿意承认规范作为具有约束力的行为根据：任何一个有行为能力的人，如果法律规定的事情是他的行为目标，他却不做自己能做且必须做的事情，就表明他不承认规范是他行为的约束性理由。对于实现合乎规范的有意的客体所必需的行为在实际考虑的程序中获得，这是实践所推导出的结论，其上级前提构成了矛盾地把握的犯罪构成要件。上级前提和结论是通过对主观上的因果条件关系的预测来调节的。⑤ 与规范相反的是，由于没有对未来的认识，因此义务要通过归纳法进行确定：什么必须要做或者不应该做，某个结果出现或者不出现，只能通过相对的确定性，即依据事前的行为人计划才能预测到。如果行为人假设某个行为在同等情况下会引起某个结果，那么，如果他不放弃这一行为，就

---

① Urs Kindhäuser, Gefährdung als Straftat. Rechtstheoretische Untersuchungen zur Dogmatik der abstrakten und konkreten Gefährdungsdelikte, 1989, S. 29 f.
② Urs Kindhäuser, Gefährdung als Straftat. Rechtstheoretische Untersuchungen zur Dogmatik der abstrakten und konkreten Gefährdungsdelikte, 1989, S. 31.
③ Urs Kindhäuser, Gefährdung als Straftat. Rechtstheoretische Untersuchungen zur Dogmatik der abstrakten und konkreten Gefährdungsdelikte, 1989, S. 32 f.
④ Urs Kindhäuser, Gefährdung als Straftat. Rechtstheoretische Untersuchungen zur Dogmatik der abstrakten und konkreten Gefährdungsdelikte, 1989, S. 34 f.
⑤ Urs Kindhäuser, Gefährdung als Straftat. Rechtstheoretische Untersuchungen zur Dogmatik der abstrakten und konkreten Gefährdungsdelikte, 1989, S. 54 f.

是违反了义务。① 仅仅是这种义务违反就构成了犯罪行为的必要条件。只有它是刑罚的连接点和前提条件，从而成为刑法上行为不法的核心，而对客观的规范违反的认定，也即结果的产生原因，只是获得了制裁规范下的关联性。②

（二）批判性评价

上文在对意图行为论的观点介绍中，已指出了金德霍伊泽尔理论有待商榷之处，并提出了本书对此的修正方案。此处，还需进一步指出其言语行为理论中的一些矛盾之处。

金德霍伊泽尔将犯罪行为理解为有意的分层级的言语行为。正如民法上的意思表示一样，犯罪行为应当由客观的构成要件和主观的构成要件组成，后者又由两个意图层级组成。这种并列的方式，将规范违反和义务违反分配给言语行为的不同组成部分，其论证结构非常清晰。但是，这种类比并不十分妥当，因为金德霍伊泽尔所设定的客观解释价值——纯粹的结果产生原因——并不符合民法上构成意思表示的客观的表示构成要件。在民法领域，举止的客观表示价值自始至终都是通过援引其社会意义来确定的，表示价值只被归结为人格的表达，它们暗示着主体间（根据"被对象化的接受者视野"）某种特定的法律遵循意愿。③ 转移到犯罪行为上类似的言语行为模式，这意味着：犯罪的外部表示构成要件必须已经包括一种举止，该举止从共同主体的角度表达了对举止规范的不予承认。但是，从主体间的角度看，只有当一个行为不符合一般规范的举止期待，即客观上与该规范所要求的举止相矛盾时，才可以被解释为对举止规范的不予承认。然而，犯罪行为的客观表示价值，取决于注入于规范的共同主体的期待范围，而这种期待总是与个体所处的具体的行为情境有关。

因此，即使是在犯罪行为的言语行为模型中，个人举止违反义务也

---

① Urs Kindhäuser, Gefährdung als Straftat. Rechtstheoretische Untersuchungen zur Dogmatik der abstrakten und konkreten Gefährdungsdelikte, 1989, S. 62.

② Urs Kindhäuser, Gefährdung als Straftat. Rechtstheoretische Untersuchungen zur Dogmatik der abstrakten und konkreten Gefährdungsdelikte, 1989, S. 59.

③ Werner Flume, Allgemeiner Teil des bürgerlichen Rechts. Das Rechtsgeschäft, 4. unveränderte Aufl., 1992, § 16 3 b (S. 310).

不是归责的标准，而是归责的原因：如果要把规范违反视为举止规范的客观表示价值，就必须把它理解为规范期待的落空，而这反过来，又以事前的规范的举止期待的准确制定为前提。但是，犯罪行为的客观表示价值，在于违反了一种通过以下方式具体化的举止规范：违反了个人的作为义务。如果这种与民法的并列关系适用，那么在犯罪的言语行为模型中，规范违反就不可能从义务违反中分离，也不可能将结果产生归入规范的客观表示价值中。这一点也可以通过"反转检验"来证明，例如，如果一个驾车人在容许风险的范围内造成了他人的伤害，那么他的举止完全没有与共同主体的客体化的期待范围发生冲突，也就是说，他没有违反任何举止规范；其举止的特征仅仅是引起了结果，并不能赋予这个举止任何具有社会意义的表示价值。[1]

若金德霍伊泽尔在制裁规范之下所引入的义务类别，适合于准确地告诉规范对象，哪些行为他必须不实施或者实施，那么偏离犯罪行为体系的安排实际上没有任何效果。[2] 在此背景下，必须提出的一个问题是：个体是否可以以金德霍伊泽尔的禁止性规范为导向，通过对因果的条件关系进行事前的评估，归纳推理出义务所指向的具体行为。然而，这一点是要坚决否定的，因为对结果产生的禁止性规范只针对故意的行为人，正如考夫曼在讨论宾丁的规范版本时已经恰当地指出的那样：

"但是，在所谓有认识的过失场合，情况是不同的：虽然此处结果也被考虑到了，并且潜在的行为人因此可以将这种设想与针对制造死亡原因的禁止性规范进行比较，但这些情形所具有的特点恰恰是，行为人认为通过自己的意图行为并不会产生结果。因此，他并不会感觉自己将牵涉到不得制造死亡原因的禁止性规范。在无认识的过失场合，行为人甚至不会陷入思考这类禁止性规范的窘境中，因为他根本就没有想到结果可能发生。"[3]

金德霍伊泽尔所依据的禁止性规范，并没有告诉不谨慎的行为人，

---

[1] Georg Freund, Strafrecht Allgemeiner Teil. Personale Straftatlehre, 2 Aufl., 2009, § 10 Rn. 45. § 1 Rn. 14.

[2] Georg Freund, Erfolgsdelikt und Unterlassen. Zu den Legitimationsbedingungen von Schuld und Strafe, 1992, S. 122 f.

[3] Armin Kaufmann, Lebendiges und Totes in Bindings. Normlogik und moderne Strafrechtsdogmatik, 1954, S. 114.

对他的具体期待是什么。对于这一困境，要么通过接受禁止性规范中所固有的一般注意义务①的附随义务将其排除，要么通过将引起因果流程的禁止性规范重构为一般的命令性规范，以避免构成要件实现。② 这两种临时解决方案除在规范理论上值得商榷之外，并没有真正解决问题：那些不知道自己会引起符合构成要件结果的人，仍然无法确定自己具体该做什么或者不该做什么。③

金德霍伊泽尔本身也认为，在规范逻辑上，不可能依据禁止性规范本身所产生的义务对过失犯归责。④ 法律主体应当有某种义务为了自己的利益，去了解自己的行为可能引发的因果流程：若该主体在行为时没有能力有意地避免结果发生，想把违反规范的举止视为义务违反归责于该主体，那么该主体没有能力实现符合规范的意图本身，必须是不承认规范效力的表现。据此，可以对那些没有能力进行符合规范之行为（Handeln）的行动（Akte）进行归责。⑤ 但是，如果规范没有明确规定进行符合规范的行为的能力，对该能力的要求就成了一种次要的不真正义务的对象。因此，该不真正义务要求实施预防结果发生的行为，如果这种要求是合法的，行为人就应当履行该义务。因此，违反不真正义务成为归责依据，其实质是缺乏控制意识，而非义务违反。⑥ 如果犯罪人没有履行自己的不真正义务，那么他的行为还没有违反义务，因而也不应受刑罚。违反该种不真正义务更多是一种"对自己的过错"，因为它切断了对自己没有能力遵守规范的说法，从而有可能将某种违反规范的举止归结为违反义务。⑦

---

① Karl Binding, Die Normen und ihre Übertretung. Eine Untersuchung über die rechtsmäßige Handlung die Arten des Delikts, Bd. 2, Häfte, 1918, S. 236 ff.
② Karl Engisch, Untersuchungen über Vorsatz und Fahrlässigkeit im Strafrecht, 1930, S. 335 ff.
③ Armin Kaufmann, Lebendiges und Totes in Bindings. Normlogik und moderne Strafrechtsdogmatik, 1954, S. 114 ff (120).
④ Urs Kindhäuser, Gefährdung als Straftat. Rechtstheoretische Untersuchungen zur Dogmatik der abstrakten und konkreten Gefährdungsdelikte, 1989, S. 65, 82.
⑤ Urs Kindhäuser, Gefährdung als Straftat. Rechtstheoretische Untersuchungen zur Dogmatik der abstrakten und konkreten Gefährdungsdelikte, 1989, S. 63 f.
⑥ Urs Kindhäuser, Gefährdung als Straftat. Rechtstheoretische Untersuchungen zur Dogmatik der abstrakten und konkreten Gefährdungsdelikte, 1989, S. 65 f.
⑦ Urs Kindhäuser, Gefährdung als Straftat. Rechtstheoretische Untersuchungen zur Dogmatik der abstrakten und konkreten Gefährdungsdelikte, 1989, S. 67.

对违反不真正义务的没有能力遵守规范的归责,可以根据实际情况考量作出较为准确的界定。认识前提指的是(就结果犯而言)那些根据相关的经验认识,设置或者不设置会使人在之后无法阻止结果发生的条件。之后,再通过实际的考量,形成与认识前提相对应的行为选项。①如果行为人没有具体地考虑到认识前提中提到的经验规律的内容,那么,在这方面缺乏的控制意识可以用规范的归责标准进行替代,但这并不意味着无限的回溯;因为在要求行为人整体上知道次要前提中提到的经验规律,或者知道存在相关的预防规则的情况下,从一开始就可以确信,他拥有必要的认识,有能力在法规范期待的范围内遵守规范。② 据此,如果行为人没有履行上述预防行为,则行为人没有能力合乎规范地行事,应被视为对不真正义务(谨慎义务)的违反。③

依据金德霍伊泽尔的观点,那些作为规则类别的不真正义务的对象的行为,即是具体的举止规范的义务对象。④ 然而,金德霍伊泽尔所设想的不真正义务概念还存在有待商榷之处。对这种概念的决定性反对意见在于,根据这一概念,只有在事后因结果的产生,违反不真正义务的行为人才会与保护法益的举止规范产生关联:不真正义务本身并不对行为人产生事前的外部约束,行为人自行决定是否接受可能的结果产生的风险,从而承担可能的刑事责任。如果他对此放任而导致结果出现,那么导致结果产生的规范违反就会成为对他进行刑事归责的理由。但是,如果事实上任由不真正义务对象自己决定是否愿意承担刑事处罚的风险,将使有关受刑法规范保护的法益在行为人仍然可以对其进行公正处理的关键决定时刻,恰恰失去了规范的保障。因此,弗洛因德(Freund)的说法是非常正确的:"某些举止要求的(合法性)理由……总是因为对合法的利益保护有(客观的事前可用的)好处,而不是为了避免可能发生的

---

① Urs Kindhäuser, Gefährdung als Straftat. Rechtstheoretische Untersuchungen zur Dogmatik der abstrakten und konkreten Gefährdungsdelikte, 1989, S. 73 f.
② Urs Kindhäuser, Gefährdung als Straftat. Rechtstheoretische Untersuchungen zur Dogmatik der abstrakten und konkreten Gefährdungsdelikte, 1989, S. 74 f.
③ Urs Kindhäuser, Gefährdung als Straftat. Rechtstheoretische Untersuchungen zur Dogmatik der abstrakten und konkreten Gefährdungsdelikte, 1989, S. 77.
④ Urs Kindhäuser, Gefährdung als Straftat. Rechtstheoretische Untersuchungen zur Dogmatik der abstrakten und konkreten Gefährdungsdelikte, 1989, S. 77 f.

自身的刑罚!"①

相应地,不采取不谨慎且有风险的行为,或者采取为保全法益所需的谨慎行为,也必须由出于对他人利益保护需要而合法化的外在举止规范强制规定。② 归根结底,考夫曼的认识是无法绕开的:"必须存在规则,将集体生活纳入谨慎的框架并避免针对法益的过度的风险:'交往中必要的谨慎'。即使行为人没有全面把握自己的行为所引发的因果流程,个人也可以按照自己的经验规则行事。从这一领域出发,将确立过失举止的判断标准。"③

关于各类举止规范的具体内涵,本书将尝试进一步展开阐述。

---

① Georg Freund, Erfolgsdelikt und Unterlassen. Zu den Legitimationsbedingungen von Schuld und Strafe, 1992, S. 123.
② Georg Freund, Strafrecht Allgemeiner Teil. Personale Straftatlehre, 2 Aufl., 2009, § 2 Rn. 33.
③ Armin Kaufmann, Lebendiges und Totes in Bindings. Normlogik und moderne Strafrechtsdogmatik, 1954, S. 120.

第四章 作为禁止规范违反者的作为正犯

故意与过失的行为不法在意图内容上存在差异，这就催生了二者举止规范的实质性差异。接下来，本书将对这两类禁止性规范的内容及其具体化机制进行进一步阐释。

第一节 故意作为犯的一般禁止规范

虽然，对故意犯罪行为的禁止与过失犯罪行为的禁止是基于同一个积极的法益保护决定而产生的，但由于其与过失行为的具体意图不同，因此，刑法针对它创设的举止规范内容不同于禁止过失行为的举止规范。就其性质而言，禁止故意行为的规范内容就是对实施行为的绝对禁止。[①]这类绝对规范的一个典型例子，是故意杀人罪的结果犯背后的"不得杀人"的禁令。也就是说，此类规范可为所有类型的故意犯罪行为（具体和抽象危险犯）在结构上确立完全相同的必要条件，这些禁止性规范只是在被禁止的意图内容（即实害结果、具体危险、抽象危险）上有所区别，这就是研究不同类型或不同层次禁止性规范的意义所在。

一 一般禁止故意下的规范具体化过程

若接受上文所述前提，则需进一步理解故意（实害）犯罪所创设规范的具体化。一般[②]禁止性规范不以个体的特殊法益关系作为前提，那么，绝对禁止的故意内容是什么？首先，在行为人对行为进行目的理性解释的情形下，其必须制订适当的法益侵害计划；[③] 其次，行为人必须

[①] Hans-Ullrich Paeffgen, Der Verrat in irriger Annahme eines Illegalen Geheimnisses (§ 97 b StGB) und die allgemeine Irrtumslehre, 1979, S. 133, 137, 139.

[②] Armin Kaufmann, Lebendiges und Totes in Bindings. Normlogik und moderne Strafrechtsdogmatik, 1954, 19.132 ff., 138 ff., 144 ff.

[③] Diethart Zielinski, Handlungs-und Erfolgsunwert im Unrechtsbegriff. Untersuchungen zur Struktur von Unrechtsbegründung und Unrechtsausschluss, 1973, S. 124, 136.

在心理上认为自己有能力实施这一方案[1]（这种行为能力意味着在犯罪时有能力不实施犯罪），或者从这个意义上说，行为人必须认为自己有能力行事。当然，这些先决条件似乎首先适用于每一个犯罪参与者的行动方案，因为结果实现的意愿和原则上控制事件的能力是所有共犯行为的特点。[2] 但是，这种印象是有误导性的，因为直接作为构成要件基础的"行为人举止规范"不仅禁止法益侵害意图的形成，还禁止法益侵害意图的实现。[3] 因此，行为计划的实现仅描述了实施犯罪行为是行为能力的一个组成部分。此外，必须有社会或日常的经验成分，这就要求还必须有适合于法益保护的意义传达。因此，将个人的不作为义务和行为能力作为一般禁止性规范的前提，指的就是从事前视角出发行为人自我实现意图的能力。而且，由于举止规范总是只能以人的意志为媒介而产生效果，因此，它也只能将主观意图与自身实现意图的能力连接在一起。[4]

只有在他人不计划进行法益侵害行为的情况下，法益保护目的才能得以实现。[5] 从意图行为论的视角出发，不可能将自身有意图的自我实现计划与纯粹的他人"实际行为"[6] 的行为经验置于相同的地位。[7] 无论行为人的预测能力有多好，这一点都不会改变。因此，从行为过程内容本身表露出来的、与其他参与者的相同维度的行为经验，是行为理论结构上的一般指导思想。根据以上理解，为了让行为人在另一个行为主体存在的情况下仍能自己拥有复合的行为经验，必须应用一种公认、复合、自我实现的解释模式，来解释故意作为犯的禁止性规范内涵。基于禁止

---

[1] Armin Kaufmann, Lebendiges und Totes in Bindings. Normlogik und moderne Strafrechtsdogmatik, 1954, S. 139.

[2] Wolfgang Schild, in: Neumann/Puppe/Schild (Hrsg.), Nomos-Kommentar zum Strafgesetzbuch, 1. Aufl., 1995, Vorbem. §§ 25 ff. Rn. 158 ff., 278 ff., 331 ff., 342 ff., 346 ff., 348 ff.

[3] Armin Kaufmann, Lebendiges und Totes in Bindings. Normlogik und moderne Strafrechtsdogmatik, 1954, S. 141.

[4] Armin Kaufmann, Lebendiges und Totes in Bindings. Normlogik und moderne Strafrechtsdogmatik, 1954, S. 151 f.

[5] Manfred Heinrich, Rechtsgutzugriff und Entscheidungsträgerschaft, 2002, S. 137.

[6] Wolfgang Schild, in: Neumann/Puppe/Schild (Hrsg.), Nomos-Kommentar zum Strafgesetzbuch, 1. Aufl., 1995, Vorbem. §§ 25 ff. Rn. 287.

[7] Wolfgang Schild, in: Neumann/Puppe/Schild (Hrsg.), Nomos-Kommentar zum Strafgesetzbuch, 1. Aufl., 1995, Vorbem. §§ 25 ff. Rn. 31, 75, 79.

规范不能禁止超出目的的行为[1]的认识,本书认为,只有在行为人能够实施故意举止的范围内,即行为人能将自身举止解释为实施故意侵害他人法益计划的行为,故意犯罪所依据的禁止性规范才能生效。

据此,"仅"在激励或帮助他人侵害法益意图支配下实施的基本行为,可为共犯举止规范另行禁止。立法者创设共犯即已考虑到,从实用主义的角度出发,共犯参与正犯的行为计划,原则上也是实现刑法所禁止法益侵害结果适当行为策略的一部分。正因为如此,为了更有效、周延地保护法益,刑法禁止性规范的对象必然不能只局限于正犯实现自我意图的能力,还需建立辅助性举止规范,以阻碍对侵犯他人法益行为的帮助或激励。

二 相关反对意见的检视

根据上述观点,规范理论意义上的行为能力,相当于从事前视角来看行为人自我意图实现的能力。鉴于意图存在多个层面,行为能力并不完全是存在论(经验)层面的概念,[2]而是一个存在论与规范论层面内涵兼具的概念。因此,一般的禁止性规范对每个人的行为都设立了义务,其规范设计的初衷是保护他人法益。以我国《刑法》第232条所依据的禁止性规范("不得杀人!")为例,凡是借由无辜的孩子给被害人送饮料进而下毒的人,都要受到一般的禁止杀人规范的约束;亲手下毒试图杀人的人,也要受到同样的约束。此外,凡是与一人(或多人)共同将第三人殴打到医院的,与单独殴打的人一样,均受到禁止人身伤害的一般禁止性规范的约束。因此,没有必要特别设立在间接正犯或共犯的情况下才会作为辅助性规范出现的禁止性规范。[3]

以上从多维度确定义务主体的理论方案会招致反对。有学者认为,在某些间接正犯的情况下(如将无责者纳入计划中),可以从构成要件

---

[1] Armin Kaufmann, Lebendiges und Totes in Bindings. Normlogik und moderne Strafrechtsdogmatik, 1954, S. 106, 107.

[2] Armin Kaufmann, Lebendiges und Totes in Bindings. Normlogik und moderne Strafrechtsdogmatik, 1954, S. 139.

[3] Ulrich Stein, Die strafrechtliche Beteiligungsformenlehre, 1988, S. 331 ff; Wolfgang Schild, in: Neumann/Puppe/Schild (Hrsg.), Nomos-Kommentar zum Strafgesetzbuch, 1. Aufl., 1995, Vorbem. § § 25 ff. Rn. 81, 133.

行为背后的罪责中引申出一般的个人不法。但是，这一点是需要反驳的，因为谴责构成要件行为人背后的人的理由，并不是他的行为比直接行为人的行为更有可谴责性，而是他从自己侵害他人法益的角度出发，将实施侵害法益的人作为工具。① 构成要件行为人背后之人的个人罪责，要与其自身实施的行为进行严格区分。

然而，人们仍然可以指责这里所确定的规范，因为它最终剥夺了作为义务的教义学功能（即法益保护），将罪责部分地解读为作为义务。有人会问，"仅仅是"有意义的构成要件行为人背后的人（间接正犯），如何以及为什么应被禁止侵害法益的主举止性规范所涵盖？对于意图行为论来说，答案在于行为的概念本身。作为意图行为的犯罪行为不但包含了法益侵害意图，还包含了各类型的侵害行为。例如，对于计划杀人者，无论最终利用无责者用手打人、放狗咬人还是拿刀刺人致人死亡，都会被认定为故意杀人行为。实行犯的构成要件行为与间接正犯的行为之间的区别仅在于，间接正犯必须确定其故意的基本行为（即将他人作为工具的行为），进而实现其自身有意图的法益侵害行为。简而言之，间接正犯希望犯罪进程符合自身复杂的行为设计，来实现对他人法益进行侵害的目的。正因为如此，这类行为也必须受到主要禁止性规范的否定评价。因此，需对有关的作为义务进行抽象表述，以使他人的行为决定不被利用成为实现法益侵害意图的外部工具。② 这些义务只是一般的法律义务，而刑法只能参照其自身结构维度，来确定相应举止规范的必要内容。③

综上所述，故意作为犯的一般禁止性规范主要针对的，是社会现象、意图支配下实施的法益侵害行为，而不仅仅是侵害行为导致的因果流程。同时，此类禁止性规范不仅要阻碍最终的法益侵害结果发生，还要从不同维度阻止单一和复杂的法益侵害行为。每个不同"意义层面"都会产生相关主体的作为义务，从抽象的一般规范（例如我国《刑法》第232条创设的"你不得杀人或想杀人"）中产生了更具体的作为义务，禁止

---

① Claus Roxin, Strafrecht Allgemeiner Teil II, 2006, S. 332 ff.
② Claus Roxin, Strafrecht Allgemeiner Teil II, 2006, S. 729 ff.
③ Armin Kaufmann, Lebendiges und Totes in Bindings. Normlogik und moderne Strafrechtsdogmatik, 1954, S. 195.

"犯罪背后的人"实施复杂的法益侵害行为（例如，你不得要求他人向假定的树桩射击，而那实际上不是树桩而是人）。支撑这些作为义务的实质理由，是对法益进行有效保护的切实关注。作为个人意志核心的"我"越是了解法益侵害的社会伦理意义，就越直接贴近法益保护规范的利益关注点。这就是复杂的基本行为服从于主要禁止性规范的原因以及具体方式。

相比之下，若将法益侵害行为的动机或行为方式作为构成要件要素（前者如我国《刑法》第293条寻衅滋事罪对"流氓动机"的要求，后者如我国《刑法》第263条抢劫罪中对持枪抢劫的规定），则并不产生上文意义上的独立作为义务。此类构成要件要素作为"罪责的量化"[①]，改变了所禁止行为（如杀人）的不法内容，但不再影响法益侵害的意图内容。[②] 例如，如果甲诱使乙实施过失杀人，过失杀人"客观上的残酷性"只有乙自己知道，那么，甲不是"间接实施过失杀人的幕后凶手"[③]，而"只是"参与了乙的杀人行为。

上述规范性逻辑原则经适当变通后，适用于故意作为犯禁止性规范的所有形式或"阶段"[④]。[⑤] 在一般故意犯罪中，可适用于禁止造成实害结果的行为、禁止造成具体危险的行为以及禁止造成抽象危险的行为。[⑥] 以上所有禁止性规范都遵循了规范理论的结构性要求，只是禁止对象有所区别。对于故意作为犯的特别禁止规范，即身份犯的禁止规范内容及具体化过程，笔者将在下文进一步探讨，以实现规范理论视域下对故意作为犯行为不法内涵的完整说明。

---

① Armin Kaufmann, Lebendiges und Totes in Bindings. Normlogik und moderne Strafrechtsdogmatik, 1954, S. 194.
② Armin Kaufmann, Lebendiges und Totes in Bindings. Normlogik und moderne Strafrechtsdogmatik, 1954, S. 109 ff.
③ Günther Warda u. a. (Hrsg.), Lange-FS (1976), S. 173 (187).
④ Hans-Ullrich Paeffgen, Der Verrat in irriger Annahme eines Illegalen Geheimnisses (§ 97 b StGB) und die allgemeine Irrtumslehre, 1979, S. 122; Urs Kindhäuser, Gefährdung als Straftat. Rechtstheoretische Untersuchungen zur Dogmatik der abstrakten und konkreten Gefährdungsdelikte, 1989, S. 26 ff., 128 ff.
⑤ Armin Kaufmann, Lebendiges und Totes in Bindings. Normlogik und moderne Strafrechtsdogmatik, 1954, S. 120, 121.
⑥ 本书不赞同纯粹的"行为犯"概念，因此不将其单独列举。

第二节　故意作为犯的特别禁止规范

身份犯无疑已是我国刑法学研究中的老话题，长期以来，我国学界基于对通说观点[①]的反思，以及对德国和日本刑法理论中相关内容的比较研究，对身份犯的关注主要集中在身份犯的共犯问题，[②] 少量研究涉及身份犯的本质，即对"身份"规范内涵与行为不法类型的探讨。[③] 然而，若无对后一问题的准确认知，对身份犯的范围以及共犯问题的探讨便犹如无根之木，难以为继。正因缺乏对身份犯本质的共识，关于身份犯的范围及其共犯认定规则，我国学界仍存在诸多争议。

身份犯的范围取决于对"身份"规范内涵的理解，目前学界就此存在的多种观点均有可待商榷之处。传统通说因对"身份"的形式化界定过于空泛广受批评；持法益论者则以刑法评价的基础在于法益侵害为由，否定身份犯（特别是纯正身份犯）违反的特定义务对于判断其行为不法的规范意义，[④] 实质上已预设了将法益侵害与规范违反作为犯罪本质二元对立的前提，然而这一前提本身即有待商榷；持义务论[⑤]或折中论[⑥]者则未能妥当说明身份犯违反的义务与身份犯所创设保护法益的举止规范之间的关系。由于缺乏对于何为"身份"的共识，当前两种较为主流的

[①] 即以资格、地位或状态作为身份的核心要素，并区分真正与不真正不作为犯，视前者为定罪身份，后者为量刑身份。参见马克昌主编《刑法》（第五版），高等教育出版社，2022，第71~72页。

[②] 参见周啸天《身份犯共犯教义学原理的重构与应用》，《中外法学》2016年第2期；陈洪兵《共犯与身份的中国问题》，《法律科学》2014年第6期。

[③] 有关研究，参见周啸天《广义抑或狭义：身份犯中身份概念的再界定——以身份的本质为中心》，《人大法律评论》2017年卷第3辑，法律出版社，2018；阎二鹏《身份犯本质刍议》，《当代法学》2007年第5期；陈梅《身份犯本质理论的二元论重构》，《政法学刊》2022年第2期。

[④] 参见阎二鹏《身份犯本质刍议》，《当代法学》2007年第5期；周啸天《广义抑或狭义：身份犯中身份概念的再界定——以身份的本质为中心》，《人大法律评论》2017年第3辑。

[⑤] 参见陈兴良、周光权《刑法学的现代展开》，中国人民大学出版社，2006，第342页；林维《真正身份犯之共犯问题展开——实行行为决定论的贯彻》，《法学家》2013年第6期。

[⑥] 参见杨辉忠《身份犯研究》，中国检察出版社，2007，第87页。

身份分类标准,即纯正/不纯正身份与违法/责任身份,① 其理论依据均显薄弱,难以准确厘定身份犯的范围。就身份犯的共犯认定规则而言,传统通说观点未能提供区分身份犯正犯与共犯的实质标准;而既有的分别定罪、以一方主体所触犯罪名为全体犯罪参与人定罪以及依照想象竞合犯定罪等模式均存在显著缺陷,周啸天教授已对此进行了充分论证;② 而对于周啸天教授主张的"违法身份起连带作用、责任身份起个别作用"的原理,若秉持对"身份"规范内涵的不同理解,则完全有可能得出与此原理不同的结论。③

关于犯罪的本质,本书秉持二元行为无价值的立场,即刑法通过创设并维持举止规范的效力实现法益保护。因此,本书完全赞同对于身份犯所创设举止规范需服务于法益保护的观点。基于以上认识,对于"身份"的规范内涵,本书持义务论的立场。但是,只有在规范论视域下展开对身份犯行为不法内涵与类型的探讨,才能真正厘清身份犯违反的义务与身份犯所创设保护法益的举止规范之间的关系,进而明确身份犯的范围及其共犯认定规则。为了实现以上目标,本书拟就以下三个问题递进展开探讨。第一,身份犯创设的举止规范的内容是什么?是否为保护只有特定群体才能侵犯的特殊法益?或者说,是否有特殊的举止规范要求,从一开始就赋予某些特殊责任人法益保护义务?第二,依据身份犯创设的举止规范,其行为不法内涵是什么?刑法所创设举止规范的内容,在理论上可被视为一般的结果阻止义务,并且需要进行进一步的具体(个体)化判断。④ 基于这一认识,在确认身份犯所创设举止规范的内容后,还需进一步厘清作为规范接受主体的行为人具体的作为义务,才能将身份犯的行为不法内涵确定为义务违反。第三,身份犯的行为不法类型应如何区分?在证成身份犯的不法内涵为义务违反之后,本书拟进一步根据义务违反的类型,尝试厘定身份犯语境下正犯的规范内涵及其共

---

① 参见张明楷《刑法学》(第六版),法律出版社,2021,第171~172页;黎宏《刑法学总论》(第二版),法律出版社,2016,第109~110页。
② 参见周啸天《广义抑或狭义:身份犯中身份概念的再界定——以身份的本质为中心》,《人大法律评论》2017年卷第3辑,法律出版社,2018。
③ 参见夏伟《走出"共犯与身份"的教义学迷思:"主从犯体系"下身份要素的再定位》,《比较法研究》2019年第3期。
④ 参见敬力嘉《网络不作为参与行为不法类型的重塑》,《政治与法律》2020年第11期。

犯认定规则。

一 身份犯创设的举止规范：保护一般法益的特别规范

（一）纯正身份犯不保护"特别法益"

试图赋予纯正身份犯保护"特别法益"功能的观点，是基于以下的假设：有些法益本来就只有某些人有侵害的特权，因此从一开始就只需要对这些人进行规制。[①] 在我国，持此类观点的学者认为，纯正身份犯保护的法益只有具备特殊身份的人才可能侵害，不纯正身份犯中，有身份者处罚较重的原因在于有身份者对此类特别法益的危险更大，或期待可能性较大，进而表现出更大的主观恶性。[②]

如果这一假设是正确的，那么这种"特别法益"应成为身份犯所创设举止规范的基础。然而，情况并非如此。从举止规范理论的角度看，法规范对特定对象的保护在法定范围内具有排他性：即使是在社会的特殊范围内，举止规范所依据的一般价值判断[③]也应当一致适用于每一个法益侵害后果，不论它是由特殊范围内部行为还是外部行为所产生的。

例如，所有职务犯罪都基于一般禁止性规范创设，是针对每个人的，要求每个人都不能损害国家工作人员职务行为的廉洁性、公正性、不可收买性，以及公众对此的客观信赖。真正的区别，在于此类举止规范依据行为人不同的职责，确立了内向型和外向型的不同作为义务：禁止国家工作人员贪污受贿的内向型义务，以及禁止其他个人和单位行贿、介绍贿赂的外向型义务。因此，真正的特殊不法与一般不法的区别，不是在举止规范层面，而是在由职责所衍生的具体作为义务层面。同时，某些"排他性法益"，在规范论意义上是不可能存在的。[④] 任何法益都可以受到人的攻击，价值判断与规范具有同一性。这也就是为什么每个犯罪

---

① Martin Bernhardt, Der Einfluß persönliche Verhältnisse auf die Strafbarkeit der Teilnehmer (§50 StGB), 1909, S. 225.
② 参见阎二鹏《身份犯本质刍议》，《当代法学》2007年第5期；李成《共同犯罪与身份关系研究》，中国人民公安大学出版社，2007，第50~62页。
③ Winrich Langer, Die Sonderstraftat. Eine gesamtsystematische Grundlegung der Lehre vom Verbrechen, 2. Aufl., 2007, S. 270.
④ Winrich Langer, Die Sonderstraftat. Eine gesamtsystematische Grundlegung der Lehre vom Verbrechen, 2. Aufl., 2007, S. 270, 271.

构成要件所创设的法益保护一般规范应约束所有人。① 如果假设举止规范只保护部分法益，就会破坏举止规范保护法益的普遍效力。因此，不应存在真正的"特别法益"。

（二）纯正身份犯不创设特别的法益产生规范

然而，有观点试图将职务犯罪背后的制度视为独立"法益"，继而试图将刑法创设的举止规范视作相应制度主管群体量身定制的特别规范，此即义务犯的理论进路，雅各布斯是此类观点的鼻祖。② 他希望在原则上区分"团体责任领域"（Organisationszuständigkeit）的义务和"制度责任领域"（institutionelle Zuständigkeit）的义务。团体责任要求每个人不得以牺牲受害者利益为代价，使自身团体免遭损害，而制度责任要求特定人提供秩序保障的照顾。③ 在应该产生这种照顾义务的秩序中，有亲子关系、暴力国家关系（如义务教育、兵役、监禁）和一般国家目的（如法治的基本原则）。④ 在所有这些案例中，制度责任人与法益的关系总是直接的，即不是共犯而是正犯。这是对共犯形式的改变，因为根本不用考虑行为类型的实然区别。据此，制度责任人至少永远是不作为犯，即使行为是对法益侵害结果轻微的积极贡献，也永远是不作为犯。在他的理论场域内，传统作为与不作为的区分也正因此逐渐失去意义。一方面，在不作为领域中，既有制度中限定的保证人义务（如亲子关系），也有团体中的保证人义务（如交通安全义务）；另一方面，在作为领域中，对于团体犯的支持者所承担的制度责任永远是义务犯。例如，导致未成年子女死亡的父母是真正的义务犯，他们永远是正犯，与其是否参与、如何参与无关。因此，必须区分团体责任和制度责任的归责理由，包括作为和不作为。

在这种情况下，制度义务从内容上看是为了"保证团结"，从而最

---

① Winrich Langer, Die Sonderstraftat. Eine gesamtsystematische Grundlegung der Lehre vom Verbrechen, 2. Aufl., 2007, S. 279.
② 本书讨论的义务犯理论仅限于雅各布斯的彻底规范化的义务犯理论，不涉及罗克辛的义务犯理论。
③ Günther Jakobs, Strafrecht Allgemeiner Teil. Die Grundlagen und die Zurechnungslehre, 2. Aufl., 1991, §§2 Rn. 17; §7 Rn. 70.
④ Günther Jakobs, Strafrecht Allgemeiner Teil. Die Grundlagen und die Zurechnungslehre, 2. Aufl., 1991, §29 Rn. 57.

终是为了保证（建立）相应的制度本身。① 行为人与法益之间应该存在一种积极意义上的关系，最好是"生活世界中的一块共同点"。由于这种共同点，行为人面临着特殊的行为期待，其内容不能用法益免受损害的假设来充分表达。因为，与特殊义务相关的期待不是基于法益的现状，而是行为人为适应制度而作的规定。因此，如果要用法益的概念来解释真正的特别规范，那么，人们就不能像往常一样回溯到将法益作为功能单位（Funktionseinheit），并以保护法益作为举止规范的目的，而必须将行为人所管理的制度界定为功能单位。但是，只有当特别义务人也承担了制度内所赋予他的角色时，制度法益才会作为一个真正的功能单位而存在。因此，身份犯不是对功能单位的扰乱，而是拒绝整合，以形成真正的功能单位。因此，身份犯是以"法益的产生规范"为基础的。② 这一学说的精髓在于，大多数身份犯所描述的不法类型，仅是为了描述刑法所赋予制度的保护范围。③

这种精辟而又发人深省的做法，打破并彻底重构了传统的刑事责任基础。在此不能对其进行详尽的考察，因为雅各布斯并不承认以此为基础的法益保护是特别规范控制行为的（唯一）合法化目的，而是认为恰恰是特别规范创设了法益。对于这种"举止规范目的的多轨性"的论述，当然不能以传统法益保护说的论证思路来否定其根植于法社会学的论证思路。为此，我们应该对将生活世界二元对立地划分出的"团体"和"机构"，以及它们在法益理论中的转化进行批判性研究。其重点应该是能否真正区分团体是为了保护现存法益而控制危险源，而制度本身会永久产生法益。然而，本书不能也没有必要解决这些深刻的问题，将留待后续的研究进一步展开。为了满足本书讨论的需求，只需阐明雅各布斯的观点是依据二分法创设举止规范体系，且具备内在一致性就足够了。若遵循雅各布斯的观点，特别处以法定刑罚的犯罪并不因（具体的）侵犯制度性的法益而入罪，而是与法益相关的具体不法行为有联系。

---

① Günther Jakobs, Strafrecht Allgemeiner Teil. Die Grundlagen und die Zurechnungslehre, 2. Aufl., 1991, §28 Rn. 15.
② Günther Jakobs, Strafrecht Allgemeiner Teil. Die Grundlagen und die Zurechnungslehre, 2. Aufl., 1991, §2 Rn. 25.
③ Günther Jakobs, Strafrecht Allgemeiner Teil. Die Grundlagen und die Zurechnungslehre, 2. Aufl., 1991, §1 Rn. 24.

按照雅各布斯的论述，此类犯罪构成要件应归责于团体行为。但是，如果此类犯罪只涉及团体行为，制度的原始责任如何与这些犯罪联系在一起，这是否符合刑法的明确性原则？

雅各布斯的学生桑切斯（Sánchez-Vera）努力回答了这个问题，他继承了雅各布斯的理论基础，但用了更精细的术语进行论证。他首先将作为归责理由的"积极制度"和"不伤害任何人"的"消极制度"区分开来。[①] 然后，他将消极制度和积极制度作为所谓的"构成要件的注解"，来解读修正的构成要件：每一个修正的构成要件都可能同时具有积极制度和消极制度的含义。但在这两种解释中采取哪一种，完全取决于参与者的社会角色及由此产生的角色期望。消极制度的规范是"你不得伤害！"（禁止性规范），而积极制度的规范是"你应该建立一个共同的世界！"（命令性规范）。这些禁止性规范与命令性规范的构成要件的注解，不只是修正的构成要件的表达形式，而且是理解相应规范内容的关键概念。相应地，刑法中义务违反的行为方式的关键概念不是"作为与不作为"，而是"消极状态"和"积极状态"。[②]

然而，这种"构成要件的注解"的主张，是否能简单地掩盖作为与不作为之间存在的法律上的差异，以及在行为理论中划定犯罪参与形式的必要性，似乎是存疑的。虽然随着时代的发展，法条的内涵可以超出立法者的原意，但正如桑切斯与拉德布鲁赫均曾指出的那样，刑法的适用者不能比法条更聪明。[③] 有关这一点，本书不再进一步展开。因为，雅各布斯学说的真正问题，存在于更深层次。他的学说包含着这样一个假设，即由积极制度的"构成要件的注解"所预设的法益关系状况的条件并不是制度性团结保障的对象，而仅仅是惩罚性的前提条件。[④] 无论

[①] Javier Sánchez-Vera, Pflichtdelikt und Beteiligung. Zugleich ein Beitrag zur Einheitlichkeit der Zurechnung bei Tun und Unterlassen, 1999, S. 76 f.

[②] Javier Sánchez-Vera, Pflichtdelikt und Beteiligung. Zugleich ein Beitrag zur Einheitlichkeit der Zurechnung bei Tun und Unterlassen, 1999, S. 96 (101).

[③] Gustav Radbruch, Rechtsphilosophie, 6. Aufl., 1963, S. 211; Javier Sánchez-Vera, Pflichtdelikt und Beteiligung. Zugleich ein Beitrag zur Einheitlichkeit der Zurechnung bei Tun und Unterlassen, 1999, S. 102.

[④] Günther Jakobs, Strafrecht Allgemeiner Teil. Die Grundlagen und die Zurechnungslehre, 2. Aufl., 1991, § 2 Rn. 24.

具体的法益侵犯的意图为何,"建设共同的世界"① 制度性义务的实际主体始终没有改变:在"禁止"一般命令②的父母团结保障下,"我"是否"只是"想打孩子一巴掌或杀了孩子,从这两种不法的角度看,都是无关紧要的。由于违反了同一种保证制度团结的义务,身体伤害和过失杀人只是在失职对制度造成的损害程度上逐渐有了区别而已。然而,过失杀人和身体伤害是截然不同的不法类型,而不仅仅是程度不同的归责类型。

根据上文的理解,将不同类型的不法行为划定在积极制度的"标签"下,与一般制度理论相联系,很可能会不当扩大其适用范围:积极的制度本身就不再被认为是"特殊社会领域的影响"③,它本身不能成为特别作为义务的客体,充其量只能成为特别作为义务有效力的理由。此外,还有另一个因素:雅各布斯为义务犯的特殊地位进行了论证,认为义务犯无须服务于法益保护。然而,大多数义务犯也可以(而且必须)服务于法益保护。在这样的背景下,雅各布斯的制度理论饱受批评,因为它人为地切割了一种统一的目的解释方法。在我国语境下,也有学者明确指出,鉴于我国刑法中并不存在如德国刑法第28条第1款一般减轻无身份者成立身份犯共犯时刑罚的条款,且依据我国《刑法》第29条的规定,无身份的犯罪参与者完全可能因其对共同犯罪的贡献被评价为主犯,对其处罚重于有身份的正犯,雅各布斯的义务犯理论与我国刑法的实然规定相抵触。④ 因此,适用雅各布斯的义务犯理论解释我国刑法中身份犯创设的举止规范,既无理论依据,也无规范基础。

(三)身份犯创设的规范内涵:保护一般法益的特别规范

如果承认了身份犯既不保护"特别法益",也不创设特别的法益产生规范,就必须进一步追问,身份犯是否至少创设了为一般法益保护服务的特别举止规范?在这种情况下,要把两组问题分开来思考。首先,

---

① Javier Sánchez-Vera, Pflichtdelikt und Beteiligung. Zugleich ein Beitrag zur Einheitlichkeit der Zurechnung bei Tun und Unterlassen, 1999, S. 89 f.
② Günther Jakobs, Strafrecht Allgemeiner Teil. Die Grundlagen und die Zurechnungslehre, 2. Aufl., 1991, § 2 Rn. 24.
③ Winrich Langer, Das Sonderverbrechen. Eine dogmatische Untersuchung zum Allgemeinen Teil des Strafrechts, 1972, S. 301 ff.
④ 参见周啸天《义务犯理论的反思与批判》,《法学家》2016年第1期。

从举止规范的目的来看,需要说明的是,共同法益保护的目标,是否以及以何种方式促使真正的特别举止规范的产生。其次,从规范论的角度看,必须考虑在哪个层面(规范产生或义务产生)将特别的主体资格作为附加条件。简而言之,首先,必须弄清与法益相关的特别举止规范实质上如何构成;其次,必须明确特别的主体资格是否属于规范或义务的对象。

1. 作为特别举止规范内容的职责

刑法中存在真正的特别举止规范,这一点几乎得到了普遍认可。但关于它们是如何从法益保护的一般理念中衍生出来的,则还未得到厘清。例如,在职务犯罪案件中,似乎天然以内部的职务行使行为为规范对象。根据此类规定,特别举止规范的内容是整个抽象的职责范围,特别严重违反这一职责范围的行为将受到刑罚的处罚。[1]

但是,公务员职责涉及的是纯粹的内部法律关系,即依据是其特别的主体资格,它不是专门针对法益保护的要求而设计的。与此相反,刑法以"共同体的社会领域"为对象,要求每一项刑事犯罪都要保护一定的共同利益,并要求以公开的刑法规范作为保护工具。因此,"公务员的纪律处分法只规定了如果官员故意违反其应尽的职责,即为失职,在职务犯罪的情况下,刑法规定的不法结构由多个明确界定的构成要件组成,这也符合宪法秩序的要求,这种与纪律处分完全不同的不法结构,否定了对职责义务的违反是职务犯罪归责的决定性标准的观点"。[2] 本书认为,单纯的内部失职本身并不涉及法益侵犯,因此不能构成犯罪。刑法例外地将违反某种内部法律义务的行为确定为犯罪(例如德国刑法第266条规定的背信罪),绝不是放弃个人具体行为应与法益侵害具备规范连接的要求,而只是对不同类型的行为不法进行了区分。

2. 规范对象有限的外部法律规范?

基于以上认识,有观点认为主要应尝试在特别不法的举止规范与法益保护之间确立规范关联,并对此类举止规范的适用对象进行限定。限

---

[1] Winrich Langer, Das Sonderverbrechen. Eine dogmatische Untersuchung zum Allgemeinen Teil des Strafrechts, 1972, S. 194 f.

[2] Winrich Langer, Das Sonderverbrechen. Eine dogmatische Untersuchung zum Allgemeinen Teil des Strafrechts, 1972, S. 274.

制规范适用对象的立法动机应该是,法律制度有时(可以)满足于动员少数人完成法益保护的任务。① 因为无论如何,法益必须在一般举止规范层面受到保护,使其免受侵犯,而且它们确实受到了保护。② 我国刑法有关职务犯罪构成要件的存在本身就意味着,刑法规范一般性禁止侵犯国家工作人员职务行为的廉洁性、公正性、不可收买性,以及公众对此客观信赖的行为。当然,对于与身份犯不相关的普通犯罪构成要件,以上理解也同样适用。在这里,作为身份犯所依据的以保护法益为目的的一般举止规范,原则上也适用于所有受法律约束的人。

然而,这并不意味着所有的特别不法都是实质上的一般不法。③ 因为必须指出的是,纯正身份犯的举止规范,对内部产生的作为义务远比外部更多:内部作为义务对法益特别责任领域产生具体排他性法益侵害的行为要求;而外部的作为义务"只"禁止在这一特别责任范围内进行非法"交易",不具有完全排他性。因此,就真正与法益保护相关的特别作为义务而言,尽管这些义务并不(也根本不能)排斥(在某些领域)对法益进行整体保护的举止规范要求,但在具体的作为义务层面,它们仍对行为人提出了额外、独立、排他性的义务要求。

二 身份犯的不法内涵:违反特别主体资格附加的作为义务

如果如上文所主张,刑法中存在与法益保护相关的特别作为义务,且原则上并不限制适用对象的范围,而是扩展了适用于所有人的"义务体系",并因为特定个人的特别法益关系而具有实质的排他性减损可能性,那么,这种特别的作为义务应当是保护法益的一般禁止性规范的附加要求。

基于以上认识,可以得出以下结论。首先,不存在特别法益。与法益相关的特别作为义务与一般的法益保护规范有关,因为它们也必须以绝对的法益决定为基础。其次,没有任何举止规范将法益保护举止规范

---

① Johannes Nagler, Die Teilnahme am Sonderverbrechen, Ein Beitrag zur Lehre von der Teilnahme, 1903, S. 9, 47ff.

② Winrich Langer, Das Sonderverbrechen. Eine dogmatische Untersuchung zum Allgemeinen Teil des Strafrechts, 1972, S. 277.

③ Winrich Langer, Das Sonderverbrechen. Eine dogmatische Untersuchung zum Allgemeinen Teil des Strafrechts, 1972, S. 292 ff.

的适用范围限制在某些群体中；相反，即使是一个纯正身份犯，也总是以具有普遍约束力的举止规范为基础。最后，为保护一般法益而制定的举止规范，除了对每个人的义务要求之外，很有可能还产生特殊的内部作为义务，而这些义务就其性质而言，超出了适用于每个人的"义务体系"。但在这种情况下，刑法并不对举止规范接受者的范围进行限制，而是通过对法益保护的延伸，额外关注某些特别主体关系可能对法益保护产生的影响，并通过附加作为义务规范此类影响。

同时，关于可对法益产生特定影响的特别主体资格，在理论上可能归类为一般规范特征或个体义务特征。本书认为，它是个别义务特征，因为它从一开始就与特别规范无关，而是与法益保护具体要求相关的特别义务的问题。如我国《刑法》第 260 条（虐待罪）、第 260 条之一（虐待被监护、看护人罪）、第 261 条（遗弃罪）这样要求行为主体具备特别资格的纯正不作为犯，它们似乎是服务于法益保护的真正特别举止规范，似乎应当是这一原则的例外。然而，与法益保护关联的特别主体资格，在这里也是作为个体的义务特征而存在。因为，正如考夫曼指出的那样，没有人可以被先验地排除在对个体的特别义务要求之外，因为人的主体身份一直处在变化之中，完全可能进入特别义务所针对的主体范围。[①] 因此，以上三个罪名所创设的举止规范，规定了作为抚养义务人或监护人必须做的事情，而更具体的作为义务，则是针对特定情况下具体的抚养义务人或监护人，从举止规范中衍生而来的。简而言之，即使是如上文列举罪名创设的特别举止规范，从规范逻辑来看，原则上也适用于所有人。因此，个人对法益保护的特别责任（即特别的主体资格），在这里也只是具体化的义务特征。

依据法益保护的公理应当普遍适用于所有人的认识，似乎所有的特别不法都是实质上的一般不法。[②] 不过，这种形式化的论点很可能会忽略值得进一步研究的问题。因为，行为人的"特别"作为义务原则上来自举止规范普遍的法益保护要求，这一点毋庸置疑。但是，这不能排除

[①] Armin Kaufmann, Lebendiges und Totes in Bindings. Normlogik und moderne Strafrechtsdogmatik, 1954, S. 141.
[②] Winrich Langer, Das Sonderverbrechen. Eine dogmatische Untersuchung zum Allgemeinen Teil des Strafrechts, 1972, S. 292 ff.

在某些情境下，可以客观上将这种对法益保护的一般要求延伸到某些特殊法益关系中去，这也服务于一般的法益保护目的。因此，从保护法益的普遍举止规范中，可以针对行为人的特殊目的产生额外的作为义务，这些义务超出了对所有人适用的普遍义务范围。首先，特别的法益关系可以为内部开启某些排他性法益侵害计划，原则上不对外开放。其次，在相当例外的情况下，特别义务可能一开始就与其他类型保护法益的作为义务的性质不同，即在制度性的注意义务中，特别义务与一般义务有本质上的区别。

明确身份犯的不法内涵之后，便可进一步以此为依据，具体检验我国《刑法》中第236条（强奸罪）、第198条（保险诈骗罪）以及第269条（事后抢劫）是否属于身份犯。就强奸罪而言，学界肯定本罪属于身份犯的既有观点，其依据在于男性这一性别地位是侵犯妇女性自决权的事实前提，所谓"事实前提"的规范内涵即为对法益的现实支配。[①] 那么，该论者承认强奸罪属于身份犯的依据在于男性具有对妇女性自决权的现实支配，这样的认识很大程度上忽视了现代社会性权利刑法保护中的性别平等诉求，[②] 与保护妇女性自决权的规范目的无疑存在直接冲突，不为本书所取。依据本书的观点，本罪创设的保护妇女性自决权的举止规范应当适用于包括男性、女性在内的所有人。若遵循我国当前学界与实务界的主流观点，妇女不能成为强奸罪单独的直接正犯，但可以成为强奸罪的教唆犯、帮助犯与共同正犯，[③] 也不能据此否定本罪属于身份犯。因为，认可男性才能成为强奸罪单独的直接正犯，意味着刑法规范认可只有男性才可能实现对妇女性自决权的排他性侵害，也由此对男性赋予了区别于女性的、特别的法益保护（作为）义务，本罪应属于身份犯。若今后我国的强奸罪立法对狭义的性交行为与被害人范围进行扩张，则妇女也可能成为强奸罪单独的直接正犯，本罪就不再属于身份犯。就保险诈骗罪与事后抢劫而言，前罪中的投保人、被保险人与受益人，后

---

① 参见周啸天《广义抑或狭义：身份犯中身份概念的再界定——以身份的本质为中心》，《人大法律评论》2017年卷第3辑，法律出版社，2018；周啸天《身份犯共犯教义学原理的重构与应用》，《中外法学》2016年第2期。

② 参见王燕玲《女性主义法学视域下强奸罪之辨思》，《政法论坛》2015年第6期。

③ 参见张明楷《刑法学》（第六版），法律出版社，2021，第1133页。

罪中的"犯盗窃、诈骗、抢夺罪"的人，对两罪保护的法益各自能够实现排他性的法益侵害，从而应当被两罪创设的举止规范赋予特别的法益保护（作为）义务，据此两罪均应属于身份犯。可以看到，通过明确身份犯的行为不法内涵在于违反特别主体资格附加的法益保护（作为）义务，为划定身份犯范围提供的规范标准比现行标准更为清晰、稳定。[1]

三 身份犯行为不法的类型化

通过上文的论证可以看到，所谓"身份"的规范内涵，即是身份犯的行为不法内涵。为了超越现行有关身份犯形式（纯正/不纯正身份）与实质（违法/责任身份）区分标准的二元对立，本书拟厘清身份犯的行为不法的类型并阐明不同类型身份犯的规范具体化机制，以此作为新的身份犯区分标准。在此基础上，本书拟初步提出区分身份犯中正犯与犯罪参与的规范标准以及身份犯的共犯认定规则。

（一）基于违反义务类型的行为不法类型

1. 违反制度性作为义务的身份犯

对此，可以从最罕见的特别不法类型，即违反制度性作为义务开始分析。就目前的刑事立法来看，它只与我国《刑法》第 260 条、260 条之一以及 261 条所规定此类犯罪涵盖的领域有关。不可否认，这些犯罪构成要件本身也服务于一般的法益保护目的。但是，此类犯罪的特殊性在于，实际上"受保护"的一般法益，必须受到制度上特别作为义务的保障。这导致在举止规范的一般层面上，由制度决定的一般命令规范，确立了特定制度性团结作为刑法应保护的法益。[2]

根据以上认识，确实在少数例外情形下，举止规范遵循雅各布斯的制度理论。例如，我国刑法中的遗弃罪，是以违反家庭关系所产生的特殊教育和福利义务为基础。遗弃罪的处罚与违反制度维护义务有关，这

---

[1] 例如，有学者注意到，张明楷教授否定事后抢劫属于身份犯的理由在于任何人都能实施盗窃、诈骗、抢夺，但又主张保险诈骗罪和委托型侵占罪属于身份犯，其判断标准相对模糊，且难以一以贯之。参见姚培培《论事后抢劫罪的共犯》，陈兴良主编《刑事法判解》第 20 卷，人民法院出版社，2019。

[2] Günther Jakobs, Theorie der Beteiligung, 2014, S. 5, 6, 61; Javier Sánchez-Vera, Pflichtdelikt und Beteiligung. Zugleich ein Beitrag zur Einheitlichkeit der Zurechnung bei Tun und Unterlassen, 1999, S. 76 ff.

种全面照顾义务的意义和目的是,作为一种(共同)法益(根据我国《刑法》第 261 条确保有权获得抚养照顾之人的生活要求),建立某些制度应得的基本生活条件。因此,通过举止规范保护的情况,在这里并不是例外地作为制度性现有功能单位而预先确定的(如其他特殊犯罪的情况一样)。相反,它只能不断通过保证最低限度的制度团结,才能永久地确立。为此,刑法确立了真正的制度性举止规范,以具体的措辞说明了规范接受者应保障最低限度的团结(保障生活或教育和照料)。[1]

从结构上看,这些举止规范是综合性的命令规范,不仅可以成为作为义务,还可以成为衍生的不作为义务。[2] 例如,确保足够的子女抚养费的一般命令规范,不仅要求父母支付抚养费本身(作为义务),而且不得损害自己的支付能力(衍生的不作为义务)。这同样适用于为被命令保护的儿童和青少年提供"正常"心理、生理发展所必需的基本教育和照顾的规范。该规范不仅规定有义务创造"生命世界的共同点",这是具体的必要条件;当然也有义务避免主动的"破坏行为",如引诱孩子犯罪或煽动吸毒等。[3] 那么,从规范理论的角度来看,在制度上保证法益产生的特别命令,这种法益也是可以通过积极的作为来侵害的。因此,规范客体总是一种原始的个人"制造性能"(Herstellungsleistung),这也是为什么相关规范规定了专门的"从属义务"[4]。在违反这种真正的特别义务时,制度上的责任主体总是行为人。

2. 违反法益保护特别义务的身份犯

相比之下,大多数身份犯仍然是以从服务于一般法益保护的举止规范出发,在某些特定情况产生了超出一般法益保护范围的特别作为义务。[5]

这首先适用于那些纯粹职务犯罪保护的法益,即国家工作人员职务行为的廉洁性、公正性、不可收买性,以及公众对此的客观信赖。例如,

---

[1] Günther Jakobs, Theorie der Beteiligung, 2014, S. 176.
[2] Javier Sánchez-Vera, Pflichtdelikt und Beteiligung. Zugleich ein Beitrag zur Einheitlichkeit der Zurechnung bei Tun und Unterlassen, 1999, S. 98 f.
[3] Lechner/Bosch, in: Schönke/Schröder, § 171 Rn. 4.
[4] Günther Jakobs, Strafrecht Allgemeiner Teil. Die Grundlagen und die Zurechnungslehre, 2. Aufl., 1991, § 21 Rn. 115.
[5] Ingeborg Puppe, in: Neumann/Puppe/Schild (Hrsg.), Nomos-Kommentar zum Strafgesetzbuch, 1. Aufl., 1995, Vorbem. §§ 28, 29.

我国《刑法》第385条规定的受贿罪,以保护以上法益相关的内部禁令为基础,禁止为自己或第三方提供、承诺或接受好处。这是一种与法律保障有关的特别作为义务,因为国家工作人员以外的人,无法通过腐败侵害国家工作人员职务行为的廉洁性、公正性、不可收买性(以及公众对此的客观信赖①)。因此,有关法益保护的职能进一步与国家工作人员产生关联,因为他们在履行职责时也是法益("国家")的代表,可以从内部以特定的方式攻击职务犯罪所保护的法益。

对于妨害司法公正的犯罪(例如我国《刑法》第399条规定的有关犯罪),也可以这样理解。禁止权力滥用的规定对法官施加了特别的作为义务,因为只有这些具有特殊作用的司法机关,才能在其职能范围内通过故意从内部误用法律影响国内司法。因此,权力滥用的禁止规范,也被视为一种与一般法益保护相关的特别作为义务。国家(刑事)司法行政部门的法益需要特别保护,以防止有关人员从内部以特定的方式,即通过技术性的官方行为,滥用国家刑事诉讼或执法机构。基于以上认识,我国《刑法》第399条规定的徇私枉法罪,以及执行判决、裁定失职罪等,都是为法益保护服务的真正的特别作为义务。对于禁止公职人员任职期间作虚假记录的作为义务(我国刑法暂未将违反此类义务的行为单独入罪,德国刑法第348条已有规定)也应当如此理解。只有经授权订立有效文书的公职人员,才能在其权力和管辖权范围内,通过外在的法律行为来操纵这些文书的真实性。② 综上所述,传统意义上"纯正的"职务犯罪,都是基于与法益相关的特别作为义务。

除此之外,还有许多其他纯正身份犯都是基于上述意义上的特别作为义务。例如证人、鉴定人等特定主体从一开始就与国家司法权的公正行使具有规范关联,因为只有他们才会被传唤到相应部门作正式的证言,只有他们才能通过提供虚假证言误导司法机关。③ 因此,我国《刑法》第305条规定的伪证罪创设的禁止性规范,是服务于法益保护的特别作

---

① Thomas Fischer (Hrsg.), Strafgesetzbuch mit Nebengesetzen, 64 Aufl., 2017, § 331, Rn. 2.
② Ingeborg Puppe, in: Neumann/Puppe/Schild (Hrsg.), Nomos-Kommentar zum Strafgesetzbuch, 1. Aufl., 1995, Vorbem. §§ 348, Rn. 1.
③ Ingeborg Puppe, in: Neumann/Puppe/Schild (Hrsg.), Nomos-Kommentar zum Strafgesetzbuch, 1. Aufl., 1995, Vorbem. §§ 28, 29.

为义务。这样的理解同样适用于对我国《刑法》第258条规定的重婚罪的理解，鉴于只有已婚者才能侵犯本罪保护的法益，即一夫一妻制及其背后指向的合法配偶的婚姻权利与人身权利，① 因此，禁止重婚是直接服务于本罪法益保护的特别作为义务。同样，贪污罪属于纯正的身份犯，因为只有具备公权力的贪污者行使其合法权力才能侵害其管理的公共财产。

与此相反，我国《刑法》第133条之一第1款第2项规定的醉酒型危险驾驶罪行为不法的判断，则并非基于对此类特别作为义务的违反。尽管醉酒型危险驾驶罪所创设的举止规范，其内容为禁止行为人使自己醉酒从而产生危害道路交通安全法益的抽象危险，但这一危险禁令不能覆盖具体情境下高度个人化、具备风险的行为策略。理由在于，这种危险实现不是建立在一种排他性的特别法益关系之上，每一个人都可能实现这种法益侵害的抽象危险，也就不能从本罪创设的危险禁令中推导出针对特定主体的特别作为义务。因此，只处罚使自己醉酒的行为，除了对特别不法的惩罚之外，还有考虑其他目的。

综上所述，通过违反特别作为义务实现的法益侵害，是刑法中最普遍的身份犯不法类型。某些主体基于特殊主体资格与特定法益存在特别的规范关联，具有实现排他性侵害法益的可能性。为了阻止相应主体的排他性法益侵害行为，刑法通过相应犯罪创设了举止规范，从举止规范中衍生出特别的作为义务。区别在于具体的作为义务，而不在于保护法益的举止规范。

3. 附属于一般不法的身份犯

对附属于一般不法的身份犯而言，情况显著不同。例如我国《刑法》第400条第1款（私放在押人员罪）、第270条第1款（代为保管他人财物者成立的侵占罪）、第399条第3款（执行判决、裁定失职罪与执行判决、裁定滥用职权罪）、第247条（刑讯逼供罪），这些犯罪构成要件是建立在对每个人的禁止性规范之上，包括禁止私放在押人员、侵占代为保管之他人财物、妨碍判决与裁定执行、身体伤害、胁迫等，属于法律禁止每个公民从事的行为。由于对此类犯罪所侵犯法益进行保护的任务，在一定的社会领域内被特别委托给特定群体，这些举止规范的要

---

① Thomas Fischer（Hrsg.）, Strafgesetzbuch mit Nebengesetzn, 64 Aufl., 2017, § 172 Rn. 2.

求，只有通过具体的内部法律义务（无论是公法，还是民法性质的义务①）才能得以实现，②为保护法益而制定的一般举止规范中，就特别强调了当事人的作为义务。因此，这些身份犯所创设的作为义务，"只是"某些一般禁止性规范对一般公民所创设的作为义务的增加或削弱。③ 以刑讯逼供罪为例，对一般禁止给他人造成身体伤害的禁止性规范，本罪对其进行"紧迫性修改"，为国家司法工作人员明确禁止刑讯逼供的作为义务，是因为承担审讯职能的司法工作人员作为国家内部关系中的国家代表，有特别义务保障公民人身安全和意志自由的基本权利。④ 这类特别不法的另一种情况是我国《刑法》第400条、第270条第1款的内容，判断此类犯罪行为不法的标准，也是基于法律关系修改一般举止规范后形成的作为义务。传统意义上的不纯正身份犯，例如我国《刑法》第243条诬告陷害罪第2款的规定，也应当归类于附属于一般不法的身份犯。本罪之所以对国家机关工作人员从重处罚，实质根据在于国家机关工作人员具有行使公权力的能力，本罪的一般禁止性规范为其创设的作为义务较一般主体更大。⑤

基于以上认识，附属于一般不法的身份犯的特点是，以某些一般举止规范为基础，其效力通过内部法律义务而改变（主要是强化）。那么，这种法律现象如何与作为义务产生的一般教义学原理相契合，就成为后续要处理的规范具体化问题。

（二）举止规范的具体化

对于身份犯的举止规范如何产生作为义务，我国学界在身份犯本质

---

① Winrich Langer, Das Sonderverbrechen. Eine dogmatische Untersuchung zum Allgemeinen Teil des Strafrechts, 1972, S. 293.
② Winrich Langer, Das Sonderverbrechen. Eine dogmatische Untersuchung zum Allgemeinen Teil des Strafrechts, 1972, S. 291.
③ Winrich Langer, Das Sonderverbrechen. Eine dogmatische Untersuchung zum Allgemeinen Teil des Strafrechts, 1972, S. 324.
④ Heinz Wagner, Amtsverbrechen, 1975, S. 93, 94.
⑤ 我国学者中，林亚刚教授已指出："而对具有一定职权的身份犯，虽然某种犯罪一般主体就可以构成，但对于有一定身份者而言，实施这样的犯罪更多的是利用人民赋予他的权力，理所当然地应当受到更严厉的谴责，因此，必须在适用刑罚上从重处罚。"林亚刚：《刑法学教义（总论）》（第二版），北京大学出版社，2017，第125页。

问题上持义务论观点的学者①并未深入探讨。然而只有厘清以上问题，才能有效回应学界"从行为规范中无法推导出作为义务"②的质疑。在规范具体化的过程中，需要区分身份犯中因制度而确定的举止规范（对因制度规定而有责的犯罪），身份犯中服务于法益保护的作为义务（纯正身份犯）和受行政法规义务所调整的一般举止规范（共同不法附属的身份犯），本书接下来将就此展开进一步探讨。

1. 身份犯中因制度而确定的举止规范

在结构上，身份犯中因制度而确定的举止规范的具体化，建立在与身份犯举止规范所创设法益侵害禁令要求相同的基础上，即有必要确立一个有特殊身份行为主体的行为模式，其中包括对因制度规定而要求承担义务的不履行（如在我国《刑法》第261条中对有权获得抚养照顾之人生活得到照护的保证）和一个主动的伤害行为。按照考夫曼的观点，此处的义务要求也融合了行为人特征和行为特征，制度管辖和因制度而有责的义务形成了一个独特的不可分的义务内涵，使得具体的禁止性和命令性的行为模式都必须参照它。参与者的设想必须包含各自具体的事实情境，因制度而确定的身份犯管辖也建立在这些事实情境之上。这同保护构成要件法益的身份犯举止规范的一个根本性区别是，对于特定法益的保护而言，制度规定的义务始终只能属于"可以跳过的附加要求"，即自发的正犯义务。③

2. 身份犯中服务于法益保护的作为义务

只要涉及行为特征，在结构上，自发的、服务于法益保护的身份犯作为义务，同一般举止规范衍生的作为义务一样，都遵循相同的由规范到义务的具体化衍生机制。仅举一例，我国《刑法》第385条规定的受贿罪创设了一般的禁止性规范，以确保在程序上国家工作人员职务行为的廉洁性、公正性、不可收买性，以及公众对此的客观信赖不被动摇。这些一般性禁令，对国家工作人员在不收受利益方面确立了额外的义务。就这方面而言，要注意的是，在身份犯中正犯的判定通常要遵循特殊的

---

① 参见陈兴良、周光权《刑法学的现代展开》，中国人民大学出版社，2006，第342页。
② 参见周啸天《广义抑或狭义：身份犯中身份概念的再界定——以身份的本质为中心》，《人大法律评论》2017年卷第3辑，法律出版社，2018。
③ Claus Roxin, Offene Tatbestände und Rechtspflichtmerkmale, 1970, S. 185 ff.

事实标准，比如表示要件的归责原则在自我意图表示上的运用，或者严格与行为相关和反映于主观方面的、行为人对犯罪进程的控制程度。此处涉及行为人对于犯罪进程的实质控制标准，这种标准虽然通常伴随着身份犯中入罪行为的特别不法特征，但绝不是它的事实逻辑的衍生物。[1]

此外，在纯正身份犯不法中生成的义务，还要求个人具备特殊的主体资格，以及由此与法益产生的规范关联。[2] 这种特别的个人特征，在此绝不是作为一种单独的、与行为特征没有关联的行为人特征，而是必须纯客观地作为义务特征参与进来。[3] 若认为身份犯行为人特殊的主体资格催生了需被单独禁止、基于同法益的特殊规范关联的侵害可能性，并因此构成了行为人的特质，这样的观点是不合理的。例如，在职务犯罪中，相应犯罪为国家工作人员创设了特别的作为义务，其性质是有国家工作人员身份的行为主体应承担、超越行政法关系的作为义务。实质理由在于，在非行政法关系中，国家工作人员需受普遍的保护法益的举止规范约束。他们不会因违背行政法关系中产生的国家义务，而会因侵犯法益的具体行为不法而受刑法处罚，这是国家工作人员实施职务犯罪必须承担的后果。早期的身份犯二分法中还区分了"行为特征"和"行为人特征"，考夫曼厘清了基本概念，将二者融合形成一体的义务内涵。对于具体应当禁止行为人的何种意图，也必须参照这种义务内涵进行确定。[4] 由此可以明确，在确定身份犯应履行的作为义务内容时，对身份犯与其侵犯法益规范关联的认识都是以详细的事实情境为依据。[5]

3. 受行政法规义务限制的一般举止规范

除了纯正身份犯的行为不法外，还存在附属于普通不法的身份犯不法，如我国《刑法》第 400 条第 1 款、第 270 条第 1 款、第 399 条第 3

---

[1] Claus Roxin, Täterschaft und Tatherrschaft, 9. Aufl., 2015, S. 392 ff. Eolf-Dietrich Herzberg, Täterschaft, Mittäterschaft und Akzessorietät der Teilnahme, ZStW 99 (1987), S. 86.

[2] Armin Kaufmann, Lebendiges und Totes in Bindings. Normlogik und moderne Strafrechtsdogmatik, 1954, S. 157.

[3] Armin Kaufmann, Lebendiges und Totes in Bindings. Normlogik und moderne Strafrechtsdogmatik, 1954, S. 157 – 158. Armin Kaufmann, Rechtspflichtbegründung und Tatbestandseinschränkung, in: Günther Kohlmann (Hrsg.), Klug-FS (1983), S. 277, 283 ff.）

[4] Claus Roxin, Offene Tatbestände und Rechtspflichtmerkmale, 1970, S. 66 – 67.

[5] Armin Kaufmann, Rechtspflichtbegründung und Tatbestandseinschränkung, in: Günther Kohlmann (Hrsg.), Klug-FS (1983), S. 277 ff.）.

款和第247条。此类身份犯不法建立在普通不法的基础上,这意味着,它与普通不法的核心内容是一致的。因此,这种"非常特别"的特征在此处具有一种非独立的性质,它仅仅对普通不法的内容稍加调整,① 这种调整后的不法体现在法现象本身固有的特点中。这种立足于个人视角对于法益的全面("完全的")注意要求,对于某些人(其具体的法益对象在一个特殊的社会影响范畴内被转移)来说是相对的,即法规范的要求可能会增强或者减弱。在此,身份犯与法益间规范关联的强弱并不依赖于一个狭义的社会身份(如官员、医生、律师等),如代为保管他人财物者成立的侵占罪所体现的那样,尽管委托不能产生一种狭义上的社会身份,但是能产生一个满足身份犯要求的主观特性。一个自己单独承载的(即不由公共团体所委托)狭义的社会身份并不足以建立一种身份的主观特征,例如,父母对于亲子的遗弃会使遗弃行为规范违反(不法)的强度增强,甚至有可能增强至不作为故意杀人罪。与此相对,2013年最高人民法院、最高人民检察院《关于办理盗窃刑事案件适用法律若干问题的解释》第8条②规定的法理依据并非是近亲属的身份具有阻却、减轻期待可能性和预防必要性的作用,③ 而是盗窃犯和被害人之前的亲属关系会使盗窃行为规范违反(不法)的强度减弱。

若遵循举止规范的判断逻辑,对于一个特定的非行政法的一般举止规范的违反,会据此在它的不法水平内波动:它被某人违反,这个人的身份会使相关的法益对象在某个特定的社会影响范畴内发生转移(相对的不法要素)。④ 在人事决策的情景下,对于有身份主体来说,这种与个人相关的不法调整,还与其在法共同体中特殊身份而产生的期望联系在一起,这种期待可以调整产生于一般规范的、与个人相关的行为期望强度。从确定规范理论的角度来看,这涉及一个"由于转移而产生的相关

---

① Winrich Langer, Das Sonderverbrechen. Eine dogmatische Untersuchung zum Allgemeinen Teil des Strafrechts, 1972, S. 293 ff.
② 该条规定:"偷拿家庭成员或者近亲属的财物,获得谅解的,一般可以不认为是犯罪;追究刑事责任的,应当酌情从宽。"
③ 参见周啸天《广义抑或狭义:身份犯中身份概念的再界定——以身份的本质为中心》,《人大法律评论》2017年卷第3辑,法律出版社,2018。
④ Winrich Langer, Das Sonderverbrechen. Eine dogmatische Untersuchung zum Allgemeinen Teil des Strafrechts, 1972, S. 314.

责任的紧迫上升或者下降"。①

当然，会有观点质疑这个与个人相关的"规范紧迫性的相对化"②理论，认为一个行为从法益保护的角度看，只有禁止和被禁止之分，而不能在被禁止方面有多少之分。③ 这是正确的，对义务生成的基础做这样的分级是无法实现的：法益保护要么要求实行或不实行某个特定的行为，要么对此不做要求，并不存在第三种情况。需要分级的是禁令或命令的强度，即将其作为确定规范时所要求的强度。④ 本书认为，附属于普通不法的身份犯不法的规范具体化机制应当是，除了一般的规范具体化基础外，当规范接收者认识到其行为所涉法益对象在特定社会范畴内发生转移的客观情境时，经过"紧迫性修改"后的一般性举止规范，将转化为针对个人的具体作为义务。

（三）身份犯正犯的规范内涵及其共犯认定规则

根据对三种身份犯不法类型的阐述，可以得出以下关于身份犯语境下犯罪参与的结论：因为无身份主体并非服务于法益保护、针对特定有身份主体的行为禁令，或经过"紧迫性修改"后的行政法上作为义务的接收者，在身份犯中自始就区分有身份主体的实行行为和犯罪参与。因此，在身份犯中确定正犯，遵循跟所有不法判断一样的教义学基础。"身份犯义务的违反"这一抽象特征，并不是界定身份犯正犯的密钥。有身份主体作为正犯，是其自身充实了身份犯构成要件要求的行为不法内涵。身份犯最初即是根据身份特性构造的，这必将导致违反义务的有身份主体在举止规范意义上始终是正犯。

服务于法益保护的身份犯，建立在有身份主体具体的、服务于法益保护的作为义务之上，而非建立在从"违反法定程序"中分离出的行政

---

① Winrich Langer, Das Sonderverbrechen. Eine dogmatische Untersuchung zum Allgemeinen Teil des Strafrechts, 1972, S. 323.
② Winrich Langer, Das Sonderverbrechen. Eine dogmatische Untersuchung zum Allgemeinen Teil des Strafrechts, 1972, S. 326.
③ Claus Roxin, Täterschaft und Tatherrschaft, 9. Aufl., 2015, S. 680; Wilfried Küper, Ein "neues Bilder Lehre von Täterschaft und Teilnahme. Die strafrechtliche Beteiligungsformenlehre Ulrich Steins, ZStW 105 (1993), S. 445.
④ Winrich Langer, Das Sonderverbrechen. Eine dogmatische Untersuchung zum Allgemeinen Teil des Strafrechts, 1972, S. 324/325.

法义务之上。因此，对于身份犯的理解，必须在逻辑上排除一种形式的义务犯理论，正如罗克辛从起初对此类理论进路的支持（行政法义务违反＝正犯）①转向了犹疑。更准确地说，只有根据与具体法益存在规范关联的作为义务的内涵，才能区分身份犯中的正犯与共犯。②同样适用的（伴随着更多的强调）还有附属于一般不法的身份犯，在其中身份犯的义务违反，只是作为一种一般不法行为的、非独立的因果现象（Epiphänomen）出现。③在此可以确定的是，在身份犯不法领域，只有根据具体的行为不法内涵才能区分正犯和共犯。在一般规范理论意义上，违反一个特别的行政法义务，本质上是附属于一般不法的身份犯不法。④既然身份犯正犯的规范内涵应当是有身份主体对其具体、不同类型法益保护（作为）义务的违反，那么"身份"就应当是影响身份犯不法程度的不法要素，而非责任要素。⑤在有身份者参与共同犯罪的场合，通常主要包括无身份者加功有身份者、有身份者与无身份者共动以及无身份者与有身份者相互利用这三种情形，认可二者均能成立共同犯罪应无争议，问题在于如何依据共犯原理实现刑事责任的合理分配。依据本书观点，"身份"不具有一身专属性，所以传统的"主犯决定论"以及学界既有的义务论观点不为本书所取。而基于本书主张的身份犯分类标准，对于违法/责任身份的分类，以及"违法身份起连带作用、责任身份起个别作用"的身份犯共犯判断原理，本书也都认为有待商榷。而鉴于身份应当是不法要素，主张"身份应在整体或者共同违法意义上作为犯罪构成要件"⑥的观点具备合理性。但是，该论者的核心理由仅在于我国共

---

① Claus Roxin, Täterschaft und Tatherrschaft, 9. Aufl., 2015, S. 352 ff.
② Rolf-Dietrich Herzberg, Die Unterlassung im Strafrecht und das Garantenprinzip, 1972, S. 55 ff.; Friedrich-Christian Schroeder, Der Täter hinter dem Täter. Ein Beitrag zur Lehre von der mittelbaren Täterschaft, 1965, S. 86 – 87; René Bloy, Die Beteiligungsform als Zurechnungstypus im Strafrecht, 1985, S. 231 ff.
③ Bernd Schünemann, in: LK §25 Rn. 44.
④ Wilfried Bottke, Täterschaft und Gestaltungsherrschaft. Zur Struktur von Täterschaft bei aktiven Begehung und Unterlassung als Baustein eines gemeineuropäischen Strafrechtssystems, 1992, S. 121.
⑤ 我国学界已有学者从不同的论证路径提出了这一观点。参见夏伟《走出"共犯与身份"的教义学迷思："主从犯体系"下身份要素的再定位》，《比较法研究》2019年第3期。
⑥ 参见夏伟《走出"共犯与身份"的教义学迷思："主从犯体系"下身份要素的再定位》，《比较法研究》2019年第3期。

犯立法是"主从犯体系"、需要实质判断犯罪参与者对法益侵害结果的贡献，并未厘清身份犯不法程度的判断依据。关于犯罪参与体系，本书认为我国刑法仍采纳了区分制体系，但并非分工与作用的双层区分，主犯、从犯、胁从犯应当被视为归责视域下的行为不法类型。[1] 以此为前提，在有身份者参与共同犯罪的场合，身份应当属于"共同违法要件"。而具体犯罪中是否由行为人违反身份赋予的法益保护（作为）义务、违反何种法益保护（作为）义务导致了法益侵害结果的实现，以及违反的义务强度，共同构成了有身份者参与共同犯罪时行为不法的判断基准，以此方能妥当分配不同行为主体的刑事责任。接下来，本书拟在无身份者加功有身份者、有身份者与无身份者共动以及无身份者与有身份者相互利用这三种典型情形下，对以上身份犯的共犯认定规则进行具体应用。

第一种情形的典型适例，即为 2016 年最高人民法院、最高人民检察院《关于办理贪污贿赂刑事案件适用法律若干问题的解释》第 16 条第 2 款[2]规定的特定关系人与国家工作人员可构成的事后知情型受贿。对于该款规定，学界存在肯定说与否定说两种观点，二者的争议主要集中在该款情形下国家工作人员受贿的故意以及实行行为能否认定。[3] 本书认为，该款通过推定的方式认定国家工作人员具备受贿故意，只是扩张了故意的证明方式，并未删减故意的证明内容，正当性不存在疑问。值得讨论的是，在该款情形下，能否认定国家工作人员与特定关系人共同实施了受贿的实行行为。例如，在薄某受贿、贪污、滥用职权案中，尽管并无证据证明薄某事先知晓徐某支付了购买别墅的款项，却有证据证明其知情后没有退还上交该笔款项。[4] 对于此类情形，有观点主张可把国家工作人员默许特定关系人代收贿赂的行为评价为"收受"行为，[5] 本书认为这是对实行行为的范围进行了过度扩张，不为本书所取。而以这一观点为基础，主张特定关系人与国家工作人员分担了受贿的实行行

---

[1] 参见敬力嘉《作为行为不法类型的犯罪参与——兼论非法发布深度伪造信息的行为不法》，《华东政法大学学报》2020 年第 6 期。

[2] 该款规定："特定关系人索取、收受他人财物，国家工作人员知道后未退还或者上交的，应当认定国家工作人员具有受贿故意。"

[3] 参见孙国祥《事后知情型受贿的证成和认定》，《中国刑事法杂志》2018 年第 1 期。

[4] 参见山东省济南市中级人民法院 (2013) 济刑二初字第 8 号刑事判决书。

[5] 参见孙国祥《事后知情型受贿的证成和认定》，《中国刑事法杂志》2018 年第 1 期。

为，从而应当构成共同正犯的观点，① 其论据也就不够充分了。依据本书提出的身份犯共犯认定规则，在该款情形下，应可判断是由于国家工作人员违反其对国家工作人员职务行为的廉洁性、公正性、不可收买性，以及公众对此的客观信赖应承担的特别保护（内部）义务造成了法益侵害结果，因此，国家工作人员与特定关系人应当构成受贿罪而非利用影响力受贿罪的共同犯罪。鉴于特定关系人同样违背了社会一般人对受贿罪法益应承担的（外部）保护义务，且违反义务的强度②已达到内部保护义务的程度，在认可二者应成立共犯的前提下，应进一步认定二者应成立受贿罪的共同正犯。

第二种情形的典型适例，即为有身份者利用故意的无身份者实施犯罪。例如在邮政工作人员教唆普通主体毁弃邮件的场合，应当认为普通主体通过违背一般的保护通信自由的（外部）义务，而非邮政工作人员通过违背对该法益的特别保护（内部）义务实现了法益侵害结果，邮政工作人员应当构成侵犯通信自由罪的教唆犯，而非私自毁弃邮件罪的教唆犯。而在妇女帮助实施强奸行为的男子压制被害人反抗的场合，妇女违背了社会一般人对被害妇女性自决权的（外部）保护义务，且违反义务的强度也已达到（内部）保护义务的程度，应当认定该妇女成立强奸罪的共同正犯。

第三种情形的典型适例，即2000年最高人民法院《关于审理贪污、职务侵占案件如何认定共同犯罪几个问题的解释》第3条③规定的情形。对于该条规定，试图适用传统的义务犯法理证成其正当性的观点并不可取。④ 依据本书提出的认定规则，该款规定值得商榷。既然是"分别利用各自的职务便利"，那么二者分别违反了各自应承担的法益保护义务，

---

① 参见徐海波《〈关于办理贪污贿赂刑事案件适用法律若干问题的解释〉第16条第2款之意涵诠释——兼论特定关系人与国家工作人员受贿共犯的限定》，《法律适用》2019年第3期。
② 身份犯共犯的行为不法附属于正犯的行为不法，对其法益保护（外部）义务的强度可适用"规范紧迫性的相对化"理论进行判断，即基于违反义务的行为与法益连接的强弱，判断法益保护举止规范对行为人的期望强度。
③ 该条规定："公司、企业或者其他单位中，不具有国家工作人员身份的人与国家工作人员勾结，分别利用各自的职务便利，共同将本单位财物非法占为己有的，按照主犯的犯罪性质定罪。"
④ 参见周光权《刑法各论》（第四版），中国人民大学出版社，2021，第541页。

但违反义务的强度仍有待判断,完全可能出现二者违反义务的强度均达到主犯要求,或者非国家工作人员违反义务的强度更强的情形。因此,对于该条规定的情形,以想象竞合犯择一重处的结论[1]更为合理。

第三节 过失作为犯的禁止规范

以过失作为犯的构成要件为基础的禁止性规范,涉及另一种意图行为,即违反注意义务的基础意图行为。基于这些行为,在任意的法意义上相关的决意情境中,形成一个可以具体而精确地激励参与者的义务是可能的,但批评者认为应该确立一个全面、确定的规范体系。本书接下来将进一步尝试在规范论语境下发展存在于过失犯特质中的个人不法。

一 作为"半封闭系统"的过失禁令

过失禁令的对象是身体举止,其意图性与法益并非直接相关,但可以显示特定情境下的法益侵害抽象危险,且这种举止应遵循一般的危险禁令。[2] 例如,对于"你不应该在转弯车道直线行驶""你不应该在干草堆吸烟""你不应该把盐酸保存在啤酒瓶中"这类禁令,佩服根(Paeffgen)指出,对于法益保护目的而言,这些禁令既不必要,也无行为相关性。当行为人着手实施具体行为且缺乏防范措施时,其行为具备了上述情境中的危险要素,对该行为施加刑罚的理由是刑法上的义务关系。[3]

过失犯的举止规范不同于故意犯罪,其效力往往并非通过对禁止行

---

[1] 即有学者已提出的身份不是变量和彰显"主犯性"的观点,参见夏伟《走出"共犯与身份"的教义学迷思:"主从犯体系"下身份要素的再定位》,《比较法研究》2019年第3期。

[2] 高桥则夫也主张,过失犯的行为规范是实施行为时的"危险化禁止"。参见〔日〕高桥则夫《刑法总论》,李世阳译,中国政法大学出版社,2020,第187~189页。

[3] 佩服根认为,这些抽象危险犯的禁令对于法益保护的目的来说是不必要的和无行为相关性的,接收人的满足自由刑的义务关系在这种情况下是合适的:当对行为实施的具体化着手缺乏防范措施时,在其结构性行为中具有这种情境下的危险。参见 Hans-Ullrich Paeffgen, Der Verrat in irriger Annahme eines Illegalen Geheimnisses (§ 97 b StGB) und die allgemeine Irrtumslehre, 1979, S. 139–140;更多见 Diethart Zielinski, Handlungs-und Erfolgsunwert im Unrechtsbegriff. Untersuchungen zur Struktur von Unrechtsbegründung und Unrechtsausschluss, 1973, S. 171 ff.

为的完全不作为来体现,而是通过实施特定安全措施来体现。① 因此,这些开放的举止规范属于"半封闭系统"②:当行为人着手实行禁止性行为时,这些抽象的举止规范便具体化为个人的注意义务。此时,通过实施相应安全措施,可以排除由此产生的危险情况。例如,行为人准备超车时没有从后视镜观察,超车时"从后视镜观察"并不出现在抽象的应然规范中,③ 是一种真正的义务特征。④ 行为人可以依据抽象的一般危险禁令指导自己的行为,并最终完成由其他人委托的具体任务,因为这种禁止抽象危险行为的一般规范的产生不依赖于具体义务。行为人知晓相关情境下的一般经验规律,不必担心会产生一个"无限的义务追索"⑤。此外,对于过失的行为不法而言,行为人无须思考其行为计划的固有风险,以及行为危险较小的可能性。⑥ 在满足一般经验规律,并且必须为行为人提供契机⑦的情境中,⑧ 足以通过这种不需要深入思考的认识来确

---

① Hans-Ullrich Paeffgen, Der Verrat in irrigerAnnahme eines Illegalen Geheimnisses (§ 97 b StGB) und die allgemeine Irrtumslehre, 1979, S. 140.

② Hans-Ullrich Paeffgen, Der Verrat in irrigerAnnahme eines Illegalen Geheimnisses (§ 97 b StGB) und die allgemeine Irrtumslehre, 1979, S. 140.

③ Diethart Zielinski, Handlungs-und Erfolgsunwert im Unrechtsbegriff. Untersuchungen zur Struktur von Unrechtsbegründung und Unrechtsausschluss, 1973, S. 168 ff; Hans-Ullrich Paeffgen, Der Verrat in irriger Annahme eines Illegalen Geheimnisses (§ 97 b StGB) und die allgemeine Irrtumslehre, 1979, S. 139 – 140.

④ Diethart Zielinski, Handlungs-und Erfolgsunwert im Unrechtsbegriff. Untersuchungen zur Struktur von Unrechtsbegründung und Unrechtsausschluss, 1973, S. 179/180; Hans-Ullrich Paeffgen, Der Verrat in irriger Annahme eines Illegalen Geheimnisses (§ 97 b StGB) und die allgemeine Irrtumslehre, 1979, S. 140.

⑤ Urs Kindhäuser, Gefährdung als Straftat. Rechtstheoretische Untersuchungen zur Dogmatik der abstrakten und konkreten Gefährdungsdelikte, 1989, S. 74 – 75.

⑥ Hans-Ullrich Paeffgen, Der Verrat in irriger Annahme eines Illegalen Geheimnisses (§ 97 b StGB) und die allgemeine Irrtumslehre, 1979, S. 184.

⑦ Friedrich Nowakowski, Zu Welzels Lehre von der Fahrlässigkeit. Eine Besprechungsabhandlung. JZ 1958, S. 335 ff., 389 ff; Gunnar Duttge, Zur Bestimmtheit des Handlungsunwertes von Fahrlässigkeitsdelikten, 2001, S. 373 f., 459 ff.; Günther Jakobs, Theorie der Beteiligung, 2014, S. 65 – 68; Hans-Ullrich Paeffgen, Der Verrat in irriger Annahme eines Illegalen Geheimnisses (§ 97 b StGB) und die allgemeine Irrtumslehre, 1979, S. 170 – 171; Eberhard Schmidhäuser, Fahrlässige Straftat ohne Sorgfaltspflichtverletzung, in Gerald Grünwald u. a. (Hrsg.), Schaffstein-FS (1975), S. 129.

⑧ 事实上斯特鲁恩斯(Struensee)没有依靠危险认知,而是借助基于对危险的客观评价而产生的对特定情境的认知。他认为,过失犯罪的主观构成要件(注意义务)产生于"行为人从出现特定结果的情况中认识到构成要件相关部分,根据法秩序的(转下页)

认其行为风险性。① 虽然由此产生的注意义务不具备故意犯罪的完全禁令那样的训诫性，但是行为人可以根据情境中相关的经验规律，比如"不应在干草堆吸烟"或者"不应在路况不明的情况下超车"，来指导其行为。

不可否认，现实中完全可能存在行为人具有超凡的内心世界，以致他真正地"忘记了周围的一切"（即无认识）的情况。如果驾驶中的司机陷入这样的状态，以致他忽视了人行道上的行人，此时与情境相关的确定规范的确未及时发挥功能，但这并不意味着举止规范不存在确定功能。更确切地说，此时，举止规范的确定功能是通过抽象的一般训诫来满足的。这种训诫产生了一般性命令，要求行为人不对其他人引起风险或造成损害。② 这种作为确定规范的一般禁令，虽然并不在行为人的现实意识中连续出现，但时刻存在且重复出现于行为人的潜意识中。一种与举止相关的背景式训诫一定存在，即使行为人当前并没有现实调动或想起它，也无法否认其在"大脑皮层下"长久地发生作用。③ 所以，全面可信的确定性规范也可形成于无认识的过失领域。

基于以上认识，无认识的过失领域事实上也形成了全面可信的确定性规范，这一点已经毋庸置疑。通过具体案件的进一步检验，可以观察举止规范是否能全面适用于过失犯作为犯行为不法的判断。

二 具体案件中的检验

但是，将源于目的的一种过失禁令解释为"半封闭系统"，并不能合理解释所有过失犯，因为注意义务并不总是具体行为意图的结果，其

（接上页注⑧）评价从中会产生一种不可容忍的危险"。他确定，行为人是伴随着对危险的认知而实施犯罪行为的，本书不赞同他的理论。Rolf-Dietrich Herzberg, Die Unterlassung im Strafrecht und das Garantenprinzip, 1972, S. 51 ff; René Bloy, Die Beteiligungsform als Zurechnungstypus im Strafrecht, 1985, S. 536, 537）Eberhard Struensee, Der subjektiven Tatbestand des fahrlässigen Delikts, JZ 1987, S. 53 ff.

① Günther Jakobs, Theorie der Beteiligung, 2014, S. 85.
② Diethart Zielinski, Handlungs-und Erfolgsunwert im Unrechtsbegriff. Untersuchungen zur Struktur von Unrechtsbegründung und Unrechtsausschluss, 1973, S. 170 – 171; Hans-Ullrich Paeffgen, Der Verrat in iriger Annahme eines Illegalen Geheimnisses（§ 97 b StGB）und die allgemeine Irrtumslehre, 1979, S. 139.
③ 认知心理学中关于长时记忆的研究可以为这一结论提供佐证。参见〔美〕戈尔茨坦《认知心理学：心智，研究与你的生活》（第三版），张明等译，中国轻工业出版社，2019，第192~217页。

本身已经属于一种一般的危险禁令。如果行为人没有注意到左转标识而直线行驶，或者没有注意红灯而继续驾驶，[1] 驾驶行为也不会被作为确定规范的一般危险禁令普遍禁止。对于注意力不集中的驾驶员，法律会作出复合型规定，要求驾驶员如果不能时刻注意交通状况，则禁止其在道路上驾驶车辆。只要遵守了为降低危险而必需的最低注意标准，参与道路交通在此只能是被容许的风险。[2] 当驾驶员眼中不再有道路或交通关系，或注意力不再集中于当前的驾驶行为时，这种与一般交通参与相关的被容许的风险会转变为一种不被容许的风险，即从容许行为变为禁止行为。这个义务要素，是基于自身被禁止危险行为（如在弯道直线行驶）的设计而产生的。和这个义务要素一样，驾驶员对道路交通的注意义务也是一个抽象危险行为的非独立结果，即驾驶的非独立后果——驾车参与道路交通是一种特殊危险，这种危险要求行为具有相关的且符合特定标准的警惕性，从而得以在被容许的风险的框架内活动。

当然，也可以认为，确定规范应该连接正犯意识中那种有反响且建立于风险和原则之上的情境。但不可否认，在陷入无认识状态者并未认识到自己的驾驶行为存在危险、应被禁止之时，他也知晓相应的经验规律以及自己正在驾驶。当经验规律处于潜在状态时，可再生的意识随时可以被确定，即使陷入无认识状态的驾驶者实际上并没有动机遵守确定规范，也应能明确其行为在法律意义上的特定影响。因此，在这种情况下完全可以找到一种危险禁令。正如其他在针对事实情境的过失中的确定规范一样，这个确定规范被认为，即使距离遥远，也可以找到在正犯意识上的一种回应。此时，关于弯道直线行驶的禁令表现为一个距离结果遥远，且训诫特征更弱的禁令。在此情形下，违反注意义务的判断基准不是可测量的风险，而是更难证实的导致危害结果的危险。这意味着需要构建一种特征更少、内容更广泛的规范。[3]

本书拟通过以下三个具体案例，对过失作为犯的举止规范与注意义

---

[1] Claus Roxin, Täterschaft und Tatherrschaft, 10. Aufl., 2019, S. 246.

[2] Diethart Zielinski, Handlungs-und Erfolgsunwert im Unrechtsbegriff. Untersuchungen zur Struktur von Unrechtsbegründung und Unrechtsausschluss, 1973, S. 176.

[3] Rolf-Dietrich Herzberg, Die Unterlassung im Strafrecht und das Garantenprinzip, 1972, S. 51 ff; René Bloy, Die Beteiligungsform als Zurechnungstypus im Strafrecht, 1985, S. 53 (62).

务作进一步的说明。例一：一名护士忘记了医嘱禁止病患吃特定的食物，给自己看护的孩子送了禁止食用的食物，导致孩子发生严重食物中毒而死亡。例二：一名司机在驾驶车辆的过程中与妻子攀谈，忽略了路边的重要警告牌，导致交通事故，造成人员伤亡。例三：一名乘客打开车门时，因与左侧司机热情告别，没有注意到后方正在靠近的骑行者，致使骑行者撞上打开的车门，身受重伤。这三个例子中所列举的无认识过失，都违反了具体情形中的举止规范。例三涉及的是过失犯中一个典型的半封闭举止规范。副驾驶一侧的车门面临人来车往的交通状况时，禁止打开车门也属于一种抽象的危险禁令。当相关人没有查看车外情况以确定打开车门不会产生危害时，这种禁止规范又具体化为行为人的注意义务。我们完全可以认为，没有实施防护措施就开车门的行为人直接违反了举止规范。例二中，司机的注意力转移到与妻子的对话而忽略了道路标识，通过以上路径，也可解释其违反注意义务与举止规范的原因。例一中，护士忘记了医嘱内容，给孩子提供了导致其发生严重食物中毒的食物，解释路径也是一样。以行为人潜在的行为计划为基础，可以认为，当一个理性人是接受过专业训练的护士角色时，在"给孩子端上食物"这个行为计划中必然存在一个时间点，使其能回忆起医嘱内容，并且推断出自己的计划行为不可行。这个义务简单直白——不应该忽视医嘱而为病人提供特定的、被禁止的食物。此时，判断是否违反注意义务的时间点作为正犯特征出现，因为这个义务针对的仅仅是被医生嘱咐过的护士。该护士在给患者送食物时，单独被举止规范赋予了这一注意义务。在经过上述思考之后，过失领域的其他问题也就不难解决了。

三 制裁规范的相关性

类似于故意领域，过失犯的构成要件也需要根据其形态来进一步区分，主要包括实害犯、具体危险犯和抽象危险犯。但是，过失领域的不同犯罪构成要件，并不建立在不同的禁令对象和强度之上，因为此处行为人与法益的规范关联，不是通过不同的犯罪意图获得，而是通过统一的注意义务赋予行为人的。所以，基于所有的伤害和危险后果，错误的超车被禁止。在此也"仅仅"存在一种一般法意义上关于错误超车的禁令,而不是多个个人化的伤害和危险禁令。① 具体的、新出现的构成要件相关的结果,因此再次位于事先正确"稀释"的过失行为不法中,即在情境中存在危害结果危险的行为,具有很多结局,其只是这些可能的结果中的一种。基于这个原因,事实上出现在过失领域的结果始终是刑罚的前提,② 在故意领域的举止规范违反,则大多是基于自身法益侵害意图的实现而受刑事处罚。

---

① Diethart Zielinski, Handlungs-und Erfolgsunwert im Unrechtsbegriff. Untersuchungen zur Struktur von Unrechtsbegründung und Unrechtsausschluss, 1973, S. 211.
② Diethart Zielinski, Handlungs-und Erfolgsunwert im Unrechtsbegriff. Untersuchungen zur Struktur von Unrechtsbegründung und Unrechtsausschluss, 1973, S. 211.

第五章 作为命令规范违反者的不作为正犯

以上论证是围绕"积极作为"展开的，也就是禁止规范的内容，它要求规范对象不实施某个特定行为。同时，还存在一种在特定前提下指示或要求从事某一行为的举止规范，即所谓的命令规范。

第一节 故意纯正与不纯正不作为犯的命令规范

此类命令规范，最初以在刑法分则中专门规制的所谓纯正不作为犯的犯罪构成要件为基础。但是，同样的情况也无可指摘地适用于等同于作为的"不纯正"不作为犯的犯罪类型：在这里，规范逻辑的参考点是真正的命令，它要求引入适当的法益保护措施。[①] 等同于作为的不作为同样以一种原始的（不成文的）命令构成要件为基础，并与不法和非难可能性相联系。在这方面，"不纯正"不作为犯是不作为犯真正的下位概念，因此也需遵循该类构成要件类型的解释使用规则。[②]

一 作为与不作为的实在差异

对于如何区分作为与不作为，刑法理论中学说林立。[③] 在行为论层

[①] 早先的普遍观点是，不纯正不作为中存在对所犯之罪所依据的禁止性规范的违反，但正如恩吉施（Engisch）和考夫曼的有力证明，这一观点在规范逻辑上是站不住脚的：对不作为的禁止实际上是对进行有关行为的命令，这在今天已被普遍接受。Karl Engisch, Gerhart Husserl, Negativen Sollen im Bürgerlichen Recht, Besprechung, in: Monatsschrift für Kriminalpsychologie und Strafrechtsreform, 1933, S. 237 (240); Johannes Nagler, Die Problematik der Begehung durch Unterlassung, Der Gerichtssaal 111 (1938), 1, S. 60 f; Armin Kaufmann, Die Dogmatik der Unterlassungsdelikte, 1959, S. 257; Claus Roxin, Strafrecht Allgemeiner Teil II, 2006, § 31 Rn. 27.

[②] Armin Kaufmann, Die Dogmatik der Unterlassungsdelikte, 1959, S. 261, 274, 304, 315.

[③] 主要是指不纯正不作为与作为的区分。以行为违反禁止规范还是命令规范为区分标准，是较为传统但并未过时的观点。此外，还存在能量说、因果关系基准说、社会意义说、价值说、最终原因说、义务内容说、介入说、非难重点说、作为优越说等多种观点。参见张明楷《外国刑法纲要》（第三版），法律出版社，2020，第78~79页。

面对不作为内涵的不同认知,是就作为与不作为区分标准产生分歧的根源。本书拟首先探讨不作为的行为性,厘清二者的实在差异。

(一) 不作为行为性的争议与反思

不作为与作为在存在论层面具有结构性差异,我国学界通说观点认为,"不作为是指行为人负有实施某种行为的特定法律义务,能够履行而不履行的危害行为"①,即只要存在作为义务,就有不作为的行为。随着我国对德日刑法学理论知识的继受,行为论层面不作为的内涵,即不作为行为性的独立意义开始受到学者们的关注。总体来看,相关研究有两个基本走向。

第一个研究走向,是承认作为与不作为的实然差异,通过证成不作为的"作为性"证成其行为性。考夫曼奠定了这一研究走向的思想基础,他思考的出发点是这样一个假设:否定(容许)本身不是一个真正的行为,因为它缺少能量展开从而没有效果,无法对自然因果流程产生最终的决定性影响。②因此,根据严格的结构反转教义,没有必要从假设的干预行为中整理出不作为领域。根据这种理解,不作为犯的教义学理论只能是针对"现实"作为发展出的教义学理论的衍生品:作为和不作为在逻辑上是 A 和非 A 的关系,因此对不作为的论证与对作为的论证恰好相反。③那么,在不作为领域中,自然因果关系与潜在因果关系(救助行为中的假设因果关系)相对,后者的规范内涵,即主动的行为计划,与缺失的救援行为导致法益侵害结果的潜在关联。

考夫曼将这一结构反转的指导原则凝练为一个一般定理,即"反转原则"(Umkehrprinzip),有以下两方面的基本内涵:(1) 与作为领域相同的举止结构——相反的法律效果(例如,尝试避免命令要求的结果未能成功,与试图引起禁止的结果而未遂的效果相反:不考虑未遂不法性,而考虑过失不法性);(2) 与作为领域相反的行为结构——同样的法律效果(例如,对需要满足的命令性规定的不作为,与对禁止性规定的逾

---

① 高铭暄、马克昌主编《刑法学》(第八版),北京大学出版社、高等教育出版社,2017,第 67 页。
② Armin Kaufmann, Die Dogmatik der Unterlassungsdelikte, 1959, S. 61 ff; Arthur Kaufmann, Schuld und Strafe. Studien zur Strafrechtsdogmatik, 2. Aufl. , 1983, S. 34 ff.
③ Armin Kaufmann, Die Dogmatik der Unterlassungsdelikte, 1959, S. 87.

越具有相同的法律效果）。① 考夫曼以此为基础，确立了不作为犯领域准因果关系、准故意、保证人地位机能二分说、不作为犯应属单一正犯等理论观点，发展出了独特的归责标准。② 其理论内在逻辑可以自洽，但除保证人地位机能二分说逐渐发展为学界通说，准因果关系理论为部分学者接受③之外，其多数观点不为学界认可。可颇为怪异的是，在认可作为与不作为是 A 与非 A 关系的基础上，以不纯正不作为犯成立的等价性要求为依据，④ 将作为犯的归责标准⑤适用于不作为犯领域的观点，在我国学界却获得了广泛赞同。⑥ 本书认为，所谓等价性，只要求不纯正不作为犯与作为犯的不法内涵，即归责结果具备等价性，而非归责标准具备一致性。既然作为评价对象的行为形态不同，适用同样的归责标准无疑存在削足适履的风险。因此，以上观点存在难以克服的内在矛盾。

第二个研究走向，是回避作为与不作为的实然差异，以个人的回避可能性作为二者行为性的检验标准。雅各布斯是这一研究走向的代表，他以个人的回避可能性，具体包括结果引起与不阻止结果发生的回避可能性为核心，⑦ 试图直接越过作为与不作为存在论层面的结构性差异，以归责标准作为二者一致的行为性标准。但是，如此抹杀作为与不作为的实然差异并不可取。因为，刑法教义学不是解释社会现象的科学定律，它能

---

① Armin Kaufmann, Die Dogmatik der Unterlassungsdelikte, 1959, S. 88 f.
② Armin Kaufmann, Die Dogmatik der Unterlassungsdelikte, 1959, S. 64 ff., 110 ff (126 f.).
③ 参见陈子平《刑法总论》，中国人民大学出版社，2009，第 118 页。
④ 参见〔日〕大谷实《刑法讲义总论》，黎宏译，中国人民大学出版社，2008，第 362 ~ 363 页。
⑤ 包括行为支配、造成结果的原因支配、结果（实现）支配等多种观点。Vgl. Willhelm Gallas, Strafbares Unterlassen im Fall einer Selbsttötung, JZ 1960, S. 686; Klaus Henning Busse, Täterschaft und Teilnahme bei Unterlassungsdelikten, 1974, S. 257; Bernd Schünemann, Grund und Grenzen der unechten Unterlassungsdelikt. Zugleich ein Beitrag zur strafrechtlichen Methodenlehre, 1971, S. 235 f; Claus Roxin, Täterschaft und Tatherrschaft, 9. Aufl., 2015, S. 465 - 466.
⑥ 参见刘士心《不纯正不作为犯的共犯》，《国家检察官学院学报》2009 年第 4 期，第 99 页；张明楷《刑法学（上）》（第五版），法律出版社，2016，第 438 页；周光权《刑法总论》（第三版），中国人民大学出版社，2016，第 367 ~ 368 页；温登平《以不作为参与他人的法益侵害行为的性质——兼及不作为的正犯与帮助犯的区分》，《法学家》2016 年第 4 期，第 138 页；欧阳本祺《论不作为正犯与共犯的区分》，《中外法学》2015 年第 3 期，第 728 页；何龙《不阻止他人故意犯罪的行为性质认定》，《中外法学》2017 年第 6 期，第 1477 ~ 1505 页。
⑦ Günther Jakobs, Studien zum fahrlässigen Erfolgsdelikt, 1972, S. 19.

够提供的，是根据实定法规定，对现实存在的行为造成法益侵害结果的因果流程进行归责判断的评价方法，而非对此行为与因果流程本身性质进行阐释的认知方法。所谓在规范层面界定不作为行为性的最大问题，是把归责标准当作归责对象，把评价当作认识，把立法规定与理论建构视为对不作为本身性质的解释，这是对刑法规范性质与刑法教义学功能最大的误读。

从以上分析中可以看到，既有两种研究走向均难以妥当界定不作为的行为性。原因在于，既有研究均在同一维度，平面地比较作为与不作为的差异，继而试图弥合这一差异。而两者性质差异的实然存在，决定了这样的强行弥合缺乏现实基础，难以为继。本书认为，为了突破这一理论困境，应从既有的平面思维转换到层次化的归责判断思维中，进一步考察行为论层面的"不作为"，以及这一不作为犯归责评价的对象的内涵究竟为何。

从本书主张的意图行为论出发，可以看到，每种与社会相关的（违背价值的）不作为，都以不实施某种特定的、规范所期待的（法律上必要的）积极行为为前提，并且始终将不作为者的身心能力纳入考虑。因此，尽管对自己的行为能力有所认识，我们并不会将不作为表述为单纯的无所事事，而是表述为通过不进行某种合乎义务的干预行为，从而有意地容许某种被负面评价的事件发生：如果不作为者考虑到至少有可能发生法益侵害的风险，并且尽管已确定存在干预的可能性，却没有采取任何行动，我们将根据实际的行为推理的模式，证明其以不作为完成了意图控制下的容许行为。[①] 这同样适用于由一般因果律引出的科学因果概念：一个意图控制下的基础容许行为，可以以不作为形式毫无疑问地成为结果出现的真实、充分、最低限度条件的必要构成部分（真正因果关系的真实组成部分）。[②] 与不实施干预行为（无效）相反，以不作为形式进行的容许行为（否定）无疑是世界上真实存在的，是现实的。[③]

（二）不作为的因果关系而非"准因果关系"

有关不作为犯的因果关系，刑法理论中长期存在争议。[④] 本书认为，

[①] Urs Kindhäuser, Intentionale Handlung. Sprachphilosophische Untersuchungen zum Verständnis von Handlung im Strafrecht, 1980, S. 175 ff., 207 f.

[②] Ingeborg Puppe, in: NK, Vor §§ 13ff. Rn. 117 ff.

[③] Ingeborg Puppe, Der Erfolg und seine kausale Erklärung im Strafrecht, ZStW 92 (1980), S. 863 (897 f.).

[④] 参见李川《不作为因果关系的理论流变与研究进路》，《法律科学》2016年第1期。

通过将不作为犯的评价对象理解为行为人意图控制下的容许行为，可以确立不作为犯真实的因果关系，而非虚无的"准因果关系"。我们对"因果关系"所了解的，是某些"自然"的过程会有规律地重复。据此，可以通过归纳法推导出一般的因果律（所谓的规律性学说），[①] 这样的经验规律也可以适用于不作为。[②] 然而，就行为概念而言，它与因果关系不同，不可以脱离具体社会情境，纯粹在自我参照中被构建。根据日常实践中让人们为事件负责的模式，对状况改变的有意容许，无论如何不可能是虚无的。[③] 我们宁愿将其视为"受限制的力量"，并作为被容许事件发生的真实原因。[④] 根据与行为相关责任归属的日常实践模式，我们很容易将一个事件作为容许行为针对的对象归因：（到目前为止）在作为义务人具有的最低限度的信息水平下，根据实际演绎推理模式，行为人不采取合乎义务的干预行为，只能解释为实现意图控制下容许行为的手段。

普珀和金德霍伊泽尔主张的"合法则条件说"可以为正面判断不作为犯罪参与的因果关系提供理论基础。该说认为，造成结果的原因不需要普遍意义的充足条件，只需要足够的最低条件（Minimalbedingung），归责的标准则另有构成要件为标准判断。[⑤] 虽然对于是否能以该说取代条件说，刑法理论中仍存在争议，[⑥] 但本书认为，因果关系判断的内容，从来都不是不法行为的替代选择是否存在，因此，该说主张的所谓"不

[①] Ingeborg Puppe, in: NK, Vor §§ 13 ff. Rn. 81 f.
[②] Karl Engisch, Kausalität als Merkmal der strafrechtlichen Tatbestände, 1931, S. 29 f; Ingeborg Puppe, in: NK, Vor §§ 13 ff. Rn. 117; Günther Spendel, Kausalität und Unterlassung, in: Holm Putzke u. a. （Hrsg.）, Herzberg-FS (2008), S. 247 (249 ff.).
[③] 雅各布斯得出了相反的论点，即"在刑法的后果得到证明的……现实中，那些没有得到证明的东西没有后果……"。这是一个值得质疑的观点，因为不作为领域中的结果归属不仅有逻辑上的条件，而且它同作为领域一样是以经验规律为导向的。Günther Jakobs, Strafrecht Allgemeiner Teil. Die Grundlagen und die Zurechnungslehre, 2. Aufl., 1991, S. 25; Ingeborg Puppe, in: NK, Vor §§ 13 ff. Rn. 117–119.
[④] Günther Spendel, Kausalität und Unterlassung, in: Holm Putzke u. a. （Hrsg.）, Herzberg-FS (2008), S. 247, 251, 253.
[⑤] Ingeborg Puppe, Der Erfolg und seine kausale Erklärung im Strafrecht, ZStW 92 (1980), 863 (864 ff.); Urs Kindhäuser, Gefährdung als Straftat. Rechtstheoretische Untersuchungen zur Dogmatik der abstrakten und konkreten Gefährdungsdelikte, 1989, S. 83 ff.
[⑥] 参见邹兵建《合法则性条件说的厘清与质疑》，《环球法律评论》2017年第3期。

充足因果条件",可以适用于不作为犯罪参与的归因判断。① 也就是说,一个意图支配下的基础容许行为,可以以不作为形式毫无疑问地成为结果出现的真实、充分、最低限度条件的必要组成部分。② 与不实施干预行为(无效)相反,以不作为形式进行的容许行为(否定),无疑是真实存在的。③

(三) 真实的不作为故意而非"准故意"

尽管不作为犯的基本不法结构是作为义务的违反,但这并不意味着将结果要素排除在不法范围之外。因为,结果不法是行为人事前预测可能的形式,是其违反作为义务的组成部分。然而,这绝不仅仅意味着以外界客观预测为基础确认行为人意志。确切地说,故意犯罪保护法益的举止规范,必须针对真实不法行为主体的主观意志。因为,只有对其行为的真实因果关系有(至少是微不足道的)明知可能性的人,才有违反或规避的现实意图。刑法需要判断的,是一种"真正的"意志的实现。无论如何,具体规划的行为必须是一种意志力的体现,从基本的思想运作的角度来看,这种意志力都是为了实现意图所采取的适格手段。那么,不作为的故意和作为的故意应遵循同样的规则确定。④ 根据目的理性的行为解释元模式:任何为使(至少)可能、合乎犯罪构成要件的结果出现,而有意地保持无作为的人,都以不作为形式实施了意图控制的容许行为;任何保持不作为的人,虽然他确信即使自己不采取已辨识的干预行为,合乎犯罪构成要件的结果也会出现,但其依然以直接故意容许了结果出现;任何在没有干预行为的情况下,认为结果可能出现,但缺乏对结果不出现的严格信赖的人,可认为具有间接故意——他以自己的无所作为表达了自己的态度,即结果应该存在。

---

① 既然并不主张只有在特定条件下足以避免危害结果发生的才是不作为犯合法则的条件,那么以此为依据,对在不作为犯中适用合法则条件说判断因果关系的批判意见,应当是不成立的。相关的批判意见,参见邹兵建《合法则性条件说的厘清与质疑》,《环球法律评论》2017年第3期,第69页。
② Ingeborg Puppe, in: NK, Vor §§ 13ff. Rn. 117 ff.
③ Ingeborg Puppe, Der Erfolg und seine kausale Erklärung im Strafrecht, ZStW 92 (1980), S. 863 (897 f.).
④ 相关论述也可以参见 Claus Roxin, Strafrecht Allgemeiner Teil II, 2006, § 31 Rn. 184 ff.

但是，无须强制要求不作为的积极决意。[1] 行为命令只要求在关键时刻作出特定的行为决意。因此，行为不法针对的是这个对决意作出的不作为，而不（一定）是（冲动形成的）相反的决定。[2] 因此，当义务指向的对象在关键时刻，以（至少是间接的）容许的故意决定不采取干预行为时，即构成命令违反。例如，在自己那"顽劣"的五岁儿子被汹涌的河水冲走之前，父亲对是否应该救他犹豫了一瞬间，但就在那一瞬间，救援的机会错过了，那么从父亲心理状态的意义上就不可以得出，他是有意识地决定不对儿子进行救援。相反，父亲对行为义务的违反之处在于，尽管他意识到存在救助的可能性，但没有立即决定对儿子实施救助行为。[3] 甚至可以像雅各布斯指出的那样，积极的决意作出本身对于主动的作为犯罪来说也不是构成要素。因为实际上在某些情况下，麻木不仁的行为人甚至根本不会对是否存在可替代的行为有所怀疑。虽然如此，容许的故意也要求对构成要件的持续认识。因此，对自身行为能力的认识是不可缺少的故意要素。[4] 在这方面，对合适的救援举措的知悉，也即"……完全因为认为结果并非不可能出现而可以开始……采取帮助措施……"[5] 的意识。这种意识并不需要具体体现，像作为的故意中那样，将其作为事实思维的伴随意识即可。[6]

与由德国刑法第16条转换而来的不作为故意的规定相反，阿明·考

---

[1] 关于所谓的干涉理论，它针对不作为的故意，要求对救援本能的抑制，以便能取得与救援因果过程中断的情形相类似的情况。Ernst Landsberg, Die sogenannten Commisivdelikte im Deutschen Strafrecht, 1890, S. 56 ff.

[2] Arimin Kaufmann, Die Dogmatik der Unterlassungsdelikte, 1959, S. 75 ff.

[3] 鉴于保证人作出决定的时间窗口通常很窄，想让不作为的故意取决于不采取行动的积极决意，实际上也是一种误导；更加困难的是，这种决意在实践中往往难以得到证明。Armin Kaufmann, Die Dogmatik der Unterlassungsdelikte, 1959, S. 75 ff.

[4] Günther Jakobs, Strafrecht Allgemeiner Teil. Die Grundlagen und die Zurechnungslehre, 2. Aufl., 1991, S. 29, 87.

[5] Günther Jakobs, Strafrecht Allgemeiner Teil. Die Grundlagen und die Zurechnungslehre, 2. Aufl., 1991, S. 29, 86; Claus Roxin, Strafrecht Allgemeiner Teil II, 2006, § 31 Rn. 188.

[6] Gerald Grünwald, Der Vorsatz des Unterlassungsdelikts, in: Geerds/Naucke (Hrsg.), Mayer-FS (1966), S. 281 (294 f.); Claus Roxin, Literaturbericht Allgemeiner Teil, ZStW 78 (1966), S. 214 (248 ff., 259 f.); Rolf-Dietrich Herzberg, Die Unterlassung im Strafrecht und das Garantenprinzip, 1972, S. 224 f; Günther Jakobs, Strafrecht Allgemeiner Teil. Die Grundlagen und die Zurechnungslehre, 2. Aufl., 1991, S. 29, 88; Ulrich Stein, in: SK, Vor § 13 Rn. 35.

夫曼提出了适用于不作为犯的准故意学说：由于在不作为领域中不存在本体论的、由因果关系形成的最终控制，因此自然意义上亦不可能存在故意的不作为，而至多是准故意不作为。① 为了确定这一点，必须对公理上的"……故意的对照物作为相比于过失更为严重的谴责对象……"②进行确定。但是对持续的构成要件认识的回溯不能承担此功能。因为未能首先对已知晓的紧急情况进行帮助，即在具体的救援路径方面的"无意识"不作为，至少与有意识地未能利用已知晓的帮助可能性一样严重。如果鉴于此就假设人们都了解自己的避免能力，那么就是在嘉奖冷漠或是麻木不仁的人。但这种结论是站不住脚的，这就是为什么对于"准故意"而言，现存避免可能性的可认知性必须足够。③

主流意见④正确地对这一观点进行了反驳。首先，考夫曼基于自身价值判断的故意决定论本身是不可靠的，因为它受制于归谬法的两个内在矛盾。第一，阻碍行为人认识到救助方式的原因，不一定根源于他的冷漠或者麻木不仁；相反，它们也可以是可理解的或者刑法上中性的，甚至可以是恐惧、激动、迷惑或者失败主义这样的减轻罪责因素。⑤ 在这里假设一个准故意的不作为显然是站不住脚的。当然，考夫曼也看到了这一点，他试图通过假设一种操作的命令实现趋势来规避这种尴尬的结果：真诚努力的人需要证明自己在原则上愿意做法律所命令的事。⑥但是这种论点也不令人信服，因为即使检查不作为的每种情况，也不一定都是冷漠的表现。反过来，这一定是可以设想的：某人由于激动、震惊或者失败主义而完全不能激发自己对情况评估的主导。⑦

---

① Armin Kaufmann, Die Dogmatik der Unterlassungsdelikte, 1959, S. 115.
② Günther Jakobs, Strafrecht Allgemeiner Teil. Die Grundlagen und die Zurechnungslehre, 2. Aufl., 1991, S. 29, 86.
③ Armin Kaufmann, Die Dogmatik der Unterlassungsdelikte, 1959, S. 112, 126 f; Hans Welzel, Das Deutsche Strafrecht. Eine Systematische Darstellung, 11 Aufl., 1969, § 27 A I 3 b (S. 205).
④ Claus Roxin, Strafrecht Allgemeiner Teil II, 2006, Rn. 184 ff.
⑤ Gerald Grünwald, Der Vorsatz des Unterlassungsdelikts, in: Geerds/Naucke (Hrsg.), Mayer-FS (1966), 281 (293); Günther Jakobs, Strafrecht Allgemeiner Teil. Die Grundlagen und die Zurechnungslehre, 2. Aufl., 1991, S. 29, 88.
⑥ Armin Kaufmann, Die Dogmatik der Unterlassungsdelikte, 1959, S. 173 f.
⑦ Gerald Grünwald, Der Vorsatz des Unterlassungsdelikts, in: Geerds/Naucke (Hrsg.), Mayer-FS (1966), S. 281 (293).

考夫曼学说的第二个内在矛盾更为严重：只有当发现救助目标，即受到威胁的影响客体时，才能最终有意识地对采取救助措施不作为。但现在出于冷漠或者麻木这样的有负担的原因也可能导致缺少对符合犯罪构成要件情形的认识，① 这就是考夫曼在此处必须前后一致地假设一个准故意不作为的原因。这将使不作为的故意完全从认知的目标把握时刻被忽略，② 而这将不可避免地产生粗略的结果：马虎的母亲丝毫不注意她在马路边玩耍的孩子，在发生致命事故的情况下，将依照德国刑法第212条对她进行处罚。③ 因此从价值判断的目的出发，准故意不作为的学说本身会导致荒谬的结论，尤其是因为故意与把握目标的时刻脱节，也就不再与目的行为论保持关联。

但不可否认的是，考夫曼的基本观点仍然是：对持续的事实认识存在的假设在一些例外情况下，会导致对冷漠者和麻木不仁者的嘉奖。但是在实践中，几乎不存在把这一问题变得棘手的情况。因为对自身避免法益侵害结果发生能力的认识，并不需要实际反映出来。相反，在不作为领域，一个对特定情况的潜在的、可再现的事实思维的伴随意识就足够了，其中尤其重要的是合乎经验的作为可能性：即使是那些在某个特定过程中不表现为行为控制人的人，也通常对这种情况下依照经验必须做或可以做的事情有潜在的认知。

无疑也存在这样一些情况，相关人由于个人性格结构上的某种缺陷，无法了解自身的行为能力。但这种欠缺恰恰是过失的本质。④ 尽管有特定行为结果的证据，但即便对于作为犯罪也无法纠正的是，缺乏对（事实思维上的）结果的认识，也就意味着故意不再适用。雅各布斯明确地指出了这种教义学上理论构建的后果："如果要为不作为找出行为故意在价值论上的对照物，就必须把行为层面已经发现的价值论的割裂一并进行转化，这意味着要负担对事实无辨别力者的物质上不合理的特权，因

---

① Claus Roxin, Strafrecht Allgemeiner Teil II, 2006, § 31 Rn. 188.
② Günther Jakobs, Strafrecht Allgemeiner Teil. Die Grundlagen und die Zurechnungslehre, 2. Aufl., 1991, S. 29, 83.
③ Gerald Grünwald, Der Vorsatz des Unterlassungsdelikts, in: Geerds/Naucke (Hrsg.), Mayer-FS (1966), S. 281 (300–302).
④ Gerald Grünwald, Der Vorsatz des Unterlassungsdelikts, in: Geerds/Naucke (Hrsg.), Mayer-FS (1966), S. 281 (295 f.).

为德国刑法第 16 条明文规定了对持续的现实认识的需要……因此，对避免能力的认识对故意来说是必不可少的。"[1]

归根结底，考夫曼关于准故意不作为的学说应当被否定。那些为了作为犯罪而发展出的故意学说——经过适当更改后——可以推导到不作为犯罪上。

（四）反转原则

以一个存在论与形而上学要素兼具的"准因果关系"为导向的行为概念支撑刑法，没有任何必要。与此同时，也不必严格按照形式逻辑的要求，对不作为进行界定。因此，没有必要使用考夫曼提出的"反转原则"，在刑法教义学中阐释不作为的行为不法内涵。但是，该原则有助于准确确定每个命令的对象，因为它要求对相关事实和价值要素进行严格分析。[2]

当然，形式逻辑上的反转原则，并不能说明这种法律评价反转更深层的原因。这只能通过原本的、真正的不作为不法判断标准来实现，真正的不作为不法判断，应当是将以不作为形式进行的容许行为作为一种社会行为现象进行分析。然而，作为形式公理的反转原则，对于判断不作为领域的不法的结构和检验对不作为犯的教义学理解而言，是极好的理论工具。

二　不作为犯的行为不法

（一）纯正不作为犯的行为不法

那么，现在可以开始描述"不作为的一般不法性"[3]。将一般的命令要求浓缩用于具体个人的作为义务，在故意领域需要满足三个前提[4]：第一，在主观上，规范对象必须至少有可能认识到，要保护的法益对象处于一个具体的危险境地；第二，他必须已经认识到（或者想象到），采取有成功可能的救助措施的原则上的可能性；第三，他必须在身体和

---

[1] Günther Jakobs, Strafrecht Allgemeiner Teil. Die Grundlagen und die Zurechnungslehre, 2. Aufl., 1991, S. 29, 88.

[2] Eberhard Struensee, Der subjektiven Tatbestand des fahrlässigen Delikts, JZ 1987, S. 217 (222).

[3] Winrich Langer, Das Sonderverbrechen. Eine dogmatiche Untersuchung zum Allgemeinen Teil des Strafrechts, 1972, S. 451.

[4] Wolfgang Schöne, Unterlassungsbegriff und Fahrlässigkeit, JZ 1977, S. 150 (151).

智力上能够采取这些措施，并且必须意识到这种基本的（或者潜在的）避免能力。违反根据这些前提而提升为作为义务的命令的原因在于，虽然对应的规范对象知道他可以这样做，却没有在关键的时间点作出积极的决定来采取救助措施。对此类命令要求采取介入行为的不作为，为个人不作为的一般不法奠定了基础。这种一般行为人的不作为，应当属于所谓纯正不作为犯。

（二）不纯正不作为犯的行为不法

1. 不纯正不作为犯的不法结构

"不纯正"不作为犯的不法结构，并非在于保证人违反了对法益保护特别的作为义务，而是在于保证人违反的作为义务与服务于法益保护的举止规范中衍生出的、针对一般人的作为义务一致。[1] 传统的假设认为，与纯粹的结果责任相反，法律不仅单纯要求保证人作出积极的举动，还需要实施避免法益侵害结果发生的行为，[2] 这是不正确的。[3] 虽然根据德国刑法第13条，"属于法律规定的犯罪构成要件的结果"得到了明确的法律承认，但其真正不作为犯的犯罪构成要件中，仅指不从事特定的、法规范要求的行为（例如德国刑法第323c条见危不救罪中规定的"提供帮助"）。尽管术语表述存在差异，但都体现了确立在行为前视角

---

[1] Armin Kaufmann, Die Dogmatik der Unterlassungsdelikte, 1959, S. 274 ff.; Hannes Schürmann, Unterlassungsstrafbarkeit und Gesetzlichkeitsgrundsatz, 1986, S. 64 ff (74 f.); Winrich Langer, Das Sonderverbrechen. Eine dogmatische Untersuchung zum Allgemeinen Teil des Strafrechts, 1972, S. 450 ff; Stree/Bosch, in: Schönke/Schröder, Vorbem. §§ 13 ff. Rn. 137, § 13 Rn. 2.

[2] Johannes Nagler, Die Problematik der Begehung durch Unterlassung, Der Gerichtssaal 111 (1938), 1, S. 17 ff; § 13 E 1962 (BT-Drucks. IV/650, S. 124); BGHSt 14, 280 (281); Jescheck/Weigend, Strafrecht AT, § 58 III 2 (S. 605 f.); Lackner/Kühl, § 13 Rn. 4; Kristian Kühl, Die strafrechtliche Garantenstellung. Eine Einführung mit Hinweisen zur Vertiefung, JuS 2007, S. 497 (498 f.).

[3] Armin Kaufmann, Die Dogmatik der Unterlassungsdelikte, 1959, S. 206 ff (208); Hannes Schürmann, Unterlassungsstrafbarkeit und Gesetzlichkeitsgrundsatz, 1986, S. 64 ff (74 f.); Winrich Langer, Das Sonderverbrechen. Eine dogmatische Untersuchung zum Allgemeinen Teil des Strafrechts, 1972, S. 456 f; Stree/Bosch, in: Schönke/Schröder, Vorbem. §§ 13 ff. Rn. 137, § 13 Rn. 2; Georg Freund, Strafrecht Allgemeiner Teil. Personale Straftatlehre, 2 Aufl., 2009, § 6 Rn. 10 ff; Michael Kahlo, Die Handlungsform der Unterlassung als Kriminaldelikt. Eine strafrechtliche und rechtsphilosophische Untersuchung zur Theorie des personalen Handelns, 2001, S. 32 f.

考察得出的保证人个人不作为的不法性,与事后才能判断的、处罚作为犯的构成要件(包括一直被考虑的客观可归责性)间关系的必要性。

在举止规范层面,对不作为者抑制法益侵害结果发生的规范期待,只能从义务对象在行为前进行行为决定的视角提出。此时,通过命令规范期待不作为者实施的介入行为,并不能清晰预测法益侵害结果的回避可能性。因为个人行为责任的对象,"只能"是对现实存在的危险情况的干预。换言之,站在行为前视角,采取有希望的(或是并非从一开始就没有希望的)救援措施,即有希望阻止法益侵害结果发生的行为。履行故意不纯正不作为犯创设的命令规范,[1] 无论如何不要求事实上完全阻止了构成要件结果的发生。确切地说,保证人一贯"只是"事前、原则上有效的(或者是可以认为有极大成功机会的)危险规避程序的操作者和贯彻者。如果尽管这样的程序已经得到实施,但构成要件结果仍然发生,则可以考虑成立过失的保证人不作为。[2]

当针对保证人的命令规范和相应犯罪创设的一般法益保护命令规范相一致时,可以像考夫曼那样,从纯正不作为犯的一般不法性层面进行反面的论证。[3] 因为德国刑法第323c条也是创设了直接对具体法益(如生命、健康等)进行保护的命令规范。"提供帮助"这一术语仅在其与因严重事故(比如因"公共的危险"或者"困境")而出现的此类法益

---

[1] "失败的履行命令尝试"或是"有履行命令倾向的行为"的概念是有误导性的,因为事实上能讨论的只能是"失败的结果避免尝试"或者"有结果避免倾向的行为":命令对作为义务人的要求不能超过实施有成功可能性的救助意志。如果实施了这样的行为,无论期望的救助结果是否发生,行为人都已经履行了故意犯罪所依据的命令。考夫曼的"反转原则"也迫使行为人得出这样的结果:如果造成法益侵害的未遂行为是公认的违反禁止性规定的行为,那么阻止法益侵害的失败尝试就必须是命令的履行。Armin Kaufmann, Die Dogmatik der Unterlassungsdelikte, 1959, S. 87 f., 109.

[2] 根据考夫曼"反转原则"的基础,如果实施被禁止的行为未遂导致故意责任,那么实施命令行为的失败尝试则免除故意责任。Armin Kaufmann, Die Dogmatik der Unterlassungsdelikte, 1959, S. 109, 123, 127.

[3] Armin Kaufmann, Die Dogmatik der Unterlassungsdelikte, 1959, S. 208 f., 275; Wolfgang Schöne, Unterlassungsbegriff und Fahrlässigkeit, JZ 1977, S. 56 ff. (70), 115 ff (159); Hannes Schürmann, Unterlassungsstrafbarkeit und Gesetzlichkeitsgrundsatz, 1986, S. 64 ff; Günther Jakobs, Strafrecht Allgemeiner Teil. Die Grundlagen und die Zurechnungslehre, 2. Aufl., 1991, S. 11, 28; Rolf-Dietrich Herzberg, Die Unterlassung im Strafrecht und das Garantenprinzip, 1972, S. 24 ff (26); Eberhard Schmidhäuser, Strafrecht AT, 2. Aufl. 1975, S. 16; Wilhelm Gallas, Zur Revision des § 330 c StGB, JZ 1952, S. 396 (399).

之一的危险情况相关时，进而被当作以避免有威胁的损害结果为目的的救助行为时，才是有意义的。① 因此，对义务指向的行为决意来说，有意义的内容仅为采取有结果避免趋势的行为。德国刑法第 323c 条所创设的命令规范，与不纯正不作为犯所创设命令规范的对象相同。如果考虑到他人犯罪行为即将发生也是德国刑法第 323c 条意义上的一般"不幸事故"的主流意见，② 这种一致性就更加清晰。如果纯粹的结果责任在这方面对自我危害的要求较低，那么，这完全是由于现有的命令赋予其个人的紧迫性要低得多③（因为仅仅是一点团结义务），这样对他来说，能够证成合乎规范行为合理性的"受害者界限"就更快达到了。

归根结底，根据命令规范的结构和内容来区分纯正和不纯正不作为犯，在规则逻辑上是不可行的。④ 相反，保证人的作为义务，是在与要求采取具有法益侵害结果避免倾向行为的一般作为义务相同的基本前提下产生的。

2. 与作为犯等价的不纯正不作为犯

不纯正不作为犯的保证人义务，"仅仅"是针对预期法益侵害结果避免的一般作为义务。⑤ 一般命令规范履行的紧迫性，对于保证人来说是相对的，受其主观意志的影响，与相关作为犯所创设禁止规范履行的紧迫性相同。⑥ 因此，保证人义务的特征，只能是其主观上修正过的紧迫性。保证人义务是"……履行紧迫性受保证人主观意志影响、为降低

---

① Armin Kaufmann, Die Dogmatik der Unterlassungsdelikte, 1959, S. 208; Günther Jakobs, Strafrecht Allgemeiner Teil. Die Grundlagen und die Zurechnungslehre, 2. Aufl., 1991, S. 11, 28.

② BGHSt 3, 65 (66 ff.); Wilhelm Gallas, Zur Revision des § 330 c StGB, JZ 1952, S. 396 (398); Lackner/Kühl, § 323c Rn. 2.

③ Winrich Langer, Das Sonderverbrechen. Eine dogmatische Untersuchung zum Allgemeinen Teil des Strafrechts, 1972, S. 451 m. 324 ff; Hannes Schürmann, Unterlassungsstrafbarkeit und Gesetzlichkeitsgrundsatz, 1986, S. 117 ff.

④ Armin Kaufmann, Die Dogmatik der Unterlassungsdelikte, 1959, S. 207 f., 275 f.

⑤ Armin Kaufmann, Die Dogmatik der Unterlassungsdelikte, 1959, S. 284 f; Winrich Langer, Das Sonderverbrechen. Eine dogmatische Untersuchung zum Allgemeinen Teil des Strafrechts, 1972, S. 456 ff; Hannes Schürmann, Unterlassungsstrafbarkeit und Gesetzlichkeitsgrundsatz, 1986, S. 63.

⑥ Hannes Schürmann, Unterlassungsstrafbarkeit und Gesetzlichkeitsgrundsatz, 1986, S. 117 ff; Winrich Langer, Das Sonderverbrechen. Eine dogmatische Untersuchung zum Allgemeinen Teil des Strafrechts, 1972, S. 450 ff; Armin Kaufmann, Die Dogmatik der Unterlassungsdelikte, 1959, S. 274 ff (274, 276, 284 f., 287).

法益侵害危险实施行为的作为义务"[1]。所谓实现不纯正不作为不法的时刻，即出现在这种履行紧迫性增加时。更确切地说，是在违反这种履行紧迫性经过修正的作为义务时。

德国刑法第13条第1款将紧迫性增加的时刻作为犯罪特征处理。这要求通过不作为与通过作为的犯罪构成要件实现应当等价。由于针对保证人的命令规范在规则逻辑上与一般的法益保护命令规范一致，[2] 这里的等价性要求似乎就忽略了作为与不作为实然的不平等，毕竟对法益保护对象的主动侵犯，通常需要展开远远比对命令要求的救助，即"仅仅"不作为更高的犯罪能量。[3] 然而对于这一问题，可以通过使保证人不作为与作为的等价性遵循对作为帮助犯的禁止规定的紧迫性程度，从而再次对保证人作为义务的紧迫性提升进行部分平衡来解决。[4] 有关于此，下文将在对不作为犯罪参与处罚边界的探讨中展开进一步的分析。

既然保证关系会给不纯正不作为提供与作为相同的紧迫性，这就导致保证关系带来的不法无法独立存在。那么，严格来说，不纯正不作为犯的行为不法，应当是附属于一般不法的"特别不法"。[5] 就像所有附属于一般不法的特别不法一样，附属于一般不法的不作为特别不法性本质上也是一般不法，在这种情况下通过不作为引起违反命令的法益侵害。[6] 那么，眼睁睁看着孩子溺水的父母，就与作为犯一样，从根本上违反了相同的法益保护举止规范。然而，保证人不作为从价值论层面上说，具有特别的个人行为无价值。它基于一个针对保证人的相关法益客体的特别责任，这一类型的特别责任与预先固定的社会关系相关，这种特别的

---

[1] Winrich Langer, Das Sonderverbrechen. Eine dogmatische Untersuchung zum Allgemeinen Teil des Strafrechts, 1972, S. 451; Hannes Schürmann, Unterlassungsstrafbarkeit und Gesetzlichkeitsgrundsatz, 1986, S. 118.

[2] Winrich Langer, Das Sonderverbrechen. Eine dogmatische Untersuchung zum Allgemeinen Teil des Strafrechts, 1972, S. 459; Hannes Schürmann, Unterlassungsstrafbarkeit und Gesetzlichkeitsgrundsatz, 1986, S. 109 ff.

[3] Armin Kaufmann, Die Dogmatik der Unterlassungsdelikte, 1959, S. 300 f.

[4] Armin Kaufmann, Die Dogmatik der Unterlassungsdelikte, 1959, S. 303.

[5] Winrich Langer, Das Sonderverbrechen. Eine dogmatische Untersuchung zum Allgemeinen Teil des Strafrechts, 1972, S. 451.

[6] Winrich Langer, Das Sonderverbrechen. Eine dogmatische Untersuchung zum Allgemeinen Teil des Strafrechts, 1972, S. 451.

保证人关系修改了与其个人相关的、履行规范要求的紧迫性。"经典的"保护保证人关系，与法律规定的对特定危险源进行监管的监督保证人关系一样，均属于这种情况。①

但是，目前尚不清楚，是否所有传统的保证关系在这种严格的意义上都能证明其特别无价值，即它们是否基于预先设定特别影响领域内特定法益对象的委托（或信赖）关系而产生。② 无论是从保护保证人还是监督保证人关系的产生来看，以上问题的答案都应当是否定的。因为保证人关系都具备一个共同点，即作为义务的违反不是以保证人与法益之间特别的规范关联为前提。③ 这种特别的规范关联，是真正的特别不法产生的必要前提。因此，只有当所讨论的保证人关系满足预先设定、稳定的社会责任特征时，才能最终认定为严格意义上的特别不作为。④

当然，这并不意味着先行行为的不作为应该被排除在不纯正不作为的范围之外。因为一方面，紧迫性程度增加的法律现象并不一定以特别不法要素为前提，⑤ 另一方面，不纯正不作为犯并不明确要求特别不作为的不法。⑥ 但是先行的危险行为也导致规范紧迫性的相对增加：对于那些通过自己的违反义务，且有风险的先行行为创设了一个危险的人，法律期望他们特别努力地避免（"消除"）危险。德国刑法间接证明了这种规则紧迫性的修改是存在的：德国刑法第35条第1款第2句的例外规

---

① Winrich Langer, Das Sonderverbrechen. Eine dogmatische Untersuchung zum Allgemeinen Teil des Strafrechts, 1972, S. 461.

② Winrich Langer, Das Sonderverbrechen. Eine dogmatische Untersuchung zum Allgemeinen Teil des Strafrechts, 1972, S. 460 f.

③ Winrich Langer, Das Sonderverbrechen. Eine dogmatische Untersuchung zum Allgemeinen Teil des Strafrechts, 1972, S. 302m. Fn. 32, 452, 460 f.

④ Winrich Langer, Das Sonderverbrechen. Eine dogmatische Untersuchung zum Allgemeinen Teil des Strafrechts, 1972, S. 461.

⑤ 可参见朗格的论述："在这方面，刑法体系中唯一能被认可的不法性的无价值增加，就是特别犯罪……"。鉴于第35条第1款第2句第1项所表述的一般法律原则（"发起者原则"），人们当然会怀疑这一点。Winrich Langer, Das Sonderverbrechen. Eine dogmatische Untersuchung zum Allgemeinen Teil des Strafrechts, 1972, S. 459; Hannes Schürmann, Unterlassungsstrafbarkeit und Gesetzlichkeitsgrundsatz, 1986, S. 119.; Schürmann, Unterlassungsstrafbarkeit, S. 119.

⑥ Hannes Schürmann, Unterlassungsstrafbarkeit und Gesetzlichkeitsgrundsatz, 1986, S. 119; Winrich Langer, Das Sonderverbrechen. Eine dogmatische Untersuchung zum Allgemeinen Teil des Strafrechts, 1972, S. 459.

定,回溯了在违反义务的造成紧急危险状态的个人行为中的一般公理。根据这一公理,对于"自己制造的"危险情形,发起者需要承担更多的责任(即"发起者原则")。它规定了这样一种特殊情况,即即使存在将规范紧迫性减少"为零"的前提条件(在第35条第1款第2句有所反映),不作为义务的紧迫性依然保持不变。然而,在与规范对象通过自己的违反义务的先行行为为他人的法益所创设的危险状况的消除有关时,也必须适用这一"紧迫性修正的发起者原则"。对于先行行为的责任,同样可以追溯到德国刑法第35条对"发起者原则"的规定,这一点并无争议。

　　许乃曼谴责这种"发起者责任"是过时的,[①] 它在以人类的"人格"为指向的责任刑法中并不合适。但如果将先行行为不作为本身作为归责原因认真对待,许乃曼的观点存在矛盾:先行行为保证人知道,自己已经通过有风险的先行行为创设了对法益的危险,并且在不作为的时间点,明白自己需要特别努力地将这一危险消除,因此他的责任不仅仅体现在与需要避免的危险的因果关系,更体现在对法益侵害结果的适格的不作为。德国刑法第35条第1款第2句的特殊情形中的发起者,对规范紧迫性与特定的紧急危险的影响是一致的。"发起者原则"因此是德国立法明确承认的、与特别不法一致的规范紧迫性增加的动机。所以,没有理由根据确定性原则,将先行行为责任从德国刑法第13条所规制的(也就是价值论的)作为等价领域排除。[②] 尽管我国目前并无德国刑法第35条第1款第2句以及第13条那样的总则规定,但鉴于立法是弥补处罚不纯正不作为犯正当性缺陷的治本之策,以上分析,可以为我国刑法总则今后可能的完善提供有益的借鉴。

(三) 从纯正不作为中分离与作为等价的("不纯正")不作为

　　如果保证人不作为和"真正的"一般人的不作为基本一致,那么将其评价为"不纯正"至少是理据不足的。评价为"不纯正",充其量可

---

① Bernd Schünemann, Grund und Grenzen der unechten Unterlassungsdelikt. Zugleich ein Beitrag zur strafrechtlichen Methodenlehre, 1971, S. 317.
② Winrich Langer, Das Sonderverbrechen. Eine dogmatische Untersuchung zum Allgemeinen Teil des Strafrechts, 1972, S. 460 f.

能是指这个不作为的特点是"不纯正的"罪行。① 因此将其称呼为"与作为等价的不作为犯"更为恰当。②

因此,在立法者尽可能地将不作为与作为放在同等地位,并且为其采取介入措施的作为义务设置一个与作为相当的紧迫性的情况下,罗克辛也接受了这种对等价性的理解。③ 这一定义不仅涉及那些满足一般同等条件的不作为,还涉及立法者在分则部分明确或隐晦——要么通过插入相应的不作为形态,要么通过真正规范的构成要件——规定的不作为。④

(四) 紧迫性修改的保证人作为义务的产生条件

在故意的保证人不作为情形中,涉及对紧迫性修改的一般命令规范的具体化。因此重点在于必须具有存在一般作为义务的前提:规范对象必须首先考虑到,针对保护的法益对象的危险情形至少是可能发生的,确定(或者设想)一种有成功可能性的救助策略,并且身心都处于能够采取这一措施的状态(确切地说,其在事实上有行为能力)。此外,相关人还必须认清自己具有保证人地位,这敦促他尤其努力地采取行动。⑤ 若义务对象了解这些情况,那么紧迫性变更的主要命令(也就是故意犯罪)就会在他身上实现,他通过自己的不作为实现了适格的不作为不法。

三 不作为犯罪参与的行为不法

是否需要在不作为领域区分正犯和共犯是存在疑问的,⑥ 可以考虑将积极参加的法律结构模式转移到不作为领域。类似于积极正犯,不作

---

① Eberhard Schmidhäuser, Strafrecht AT, 2. Aufl. , 1975, S. 16, 18; Winrich Langer, Das Sonderverbrechen. Eine dogmatiche Untersuchung zum Allgemeinen Teil des Strafrechts, 1972, S. 451.
② Gerog Freund, Erfolgsdelikt und Uneerlassen. Zu den Legitimationsbedingungen von Schuld und Strafe, 1992, S. 460.
③ Claus Roxin, Strafrecht Allgemeiner Teil II, 2006, § 31 Rn. 17 ff.
④ 罗克辛虽然考虑了此处有代表性的不真正不作为的定义,但最终选择了与之不同的规定:不真正不作为犯只是立法者没有通过对违反保证义务的不作为进行明确的解释来解决平等问题的罪行。Claus Roxin, Strafrecht Allgemeiner Teil II, 2006, § 31 Rn. 17 ff; Armin Kaufmann, Die Dogmatik der Unterlassungsdelikte, 1959, S. 277. Claus Roxin, Strafrecht Allgemeiner Teil II, 2006, § 31 Rn. 24 ff.
⑤ Claus Roxin, Strafrecht Allgemeiner Teil II, 2006, § 31 Rn. 186.
⑥ Claus Roxin, Strafrecht Allgemeiner Teil II, 2006, S. 55 ff.

为是未能自己或与他人共同执行救助；类似于积极参与，不作为参与是未能促进他人采取救助措施或者未能为他人的救助措施提供支持。

当然，在此意义上区分"正犯"的救助义务和"共犯"的救助义务有建设性的可能。① 但行为学说导向的预先评价和行为无价值导向的预先评价都与此不符。② 故意不作为犯的命令对行为义务人的要求，并不是有意地实现字面意思上的救助动作，而总是"仅仅"动员自己的组织群体采取有成功可能的救助措施。与之对应的通常是对他人的（特别是医疗的）救助能力启动或者实现的要求。③ 如果有人明知但不采取此类帮助措施，我们将会把符合犯罪构成要件的结果的出现看作他的意图支配下容许行为的后果，因为在事前的决定环节他能够采取有成功可能的帮助措施：任何人明知（或者自以为）自己拥有真正的行动能力却不使用，都是对犯罪构成要件中直接依据的命令的违反。如果不作为的参考点不是一个简单的自然因果流程，而是第三人的积极行为，那么这也同样适用。④ 与故意的作为犯不同，故意不作为犯大体上⑤只基于主要的命令规范。⑥ 有关于此，下文将在对不作为参与处罚边界的探讨中展开进一步分析。

和故意作为犯的构成要件一样，故意不纯正不作为犯也可划分成不同形态，并分配给它们不同的"规范层级"。例如，根据我国《刑法》第232条和不纯正不作为犯的法理，通过不纯正不作为进行的故意杀人是实害犯；根据我国《刑法》第117条和不纯正不作为犯的法理，以不作为方式行事（如有义务警示或清理、修复交通设施的破损状况而不警示或清理、修复）属于具体危险犯；根据我国《刑法》第120条之三与不纯正不作为犯的法理，以不作为方式实施宣扬恐怖主义、极端主义行为的，属于抽象危险犯。

对于具有特别不法内涵的作为犯的构成要件，也可能成立不纯正不

---

① Armin Kaufmann, Die Dogmatik der Unterlassungsdelikte, 1959, S. 186 ff.
② Armin Kaufmann, Die Dogmatik der Unterlassungsdelikte, 1959, S. 186 ff., 302 f. m.
③ Armin Kaufmann, Die Dogmatik der Unterlassungsdelikte, 1959, S. 186 ff.
④ Claus Roxin, Strafrecht Allgemeiner Teil II, 2006, S. 656 ff.
⑤ Claus Roxin, Strafrecht Allgemeiner Teil II, 2006, § 31 Rn. 143.
⑥ 要么不作为者事前有行为能力——那么他就具有（事实上的正犯的）行为义务——要么他没有行为能力，此时他根本不承担任何义务，不存在第三种可能。Armin Kaufmann, Die Dogmatik der Unterlassungsdelikte, 1959, S. 189, 293 f. m. Fn. 203, 302.

作为犯。在这种情况下，有必要提出疑问的是，犯罪构成要件设定的主体资格，如何符合与法益相关的保证人地位的一般要求。如果像本书一样，直接把保证人关系的核心限定于保证人对法益对象的特别社会责任，答案就不言自明：对保证人地位的要求并不是与特别的主体关系的假设一起累积的，保证人地位植根于特别犯罪所假定的特别责任。①

第二节 过失不作为犯的命令规范

此外，还存在基于特定谨慎命令的过失不作为犯罪，需要探讨的问题和作为的过失领域一样，在于是否可以将这类命令规范视作确定规范。至于那些以与过失的作为相同的不作为犯为基础的作为义务，问题就显得更加复杂。因为此处需要遵守的谨慎标准的相对不确定性，与保证人地位的相对不确定性遥相呼应。结果是，这种谨慎义务的确定性也受到了宪法层面的质疑。②但这些困难的存在，并不影响对行为人过失不作为行为不法内涵的探索，下文将进一步展开论证。

过失的不作为可能表现为以下三种基本形式：③第一种，未能仔细查明或者实施最有成功希望的救助策略（此处称为"不谨慎的结果避免尝试"④）；第二种，不了解其积极影响，而未能采取某种危险预防措施（所谓的"无目的的结果避免"⑤）；第三种，未能做能够使其认识到存在

---

① Eberhard Schmidhäuser, Strafrecht AT, 2. Aufl. , 1975, S. 14, 51; René Bloy, Die Beteiligungsform als Zurechnungstypus im Strafrecht, 1985, S. 240 f.

② Wolfgang Schöne, Unterlassungsbegriff und Fahrlässigkeit, JZ 1977, S. 150 (152 m.).

③ Eberhard Struensee, Der subjektiven Tatbestand des fahrlässigen Delikts, JZ 1987, JZ 1977, S. 217 ff. 不过斯特鲁恩斯参照了考夫曼的观点，对主要命令（故意犯罪的行为命令）与谨慎命令之间的界限作出了与此处所展示的不同的确定。根据上述观点，只有从影响客体被感知的那一刻起，积极的救助意愿才应排除（准）故意不作为，并开启谨慎规范的适用范围。然而，正如此处已经表明的那样，这种观点引起了严重的系统内部不协调，而且试图根据公理上的考虑，来证明对谨慎规范的适用领域的限缩的合理性，这在规范理论中是不能成立的。Armin Kaufmann, Die Dogmatik der Unterlassungsdelikte, 1959, S. 111, 170 f. : Eberhard Struensee, Der subjektiven Tatbestand des fahrlässigen Delikts, JZ 1987, JZ 1977, S. 217, 219.

④ 这一名称承袭的术语来自上文中称作"不谨慎的命令履行尝试"。Eberhard Struensee, Der subjektiven Tatbestand des fahrlässigen Delikts, JZ 1987, JZ 1977, S. 217, 219.

⑤ Eberhard Struensee, Der subjektiven Tatbestand des fahrlässigen Delikts, JZ 1987, S. 217 (221 ff.).

有威胁的危险状况的行为（所谓的"危险状况的可认知性"[①]）。对于三种类型的过失不作为，本书将依次展开分析。

一 不谨慎的结果避免尝试的命令和命令对象

过失不作为的第一种形式，是未能仔细查明或者实施最有成功希望的救助策略（以下称为"不谨慎的结果避免尝试"）。对于不谨慎的结果避免尝试的处罚，必须证明其具备过失不法性。在形式逻辑上，这一点可以从考夫曼"反转原则"的第一个公理[②]中推导出来：如果"不谨慎"的实害未遂中具有故意不法（A），有计划的损害与"缺乏谨慎"无关（非B），那么不谨慎的结果避免尝试中就必须排除故意不法（非A），而有计划的救助要与缺乏谨慎存在独立关联（B）。[③]

在规范逻辑上，故意犯罪的主要命令是通过严格开展救助努力而得以满足的。[④] 在明知救助可能性的前提下谨慎执行，只能是一个独立谨慎命令的对象。因此，在遇到有人落水时，如果不会游泳的甲注意到了附近的救生员，但是没有及时向救生员寻求帮助，[⑤] 而是在岸上徒劳地寻找救援方法，或者在尝试救援时，不小心把手上的救援棒掉进了水里，在甲具有注意能力时，他就违背了过失不作为犯的一般谨慎命令。[⑥] 值得商榷的是，这是否也适用于那些甚至没有研究现有救援方案的人，因为他们从一开始就没有开展任何救援工作。在这些情况下，考夫曼认为，在刑法评价上，故意不作为犯的主要命令是相关的，因为那些考虑到存在法益侵害危险，却还没有研究过救援可能性的人，并不优于那些忽略

[①] 这一名称承袭的术语，亦来自斯特鲁恩斯关于"故意犯罪的符合构成要件的情形的可认知性"的说法。Eberhard Struensee, Der subjektiven Tatbestand des fahrlässigen Delikts, JZ 1987, S. 217, 222.

[②] 相同的行为结构，反转的法律效力。

[③] Eberhard Struensee, Der subjektiven Tatbestand des fahrlässigen Delikts, JZ 1987, S. 217 (219).

[④] Armin Kaufmann, Die Dogmatik der Unterlassungsdelikte, 1959, S. 109 f., 170 ff.

[⑤] Armin Kaufmann, Die Dogmatik der Unterlassungsdelikte, 1959, S. 112.

[⑥] 考夫曼认为，过失的一般不作为大体上是不可罚的，例外是德国刑法第138条第3款"轻率地未告发已计划的犯罪行为"。Armin Kaufmann, Die Dogmatik der Unterlassungsdelikte, 1959, S. 109 f., 170 ff.

了明知的救援可能性的人。① 尽管这种观点在价值论上可以理解,但从规范论的观点来看是错误的。因为,故意不作为的命令规范,只能使规范对象在其实际行为能力的范围内负责。② 但是,对有意的结果避免具有现实能力的人,仅限于那些已经识别出救援可能性的人,而不包括那些由于未进行检查而未能识别的人。③ 因此,对于主要命令的履行而言,重要的是,行为人应根据自己的设想采取最有希望成功的行动,④ 而不是根据客观标准,评价如何以最有可能成功的方式行事。⑤ 因此,故意不作为犯罪的命令规范仅在行为人设想干预可能性之后,而且只能在他设想的行动可能性范围内约束他。

主要命令不能针对仅有一点可辨认性的行为,或是对行为选项的思考。⑥ 因此,这些获得认识的活动必须是谨慎命令的对象。这要求行为人谨慎研究现有救助的可能性,进而实施当时最合适的救援行动。⑦ 谨慎规范毫无例外地在人们意识到有法益侵害危险时介入,并要求行为人研究救助可能性与行为选项,这些"思想行为"⑧对救助措施的开发和成

---

① Armin Kaufmann, Die Dogmatik der Unterlassungsdelikte, 1959, S. 111 f., 170, 176 f.
② 只有当不作为者意识到或者设想到自己的行为能力时,谈及故意犯罪的"符合构成要件的情形"才有意义。对主要规范所要求的救援决意的领会能力(Fassen-Können)的必要前提,是对具体行为目标的把握(Erfassen)。然而,只有当相关人把他所看到的发生在他面前的事件,并至少在事实思维上将自己视作"行为控制人"时,谈论这种目标把握(在具体的要求的救援措施的意义上)才有意义。Gerald Grünwald, Der Vorsatz des Unterlassungsdelikts, in: Geerds/Naucke (Hrsg.), Mayer-FS (1966), S. 281 (302 f.).
③ 较早的论述可以参见 Gerald Grünwald, Der Vorsatz des Unterlassungsdelikts, in: Geerds/Naucke (Hrsg.), Mayer-FS (1966), S. 281 (302 f.).
④ Armin Kaufmann, Die Dogmatik der Unterlassungsdelikte, 1959, S. 126.
⑤ 考夫曼也将客观上最具可能性的救援行为的假设置于真正的谨慎规范的应用范围内,对此存在疑问。Eberhard Struensee, Der subjektiven Tatbestand des fahrlässigen Delikts, JZ 1977, S. 217 (220 a. E.); Armin Kaufmann, Die Dogmatik der Unterlassungsdelikte, 1959, S. 176.
⑥ Eberhard Struensee, Der subjektiven Tatbestand des fahrlässigen Delikts, JZ 1977, S. 217, 220.
⑦ Gerald Grünwald, Der Vorsatz des Unterlassungsdelikts, in: Geerds/Naucke (Hrsg.), Mayer-FS (1966), S. 281 (295 ff.).
⑧ 虽然这些思想行为不是身体运动,但不作为本体论上的特殊性迫使我们将命令的规定领域扩大到比禁止的规定范围更广,用斯特鲁恩斯的话说,"虽说思想永远不会被禁止,但有时却是受到要求的"。Eberhard Struensee, Der subjektiven Tatbestand des fahrlässigen Delikts, JZ 1977, S. 217, 219; Günther Jakobs, Strafrecht Allgemeiner Teil. Die Grundlagen und die Zurechnungslehre, 2. Aufl., 1991, S. 6, 34.

功实施必不可少。尽管这意味着价值论上的中断，即虽然发现了受影响的对象，却根本没有考虑任何救助可能性的麻木不仁的人，不因故意的不作为而受处罚，① 但这种中断是可以容忍的。因为对于不作为的故意，要求具备原则上具有干预可能性的、事实上的伴随意识就足够了。②

谨慎命令的最终目标，是谨慎贯彻在当时最合适的行为选项，这就是需要采取所有必要的检查步骤的原因所在。因此，谨慎命令还约束那些本能地遵循其救援冲动的人临时改变形式，找出在当时情况下最合适的救援策略的情形。可以将谨慎命令设想为一个金字塔形状的义务构成图，存在四个相互关联的义务层级，逐级"攀登"，推导出合谨慎性的救助行为的最终目标。第一个义务层级是"谨慎检查干预可能性是否产生、何时产生"；第二个义务层级是"在你已经辨明的行为选项中，谨慎检查哪一个行为选项在当下最有用"；第三个义务层级是"谨慎检查如何最认真地实施查明的救助策略"；第四个义务层级是"去谨慎地把策略实施完成"③

当然，这些来源于谨慎命令的义务，仅在规范对象的行为能力范围内对其进行约束。因为，只有那些根据其个人的身心能力，原则上能够进行所需的检查和思考的人，才能对实际情况下最合适的救援策略进行审慎研究。因此，作为确定规范的一般谨慎命令，只涉及那些具有谨慎能力的人。④ 这样，责任能力就成了一般的不法前提。⑤ 然而，出于规范逻辑上强制的原因，这种教义学上的不一致被人们接受。这是规则只能约束有行为能力的人这一颠扑不破的公理的产物。⑥

---

① Armin Kaufmann, Die Dogmatik der Unterlassungsdelikte, 1959, S. 112, 176 f.
② Gerald Grünwald, Der Vorsatz des Unterlassungsdelikts, in: Geerds/Naucke (Hrsg.), Mayer-FS (1966), 281 (294 f.).
③ Armin Kaufmann, Die Dogmatik der Unterlassungsdelikte, 1959, S. 110, 112 Fn. 58, 114.
④ 这一洞见对于最严重的不作为犯罪尤为重要，因为这些犯罪通常是基于可能使义务人陷入极端的激动状态，并损害其深思熟虑进行手段选择的能力的情况。Armin Kaufmann, Die Dogmatik der Unterlassungsdelikte, 1959, S. 173.
⑤ Diethart Zielinski, Handlungs-und Erfolgsunwert im Unrechtsbegriff. Untersuchungen zur Struktur von Unrechtsbegründung und Unrechtsausschluss, 1973, S. 170.
⑥ 在过去，对行为能力项下不法和责任判断资料混杂的顾虑虽然已得到有说服力的解释，然而，这种批评针对的是这样一种学理观点，它倾向于完全将过失，即包括作为的过失理解为不作为犯罪的特殊情况：如果承认一般的谨慎命令，这就意味着每一个具有注意能力的人都有不特定的义务，即发展出全面的针对一切形式的法益（转下页注）

曾引发广泛争议的"李某某溺亡案",即属于此种过失不作为的不法类型。本案一审法院认为,被告人罗某某在共同饮酒过程中对被害人李某某实施了一定的照管、帮助行为,但因未完全履行救助义务,间接致李某某坠江死亡,构成过失致人死亡罪。但与一般过失致人死亡案件的行为人直接致人死亡不同,本案中被告人罗某某的行为属于间接导致被害人死亡,情节较轻,且认罪认罚,依法可以从宽处罚,最终以过失致人死亡罪判处有期徒刑一年六个月,二审裁定维持原判。① 从法院裁判文书认定的案件事实可知,构成过失致人死亡罪的是被告人罗某某作为共同饮酒的组织者,在被害人李某某处于显著异常状态时,采取的贴身安抚、打被害人耳光为其醒酒等行为"未完全履行救助义务"的不作为。本书认为,所谓"未完全履行"不是指被告人罗某某采取的行为不具备照护被害人李某某、给其醒酒的作用,而是指罗某某并未查明并采取当时情境下最有成功希望(最优)的救助策略,例如将李某某安全送至医疗机构或家人、朋友身边。因此,认定罗某某成立过失致人死亡罪并无疑问。

同样引发了广泛争议的"货拉拉女乘客坠亡案",也属于此种过失不作为的不法类型。本案二审裁定书中,法院明确指出被告人周某某构成不作为的过失致人死亡罪,认为被告人基于职业要求与先行行为负有阻止被害人从其驾驶的货车上坠亡的作为义务,具有作为能力和作为可能性,但由于过于自信未能尽到作为义务(采取紧急制动停车等有效阻止被害人坠亡的措施),且其未履行作为义务与被害人的死亡结果之间存

(接上页注⑥)侵害结果的避免动机。然而,由于人的行为会永久地触及他人的法益,因此仅仅产生有成功前景的一般义务的谨慎命令不能促使任何人实施正确的行为。以此寻求举止指导的规范对象在这种方式下得不到帮助,因为缺乏对举止模式的描述,他无法再次认识到自己计划的举止是不被允许的。在这个意义上,以上批评值得赞许。然而它并不适用于这里所讨论的作为过失的不作为犯罪构成要件基础的谨慎命令;因为在这种情况下,规范对象知道具体的救援目标,为了实现这一目标,他必须坚持必要的谨慎,或者无论如何都知晓要求他以应有的谨慎行事的具体相关的经验规律。Diethart Zielinski, Handlungs-und Erfolgsunwert im Unrechtsbegriff. Untersuchungen zur Struktur von Unrechtsbegründung und Unrechtsausschluss, 1973, S. 170 f; Hans-Ullrich Paeffgen, Der Verrat in iriger Annahme eines Illegalen Geheimnisses(§97 b StGB)und die allgemeine Irrtumslehre, 1979, S. 139.

① 参见云南省昆明市中级人民法院(2020)云01刑终901号刑事附带民事裁定书。

在刑法上的因果关系,因而成立过失致人死亡罪。[1] 可以看到,二审法院的裁定理由径直将过失不作为犯的不法类型理解为"不作为犯的客观构成要件+过失犯的主观构成要件",未能厘清过失不作为犯的过失犯本质及其注意义务的特别类型。鉴于死亡结果的发生是过失致人死亡罪客观构成要件的基础,二审法院将"阻止被害人死亡"视为周某某应尽的作为义务内容,当然能够毫无障碍地得出周某某"未履行作为义务"的结论,其作为能力、作为可能性、因果关系与"过于自信"的主观罪过也都能轻易得到认可。然而,若明确周某某应尽的注意义务内容是采取最有成功希望的救助策略,而非站在事后的"上帝视角"苛求周某某一定要阻止被害人从其驾驶的货车坠亡,则会发现在并无证据直接证明案发时车内的情况的前提下,二审裁定书列举的案发路段人车稀少、车速不高,且在被害人将身体弹出车窗时已将脚从油门转放到刹车上等事实,并不足以证成案发时紧急制动或直接制止是最有可能阻止被害人从货车上坠亡的救助策略。因为,车速不高并不意味着在被害人主动跳车的情况下紧急制动或直接制止能保障车辆行驶安全、避免被害人头部触地死亡。此外,从被告人对结果预见可能性的角度来看,被告人未必能够在如此短的时间内预见到被害人会跳车。然而,二审裁定书对于以上两点核心疑问均未进行回应,认定周某某构成过失致人死亡罪的证据是否达到确实充分的程度,有待商榷。

二 无目的的结果避免的命令及命令对象

过失不作为的第二种形式,是不了解其积极影响,而未能采取某种危险预防措施(以下称为"无目的的结果避免")。从形式逻辑上来看,对无目的的结果避免行为的不作为,应属于过失不法,这可以从考夫曼"反转原则"的第二条公理[2]推导出来:如果实施无认知的损害行为将构成过失的不法,则对于无认知的有益行为的不作为将同样构成过失的不法。[3] 如果这一假设成立,就需要探讨确立相符合命令规范的可能性,

---

[1] 参见湖南省长沙市中级人民法院(2021)湘01刑终1436号刑事裁定书。
[2] 反转的举止结构,相同的法律效果。
[3] Eberhard Struensee, Der subjektiven Tatbestand des fahrlässigen Delikts, JZ 1977, S. 217 (220); Wolfgang Schöne, Unterlassungsbegriff und Fahrlässigkeit, JZ 1977, S. 150 (158).

明确此命令规范事实上的应用领域。此类命令的对象应是意图支配下的行为，"……其对结果避免的（潜在的）无目的的后果使它们显得谨慎，因此如果不这样做就是不谨慎的"①。事实上，这种行为的例子不胜枚举。例如，铁道看守员对列车变道的通知，楼梯间照明设施的安装，公路上坑洞的填平，等等。②

将相应的危险防范措施作为一般的法律要求，也是相当合理和可行的。但是，如果不设定成文的命令规范，命令规范将被根据谨慎义务形成的一般谨慎规范所取代。③ 确定规范（与作为的过失相关）通过客观上产生行为的时刻，即通过对"合乎犯罪构成要件的情况"的认识，影响到了行为人的意识，而将其（如暴露的坑洞或结冰的人行道）消除是预期的预防行为的目标。④ 明知事实情况的人，原则上也能够以由此产生的谨慎命令（如将坑洞填平或者在道路上撒盐）为导向。与不谨慎的结果避免尝试的情形一样，在无目的的结果避免情形中，不仅需要采取这样的危险预防行为，而且要谨慎地执行。⑤ 因此，即使是无目的的结果避免的命令，最终也只是在规范对象个人谨慎能力的范围内对其进行约束。

最后，作为先前获取的认识的产物，对实现无目的的结果避免能力的要求也是合理的。⑥ 然而，对于赋予行为人这一方面的作为义务，斯特鲁恩斯正确地提示应当尽可能谨慎："若在救助结果的潜在因果关系范围内，假设不作为者有作为的能力……反对确立附有刑罚处罚风险的作

---

① Wolfgang Schöne, Unterlassungsbegriff und Fahrlässigkeit, JZ 1977, S. 150 (158).
② Eberhard Struensee, Der subjektiven Tatbestand des fahrlässigen Delikts, JZ 1977, S. 217 (221).
③ Eberhard Struensee, Der subjektiven Tatbestand des fahrlässigen Delikts, JZ 1977, S. 217 (221).
④ Wolfgang Schöne, Unterlassungsbegriff und Fahrlässigkeit, JZ 1977, S. 150 (158); Eberhard Struensee, Der subjektiven Tatbestand des fahrlässigen Delikts, JZ 1977, S. 217 (221).
⑤ 亦可参考斯特鲁恩斯的观点，他想就预防行为的不谨慎执行介绍一个"基本形式的组合"。这只能是指针对预防行为的谨慎命令的不谨慎的履行尝试。但这意味着为谨慎履行谨慎规范而衍生的命令在规范逻辑上存在问题。Eberhard Struensee, Der subjektiven Tatbestand des fahrlässigen Delikts, JZ 1977, S. 217.
⑥ Eberhard Struensee, Der subjektiven Tatbestand des fahrlässigen Delikts, JZ 1977, S. 217 (222).

为义务的意见会越来越多……"①

三 危险状况的可认知性

过失不作为的第三种基本形式,是指规范对象由于注意力不集中,而无视法益对象或者法益侵害的危险。② 例如,一位母亲将年幼的孩子独自留在游泳池中,自己与友人交谈并随即离开,孩子在无人看管的情况下游入深水区,不幸溺亡;又如,救生员戴着耳机听歌,忽略了溺水者的呼救,导致溺水者溺亡。③ 从规范逻辑来看,这种过失不作为的行为不法类型是,行为人遗漏了一个必须采取的行为(即监督、控制、审计和监测活动,例如对年幼的孩子或游泳的客人进行照管),④ 履行该行为的前提是其知晓法益即将受到侵害且有能力采取救助措施。⑤ 如果行为人知晓这种活动的目标,或者可以从其潜在、可再现的伴随意识中得到,则相应行为人有能力进行这种获取认知的活动。长期稳定的照管和监督活动的义务的前提,通常是基于个人对法益对象的特殊责任,而义务主体不需要实际思考就能知道这种责任。因此,诸如父母的监督义务,其存在完全由父母持续的陪伴意识所决定,救生员因职业产生的照管义务同样如此。任何具有上述行为能力,但没有进行提供认知活动的人,都构成过失的不作为不法。

此外,注意义务不仅要求获得认知的活动的进行,而且要求对其谨慎地履行。因此,在以上两个例子中,命令规范表现为"你应该谨慎地照看好你的孩子"或者"你应该谨慎地观察是否有游泳者陷入危险"。

---

① Eberhard Struensee, Der subjektiven Tatbestand des fahrlässigen Delikts, JZ 1977, S. 217 (222).

② Armin Kaufmann, Die Dogmatik der Unterlassungsdelikte, 1959, S. 41; Wolfgang Schöne, Unterlassungsbegriff und Fahrlässigkeit, JZ 1977, S. 150 (154 ff.); Eberhard Struensee, Der subjektiven Tatbestand des fahrlässigen Delikts, JZ 1977, S. 217 (222).

③ Wolfgang Schöne, Unterlassungsbegriff und Fahrlässigkeit, JZ 1977, S. 150, 157, 158; Eberhard Struensee, Der subjektiven Tatbestand des fahrlässigen Delikts, JZ 1977, S. 217 (222).

④ Wolfgang Schöne, Unterlassungsbegriff und Fahrlässigkeit, JZ 1977, S. 150 (158); Eberhard Struensee, Der subjektiven Tatbestand des fahrlässigen Delikts, JZ 1977, S. 217 (221).

⑤ Eberhard Struensee, Der subjektiven Tatbestand des fahrlässigen Delikts, JZ 1977, S. 217, 222.

当行为人已作出提供认知的行为,但缺少了所要求的谨慎,谨慎命令也遭到了损害。[1] 例如,医生由于粗心大意,误判了前来就诊的儿童的白喉病症状,没有为其注射相应的治疗血清,导致该儿童落下严重后遗症,达到重伤程度的,应成立不作为的医疗事故罪。还需要明确的是,认知获取能力只能作为先前认知获取的产物来实现(例如救生员在午休时"忘记了时间",在溺水者呼救时尚未返回自己的工作岗位)。[2]

在作为犯罪领域,没有直接与不采取认知获取行为对应的情形。因此,"反转原则"并不能从形式逻辑上预测到危险情形的可认知性类型。那么,可能会存在这样的疑问:在"反转原则"基础上对这种过失不作为类型的承认,是否会导致整个教义学体系的崩溃。[3] 但其实,如果适用"反转原则"的第二条公理,问题就迎刃而解:对谨慎的认知获取行为的不作为,与在作为领域进行违反谨慎的认知阻断行为相关联。可见,危险状况的可认知性情况及其在作为领域的结构关联性的描述是同一的:当母亲在游泳池中距离年幼的孩子过远,或者救生员将注意力转移到游泳池以外的事情上时,这种行为阻碍了他们对危险状况的认知,同时也是对于履行父母或职业监督义务的不作为。对于此种情形,刑法应评价为不作为。因为只有诉诸法律上的监督义务,才能解释为什么离孩子太远是一种过失的行为不法。这意味着,对获得危险状况认知可能性的、违背谨慎命令的主动阻止,与对合乎谨慎命令、对获得认知的不作为一样,应受到同样的法律评价。从形式逻辑上看,"反转原则"在这里也完全适用。

无论是作为故意不作为犯基础的主要命令,还是作为过失的不作为犯基础的一般谨慎命令,都产生了相应的义务。在后一种情况下,虽然这些注意义务只能在个人的谨慎能力框架内约束行为人,但这些义务都与行为人对命令对象的活动目的的认识相联系,暗示行为人在哪些方面必须谨慎地采取行动。因此,特别是在过失的不作为领域,存在作为确

---

[1] Karl Engisch, Literaturbericht zu Armin Kaufmann. Die Dogmatik der Unterlassungsdelikte, JZ 1962, 189 (190).

[2] Eberhard Struensee, Der subjektiven Tatbestand des fahrlässigen Delikts, JZ 1977, S. 217 (222).

[3] Joachim Vogel, Norm und Pflicht bei den unechten Unterlassungsdelikten, 1993, S. 251.

定规范的举止规范及其衍生出的具体义务,来指引行为人的具体行为。①

第三节 举止规范类型的总结

在对信息网络环境下犯罪参与行为的处罚边界进行具体论证之前,需先对前文论述进行简要总结,明确已取得的阶段性成果,为本书展开进一步论证奠定基础。

革新对犯罪参与理论认识的前提,是明确行为人必须是举止符合犯罪构成要件的人。因为刑法分则的构成要件并不是描述一种非个人的"符合犯罪构成要件的事件",而是利用特定举止规范进行刑事归责。这种见解迫使人们在对个别行为类型进行阐述时,其基于自身社会观念的前见也构成或必须成为不法评价的起点(即实现规范的内化)。既然这样一个需要具体理解、符合构成要件的举止概念已具备选择功能,自然就没有必要再诉诸那种罗克辛想要植入构成要件之中的"中心形态"的指导思想。在罗克辛的体系中,这一指导原则的作用正是为了弥补一个具体的、与我们对行为的日常理解相关的符合构成要件举止概念的缺失。

在日常的社会生活中,并不能将一个行为理解为仅仅是一种任意的"个性表达",并将一般过失教义学意义上的结果在客观上归责于此。也不像威尔策尔和考夫曼的目的行为学说(曾经)宣称的那样,"行为"的"本质"是由个人的性质所预设的。相反,"行为"仅仅是一种行为人在特定的社会意义的解释性内容下,对外部世界的变化所承担的实际责任。就"行为语义学"而言,私人语言并不存在,但在日常社会生活中,对行为进行的实际的制度化解释(诠释行为含义的语言的解释权)是适用的。在这方面,最根本的是所谓的实践的演绎推理的目的论模式,根据这种模式,我们(追溯性地)确定出某个行为的意向性。一般来说,可以把"行为"理解为一种意图支配下自我实现的阐释。意图代表了行为的多个意义维度,而这些意义维度就其本身而言在归责时总是相对的。行为的基本意义载体是身体举止,不应把身体举止仅看作启动自

---

① 罗克辛想要承认过失的保证人不作为,如果保证人粗心大意,没有认识到证明其保证人地位的情形。Claus Roxin, Strafrecht Allgemeiner Teil II, 2006, § 31 Rn. 198; Hans Welzel, Das Deutsche Strafrecht. Eine Systematische Darstellung, 11 Aufl., 1969, S. 223.

然因果流程的工具，而是当作故意的、具体的"基础行为"。通过它，行为人可以有意义地对外在世界进行干预。

而在这一关系中所说的因果关系，是行为人对意图支配下基础行为在实际外部世界所造成后果之预期在经验上归纳的模式。若因果关系不能认定，行为人就不能通过自己的身体举止自觉地实现自己的意图。这就是为什么"我"与身体举止的关系在自我感知中通常体现为实然基础与潜在可能性的关系。因此，尽管不进行干预的主体已经意识到法益即将受到侵害，并认识到自己有能力避免这种情况的发生，但其有意的容许行为仍（以不作为形式）导致法益受到侵害。因此，可以将在这一意义上被允许的外部世界变化视为行为人有意的自我实现：对一种原则上对防止结果发生合适的干预措施的不作为，是一种有意容许符合犯罪构成要件的结果发生的、就一般法律规定而言充分的策略。

一　禁止规范

就积极的作为而言，在意图支配下的基础行为中，一种特定的行为意志当然地客观化（即事前的不法性），这种意图支配的基础行为是解释的结晶点，因为在这一基础行为中，通过实证研究获得的成分（事件因果关系或者事前经验知识的可计算性）和经验感知获得的成分（在一定的意图客体中的有意的自我实现的起点）合流一处。若进一步结合社会背景，对日常行为的解释可发挥双重的约束作用。这适用于故意的确定：行为人对符合特定犯罪构成要件法益侵害结果发生的充分认知，已经足以将一个其在行为中所表现出的犯罪意图归属于他。此外，社会交往框架中进行的行为解释，也对共犯类型的界定具有决定性的意义。诚然，所有的犯罪参与行为都具有相同的基本意图结构，即使是教唆者和帮助者，也可以将人作为工具纳入他们的意图中。但是，"正犯"与"共犯"在行为经历的内容上有不同之处：正犯希望以自己的行为经历的形式有意地侵犯法益，而共犯希望/必须将决意的经历留给正犯。刑法上的行为概念包含了这种对一般的行为解释的"自然"边界规定，但其附有的条件是，犯罪类型决定性地规定了有意的自我实现在法律上可能的意义维度，从而将刑法相关的行为从更广泛的"社会上的行为意义"上切割或者"合法化"。

从社会交往框架中的一般行为解释来看，对故意和过失行为进行的区分，也遵循了立法者对犯罪类型所进行的区分。无论是来自客观归责的平衡学说还是弗里施（Frisch）的举止规范理论方法，都无法抹平故意行为与过失行为之间的实在区别。从客观的、符合构成要件的风险产生的意义上说，弗里施所说的一个中性的行为无价值的假设被证明是不可能的，因为这样的假设缺乏对实际构成风险的举止方面的回溯。具体危险的产生本身就已经是一种（危险的）结果，一旦发生，就必须归因于一种（一般）禁止的、"有发生法益侵害结果危险的"举止。但是，对符合故意和过失犯构成要件的举止，需要进行不同的认定。而过失犯罪的一般行为不法，在于实施了不谨慎的行为决定，故意的行为不法则在于通过行为表达了行为人的法益侵害意图。虽然人们可能确实会在故意行为中看到一种不同形式的"损害谨慎义务"，但这丝毫不能改变二者在意图的计划内容上的差异。

回归到真正的个人的事前举止或者行为的不法性，重塑责任刑法的基本框架势在必行。个人的责任只能与形成和行使自由意志的能力有关。但是，这种能力只能通过直接作出某种行为的决定，或者不作某种必要的行为决定来使用。当作了消极评价的行为决定，或者未作积极评价的行为决定时，就达到了最大程度的行为责任。然而，在故意领域，"无价值"的结果也是不法的组成部分，其形态是（原则上的）事前导致结果的能力：在故意行为中，行为人所追求的导致结果的策略，在原则上是能够自我实现的，这就是为什么结果未出现大体上是偶然事件。如果结果发生了，则归因于这样的理由，即根据行为推理在因果进程释放后，这种偶然事件会像预期那样不出现。类似的规定应比照适用于故意的不作为：义务指向的对象，是一种行为人自己的想法，此想法关乎对阻止结果发生的救助的因果进程所必要的常量（合适的作用客体、合适的救援手段、身心的行动力量），且可能的救援措施对于阻止结果发生原则上要适格。如果行为人已经认识到有可能采取有希望成功的救助措施，但仍无所作为的，则能以"救援的偶然事件"没有如期发生为由，将法益受侵害归因于其有意的容许行为。

为了防止通过人的力量导致"无价值"的结果，法律规定了举止规范，在事前的决定情形下，这些举止规范直接与作为认识力量的人类的意志力量挂钩。这些举止规范是刑法中犯罪构成要件的基础，但是由于法律体系统一性的公理，它们适用于整个法律体系。这些举止规范（而不是制裁规范）的目的，是确保"通过一般预防的方式保护法益"。因此，它们不仅充当了评价规范，更特别地充当了确定规范，在特定前提条件下会转化为对具体个人的举止呼吁。规范的产生遵循了考夫曼的四层级模式。在第一层级，规范制定者确定了某些其认为是积极的社会状态。在第二层级，那些损害或者维持这些状态的外部世界变化被抽象地评价为消极或积极的。第三层级的作用，是从第二层级中被消极或者积极评价的外部世界变化中，挑选出那些事实上能够回溯到积极的人的意志上的变化；这是因为法律只能命令这些意志，只能通过它们进行目的化：意志作为举止的决定性因素，是法益保护作为目标的存在根据。为此，在第四层级，法律规范只与第三层级的这些评价相配合，禁止特定的消极评价的行为，或命令特定的积极评价的行为。每一种价值判断都对应着一种一般法律规范。

以这种方式产生的举止规范，首先具有抽象的一般性质，即它针对的潜在对象是所有受法律约束的人。但是，在某些前提条件下，这种举止规范会浓缩为某个规范对象的具体、个人的作为义务，从而确定了其在具体的决定情形下，应为行为的法律约束力。对这些规定之中的某种作为义务的损害，是对各种个人的行为不法的定义。对在具体决定情形中具体存在的作为义务的确定，是通过一种主观上有利的预测在具体的行为计划的基础上进行的。一般来说，举止规范有两种类型：一种是禁止规范，即不准许为特定行为；另一种是命令规范，即指示为特定行为。每种类型的规范都显现出两种形式的规范形态，即故意规范和过失规范。存在于两种行为形式中的有意图的法益相关的事实差异，一贯地导致第三层级的规范理论上评价的不同，这又引出了相区别的举止规范，即故意规范和过失规范的产生。

一般的故意的作为犯罪所依据的禁止性规定，始终是一般行为结果犯罪的禁止性规定，此类禁止性规定绝对地禁止对"普通的"身体的侵犯行为（如"你不得杀人"）。当针对的规范对象具有行为能力时，其总是具体化为个人的不作为义务。意图行为概念意义上的行为能力，在这里是指事前意图支配下自我实现的能力。因此，相应的行为禁止，只能是行为人将自己的行为（仍然）解释为法益侵害中有意的自我实现的起点才能满足。与维度一致的他人的法益干预的规划，在行为理论的意义上"仅仅"为共同犯罪奠定了基础。然而，正如德国刑法第26条和第27条的制裁规范所表明的那样，即使是这样的参与计划，从实证基础的角度看，也可以为原则上合适的引起结果的策略奠定基础，因此，针对法益保护的目的思想，实际上必须比被命令的意志的有意的自我实现的力量更进一步。为此，法益保护的目的要求次要的、共犯的规范，以防止对他人的法益干预的启动或者支持。

但是，在一般故意犯罪中，也有一些并非有意的"事实行为"，因此，其犯罪构成要件行为的归责并不遵循意图行为概念。这些都是不同定义的构成要件行为类型。在这一点上，首先是亲手犯，其次是作为构成要件要素的意思表示构成的犯罪，再次是刑法意义上的纯正的义务犯罪。一般的亲手犯的行为人，只能是亲自实施某种行为，或者将自己投入在某种行为的效果中的人。而作为构成要件要素的意思表示构成的一般犯罪，例如侮辱罪，此处的行为人，只能是不尊重的表达的表示构成要件所能归责于其自身的意思表示人。而刑法意义上的纯正的义务犯罪的构成要件，则是将所有具体的行为不法划归于一个唯一、抽象的刑法上的义务损害概念。这一意义上的一般构成要件，如德国刑法第325条明确地将（任何可能的）设施运转中违反行政法规、造成危险的空气污染的行为归罪。

同样的原则也适用于所谓的特别犯罪。它们包括普通的行为犯、亲手犯、作为构成要件要素的意思表示构成的犯罪或者刑法意义上的纯正的义务犯。因此，依照罗克辛的观点，这样一个全面且独立的、与行为不法并列的特别的义务损害的行为人标准是没有立足之地的。对于真正的特别不法，这已经是源于个人的特别法益关系，是与法益相关的具体的内部作为义务的组成部分。相反地，对于附属于一般不法的特别犯罪，对内部法律义务的损害虽然作为从属要素加入了一般不法，但也不构成正犯，因为它不影响一般不法（有意的法益侵害行为）的实质。总而言之，特别义务违反的时刻本身就没有法律参与的附加值。这一原则唯一的例外，是一般举止规范理论意义上的特别义务犯罪。它们相当例外地基于关于制度性团结保证的全面的特别总体要求，也就是说，这已经是一般的（先于刑法上的）行为不法，本身就具有超越附属性的本质。

过失作为犯所依据的禁止性规定——与故意的禁止性规定不同——不是绝对的规范，而是抽象的危险禁止性规定（例如"你不得在弯道超车""你不得在草堆里吸烟"）。它们只有在行为计划中固有的危险没有被某些与情况或者计划有关的安全预防措施（"不去做某事的部分"）解决的情况下，才会浓缩成为具体的不作为义务。然而，并非所有的过失规范都是这种意义上的"半封闭的"的规范（佩服根）。相反，也有可能是在被禁止的行为的规定措辞中已经包含了"不去做某事的部分"，比如在道路交通中对驾驶时注意力不集中的禁止。有时甚至会发生这样的情况，即判定违反谨慎义务所依据的情况，被看作行为人要素，例如，一位受过医疗指导的护士忘记了自己所受的训诫，违反指示为某个病人提供受禁止的餐食。尽管存在各种分歧，但整体状况的确定规范还是都与同样一个时刻相联系：在具有针对情况或是经验规律（事实思维的）意识下所为的行为，规范对象可以根据一般的元模式，作为与情况相关的谨慎义务的指导。

二 命令规范

法律上的另一种举止规范，是（所有）不作为犯罪所依据的命令性规定。犯罪构成要件意义上的不作为绝不是单纯的无所作为，而是以不进行某种确切的行为的方式，允许某个具体的法益侵害。真正的故意不作为犯罪的作为义务，与对影响对象的认识（或者设想）和一种原则上用于阻止法益结果发生的适格的介入措施有关，并且要求实施这种措施。因此，在这种义务意义上的行为能力的前提是，从智力上讲，要想在行动的目标上有所作为，就必须在智力上具有对行为目标的认识（即事实思维上的伴随意识），以及对自己（原则上的）结果避免能力的认识；仅仅能够辨别救助方式是不够的，即使无法获取认识是基于冷漠或麻木不仁。如果义务人具有必要的行为力量，那么是否在关键时刻采取救助措施的决定权，就始终掌握在其手中，因此事前的救助能力始终与有意的决定强度相一致。凡是拥有这种结果避免能力，且明知其存在却不使用的人，总是直接地违反了不作为的构成要件所依据的命令。这种参与法律上的个人不作为的统一性在日常直觉中也得到了呼应，因为不作者总是经历着自己所允许的法益侵害，成为他自己的有意允许行为的产物。因此，故意的不作为犯罪完全是以原始的命令规范为基础的。

这些原则，也适用于所谓故意不纯正不作为犯的基础作为义务。将这些等同于作为的不作为犯称作"不纯正不作为犯"是令人遗憾的，因为它们也以损害真正的命令规范为前提。其与"纯正的"不作为犯罪的实质性区别只在于，保证人的行为义务被赋予了相对较高的紧迫性，对于保证人需承担的控制法益侵害相关的社会领域的义务，通过它们现实化了。因此，保证人的作为义务除了要求行为能力之外，还以足以修改履行义务紧迫性的保证人地位的存在为前提。也有可能存在等同于作为的故意的特别不作为，据此应注意到，构成要件特定的特殊主体资格，也可以成为不纯正不作为犯所要求的保证人地位来源。

最后，还存在过失不作为的一般的行为不法。它表现为三种基本形式。第一，如果行为义务人已经认识到损害的过程，那么谨慎命令就要求他必须仔细调查，并实施最有可能成功的救援可能性；因此，它产生了几个环环相扣的义务层级，对其的"攀登"将规范对象一步步引向谨慎地采用当下最合理的救援战略这一目标；从认识到任一干预可能性的那一刻起，这一谨慎命令的要求，就与故意犯罪的主要命令的主要要求并行不悖。第二，谨慎命令还要求认真地采取某些"预防措施"，以避免潜在的法益侵害；这类典型的预防措施包括覆盖施工坑道、标记故障车辆或清理人行道等。第三，谨慎命令还要求谨慎检查可能发生的危险情况，或者监督潜在的受影响客体，例如，家长对子女的注意监督义务，或救生员对游泳池内的情况仔细观察（及其他）的职业义务。真正的过失不作为只与构成要件所创设的制裁规范相关，而不纯正（与作为等价的）过失的保证人的不作为则要受到相关作为犯罪制裁规范的制约。

第六章　故意作为型犯罪参与的处罚边界

　　厘定了作为归责对象的意图行为，刑法中的行为概念应合乎逻辑地由具体社会环境中（事实层面）的行为转向具体构成要件中（规范层面）的行为，继而走向"构成要件行为"实质化、阶层化的理论方向。基于这样的认识，过失犯、不作为犯在事实层面依然要回溯到行为人受意图支配的基础行为，是意义的表达；故意犯、过失犯与不作为犯的区分不在于事实层面的行为类型，而在于事实层面的行为意图与刑法规范层面对此意图的解释，是不同的构成要件（行为）类型。① 下文将在归责对象与标准的两阶层视域下，分别厘清故意作为型、过失作为型以及不作为型犯罪参与的规范内涵以及归责标准，进而在具体适用中明确信息网络环境下犯罪参与行为的处罚边界。

第一节　故意作为型犯罪参与的规范内涵

一　作为行为不法类型的犯罪参与

　　虽然"犯罪即行为"的教义流传甚广，但它正在受到有力挑战。刑法学研究中对"行为"（Handlung）的独立关注渐渐被视为物本逻辑的残余，消融在"犯罪行为"（Straftat）语境下对构成要件符合性②的判断中。例如，金德霍伊泽尔与齐默曼（Zimmermann）教授就认为，"行为不是犯罪构成中独立的阶层，而是符合构成要件的流程（Geschehen）的一部分。行为的要素要在构成要件实现的客观和主观面中一起检验"③。

---

① Bastian Kreuzberg, Täterschaft und Teilnahme als Handlungsunrechtstypen. Zugleich ein Beitrag zur allgemeinen Verhaltensnormlehre, 2019, S. 115 ff.
② 本书使用通说"不法的构成要件"（Unrechtstatbestand），即认为构成要件是包含刑法对犯罪行为类型化禁止的所有条件，至少是正当化事由之外所有条件的概念，是不法类型。Claus Roxin, Strafrecht Allgemeiner Teil I, 2006, § 10 Rn. 1 ff.
③ Kindhäuser/Zimmermann, Strafrecht Allgemeiner Teil, 9. Aufl., 2020, S. 59.

就犯罪参与体系而言,一般认为正犯直接实施的是构成要件行为,共犯行为共同造成(Mitverursachen)或促进(Födern)了正犯行为的实施,使正犯行为的不法也可被视为共犯的作品,那么犯罪参与只是作为归责判断对象的举止,与构成要件符合性判断无关,是一种"没有构成要件行为的构成要件实现"①(Tatbestandsverwirklichung ohne Tatbestandshandlung),是正犯行为不法的一部分,不具有自己的不法类型。②

这样的认知,以正犯与共犯作为"归责类型"(Zurechnungstypen)在经验层面的当然区分③为前提。正如希尔德教授所指出的,若遵循这一理论进路,"正犯与共犯的区分与其说是社会条件下符合构成要件的行为类型前置化,不如说是源自社会集体意识中区分中心人物和边缘人物的生动观念"④。在传统犯罪的刑事归责中,基于事实层面对行为实际作用的先在判断,犯罪参与分工一般不存在争议。例如,盗窃中的望风行为不会被认为是盗窃罪的正犯行为,值得探讨的是望风行为应当承担怎样的刑事责任。但是,当刑法需要回应新型行为,例如非法发布深度伪造信息是否可罚时,首先要判断的便是这个被视作前提的问题:非法发布深度伪造信息应是何种犯罪的正犯行为或共犯行为?此时,在具体构成要件中明确犯罪参与分工,也就是区分正犯行为和共犯行为,是明确评价犯罪参与行为实际作用的规范标准,也就是其不法内涵的前提。"参与"只是参与行为的事实属性,而"犯罪参与"是基于行为不法内涵的规范判断。那么,犯罪参与应是行为不法类型,而非归责类型。⑤

在事实层面,"帮助行为与教唆行为必然依附于正犯行为而存在"⑥,但这无法推导出共犯行为不法评价标准的从属性。然而无论是主观

---

① Claus Roxin, Strafrecht Allgemeiner Teil I, 2006, § 25 Rn. 5, 10 ff., 27 ff.
② Vgl. BGHSt 37, 214 (217); Baumann/Weber/Mitsch, /Eisele, Strafrecht Allgemeiner Teil, 12. Aufl., 2016, § 26 Rn. 2 ff.
③ René Bloy, Die Beteiligungsform als Zurechnungstypus im Strafrecht, Duncker & Humblot, 1985, S. 265.
④ Wolfgang Schild, in: Nomos Kommentar, Strafgesetzbuch, Vorbem. § § 25 ff., Rn. 79, 81.
⑤ Vgl. Bastian Kreuzberg, Täterschaft und Teilnahme als Handlungsunrechtstypen. Zugleich ein Beitrag zur allgemeinen Verhaltensnormlehre, 2019, S. 29.
⑥ 吕翰岳:《实行行为概念之解构》,《北大法律评论》2016年第2期,第148页。

说①、实质客观说②还是形式客观说③，都未厘清具体构成要件中犯罪参与的规范定位与判断标准，径直将对造成法益侵害具有"主要（直接）作用"或"次要（间接）作用"的经验判断作为区分正犯行为与共犯行为的根据，并未意识到犯罪参与应当区分犯罪参与行为与日常不可罚行为的内在要求。④ 本书认为，对犯罪参与理论而言，深度伪造等新型技术应用带来的不是挑战，而是反思的契机：对信息网络犯罪参与行为刑事可罚性的判断，不能走向行为不法评价标准从属基础上处罚标准的独立，应回头探索行为不法评价标准的独立。只有回到行为不法评价的基础面，重新思考刑法中行为的内涵，以及作为信息网络犯罪参与行为的发布深度伪造信息的行为内涵，才能厘清发布深度伪造信息行为不法的评价基准，避免罪刑法定原则在刑事政策外衣下形成实质空转。

二 作为归责结果的犯罪参与行为

在德国刑法教义学的发展进程中，行为论由形塑犯罪论体系的必争之地⑤逐渐沦为不毛之地，其原因主要在于，传统行为论诸学说探讨

---

① 主观说认为正犯与共犯行为造成法益侵害结果的客观条件并无区别，出于归责需求，只能从主观层面对二者加以区分，这与今天有关行为不法评价的基本认知不符。Vgl. Harro Otto, Täterschaft, Mittäterschaft, mittelbare Täterschaft, Jura 1987, S. 246 (247 ff).
② 实质客观说在当前语境下主要指犯罪行为支配理论，认为符合构成要件的发展进程的中心人物（形式标准为亲手实施构成要件行为，实质标准为对造成结果的原因的支配）为正犯，其余为共犯。Vgl. Claus Roxin, Täterschaft und Tatherrschaft, 10. Aufl., 2019, S. 25 ff, 105 ff. 但是，正如弗洛因德所批判的，支配犯罪行为的前提是待支配的行为是确定的，而犯罪行为支配理论突破了构成要件行为的定型性，其对正犯与共犯的区分标准是事实层面的直接性判断。Georg Freund, Strafrecht Allgemeiner Teil. Personale Straftatlehre, 2 Aufl., 2009, § 10 Rn. 45.
③ 形式客观说认为，符合构成要件的举止（tatbestandsmäßiges Verhalten）就创设了法不允许的风险，是正犯行为，犯罪参与只是"犯罪行为的形式"（Formen der Straftat），德国刑法第25条第1款有关间接正犯的规定，是对正犯范围的法定扩张。但按照这样的理论进路，共犯与正犯的区分标准仍是事实层面的直接性判断，没有实质的规范判断标准。Vgl. Georg Freund, Strafrecht Allgemeiner Teil. Personale Straftatlehre, 2 Aufl., 2009, §§ 2 Rn. 1 ff., 10 Rn. 108 ff., 134 ff.
④ 正如我国学者所指出的，在因果共犯论的通说框架下，犯罪参与理论却"俨然是与单独犯罪理论相对立的自成一体的理论体系"。阎二鹏：《帮助犯因果关系：反思性检讨与教义学重塑》，《政治与法律》2019年第2期，第133页。
⑤ 关于行为论与犯罪论体系之间的演绎关系，参见蔡桂生《构成要件论》，中国人民大学出版社，2015。

"何为刑法上的行为",是为了以此为基础确立相应的犯罪论体系,而在以构成要件为基础的犯罪论体系基本确立后,"鲜有共性"的行为论学说便被认为已失去价值,归责似乎应取代行为成为犯罪论的核心。[1] 诚然,刑法教义学建构的"真实"和"正当"的概念体系有时间和空间相对性,不可能一劳永逸,需要与时俱进。[2] 但是,面对发布深度伪造信息这样的新型行为,行为论试图解决的初始问题已重新浮现:如何确定它是刑法上(值得处罚)的行为?当进入犯罪参与语境时,这个问题更加复杂:如何确定它是刑法上哪一类(值得处罚)的行为?遗憾的是,这个问题要么被"危害性较大,刑法应当处罚"的结论掩盖,要么被归责对象、理由与标准的混同消弭。对于前者,笔者已在其他文章中进行了系统批判,[3] 下文主要针对后者展开进一步探讨。

基于通说的理解,符合构成要件的行为即刑法规范所禁止的对象,是客观可避免、可归责的引起结果的流程。[4] 因此,进入构成要件符合性判断之前的行为要素对确定构成要件要素具有关键意义,这也是刑法中的行为概念区别于哲学与社会学的本质特征,然而这样的逻辑难以贯彻。以故意杀人罪为例,按照通说理解,作为本罪禁止的构成要件行为的故意杀人行为,其内涵是"故意非法剥夺他人生命"。而所谓"故意非法剥夺他人生命",本意即"刑法规范所禁止的他人死亡结果的故意引起",已经蕴含了刑法规范的禁止性评价。那么,这一定义的底层逻辑是"刑法禁止的是为刑法所禁止的行为"。可以看到,当刑法规范的禁止成为归责的唯一理由时,所谓"构成要件行为"其实就是构成要件实现,即以符合构成要件的举止实现刑法规范所禁止的法益侵害,应是归责结果而非对象,不能为了统合一个形式的归责概念,混淆归责的理由、

---

[1] Kindhäuser/Zimmermann, Strafrecht Allgemeiner Teil, 9. Aufl., 2020, S. 59.
[2] Vgl. Michael Pawlik, Das Strafrecht der Gesellschaft. Sozialphilosophische und sozialtheoretische Gundlagen von Günther Jakobs Strafrechtsdenken, in: Urs Kindhäuser u. a. (Hrsg.), Strafrecht und Gesellschaft, 2019, S. 241, 242.
[3] 参见敬力嘉《恐怖主义犯罪预防与网络资讯刑事规制》,《澳门法学》2017 年第 3 期,第 133 页。
[4] Vgl. Jescheck/Weigend, Lehrbuch des Strafrechts Allgemeiner Teil, 1996, S. 287; Claus Roxin, Strafrecht Allgemeiner Teil I, 2006, § 11 Rn. 46 ff.

对象与标准，将"构成要件行为"含糊地界定为归责对象。

在犯罪参与理论中，这样的解构带来以下三方面的问题。

第一，如何确定区分归责的理由。当前通行的犯罪参与理论以"构成要件行为"为归责对象，在认定构成要件行为对结果引起（"造成结果的原因"①）具备直接作用（支配力）且为正犯实施的前提下，②认为事实层面的结果引起可归责于正犯。对于犯罪参与行为，只需确定其在事实层面产生的间接作用所应承担的刑罚后果。在这个意义上，当前犯罪参与理论中适用的归责概念是凯尔森（Kelsen）式的。在将刑法规范的内容理解为制裁规范的前提下，凯尔森将归责分为内部和外部归责，前者指将不法构成要件归属于犯罪人，后者指将刑罚后果归属于不法构成要件，后者应以前者为前提。③ 但这样的认知过于形式化，作为事实上参与构成要件实现的行为，客观可避免的结果引起是所有犯罪参与行为具备不法内涵的前提，构成要件本身而非正犯（符合构成要件的）行为应是所有犯罪参与行为不法内涵的边界。④ 确定犯罪参与行为人对构成要件实现各自的贡献，也就是对犯罪参与行为人区分归责的理由，只能在刑法规范禁止（符合构成要件）之外寻找。

第二，如何确定作为归责对象的参与行为。从上文的分析可以看到，作为归责对象的应是事实性的"参与行为"，而非通说理解中"符合修正构成要件的行为"，后者已与刑法的禁止规范相结合，是归责的结果，

---

① Vgl. Bernd Schünemann, Grund und Grenzen der unechten Unterlassungsdelikt. Zugleich ein Beitrag zur strafrechtlichen Methodenlehre, 1971, S. 235 f.

② 加拉斯已提出，形式和实质的概念定义并非并列，而是后者依赖于前者，行为的支配是事实标准，决定了构成要件行为可以被视作正犯行为。直至今日，这仍是罗克辛版本犯罪行为支配理论中正犯与共犯区分标准的核心。不过对于间接正犯与共同正犯行为的构成要件符合性，该理论难以作出清楚的说明。Vgl. Wilhelm Gallas, Die moderne Entwicklung der Begriffe Täterschaft und Teilnahme im Strafrecht, in: Mezger, Edmund u. a. (Hrsg.), Deutsche Beiträge zum VII. Internationalen Strafrechtskongreß in Athen vom 26. September bis 2. Oktober 1957, ZStW Sonderheft Athen, 1957, 3 (16); Kreuzberg (Fn. 17), S. 267.

③ Vgl. Hans Kelsen, Hauptprobleme der Staatslehre, entwickelt aus der Lehre vom Rechtssatze, 1911, S. 517 ff; ders, Reine Rechtslehre. Einleitung in der rechtswissenschaftlichen Problematik, 1934, S. 21 ff.

④ Vgl. Stephan Ast, Handlung und Zurechnung, 2019, S. 40.

而非对象。① 所谓"规范构成要件要素",例如"淫秽物品""公私财物"等,不是对归责对象本体特征的描述,而是对作为归责对象的举止是否符合构成要件进行规范评价的依据。在构成要件符合性判断之前的参与行为内涵为何,便成为具有独立意义的问题。

第三,如何确定作为归责标准的犯罪参与。由于不区分归责对象与标准,传统犯罪参与理论中通常使用从属性作为共犯归责标准。② 只有厘清归责的理由与对象,才能在具体构成要件中确定作为归责标准的犯罪参与。

可以看到,具体构成要件中的犯罪参与行为应为归责结果而非对象。

三 处罚根据:混合惹起说的基本立场

当前,以因果共犯论(或称"惹起说")作为共犯处罚根据的观点,在德国、日本与我国学界基本处于通说地位,其认为"处罚共犯的原因在于其共同惹起了正犯所实现的法益侵害结果"③。针对共犯的不法是否具备独立性,存在纯粹惹起说、修正惹起说与混合惹起说三种主要见解。纯粹惹起说主张共犯不法具备独立性,共犯对正犯只具备"事实的依存性"④,应以不法的从属性作为可罚性条件,或分析分则中适合共犯实施的构成要件要素⑤以限缩处罚范围。然而该说以共犯的行为无价值作为其不法根据,偏离了以法益侵害为基础的因果共犯论的基本立场,也放弃了共犯不法从属性所征表的法治国要求,无法避免共犯可罚性的恣意扩张,因而已基本为德国、日本与我国学界所淘汰。⑥

然而吊诡的是,针对部分事实性帮助行为被独立入罪的立法现象,

---

① 正是在这个意义上,本书认为我国学者对我国信息网络犯罪立法"封闭式"概括类型化模式的批判,以及对"定质+定量"类型化模式的提倡是切中要害的。参见熊波《信息网络刑法立法类型化的症结与化解——基于信息网络犯罪技术差异性的考量》,《学习论坛》2019年第6期。
② 各类从属性说都是依托于共犯行为对正犯行为事实的从属性,构建起了从属于正犯不法评价标准的共犯不法评价标准。
③ 参见〔日〕高桥则夫《共犯体系和共犯理论》,冯军等译,人民大学出版社,2010,第114页。
④ Klaus Lüderseen, Zum Strafgrund der Teilnahme, 1967, S. 25, 119.
⑤ Ebehard Schmidhäuser, Strafrecht AT, 2. Aufl., 1976, S. 542 f.
⑥ 参见钱叶六《共犯论的基础及其展开》,中国政法大学出版社,2014,第18~21页。

我国学界提出了"帮助行为正犯化"命题，径直以所谓"实质共犯论"①为依据，认为共犯的处罚依据是独立的法益侵害结果或抽象危险，主张对可能侵害重大法益的事实性帮助行为，例如网络环境中的技术支持行为，可以适用刑法处罚。②相较于纯粹惹起说，这样的观点在主张共犯不法完全独立的基础上，彻底地抛弃了对共犯可罚性扩张的教义学限制，将这一重任全部交给刑事政策，这既不能明确入罪的事实性帮助行为独立的不法类型，也破坏了共犯理论对刑罚恣意扩张的限制功能。若以此为基础解释相关司法解释中关于非法集资犯罪共犯处罚的规定，无疑可能导致非法集资犯罪共犯范围的不当扩张，不为本书所取。

混合惹起说和修正惹起说都承认共犯不法的从属性，区别在于，前者认为共犯不法由正犯不法与自身的法益侵害性共同构成，部分从属、部分独立于正犯不法，后者则认为共犯不法从属于正犯不法。前者有限承认"不存在共犯的正犯"，后者则基于共犯不法的从属性对此完全否定。③与以上二说均不同的是，本书认为共犯诚然从属于正犯，但不是规范层面共犯不法对正犯不法的从属，而是事实层面共犯行为对正犯构成要件行为的从属。在规范层面，共犯不法应被理解为共犯行为针对正犯构成要件所保护法益造成侵害结果或对其具备抽象危险，具备独立的不法内涵。④若共犯行为不能被评价为具备法益侵害抽象危险，则不具备刑事可罚性，这是个人责任原则的基本要求。在此前提下，"不存在共犯的正犯"完全可能存在。依照这样的理论进路，既可避免修正惹起说主张违法完全连带所导致的共犯可罚性实质标准的缺失，也可避免混合惹起说"违法结果二元论"⑤的逻辑缺陷。正犯实施符合构成要件的行为是共犯刑事可罚性的形式界限，共犯行为至少

---

① 参见周啸天《正犯与主犯关系辨正》，《法学》2016年第6期。
② 参见于志刚《共犯行为正犯化的立法探索与理论梳理——以"帮助信息网络犯罪活动罪"立法定位为角度的分析》，《法律科学》2017年第3期。
③ 参见〔日〕高桥则夫《共犯体系和共犯理论》，冯军等译，人民大学出版社，2010，第134页。
④ Bastian Kreuzberg, Täterschaft und Teilnahme als Handlungsunrechtstypen. Zugleich ein Beitrag zur allgemeinen Verhaltensnormlehre, 2019, S. 370.
⑤ 参见钱叶六《共犯论的基础及其展开》，中国政法大学出版社，2014，第107页。

具备法益侵害抽象危险是共犯刑事可罚性的实质界限。本书虽主张以法益侵害性作为共犯可罚性的实质底线，但进一步厘清了共犯对正犯的从属是事实层面行为的从属，而非规范层面不法的从属，应属对混合惹起说的修正。

第二节 故意作为型犯罪参与的归责标准

一 故意作为型犯罪参与的阶层化结构

长期以来，区分制语境下正犯概念的实质化不仅带来了正犯概念的膨胀，还伴随着构成要件作为行为不法类型的空洞化，这是刑法理论追求统一行为概念的直接后果。以本书主张的区分归责对象与标准为认识基础，作为归责对象的行为概念不具有特定化功能，作为归责标准的构成要件才有。那么，作为归责结果的"构成要件行为"概念自身也不再是一元的空洞框架，而是单一或多个构成要件实现组合而成的类型，是"根据行为不法内涵有所区分、单一或复合的多维度法益侵害"[1]，"就像一张由多块碎布缝成的地毯"[2]。那么，通说理解中正犯直接实施、指向法益侵害结果的"构成要件行为"应理解为行为人自我意图支配下的构成要件实现，"犯罪参与行为"则应界定为行为人自我意图支配下，通过将他人意图支配下的构成要件实现纳入自己的行为计划，共同完成或支持构成要件实现。

因此，作为参与构成要件实现的行为，"犯罪参与行为"不是对"参与行为"基于（刑法规范所禁止）结果引起的事实性描述，而是归责的结果。鉴于共犯行为是将正犯意图支配下的构成要件实现纳入自己的行为计划，继而参与（共同完成或支持）了构成要件实现，共犯行为对正犯行为具备事实层面、行为意义上的限制从属。而共犯的处罚应当较正犯为轻，这也是事实层面的行为从属所决定的。但在事实层面，共犯行为是通过参与构成要件实现独立造成了法益侵害结果，应直接根据

---

[1] Bastian Kreuzberg, Täterschaft und Teilnahme als Handlungsunrechtstypen. Zugleich ein Beitrag zur allgemeinen Verhaltensnormlehre, 2019, S. 127.

[2] Stephan Ast, Handlung und Zurechnung, 2019, S. 78.

参与行为与法益侵害结果之间的主、客观规范（因果或危险）连接判断共犯行为的不法，归责标准具有独立性。当然，归责标准的设定要以事实的限制从属性为依据。如此，传统共犯归责中抽象、孤立的行为概念与从属的不法评价，可以被实质、联系的行为概念与独立的不法评价所取代。在犯罪参与体系中，事实归责标准应为行为人行为计划的内容，规范归责标准应为具体构成要件中作为归责对象的行为与法益侵害结果间的主、客观规范关联。作为"刑法中的行为"，"犯罪参与行为"呈现两阶层的结构。以此为认识基础，才能构建基于完整归责理由、提供完整归责标准的犯罪行为支配理论。

二 我国刑法中故意作为型犯罪参与归责的阶层化判断

如此阶层式地理解犯罪参与，就能更好地在区分制语境下解释我国关于共同犯罪的规定。

关于我国刑法中的共同犯罪形态，历来有"形态分类法"[①]、"作用分类法"[②]、"分工与作用双层区分法"[③] 的争议。"形态分类法"的基本主张是正犯与共犯不是事实层面直接与间接实现构成要件的不法类型，而是规范层面的责任类型。就我国《刑法》第 25～29 条关于共同犯罪的规定而言，持该论者认为，立法者已针对不同共同犯罪形态及其相应的实际作用作出预判，第 25 条"共同犯罪为两人以上共同故意犯罪"的规定更明确意味着应当先以各参与人行为的整体作为构成要件的评价对象判断共同犯罪成立与否，再在量刑层面分配各自应当承担的责任，犯罪参与分工失去规范意义。持该论者试图通过将共同犯罪的本质理解为"共同归责"，以规范视野中"共同的违反规范的意义表达"作为共同犯罪的不法内涵，将在不法评价中区分正犯与共犯的犯罪参与类型视为物本逻辑的残余。根据本书对犯罪参与体系中归责理由、对象、标准与结果的完整解析，可以看到以上论者依据雅各布

[①] 参见何庆仁《归责视野下共同犯罪的区分制与单一制》，《法学研究》2016 年第 3 期。

[②] 参见高铭暄、马克昌主编《刑法学》（第七版），北京大学出版社、高等教育出版社，2016，第 172 页及以下。

[③] 参见钱叶六《双层区分制下正犯与共犯的区分》，《法学研究》2012 年第 1 期，第 127 页。

斯的犯罪参与理论①对我国共同犯罪规定进行的解释并不可取。因为，这一理论进路的逻辑前提——刑法规范视野中只有一个共同表达规范违反意义的行为——本身是不成立的，它混淆了归责的对象与标准：在犯罪参与情形下，作为归责对象的共犯行为在事实层面的限制从属于正犯行为，但仍是共犯自我意图支配下决定或支持构成要件实现的自主行为，犯罪参与分工是为了分别厘清正犯与共犯行为的规范意义，不能用"责任范围"（Zuständigkeit）侵蚀或取代行为不法类型的实然区别。②

"作用分类法"对应单一正犯体系，基于本书所主张共犯行为对正犯行为事实层面的限制从属性，无论是形式还是功能的单一正犯体系均不为本书所取。因为，以区分（事实层面的）归责对象与（规范层面的）归责标准的阶层式犯罪参与分工为前提，虽然在归责对象层面不区分直接与间接行为人，但意图行为的事实从属无法否认，独立的共犯归责标准以及刑罚处罚标准的设定自然也应以此为依据。因此，在未对共犯从属性作阶层式理解的前提下，单一正犯体系（无论是形式还是功能）对其的全面否定缺乏正当根据。而作为"分工与作用双层区分法"逻辑前提的形式的"构成要件行为"概念已被本书否定，这一理论路径也应当放弃。若遵循本书的理论进路，可以在具体的构成要件中将我国刑法中的主犯、从犯、胁从犯与教唆犯视为不同的行为不法类型，真正明确犯罪参与分工的规范标准。

---

① 雅各布斯主张，正犯决定了共犯是否实施参与行为，共犯自己决定如何实施参与行为，共犯的处罚根据是在具体社会语境下由共同的"不法系统"（Unrechtssystem）形成的责任范围（Zuständigkeit），这是共犯把正犯行为造成的不法视为自己作品的理由，共犯和正犯的区分在于量刑。他把自己的理论视为规范的犯罪行为支配理论。Vgl. Günther Jakobs, Strafrecht, Allgemeiner Teil: die Grundlagen und die Zurechnungslehre, 2. Aufl., 21, 35 f; ders, Akzessorietät-Zu den Voraussetzungen gemeinsamer Organisation, GA 1996, S. 253, 257 ff; ders, Beteiligung, in Dölling, Dieter（Hrsg.）, Jus humanum-Grundlage des Rechts und Strafrecht-Festschrift für Ernst Joachim Lampe zum 70. Geburtstag, Duncker & Humblot, 2003, S. 561, 562 ff.

② Vgl. Bernd Schünemann, Strafrechtsdogmatik als Wissenschaft, in Schünemann, Bernd u. a. （Hrsg.）, Festschrift für Claus Roxin zum 70. Geburtstag am 15. Mai 2001, 2001, S. 1, 18 ff.

第三节　信息网络环境下故意作为型犯罪参与的刑事归责

一　非法发布深度伪造信息行为的刑事归责

信息网络环境下第一种值得关注的典型故意作为型犯罪参与，即非法发布深度伪造信息。随着能一键"AI 换脸"的"ZAO"、自动渲染出裸体照片的"Deep Nude"等软件的出现，深度伪造①进入公众视野。该技术在艺术创作、医疗行业等领域具备一定正向应用前景，同时，利用信息网络非法发布深度伪造信息行为的显著犯罪风险，也开始受到社会的广泛关注。

与传统信息不同，深度伪造信息是通过运用深度学习技术，主要是在生成性对抗网络（Generative Adversarial Network，GAN）、卷积神经网络（Convolutional Neural Network，CNN）②以及自动变分解码器（Variational Auto-encoder，VAE）③等生成模型支撑下发展起来的视频、声音、文本和微表情合成等多模态视频欺骗技术④生成的伪造文本、图片、音视频甚至即时视频等信息。因此，"发布深度伪造信息"能否被视为刑法中的行为不无疑问。若能得到肯定答案，基于信息网络环境下发布信息行为的参与性，还需在犯罪参与体系中进一步考察"发布深度伪造信息"行为不法的评价标准。以 2019 年 3 月欧洲发生的第一起"AI 语音诈骗案"为例，犯罪分子使用深度伪造应用成功模仿并生成的一家英国能源公司的德国母公司 CEO 的语音（包括他的德国口音），对该英国能源公司 CEO 及其多位同事实施"语音网络钓鱼"（voice phishing），让他

---

① 深度伪造是深度学习（deep learning）与伪造（fake）二者的组合词，最初是 2017 年底在互联网发布利用名人面孔合成色情视频的红迪网（Reddit）用户的用户名，后成为此类技术的代称。
② See Robert Chesney, Danielle Citron, "Deepfakes and the New Disinformation War: The Coming Age of Post-Truth Geopolitics," 98 *Foreign Aff.* 147, 147 - 148 (2019).
③ See Carl Doersch, "Tutorial on Variational Autoencoders," arXiv, 1606.05908, 2016.
④ See Pavel Korshunov and Sebastien Marcel, "DeepFakes: A New Threat to Face Recognition? Assessment and Detection," arXiv, 2018, pp. 2 - 3, http://arxiv.org/pdf/1812.08685.pdf.

们向指定的"匈牙利供应商"转账,成功诈骗了24.3万美元。[1] 依据当前的行为论与犯罪参与理论,针对本案中犯罪分子发布深度伪造诈骗语音信息能否被视为刑法中的行为,以及如何评价其行为不法这两个核心问题,难以找到妥当答案。

为深度伪造提供系统、前瞻的治理方案,本书力有不逮,毕竟,面对"人类认知的局限性与自身对人类尊严无限信仰之间的矛盾"[2],刑法学研究者不应制造与贩卖有关技术发展的不专业预言。下文以本书提出的归责方案,实现对"发布深度伪造信息"行为不法的准确评价。

(一) 作为归责对象的"发布深度伪造信息"

首先应当厘清的,是作为归责对象的深度伪造应用使用者的基础意图行为。当前,无监督学习状态下效果较好的生成模型主要有 GAN 与 VAE,以及它们的多个演化版。已有学者介绍过 GAN 的工作原理,[3] 本书不再赘述。接下来简要介绍通过 VQ-VAE-2,这一 Google 旗下 Deep Mind 团队于 2019 年 1 月所发布新算法伪造视频的基本原理。该模型分为算法训练与图像生成两部分,获取作为源数据的人物图像或视频后,第一部分将作为源数据的目标人物的图像 A(包括经视频分解出的图像)的编码器进行编码计算,压缩到不同潜在空间,上层的潜在映射图(latent map)记录整体信息,主要是明亮度、色调等潜码(latent code),下层的主要记录细节信息,甚至包括发丝、瞳孔等超细微层面的潜码,解码器用这两个潜在映射图中的潜码,作出一张与原图同样大小的重构图;第二部分,凭借训练中学到的分层潜码,用当前最优秀的 PixelRNN 模型来为先验(Prior)建模,输出给作为伪造数据的图像 B 的解码器生成,进而将图像 B 一帧帧映射到原视频中,即可生成伪造的人物视频。[4]

概言之,伪造视频的过程可表述为深度伪造应用使用者获取源数据,经过算法处理后生成伪造数据。基于"数据是标准化、可再处理的信息

---

[1] Ravie Lakshmanan, "Fraudsters Deepfake CEO's Voice to Trick Manager Into Transferring $243,000," https://thenextweb.com/security/2019/09/02/fraudsters-deepfake-ceos-voice-to-trick-manager-into-transferring-243000/, 最后访问日期: 2023 年 1 月 21 日。
[2] 〔美〕沃尔特·李普曼:《舆论》,常江、肖寒译,北京大学出版社,2018,第 200 页。
[3] 参见王禄生《论"深度伪造"智能技术的一体化规制》,《东方法学》2019 年第 6 期。
[4] Ali Razavi, Aäron van den Oord, Oriol Vinyals, "Generating Diverse High-Fidelity Images with VQ-VAE-2," https://arxiv.org/abs/1906.00446, 2019.

表达形式，是信息内容荷载符号"①的认识，使用 VQ-VAE-2 伪造视频并发布的过程包括获取公民个人信息、伪造信息与发布经深度伪造信息。由此产生两个问题：第一，基于深度学习技术的公民个人信息获取与信息伪造，能否被评价为使用者的意图行为？第二，如果可以，作为刑法归责对象的行为是哪一个？对于第一个问题，本书认为可以。虽然 VQ-VAE-2 算法的能动性让它与传统工具有了本质区别，但使用该算法获取公民个人信息与利用公民个人信息伪造信息，仍可被视为使用者"意图控制下自我实现的身体举止"②，二者皆可被评价为使用者的意图行为。对于第二个问题，本书认为只有发布伪造信息才能成为刑法归责的对象。

依照本书观点，刑事归责标准包括作为事实归责标准的行为人意图，以及作为规范归责标准的具体构成要件，分别具有对归责对象的一体化与界限功能。③鉴于深度伪造中源数据来自网络公开资源，虽然"获取公民个人信息"确为符合侵犯公民个人信息罪构成要件的举止，但其不侵犯本罪所保护法益，不是本罪（刑法）归责对象。而"伪造信息"行为一般不被认为具备独立性，因为"伪造"目的通常会被其他目的所吸收，也不是我国刑法归责的对象。典型的如我国《刑法》第 291 条之一规定的编造、故意传播虚假恐怖信息罪与编造、故意传播虚假信息罪，学界一般认为编造、传播不可分割，④或刑法归责的对象仅为传播行为。⑤又如美国得克萨斯州 2019 年 9 月 1 日生效的《关于制作欺骗性视频意图影响选举结果的刑事犯罪法案》，将制作"深度假视频"影响选举结果的行为入罪。⑥当然，依据社会发展的具体情况，也可探索将"伪造信息"作为独立归责对象设立新罪。例如，美国的《2019 年深度

---

① 敬力嘉：《论企业信息权的刑法保护》，《北方法学》2019 年第 5 期，第 74 页。
② 关于这一点，本书赞同刘宪权教授有关"融入弱人工智能能动性的行为仍为人意志支配的行为"的观点，但与他对人工智能时代行为论的认知存在本质区别。参见刘宪权《人工智能时代刑法中行为的内涵新解》，《中国刑事法杂志》2019 年第 4 期。
③ 相反观点参见李世阳《刑法中行为论的新展开》，《中国法学》2018 年第 2 期。
④ 参见刘宪权《网络造谣、传谣行为刑法规制体系的构建与完善》，《法学家》2016 年第 6 期，第 112 页。
⑤ 参见张明楷《网络诽谤的争议问题探究》，《中国法学》2015 年第 3 期。
⑥ Texas Senate Bill 751, Section 255.004, Subsections (d) and (e), https://legiscan.com/TX/text/SB751/id/1902830，最后访问日期：2023 年 1 月 21 日。

伪造报告法案》（Deepfakes Report Act of 2019）进一步厘定了"数字内容伪造"（digital content forgery）的定义：使用新兴技术制造或操纵音频、视觉或文本内容，意图产生误导效果，[1]探索对数字环境下"伪造信息"行为进行独立规制的方向。我国的《互联网信息服务深度合成管理规定》也于2023年1月10日起实行，初步明确了对包括深度伪造在内的深度合成技术服务的管理规范。就此主题本书不再继续展开，还有待判断的是"发布深度伪造信息"。在事实归责阶段，鉴于刑法选定的归责对象本非事实可引起结果的举止，而是对造成结果适格的举止，"举止符合构成要件"本非对概念的文义解释，而是基于归责标准的意图解释，那么应以我国现行刑法分则所规定罪名为依据，检验"发布深度伪造信息"是否可为现行罪名的归责对象。

在正犯行为层面，根据深度伪造产出的特定信息类型，"发布深度伪造信息"可解释为我国刑法中相关罪名的归责对象。[2]但信息类型毕竟是功能化的，不是信息存在论意义上的实在属性，[3]将"发布深度伪造信息"行为本身解释为我国《刑法》第287条之一非法利用信息网络罪第1款第2、3项中的"发布信息"更为妥当。需要特别说明的是，该行为不属于我国《刑法》第287条之二帮助信息网络罪的归责对象。虽然该罪常与非法利用信息网络罪一起被视为只能在网络空间实施的纯正网络犯罪，但该罪用"明知他人利用信息网络实施犯罪"，对行为人"为其犯罪提供互联网接入、服务器托管、网络存储、通讯传输等技术支持，或者提供广告推广、支付结算等帮助"的意图作了要求，[4]最高人民法院、最高人民检察院《关于办理非法利用信息网络、帮助信息网络犯罪活动等刑事案件适用法律若干问题的解释》（以下简称《信息网络犯罪解释》）第11条为如何推定行为人意图提供了标准。因此，"发布深度伪造信息"与"明知他人利用信息网络实施犯罪，为其犯罪发布深度伪造信息提

---

[1] Deepfakes Report Act of 2019, https://www.congress.gov/bill/116th-congress/house-bill/3600/，最后访问日期：2023年1月21日。
[2] 参见王禄生：《论"深度伪造"智能技术的一体化规制》，《东方法学》2019年第6期，第65页。
[3] 敬力嘉：《论企业信息权的刑法保护》，《北方法学》2019年第5期，第77页。
[4] 参见敬力嘉《信息网络犯罪规制的预防转向与限度》，社会科学文献出版社，2019，第118页。

广告推广"看似有所重合，其实是不同的意图行为。在共犯行为层面，由于没有对举止符合构成要件的要求，以"发布深度伪造信息"为相关罪名共犯归责的对象应无障碍。

（二）作为归责标准的"非法"

接下来，需明确作为规范归责标准的"非法"。基于本书立场，由于作为归责对象的"参与行为"是独立的意图行为，作为归责标准的"犯罪参与"具有质的独立性。区别在于，若为行为人自我意图支配下的构成要件实现，"参与行为"可被评价为正犯行为，承担正犯责任；若行为人自我意图支配的构成要件实现在事实层面具备从属性，则"参与行为"可被评价为共犯行为，承担共犯责任。那么，"参与行为"归责标准的确定，取决于它在事实层面是否具有行为的从属性。判断"发布深度伪造信息"在刑法中是否"非法"，首先要明确非法利用信息网络罪第 1 款第 2、3 项中的"违法犯罪"，应被理解为作为归责标准的构成要件要素，还是作为归责对象的行为要素？这个问题的答案决定了"发布有关制作或者销售毒品、枪支、淫秽物品等违禁物品、管制物品或者其他违法犯罪信息，情节严重"应作为归责对象的"参与行为"，还是作为归责结果的"犯罪参与行为"。

学界[1]与实务界[2]的主流观点是将本罪解读为"预备行为实行化"立法，在将"预备行为"理解为归责对象的认识基础上，将该行为视作"参与行为"，"违法犯罪"成为行为要素，被视为所发布信息的"属性"，是发布行为的一部分，该行为的归责标准从属于作为正犯行为的"违法犯罪行为"的归责标准。对于"违法犯罪"的解释，在《信息网络犯罪解释》生效前，存在实质违法说[3]（将"违法犯罪"解释为最广义的实质违法）、刑事违法说[4]（认为"违法犯罪"中的"违法"仅指

---

[1] 参见于志刚《网络空间中犯罪预备行为的制裁思路与体系完善——截至〈刑法修正案（九）〉的网络预备行为规制体系的反思》，《法学家》2017 年第 6 期。
[2] 参见全国人大常委会法工委刑法室编著《〈中华人民共和国刑法修正案（九）〉释解与适用》，人民法院出版社，2015，第 157~158 页。
[3] 参见喻海松《网络犯罪的立法扩张与司法适用》，《法律适用》2016 年第 9 期，第 6~7 页。
[4] 参见阎二鹏《帮助犯因果关系：反思性检讨与教义学重塑》，《政治与法律》2019 年第 2 期，第 64 页。

刑事违法）与广义犯罪说①（认为"违法犯罪"指犯罪）有关归责标准内涵的争议，但对其从属性并无异议。

《信息网络犯罪解释》第7条规定："刑法第二百八十七条之一规定的'违法犯罪'，包括犯罪行为和属于刑法分则规定的行为类型但尚未构成犯罪的违法行为。"本条规定表明，在认可本罪归责标准从属性的基础上，该解释试图用"刑法分则规定的行为类型"厘定"正犯行为"范畴。在降低入罪门槛、"打早打小"、预防信息网络犯罪参与行为危害"累计"思想的指导下，司法机关试图通过第7条将"预备行为实行化"理论进路下本罪的口袋性包装为"包容性"。②同时通过第15条的规定，"综合考虑社会危害程度、认罪悔罪态度等情节，认为犯罪情节轻微的，可以不起诉或者免予刑事处罚；情节显著轻微危害不大的，不以犯罪论处"，为本罪设定基于刑事政策考量的出罪机制，以缓解本罪与罪刑法定原则之间的冲突。但通过本书对"构成要件行为"的解构可以发现，所谓"刑法分则规定的行为类型"，即为"符合刑法分则所规定罪名的构成要件的举止"，仍然没有确立对应的"正犯行为"。"违法犯罪"本就指向作为归责对象的发布信息行为，《信息网络犯罪解释》第7条能将"刑法未规定、仅在《治安管理处罚法》或者其他法律法规规定的行政违法行为"③排除出"违法犯罪"范畴，却无法回答对于刑法和其他行政法律法规都规定为"非法"的信息发布行为，应如何确立本罪的归责标准。该解释第10条设置了处罚标准，但无法替代归责标准。

本罪中，由于信息类型并非其实在属性，而是基于行为人目的的功能化区分，发布"违法犯罪"信息是行为人自我意图支配下的独立行为，不从属于"正犯行为"，它在行为层面的参与性并非共犯结构中对正犯行为的事实从属性，其归责标准只能直接基于作为归责对象的举止是否符合非法利用信息网络罪的构成要件，以及该举止与本罪禁止的法益侵害结果之间是否存在主、客观规范关联加以确定。简言之，当行为

---

① 参见欧阳本祺、王倩《〈刑法修正案（九）〉新增网络犯罪的法律适用》，《江苏行政学院学报》2016年第4期，第126页。
② 参见喻海松《新型信息网络犯罪司法适用探微》，《中国应用法学》2019年第6期，第151页。
③ 参见喻海松《新型信息网络犯罪司法适用探微》，《中国应用法学》2019年第6期，第152页。

人所发布信息涉及违法犯罪时，发布行为就能成为本罪的归责对象，本罪中的"违法犯罪"应属作为归责标准的构成要件要素，是确定归责对象的规范依据。该发布行为是否与本罪禁止的法益侵害结果之间存在规范关联，还有待进一步判断。

基于这样的认识，本书认为，司法实践中将利用网络信息销售购买公民个人信息，在微信、QQ群对外销售假身份证、假毕业证信息，利用网络信息载体销售国家秘密级别的考试试卷、答案，以及发布赌博信息，都作为本罪中的"发布其他违法犯罪活动信息"，[①] 不是兜底条款导致的口袋化，而是在"违法犯罪"这一构成要件要素指引下确认的具体发布行为。而发布行为是否"符合本罪构成要件"，还应进一步判断它与本罪所禁止法益侵害结果之间的规范关联，这对防止本罪口袋化具有关键意义。如在"黄某某非法利用信息网络案"[②] 中，基于本罪所保护的独立信息法益，[③] 被告人通过语音在（人数超过100人的）微信群中讲解《古兰经》，可以根据《宗教事务条例》第40条与第41条不得在非宗教场所从事宗教活动的规定，认定其行为违反《宗教事务条例》，并为符合非法利用信息网络罪构成要件的举止，但此举止与本罪所保护法益间不具备规范关联，不符合本罪构成要件，本案判决有待商榷。至此，以"发布深度伪造信息"为归责对象，在正犯行为层面作为规范归责标准的"非法"得以明确。在共犯行为层面，应以对正犯行为的事实从属性为依据，根据参与行为与法益侵害结果之间的规范关联，直接判断作为规范归责标准的"非法"，下文将在归责结果的部分对此进行进一步说明。

（三）作为归责结果的"非法发布深度伪造信息"

最后，还应在具体构成要件中明确作为归责结果的"非法发布深度伪造信息"。基于本书将"犯罪参与行为"理解为归责结果的认识，下

[①] 参见姜育良《法益解释论下非法利用信息网络罪的司法适用——基于〈刑法修正案（九）〉以来裁判文书样本的分析》，《法律适用》2019年第15期，第34页。

[②] 新疆维吾尔自治区高级人民法院伊犁哈萨克自治州分院（2017）新40刑终78号刑事判决书。

[③] 参见敬力嘉《信息网络犯罪规制的预防转向与限度》，社会科学文献出版社，2019，第119~121页。

文拟从"正犯行为"与"共犯行为"两个方面入手，探讨"非法发布深度伪造信息"的行为不法类型。

长期以来，信息网络犯罪刑事归责面临的核心矛盾——新增设行政犯归责（行为刑事不法判断）标准的确定——得不到妥善解决。究其原因，学界形成的基本共识是欠缺以法益为核心的刑法独立审查与判断，但由于不区分归责对象、标准与结果，对于如何审查与判断仍众说纷纭。根据上文厘清的归责标准，当深度伪造应用的使用者发布深度伪造信息，此信息是有关制作或者销售毒品、枪支、淫秽物品等违禁物品、管制物品或者其他违法犯罪信息时，"发布深度伪造信息"可视为符合非法利用信息网络罪构成要件的举止。当"发布深度伪造信息"与本罪禁止的法益侵害结果之间存在规范关联时，方能被评价为"非法发布深度伪造信息"这一非法利用信息网络罪所规制的"正犯行为"。

如此，在本书区分归责对象、标准与结果的视角下，本罪的行政犯属性更加清晰，归责判断中行政不法与刑事不法的关系也更加明确：对于刑法规范中依托行政法律规范才能判断的内容，[①] 也就是"违法犯罪"中的"违法"应指违反行政法律法规，其作为构成要件要素的功能，是在某一举止同时成为行政法律法规与刑法的归责对象时，通过前者明确具体的归责对象，继而根据本罪的归责标准判断该举止的刑事不法，不涉及行政不法的判断。概言之，针对同一归责对象适用不同的归责标准，作为归责结果的行政不法与刑事不法当然存在质的区别，所谓量的区分从属于质的区分，这一区分过程在构成要件符合性判断的阶段即应完成。通过引入归责视角，可以发现区分行政犯中的行政不法与刑事不法是由归责判断的动态过程实现的：前者指向了归责对象的事实参与性，后者指向了归责标准的规范独立性，两者处于归责判断的不同层次，互不矛盾，互不归属。

有关这一点，着眼于事实认定的刑事诉讼法学者的认识非常精到。陈瑞华教授提倡的"行政不法事实与犯罪事实的层次论"就明确指出，作为证明对象，"行政不法事实"和"犯罪事实"是处于不同法律位阶、

---

① 包括分则规定中"违反国家法律规定"的空白罪状，以及无空白罪状，但仍需援引行政法律规范确定含义的要素，有学者将后者理解为不成文构成要件要素。参见刘艳红《论法定犯的不成文构成要件要素》，《中外法学》2019年第5期。

独立的法律事实，前者不必然转化为后者，"只有在确认行政不法事实的基础上，继续认定刑法所确立的'特定犯罪构成要件事实'，才能最终认定行为人的犯罪事实……行政不法事实与犯罪事实具有不同的内容，行政处罚与刑事制裁所要确定的证明对象也就各不相同"[①]。陈瑞华教授从刑事诉讼法的视角出发，从调查取证的法律限制、非法取证的法律后果、证明标准等方面全面论证了行政不法事实与犯罪事实的实质区分，本书不作展开。仅就以行政不法事实与犯罪事实作为证明对象的实质区分而言，就能与本书所主张刑事实体法中行政犯的归责过程较好衔接。当深度伪造信息是有关制作或者销售毒品、枪支、淫秽物品等违禁物品、管制物品或者其他违法犯罪信息时，"发布深度伪造信息"为符合非法利用信息网络罪构成要件的举止，可被视为行政不法事实；当"发布深度伪造信息"进一步与本罪禁止的法益侵害结果之间存在规范关联时，"非法发布深度伪造信息"为非法利用信息网络罪构成要件的实现（"符合构成要件"）才可被视为犯罪事实，后者才是"发布深度伪造信息"正犯行为不法的内涵。

本书摒弃了在行政犯中直接用行政法律法规填充"构成要件行为"内涵的思路，甚至脱离了对行政不法与刑事不法理论探讨的传统语境，依据本书所主张区分归责对象、标准与结果的两阶层行为论，厘清了二者在事实与规范层面的关系，但并不违背法秩序统一原理。只有从事实与规范两个层面考察刑法所规制的"犯罪（参与）行为"，才能真正充实"非法发布深度伪造信息"的正犯行为不法内涵。

在共犯行为层面，应在"参与具体构成要件实现"的语境下，厘清"非法发布深度伪造信息"的行为不法。以 2016 年最高人民法院、最高人民检察院、公安部联合发布的《关于办理电信网络诈骗等刑事案件适用法律若干问题的意见》为例，该意见第 2 条第 4 款规定，"诈骗数额难以查证，但具有下列情形之一的，应当认定为刑法第二百六十六条规定的'其他严重情节'，以诈骗罪（未遂）定罪处罚：1. 发送诈骗信息五千条以上的，或者拨打诈骗电话五百人次以上的；2. 在互联网上发布诈

[①] 陈瑞华：《行政不法事实与犯罪事实的层次性理论——兼论行政不法行为向犯罪转化的事实认定问题》，《中外法学》2019 年第 1 期，第 79 页。

骗信息，页面浏览量累计五千次以上的"。依照本款规定，若行为人自己"发布深度伪造诈骗信息"实施诈骗，应承担诈骗罪（未遂）的正犯责任；若在犯罪参与体系中"发布深度伪造诈骗信息"，则可作为诈骗罪的共犯行为进行处罚，这与非法利用信息网络罪第1款第3项的"为实施诈骗等违法犯罪活动发布信息"存在竞合，应当择一重处。

当然，基于深度伪造信息的高逼真度，发布深度伪造的诈骗信息相较于发布普通诈骗信息，其导致被害人财产损失结果的危险程度较高，对于罪量标准应重新考量。如上文所列举的"AI语音诈骗案"，如果由"语音网络钓鱼"发展到"视频网络钓鱼"，发布深度伪造诈骗信息的危险程度会再度增加，且查证难度很大。因此，在无法查证发布深度伪造信息从属的正犯行为，从而无法判断发布行为人与正犯行为所指向法益侵害结果间的主、客观规范关联，使其承担相应犯罪的共犯责任时，适用非法利用信息网络罪使其承担独立的正犯责任成为应然之选。

深度伪造带来的核心挑战，即制造欺骗听觉与视觉的谎言，是始终伴随人类社会发展的阴影，在人工智能技术高速发展的当下，反映出社会发展中存在的结构性矛盾，包括假新闻治理、社会共同体信任机制建立、公民信息素养培育等，并未制造新的问题。[①] 法律包括刑法对深度伪造等新型技术的回应必然具有滞后性，但这并非劣势，而是穿透让人眼花缭乱的技术现象、直指"规范人的行为"这一问题本质的内在要求。正如麻省理工学院的人类学家琼斯（Jones）所指出的："只有当伪造者掌控了规范化、习惯化、体系化、有证据佐证的行为标准，伪造才成为可能。"[②] 如果刑法理论试图建构一个基于规范认知的永恒秩序，急速发展变化的现实会轻易打破刑法规范的稳定性，使之疲于追随行为模式的实然变化，无法提供稳定的行为标准，为伪造者在变化中创设与掌控行为标准提供空间。面对深度伪造，我国网络监管部门已释放出积极的规制信号，[③] 刑法应着力于为现实生活中深度伪造应用使用者的行为

[①] See Jessica Silbey, Woodrow Hartzog, "The Upside of Deep Fakes," 78 *Md. L. Rev.*, 961 (2019).
[②] Graham M. Jones, *Deep Fakes*, in FAKE 15, 21 (Jacob Copeman & Giovanni de Col eds., 2018).
[③] 《网络信息内容生态治理规定》第23条规定："网络信息内容服务使用者和网络信息内容生产者、网络信息内容服务平台不得利用深度学习、虚拟现实等新技术新应用从事法律、行政法规禁止的活动。"

提供清晰、明确的指引，不要再走上"一管就死，一放就乱"的老路。

在人工智能相关技术逐步成熟与产业化应用的当下，行为具备事实上的参与性逐渐成为常态，区分行为的核心标准不再是行为主体身份，而是行为权限，[①] 这对以抽象、孤立行为概念为基础的传统犯罪参与理论提出了挑战。本书将犯罪参与理论与行为论结合，引入归责视角对行为论进行补充和完善，就是要明确从"行为"到"犯罪行为"不是认知过程，而是评价过程，在具体构成要件中确立以实质、联系的行为概念为基础的行为不法类型，让"犯罪即行为"的古老信条焕发崭新活力。

二 智慧金融语境下非法集资犯罪共犯的刑事归责

信息网络环境下第二种值得关注的故意作为型犯罪参与，即非法集资犯罪的共犯。近年来我国非法集资犯罪[②]案件数量、涉案金额持续上升且高位运行，受害者众多且分布地域广泛，造成了重大财产损失，诱发了破坏社会安定的风险，已成为伴随我国经济发展的常态化犯罪，是司法机关持续强力打击的对象。在此背景下，刑事责任存在泛化风险。

2010年最高人民法院《关于审理非法集资刑事案件具体应用法律若干问题的解释》（以下简称"2010年《解释》"）第1条第1款对非法集资的行为特征作出限定，[③] 2014年最高人民法院、最高人民检察院、公安部《关于办理非法集资刑事案件适用法律若干问题的意见》（以下简称"2014年《意见》"）第4条[④]对非法集资犯罪共犯[⑤]处罚作出原则性

[①] 参见敬力嘉《论企业信息权的刑法保护》，《北方法学》2019年第5期，第77页。
[②] 以2010年最高人民法院《关于审理非法集资刑事案件具体应用法律若干问题的解释》为依据，非法集资犯罪主要包括非法吸收公众存款罪，集资诈骗罪，欺诈发行股票、债券罪，擅自设立金融机构罪，擅自发行股票、公司、企业、债券罪，组织、领导传销活动罪以及非法经营罪，本书探讨的非法集资犯罪主要指最常见高发的非法吸收公众存款罪和集资诈骗罪。
[③] 一般认为该解释第1条第1款为非法集资确定了非法性、公开性、利诱性与社会性四项行为特征。参见卢勤忠《非法集资犯罪刑法理论与实务》，上海人民出版社，2014，第4页。
[④] 该意见第4条规定："为他人向社会公众非法吸收资金提供帮助，从中收取代理费、好处费、返点费、佣金、提成等费用，构成非法集资共同犯罪的，应当依法追究刑事责任。能够及时退缴上述费用的，可依法从轻处罚；其中情节轻微的，可以免除处罚；情节显著轻微、危害不大的，不作为犯罪处理。"
[⑤] 本书所探讨的共犯限于帮助犯情形。

规定。2014年《意见》第2条进一步明确，2010年《解释》第1条第1款第2项中的"向社会公开宣传"，包括以各种途径向社会公众传播吸收资金的信息，以及明知吸收资金的信息向社会公众扩散而予以放任等情形。而2022年3月1日起生效的《最高人民法院关于修改〈最高人民法院关于审理非法集资刑事案件具体应用法律若干问题的解释〉的决定》（以下简称"2022年《决定》"），对非法集资犯罪的行为方式进行了与时俱进的拓展，对定罪与量刑标准也进行了适时调整。

在司法实践中，2014年《意见》有关收取代理费、提成等费用的规定，通常被理解为构成非法集资犯罪共犯的必要条件。[①] 该意见第2条中所谓的"各种途径"，对向社会公开宣传非法集资的行为特征也未作实质限定。这体现的实务立场是，对非法集资行为的不法性仅具备极模糊认知而获得正常收益的行为，原则上也可罚。这一立场在2019年最高人民法院、最高人民检察院、公安部、司法部联合发布的《关于办理"套路贷"刑事案件若干问题的意见》第5条第2款[②]中也得到清晰体现。而所谓"放任"，是将帮助行为人明知的界限扩展到消极放任。上述规定无疑可能导致非法集资犯罪共犯范围的过度扩张，2019年最高人民法院、最高人民检察院、公安部出台了《关于办理非法集资刑事案件若干问题的意见》（以下简称"2019年《意见》"），该意见第6条将控制刑事责任范围的重任交给了宽严相济刑事政策。刑事政策具有灵活性与模糊性，较难抑制司法实践中刑事责任范围的扩张惯性。本书拟厘清非法集资犯罪共犯范围过度扩张的表现与动因，并对此进行反思，继而通过厘定非法集资帮助行为刑事可罚性的教义学基准，明确非法集资犯罪的共犯范围。

（一）非法集资犯罪共犯范围过度扩张的表现

对非法集资犯罪共犯范围的考察，需在当前智慧金融的语境下进行。如果说互联网金融是"互联网与金融的结合，是借助互联网和移动通信技术实现资金融通、支付和信息中介功能的新兴金融模式"[③]，智慧金融

[①] 参见黄芳《非法集资定罪困局之解析》，《法律适用》2018年第24期，第79页。
[②] 该意见第5条第2款将发送信息广告、提供场所与交通工具、协助办理公证等行为都纳入"套路贷"犯罪共犯的规制范畴。
[③] 参见郭华《互联网金融犯罪概说》，法律出版社，2015，第23页。

则是在前者基础之上，以 AI 平台的深度学习能力为依托，构建跨越互联网与实体金融机构的跨企业数据场景与合作模式的新型金融业态，是金融科技（Fintech）应用的新模式。在智慧金融语境下，金融业务的开展需要依靠广泛的跨企业以及企业与个人间的合作。因此，明确企业与个人参与金融业务的行为边界，对保障企业与公民个人合法从事金融业务、促进金融业健康发展至关重要。但依据 2010 年《解释》和 2014 年《意见》的相关规定，只要行为人的帮助行为客观上对非法集资犯罪有促进作用，主观上对非法集资犯罪正犯行为的实施持放任态度，并从中获得收益，即可作为非法集资犯罪的共犯进行处罚，这在司法实践中容易导致非法集资犯罪共犯范围的过度扩张，主要表现为不当处罚日常职业行为、日常交易行为与专业服务行为三种类型。

1. 不当处罚日常职业行为

所谓日常职业行为，是指公民符合市场规则的履职行为。在智慧金融环境下，非法集资犯罪通常表现为单位犯罪形态，除了起主要作用的主管人员外，还存在大量普通业务人员。这些业务人员，例如发送传单、信息宣传非法集资的业务员，或经手资金往来，但对公司非法性质、资金用途并不知情的财务人员，他们的行为在客观上对非法集资犯罪有直接促进作用，在主观上也很难排除放任心态，司法实践中通常会依据 2010 年《解释》与 2014 年《意见》的相关规定，以相关业务人员直接实施客观上帮助非法集资犯罪的职业行为，并获得了佣金、提成等收益，主观上对非法集资犯罪至少具备放任心态为依据，认定业务人员构成非法集资犯罪的共犯。[①] 本书试以司法实践中的判例为例，说明此类非法集资犯罪共犯范围的过度扩张。

在"温州某教育集团有限公司、董某某等非法吸收公众存款案"中，依据法院经审理认定的事实，本案被告梅某是温州某教育集团有限公司名义上的监事，无任何证据证明其知晓自己为该公司监事，或行使监事的相关权利，实质只是在该集团名下的一个高中担任出纳，不具有特殊职责，也未获得任何额外利益，但一审法院认为梅某作为出纳直接负责实施吸收

---

① 参见黄芳《非法集资定罪困局之解析》，《法律适用》2018 年第 24 期。

公众存款行为，属直接责任人员，应构成非法吸收公众存款罪。[1]

作为出纳，梅某未向他人宣传教育集团吸收资金事项，也未直接向他人吸收资金，只负责经手资金往来，获取的是基本工资收入，未获得任何额外利益，那么他只是在实施作为出纳的日常职业行为，被法院认定为"直接负责吸收公众存款行为"实属牵强。同时，没有任何证据证明梅某对资金来源的非法性具备认识，不能将对非法集资行为的放任削减为对吸收公众资金行为的放任。此外，梅某担任出纳工作，其求职与履职行为符合市场规则，而教育集团属于合法注册成立的有限公司，要求梅某实质核查教育集团业务的合法性并不合理，已超出一般公民求职与履职时应履行的基于市场规则的注意义务。

在司法实践中，也多有发送传单、信息的普通业务员以相同理由被认定为非法集资犯罪共犯的案例，例如在"徐某某、余某等非法吸收公众存款案"中，为P2P平台提供培训、策划、宣传的7名普通员工一并被认定为共犯进行处罚，[2] 其帮助行为的可罚性也面临同样的缺失。仅2014~2016年，14件已生效涉P2P网贷平台的刑事判决中，构成共同犯罪的有9件，占比64.3%，在37名被告人中，普通业务员就有14人，占比37.8%。[3] 虽然此类判决中刑罚适用多轻缓（如以上37名被告人中，以从犯论处者27人，占比73.0%），但无法以此否认非法集资犯罪共犯范围过度扩张的事实。

2. 不当处罚日常交易行为

所谓日常交易行为，是指平等市场主体间符合市场规则的交易行为。以P2P网贷为例，无论是线上模式还是线上和线下相结合的运营模式，网贷平台都需要与贷款人以及资金托管第三方进行合作。当P2P网贷平台"爆雷"[4] 从而涉及非法集资犯罪时，如果相关合作方与该网贷平台

---

[1] 参见浙江省温州市中级人民法院（2014）浙温刑初字第76号刑事判决书。
[2] 参见浙江省绍兴市上虞区人民法院（2015）绍虞刑初字第229号刑事判决书。
[3] 参见李永升、胡冬阳《P2P网络借贷的刑法规制问题研究——以去了近三年的裁判文书为研究样本》，《政治与法律》2016年第5期。
[4] P2P网贷平台的"爆雷"是指平台因逾期兑付而出现的提现困难、停业、倒闭、清盘、跑路、失联等现象，被确认出现提现困难、停业、跑路、经侦介入等情形停止运营的平台，也叫爆雷平台或问题平台。参见张爽《P2P网络借贷风险化解的说理语境探析——也谈P2P非法集资出资人的被害性》，《重庆理工大学学报》（社会科学版）2018年第10期。

之间的交易行为客观上促进了非法集资行为的实施,且从中获取了利益,主观上难以排除放任心态,[①]则在司法实践中通常会依据 2010 年《解释》与 2014 年《意见》的相关规定,将相关合作方作为非法集资犯罪共犯进行处罚。

本书试以著名的"e 租宝案"为例,说明此类非法集资犯罪共犯范围的过度扩张。本案中,"钰诚系"的加盟机构遍布全国,这些加盟机构与"e 租宝"的核心运营主体之间不存在投资控股关系,未参与核心运营,仅为运营主体提供宣传、咨询等辅助工作,但在多地法院的多项判决中,多以加盟机构明知或应知"e 租宝"核心运营主体在从事非法集资活动,各加盟机构通过向社会公众宣传"e 租宝"的非法集资信息且从中获利为依据,[②]将各加盟机构作为非法集资犯罪共犯进行处罚。[③]

诚然,本案中"钰诚系"的加盟机构客观上为核心运营主体提供了宣传、咨询等帮助,且从中获利,主观上也难以排除放任心态,但鉴于"e 租宝"有着地方政府以及重要媒体背书,从事辅助工作的加盟机构与"e 租宝"核心运营主体间也不存在投资控股关系,作为平等、独立的市场主体,此类加盟机构只是在从事日常交易行为,对"e 租宝"核心运营主体集资行为的非法性并无认识,所获利益也是提供服务所获的对价。在进行符合市场规则的交易行为前以及过程中,要求此类加盟机构对"e 租宝"核心运营主体业务的合法性进行实质审查并不合理,已超出一般市场主体选择建立合作关系时应履行的对合作伙伴的资质审查义务。以非法集资犯罪普遍地处罚此类加盟机构,属于对非法集资犯罪共犯范围的过度扩张。

3. 不当处罚专业服务行为

所谓专业服务行为,是指提供互联网信息技术、金融合规审查、信

[①] 参见王全、陈祥民、李胜楠《互联网非法集资犯罪"加盟型"共犯的认定与证据规格——以"e 租宝"互联网非法集资案为研究视角》,《中国刑警学院学报》2016 年第 4 期。
[②] 参见沈阳市沈河区人民法院 (2017) 辽 0103 刑初 93 号刑事判决书、上海市浦东新区人民法院 (2016) 沪 0115 刑初 4183、4184 号刑事判决书、浙江省杭州市桐庐县 (2016) 浙 0122 刑初 420 号刑事判决书。
[③] 参见《e 租宝案惨淡落幕:涉案 762 亿元,投资 100 元最多拿回 25 元》,https://www.sohu.com/a/233089804_104421,最后访问日期:2023 年 1 月 22 日。

用担保、财务会计结算等专业服务的行为。在智慧金融语境下，非法集资信息的公开宣传、非法集资行为的实施都依赖于相关专业服务的支持，对于促进非法集资行为的实施，专业服务行为具备关键、不可替代的作用。相关专业服务人员从中获取了利益，主观上也难以排除相关人员的放任心态，在司法实践中通常也会依据2010年《解释》与2014年《意见》的相关规定，将此类人员作为非法集资犯罪共犯进行处罚。本书试以司法实践中的判例为例，说明此类非法集资犯罪共犯范围的过度扩张。

在"钱某、许某等非法吸收公众存款案"[1]中，钱某与许某二人合伙出资设立ZM公司，钱某为公司法定代表人，负责公司的日常经营管理。钱某后创立"ZM" P2P网贷平台，以维持平台运营需要为由，要求许某为之提供担保，许某以自己经营的ZT国际贸易公司为此平台提供了1亿元人民币的债务担保。后钱某通过该平台吸收资金后发放高利贷，以收益支付投资人本息。后借款无法回收，公司亏损导致案发。二审法院认为许某明知钱某以"ZM"网贷平台从事非法集资，仍为该平台的融资提供债务担保，使投资者更加相信投资债权的受保障程度为理由，认定许某构成非法吸收公众存款罪的共犯。在"陈某等非法吸收公众存款案"[2]中，深圳前海某互联网金融服务有限公司于2015年12月上线了某财富平台，专营互联网P2P投资信息中介业务，陈某系该公司技术总监，具体工作为带领技术人员对平台网页进行改版、修改首页布局、网页色调、上传标的、开发电子合同、处理服务器日常问题等，保证该平台顺利运营。至2017年，该公司累计发布600个投资标的，获得投资款约1.36亿元，其中累计约5491万元投资款未结清，导致案发。二审法院认为陈某为该公司非法吸收公众存款提供了技术支持，应构成非法吸收公众存款罪共犯。

前案中，许某以自营的ZT国际贸易为"ZM"网贷平台提供担保，客观上直接促进了钱某非法集资行为的实施。但本案证据只能证明钱某向许某介绍了此P2P平台的资金中介经营模式，许某明知该平台运营的资金系融资所得，无证据证明许某明知该平台运营资金系"非法吸收公

---

[1] 参见浙江省湖州市中级人民法院（2018）浙05刑再1号刑事判决书。
[2] 参见广东省深圳市中级人民法院（2019）粤03刑终618号刑事判决书。

众存款"所得，后者需要满足"非法性+公开性+利诱性+社会性"四项特征，远非前者可以涵盖。后案中，法院认为陈某在"为非法融资提供技术支持"，却并无任何证据加以证明，在入罪根据上同样面临本书对前案所提出的质疑。

这两份判决共同存在的核心问题，在于法院并未充分认知到，作为法定犯，"非法吸收公众存款"的行为不是事实性行为，而是需要填充规范内涵的行为类型，不能为了牵强地认定共同犯罪的故意，"而将非法吸收公众存款罪删减为向他人借钱"①。认定许某和陈某构成非法吸收公众存款罪，无疑属于对非法集资犯罪共犯范围的不当扩张。

（二）非法集资犯罪共犯范围过度扩张的动因

非法集资犯罪共犯范围的过度扩张是由多方面动因所导致的，本书拟就此展开系统的梳理与探讨。

1. 非法集资犯罪风险预防机制的缺位

在宏观监管体系层面，健全的非法集资犯罪风险预防机制有助于实现对被害人经济利益的预防性保护，而这一风险预防机制的缺位，会导致国家尽可能追求对被害人经济利益的补偿性保护，从而导致非法集资犯罪共犯范围的过度扩张。

正如上文所指出的，非法集资犯罪所具备的风险主要是对被害人经济利益与社会公共秩序的风险。在当代社会，此类风险是人类理性发展的必然结果，是社会经济发展中所伴生的体系性风险，某种程度上不可能被完全消灭，只能根据人类社会共同认可的行为准则对此类风险进行系统化管理。将其转化为实害的可能性尽可能降低，或者尽可能分散犯罪行为所造成的危害结果至可承受的程度，② 这是犯罪风险预防的应有之义。从这一体系化视角出发，就非法集资犯罪风险的预防机制而言，在社会发展层面，应平衡好风险监管与金融创新需求，在个体发展层面，应平衡好市场主体的发展与对既有金融制度的保护。根据这一标准，我国当前的非法集资犯罪风险预防机制存在风险监管措施滞后粗放，以致

---

① 陈金林：《谨防通过共犯的连坐：论非法吸收公众存款的责任边界》，https://zhuanlan.zhihu.com/p/56699520，最后访问日期：2023年1月22日。
② 参见敬力嘉《网络服务提供者的间接刑事责任——兼论刑事责任与非刑事法律责任的衔接》，《网络法律评论》2016年第2期。

金融创新在野蛮生长与严格受限间大幅摇摆，以及重视对金融管理秩序保护，以致市场主体金融交易自由空间不足的问题，显然不够健全。

就前者而言，以 P2P 网贷为例，从中共十八届三中全会把互联网金融列入国家战略以来，基于巨大的民间资本存量与小微企业巨大的融资需求，P2P 网贷平台以金融创新的姿态，在缺乏监管的状态下迅速野蛮生长。直到 2015 年下半年以来"e租宝"、国太集团等大案频发，才引起相关监管机构重视，出台了一系列规范性文件，试图从 P2P 平台的性质、业务形态、资金托管等各方面对其运行加以规范。① 然而这只属于金融监管制度的应激性改革，只着眼于限制 P2P 平台的经营行为，未对银行存管与金融备案制度、通信部门的许可证制度、互联网金融领域的广告监管制度、征信体系等进行配套改革，② 最终会产生抑制金融创新的效果。就后者而言，金融风险的长尾性、可异变性是坚持金融市场严格准入制度的基本理由。③ 然而，调控金融风险是为了保护金融制度，也就是市场主体金融交易之自由空间的良好运行，而非保护国有金融机构的特许经营利益，国有金融机构也应以市场需求为导向，进行进一步的体系化改革。概言之，进一步健全非法集资犯罪风险的预防机制，是避免非法集资犯罪共犯范围过度扩张的重要保障。

2. 刑事政策的从重导向

在非法集资犯罪刑事政策层面，虽然 2014 年《意见》第 4 条与 2019 年《意见》第 6 条明确体现了宽严相济刑事政策的要求，但我国对非法集资犯罪总体仍以严打为导向，这容易导致非法集资犯罪共犯范围的过度扩张。非法集资犯罪的高发给广大民众带来了巨额经济损失，而

---

① 2016 年 2 月，国务院发布《关于进一步做好防范和处置非法集资工作的意见》，要求各地区有关部门密切关注 P2P 网络借贷等领域，完善法规，尽快出台 P2P 网络借贷等领域的监管细则。2016 年 3 月，由中国人民银行牵头组建的中国互联网金融协会正式成立，协会对 P2P 平台信息披露、统计数据报送进行了规范；2016 年 8 月，银监会、工业和信息化部、公安部、国家互联网信息办公室联合发布《网络借贷信息中介机构业务活动管理暂行办法》，明确了网贷监管体制、网贷业务规则，对网贷业务管理和风险控制提出具体要求。

② 参见廖天虎《论 P2P 网贷的刑事法律风险及其防范》，《中国政法大学学报》2018 年第 1 期。

③ 参见江海洋《金融脱实向虚背景下非法吸收公众存款罪法益的重新定位》，《政治与法律》2019 年第 2 期。

由于受害人众多，往往容易出现群体性事件、上访等影响社会稳定的问题。例如 2018 年 6 月中旬发生了 P2P 网贷平台"爆雷潮"事件，① 严重侵害了投资人，特别是广大散户的财产利益，② 同时由于被害人众多，大规模的维权行动引发了对社会公共秩序的广泛风险。因此，司法机关保持了对非法集资犯罪的严打态势。2018 年，全国公安机关对非法集资事件共立案 1 万余起，同比上升 22%；涉案金额约 3000 亿元，同比上升 115%，波及全国各省区市；重大案件多发，平均案值达 2800 余万元，同比上升 76%。③ 从案件数量和涉案金额的大幅上升趋势来看，严打并未取得预期效果。然而，2019 年全国公安机关仍在继续开展打击非法集资专项行动。④ 这种运动式的打击犯罪模式既不具备遏制非法集资犯罪的显著效果，也存在打击扩大化的显著风险。从长远来看，更可能导致民间借贷与金融市场的萎缩，不利于金融创新与经济发展。

作为涉众型经济犯罪，化解非法集资犯罪对社会公共秩序所产生风险的着力点，在于以被害人经济利益保护为核心。⑤ 在中国语境下，扩大非法集资犯罪共犯的处罚范围以增加退赔责任人，成为尽可能多地为被害人挽回损失的务实选项。比如在"e 租宝"案中，通过将全国 38 家"e 租宝"加盟机构认定为非法集资犯罪共犯，所处罚金总计 20 亿元人民币以上，这是对被害人经济损失的重要补偿。然而，以破坏个人责任原则、滥用共犯归责原理为代价实现对被害人经济损失的补偿，恐怕是刑事法治不可承受之重。

3. 共犯可罚性实质根据的缺乏

在刑法教义学层面，共犯处罚的边界应当从其处罚根据中探求。2019 年《意见》第 6 条"惩处少数、教育挽救大多数"，"按照区别对待

---

① 参见张爽《P2P 网络借贷风险化解的说理语境探析——也谈 P2P 非法集资出资人的被害性》，《重庆理工大学学报》（社会科学版）2018 年第 10 期。

② 参见陈小杉《论 P2P 平台非法吸收公众存款罪风险及承担》，《时代法学》2016 年第 3 期。

③ 参见《公安部：2018 年侦办非法集资案万余起 涉案金额 3 千亿》，https://tech.sina.com.cn/i/2019-01-30/doc-ihqfskcp1722372.shtml，最后访问日期：2023 年 1 月 23 日。

④ 参见《深入开展打击非法集资犯罪专项行动 坚决维护国家政治安全经济安全和社会稳定》，《中国防伪报道》2019 年第 1 期。

⑤ 参见莫洪宪、敬力嘉《被害人保护与涉众型经济犯罪治理——以风险分配为视角》，《人民检察》2017 年第 11 期。

原则分类处理涉案人员，做到罚当其罪，罪责刑相适应"，"重点惩处非法集资犯罪活动的组织者、领导者和管理人员……以及其他发挥主要作用的人员"等表述，只体现了宽严相济刑事政策对控制非法集资犯罪共犯处罚范围的原则性要求，并不涉及对非法集资犯罪共犯处罚根据的明确。

2014年《意见》第4条规定，为他人向社会公众非法吸收资金提供帮助，从中收取代理费、好处费、返点费、佣金、提成等费用，"构成非法集资共同犯罪"的，应当依法追究刑事责任。换言之，为他人非法集资提供帮助，并收取相关费用的行为是否构成非法集资犯罪的共犯应当进一步判断。而通过前文对非法集资犯罪共犯范围过度扩张表现的考察可以发现，司法实践中直接将提供帮助并收取费用作为构成非法集资犯罪共犯的认定标准，共犯可罚性缺乏实质根据的弊端由此得到充分体现。因此，在教义学层面探索基于法益侵害的共犯可罚性评价标准，是避免非法集资犯罪共犯范围过度扩张的安全阀。

（三）对非法集资犯罪共犯范围过度扩张的省思

刑法的全能化只会导向刑法功能的虚无化。基于非法集资犯罪共犯范围不当扩张的表现，应站在刑法功能的视角反思其过度扩张的动因，明确刑法参与非法集资犯罪治理的功能限度。

1. 对刑法介入公民生活核心范围谨慎立场的坚持

在公民基本权利保护层面，刑法应谨慎介入公民生活的核心范围，避免非法集资犯罪共犯范围的过度扩张。

所谓"公民生活的核心范围"（Kernbereich privater Lebensgestaltung），是德国联邦宪法法院通过判例所发展出的概念，是指宪法层面行为自决与人格发展的权利，即使与此类权利相冲突的利益同样重要，仍不足以将对此类权利的克减正当化。[1] 刑法原则上不能介入公民生活的核心范围，但这一核心范围本身并不绝对，会随着社会发展产生变化。在刑法教义学层面，结合法益保护原则与比例原则的要求，衡量为保护特定法益通过刑法克减公民行为自决与人格发展权利的合比例性，是刑法保护公民生活核心范围的必然要求，而合比例性的基本要求是，对于公民施行自身行为自决与人格发展权利的行为，即使可能因为刑法的禁止规范

---

[1] BVerfGE 115, 118 ff.

被刑法处罚,也应有决定实施此行为的自由。①

我国宪法学中虽无这样的教义学规则,但根据我国《宪法》第38条与第42条的规定,我国公民的人格尊严与劳动权应当属于受宪法保护的基本权利,适用保护公民生活核心范围的衡量规则应并无障碍。具体来说,公民的日常职业行为、日常交易行为与专业服务行为属于保障自身人格尊严与劳动权的行为,不可因刑法将其纳入处罚范围,就使刑罚风险对公民常态化从事此类行为产生实质妨害,这要求不可通过刑法将此类行为一般化地标识为"具备非法集资犯罪风险"。也就是说,未经规范评价时,此类行为不可被先在地视作刑法意义上的帮助行为,继而模糊可罚与不可罚行为的界限。

在传统刑法理论中,为了避免将从事此类行为的公民普遍作为共犯处罚,通常会将其作为中立帮助行为,探讨对它们限制处罚的根据。然而所谓"中立帮助行为"的概念本身就具有极强的误导性。不考虑行为是否具备对法益的客观危险性,如何能称为"中立"?不考虑行为人是否具备共同犯罪的故意,如何能称为"帮助"?概言之,此类日常行为自身既不"中立",也非"帮助行为"。因此,为了限制对"中立帮助行为"的处罚范围,在共犯语境下提出的诸多主、客观学说,②均偏离了问题焦点:将此类行为视作"帮助行为",事实上已将它们标识为"具备构成犯罪的风险"。在此基础上,为了避免刑事责任泛化,再为此类行为创设特别的免责条件,已不具备正当性和有效性。剥去"中立帮助行为"的外衣,厘清此类日常行为是否符合非法集资犯罪共犯的可罚性标准,才是应当遵循的理论进路。

2. 对刑法最后手段性的坚持

当今时代,犯罪预防被从刑法处罚的附随效果提升为国家刑事政策主动追求的目标,也就是刑法功能。③ 刑法已成为"全新的综合性安全框架"④,也就是犯罪风险预防机制的一部分。为了避免刑罚恣意发动而

---

① Puschke, Legitimation, Grenzen und Dogmatik von Vorbereitungstatbeständen, 2017, S. 288.
② 参见陈洪兵《论中立帮助行为的处罚边界》,《中国法学》2017年第1期。
③ 参见劳东燕《风险社会与功能主义的刑法立法观》,《法学评论》2017年第6期。
④ 参见〔德〕汉斯·约格·阿尔布莱希特《安全、犯罪预防与刑法》,赵书鸿译,《人民检察》2014年第16期。

对公民的自由、财产和生命进行不正当限制与剥夺，在对非法集资犯罪的治理中，刑法应保持最后手段性，避免共犯范围过度扩张。

刑法的最后手段性具备两重基本内涵：第一，必须在所有可用社会控制措施中考察、比较刑法与其他可能的替代措施；第二，由于刑法适用过程中作为手段的刑罚是最为严厉的强制措施，它的错误适用会给公民个体和社会都带来严重负面后果，因此，刑法不能被作为纯粹的社会治理工具，对刑法的适用必须有法治控制机制的保障。① 它不是指穷尽非刑罚手段无力之后才能适用刑法规制，而是指与其他制裁措施进行衡量后，依据明确的限定标准确定是否适用刑罚。只有明确了刑法适用的限定标准，才能够明确刑法的处罚范围，进而与其他制裁措施的处罚范围进行衡量，以确定其功能边界，从而对具体犯罪行为确定应当适用的制裁措施。因此，刑法最后手段性的核心意涵应是明确刑法适用的限定标准，以厘清刑法的功能边界。所谓"最后"，是指基于刑罚的严厉性，与其他社会治理手段相比，刑法适用应最为谨慎，限定标准应最为明确与具体。在司法论层面，这是指行为刑事可罚性的判断标准应最为明确与具体。

保持刑法的最后手段性，与刑法积极参与非法集资犯罪治理并无冲突。只有非法集资犯罪共犯行为可罚性的判断标准明确而具体，才能在避免刑法抑制其他社会机制积极作用的前提下，为非法集资犯罪风险预防机制的体系化构建提供可信赖的安全保障。

（四）非法集资犯罪共犯范围过度扩张的教义学限缩

非法集资犯罪共犯范围过度扩张的治本之策在于金融体系的基础性改革，本书无力着手。本书能够着手的，是通过明确基于法益侵害的共犯可罚性实质标准，探讨对非法集资犯罪共犯范围的过度扩张进行教义学限缩。近来一些学者倡导双层区分制的解决方案，② 依据是修正惹起说。针对非法集资犯罪这样侵犯法益内涵抽象、构成要件概括的犯罪，这一方案无法解决共犯范围不当扩张的问题。因为刑罚发动的正当性不

---

① Lüderssen/Nestler-Tremel/Weigend（Hrsg.），Modernes Strafrecht und ultima-ratio-Prinzip, 1990, S. 11.
② 参见王霖《网络犯罪参与行为刑事责任模式的教义学塑造——共犯归责模式的回归》，《政治与法律》2016 年第 9 期；孙运梁《帮助行为正犯化的教义学反思》，《比较法研究》2018 年第 6 期。

仅有赖于刑罚目的确定,还有赖于行为不法确定。① 而行为不法确定的前提是法益内涵与构成要件类型的确定,基于本书立场,进一步明确非法集资犯罪所保护法益内涵及其构成要件类型实属必要。

1. 处罚根据:对信赖法益的抽象危险

(1) 对非法集资犯罪既有法益观的反思与批判

自法益理论被引入我国开始,围绕法益概念的内涵与功能便聚讼不休。以目前占据通说地位的实质法益理论为出发点,法益既具备实在利益维度,也具备价值维度,真正决定法益内涵的是价值之维。实质法益理论认为,法益内涵的价值基础不应只由立法目的决定,还应有其他来源对其施加批判性影响,也就是希望通过价值评价保持对实定法的批判功能。② 然而,价值标准具有开放性,导致刑罚目的,更确切地说,法律适用者的目的考量越来越多地影响法益内涵。在积极一般预防目的的导向下,法益内涵的不断抽象化,使之逐渐失去基本的定型性。而明确法益内涵规范标准的阙如,使法益逐渐无法作为司法论层面罪名解释适用的基准。而无法指导构成要件解释的法益,似乎只能成为证立刑法扩张的正当依据。

从这样的理论视角出发,可以更好地理解我国学界有关非法集资犯罪的既有法益观。非法集资犯罪被规定在我国《刑法》第二编第三章"破坏社会主义市场经济秩序罪"中,其中非法吸收公众存款罪被规定在第四节"破坏金融管理秩序罪"中,集资诈骗罪被规定在第五节"金融诈骗罪"中。因此,传统观点认为非法吸收公众存款罪保护的法益是金融管理秩序,③ 集资诈骗罪保护的法益是金融管理秩序以及公私财产权。④ 基于对非法吸收公众存款罪立法正当性的质疑,对于本罪所保护法益,我国学界存在金融交易秩序说⑤、公众投资者资金安全说⑥、金融

---

① Zaufal, Was kann ein strafrechtlicher Tatbestand leisten? Die Bestimmtheit von Strafnormen als hermeneutisch-methodisches Problem im Verfassungsstaat, 2018, S. 282.
② Amelung, Rechtsgüterschutz und Schutz der Gesellschaft, 1972, S. 273 ff.
③ 参见高铭暄、马克昌主编《刑法学》,中国法制出版社,2007,第399页。
④ 参见李赪《集资诈骗罪的保护法益探析》,《中州学刊》2015年第2期。
⑤ 参见乔远《刑法视域中的P2P融资担保行为》,《政法论丛》2017年第1期。
⑥ 参见郝艳兵《互联网金融时代下的金融风险及其刑事规制——以非法吸收公众存款罪为分析重点》,《当代法学》2018年第3期。

管理秩序或公众资金的安全性说①、金融风险防控化解说②等多种学说。学界试图确立适宜的法益作为本罪立法的正当基础，在罪名的解释适用上将本罪理解为行为犯，以相关司法解释所规定非法吸收公众存款行为的特征为依据，法益不具备指导构成要件解释的功能。

然而正如上文所指出的，确定法益内涵是确定行为不法的前提。法益应当是可以被伤害的事实，③ 如果法益只是精神性的价值而与现实生活没有任何关联，则对它的伤害无法被衡量。④ 秩序、制度、安全类法益除了征表刑法规范的效力之外，并无实质内涵。对此类法益的侵害无法被衡量，属于典型的表象法益（Scheinrechtsgut）。而将所谓"金融风险防控化解"作为法益，实属对法益概念的误用，其主张的实质是将金融风险作为刑法法益，这无疑不能被接受。对于金融管理秩序和公私财产权应为集资诈骗罪所保护复合法益，学界并无争议，争议核心在于二者的主次，研究的重点在于行为人是否具备非法占有目的。总体而言，非法集资犯罪法益的内涵并未被厘清，其解释论功能也被极大忽视。

（2）信赖法益的确立

本书认为，非法集资犯罪所保护的法益应是公民对金融交易制度既存的信赖。当代社会金融市场的发展日趋复杂，逐渐形成了市场交易主体间信息不对称的常态，这催生了合作需求，这一合作需求是信赖产生的基础。如卢曼所言，"信赖是源于过去并指向未来的、对复杂性的削减"⑤。由于亲自掌控金融交易的全部流程过于复杂，市场交易主体基于信赖，甘于承担风险放弃了对交易流程的亲自掌控。但信赖并不只是人的主观感受，它还依赖于人作出行为决策的可信赖环境。刑法需要保护的不是作为心灵现象的信赖，而是这一客观存在的可信赖环境，也就是

---

① 参见魏东、田馨睿《论非法吸收公众存款罪的保守解释——侧重以〈网络借贷信息中介机构业务活动管理暂行办法〉为参照》，《河南财经政法大学学报》2017年第3期。
② 参见江海洋《金融脱实向虚背景下非法吸收公众存款罪法益的重新定位》，《政治与法律》2019年第2期。
③ Amelung, Rechtsgüterschutz und Schutz der Gesellschaft, 1972, S. 399 ff.
④ Puschke, Legitimation, Grenzen und Dogmatik von Vorbereitungstatbeständen, 2017, S. 92.
⑤ Luhmann, Vertrauen, 1999, S. 23 f.

对具体制度的信赖。"信赖"不同于"信用",我国有学者主张的"信用利益",其本质是金融交易管理秩序,① 实质内涵是金融监管规范的效力,不属于制度信赖的范畴。

在刑法规范视域中,制度信赖可以分为两个层次,即对规范效力的信赖与对具体制度的信赖。前者是法益保护内蕴的要素,是通过法益保护可以达成的效果,而非待保护的法益本身,后者才是有待刑法保护的集体法益。制度信赖与对个人的信赖一样,背后的法益主体都是具体的个人,因此对它的侵害是现实的。但对于制度信赖来说,只有"完全信赖"或"完全不信赖"对人的行为有引导作用,"有一点信赖"的说法没有实际意义。例如,在马来西亚航空公司的航班连续出现事故后,如果再也不乘坐该公司航班,乘客对该公司航班安全性的信赖就被侵害了。如果乘客惴惴不安却仍然乘坐,他基于信赖的行为并未改变,那么他的信赖便并未被侵害。因此,侵害制度信赖的结果不法无须被具体量化,②不存在需要判断制度信赖被侵害的临界点的问题,侵犯信赖法益的构成要件类型不是累积犯,而是抽象危险犯。③

既然非法集资犯罪的正犯不法为对信赖法益的抽象危险,它的共犯不法应以对信赖法益的抽象危险为必要。鉴于法益侵害的抽象危险不是行为的客观属性,而是通过构成要件符合性判断后,对所处罚行为与直接法益侵害结果(实害结果或具体危险)之间规范关联的评价结果,④对非法集资犯罪帮助行为刑事可罚性的判断,就不应再遵循"是否与正犯法益侵害结果具备物理或心理因果性",以及"是否强化、促进正犯

---

① 参见钱小平《中国金融刑法立法的应然转向:从"秩序法益观"到"利益法益观"》,《政治与法律》2017 年第 5 期。
② Hefendehl, Kollektive Rechtsgüter, 2002, S. 130 f.
③ Hefendehl, Kollektive Rechtsgüter, 2002, S. 253 f. 黑芬德尔(Hefendehl)在该书第 124 页中明确指出,类似于"资本市场的正常运行"这样的法益,其内涵仅为规制资本市场法规范的效力,属于典型的表象法益。国内有学者基于对此处论述的误解,认为黑芬德尔所主张制度信赖法益包括此类法益,需要予以纠正。黑芬德尔的确主张侵害信赖法益的经济犯罪应适用累积犯法理,本书对此持不同观点。国内学者的见解参见张志钢《论累积犯的法理——以污染环境罪为中心》,《环球法律评论》2017 年第 2 期。
④ 参见敬力嘉《实质预备犯语境下宣扬恐怖主义、极端主义罪的教义学重述》,《当代法学》2019 年第 4 期。

的危险制造和实现"① 这两个事实性②标准，而应遵循上文所述规范关联是否能证成这一规范性标准。而基于事实层面共犯行为对正犯行为的从属性，对于抽象危险犯的帮助行为，如果缺乏行为人主观的危险关联，其行为客观危险性的实现难以归属于帮助行为人，那么非法集资犯罪帮助行为与正犯直接法益侵害结果之间应同时具备主、客观的危险关联，本书对此将进行进一步探讨。

2. 非法集资帮助行为的客观危险关联

首先，非法集资犯罪帮助行为与正犯法益侵害结果间应具备客观危险关联。根据雅各布斯的观点，当行为具备外在危险性时，便已脱离公民生活的核心范围，可以为刑法规制。③ 所谓"外在危险"，可以理解为帮助行为对正犯法益侵害结果物理或心理的促进作用。然而对于非法集资犯罪来说，相关日常行为都可以被认为具备对信赖法益的外在危险性，如果一概肯定它们的可罚性，等于为每位公民赋予了防止犯罪的警察义务，存在导致金融交易停滞的风险。因此，传统理论主张在具备外在危险性的行为中，只有不具备社会相当性者才能受到刑法处罚。对社会相当性较为通行的理解是行为具备日常性，例如松宫孝明即主张，如果行为具备日常性，则应排除其与引起正犯法益侵害结果的因果性。④

然而行为社会相当性的判断不能依赖"日常性"标准，因为行为的日常性通常是判断行为与正犯法益侵害结果具备客观危险关联的起因，而非否定这一客观危险关联的标准。但是，对行为社会相当性的判断仍具有不可替代的理论价值。为了确保金融活动的顺利进行，在具备日常性、但可促进正犯法益侵害结果形成、具备"外在危险"的行为中筛选出不可罚的行为类型，是刑法理论需要回应的时代需求。因此，需要构建规范评价标准，来判断非法集资犯罪帮助行为与正犯法益侵害结果之

---

① 参见周光权《中性业务活动与帮助犯的限定——以林小青被控诈骗、敲诈勒索案为切入点》，《比较法研究》2019年第5期。
② 客观归责理论提供的标准，在判断法益侵害结果与行为间归属关系的层面是规范性的，也就是将因果关系抽象为"法益侵害危险的制造与实现"，但在确定行为与行为人间归属关系的层面仍是事实性的，本质上还是以"是否强化、促进"这一事实标准作为"帮助"行为的本质特征。
③ Jakobs, Kriminalisierung im Vorfeld einer Rechtsgutsverletzung, ZStW 97 (1985), 751 (766).
④ 参见〔日〕松宫孝明《刑法总论讲义》，钱叶六译，人民大学出版社，2013，第219页。

间的客观危险关联，并以此为依据，评价具备"外在危险"的日常行为是否能成为刑法规范视域下的帮助行为。

本书认为，这一规范评价标准，首先应包含两条对行为社会相当性的具体判断规则。

第一，对于日常职业行为与专业服务行为，应评价行为主体是否履行求职、履职与提供专业服务时应履行的基于市场规则的注意义务。2017年最高人民法院、最高人民检察院《关于办理组织、强迫、引诱、容留、介绍卖淫案件适用法律若干问题的解释》（以下简称2017年《卖淫案件解释》）第4条第2款①可以支持本书立场。在具有营业执照的会所、洗浴中心等经营场所担任保洁员、收银员、保安等的人员，其行为在客观上为组织卖淫活动提供了物质上或精神上的帮助，未必不知道该场所在从事组织卖淫活动，但2017年《卖淫案件解释》并未将其认定为协助组织卖淫罪，因为此类主体履行了其相应注意义务，不宜认定此类主体的日常职业行为与组织卖淫罪的法益侵害结果之间具备客观危险关联，继而以协助组织卖淫罪进行处罚。

第二，对于日常业务行为，应评价行为主体是否履行选择建立合作关系时应履行的对合作伙伴的资质审查义务。当金融市场平等的市场主体选择合作伙伴开展业务行为时，为了不让金融市场的经营与交易活动陷入不可测的刑罚风险，保障金融市场有序而流畅地运转，只要市场主体对合作伙伴履行了符合市场规则与法律规范的资质审查义务，就应当推定对方具备合作资质，而不应要求他们对对方业务行为的合法性进行实质审查，否则就等同于为市场主体施加了普遍的犯罪风险审查义务，会成为一般市场主体不可承受之重。最高人民法院《关于适用〈中华人民共和国公司法〉若干问题的规定（三）》第7条第2款②的规定可以支持本书立场。

---

① 该解释第4条第2款规定："在具有营业执照的会所、洗浴中心等经营场所担任保洁员、收银员、保安员等，从事一般服务性、劳务性工作，仅领取正常薪酬，且无前款所列协助组织卖淫行为的，不认定为协助组织卖淫罪。"

② 该意见第7条第2款规定："以贪污、受贿、侵占、挪用等违法犯罪所得的货币出资后取得股权的，对违法犯罪行为予以追究、处罚时，应当采取拍卖或者变卖的方式处置其股权。"按照本款规定，即使以违法犯罪所得货币出资取得股权，不影响其他参与合作主体的行为效力，只要求剥夺违法犯罪人对利益的享有。

在通过以上两条规则判断此三类日常行为是否具备社会相当性的基础上,还应判断行为是否有法益侵害目的的客观体现。这一标准是德国联邦宪法法院在其一项决定性判决中针对德国刑法第202c条（预备探知、拦截数据罪）[①] 发展出的。由于计算机程序本身被用于合法或不法用途均可,对于该条第1款第2项规定的"计算机程序",联邦宪法法院要求必须满足为了实施探知数据罪和拦截数据罪而设计或者改制这一客观特征。[②] 在规范层面,这一标准可完善行为与正犯法益侵害结果间客观危险关联的判断。那么,2014年《意见》第4条对"为他人向社会公众非法吸收资金提供帮助而获利"的规定,应更正为"为了获取不法利益为他人向社会公众非法吸收资金提供帮助"。

因此,只有日常职业行为与专业服务行为主体未履行求职、履职与提供专业服务时应履行的基于市场规则的注意义务,日常业务行为主体未履行选择建立合作关系时应履行的对合作伙伴的资质审查义务时,此三类行为不具备社会相当性。在此基础上,当此三类行为具备行为主体为获取不法利益而实施的客观体现时,才符合非法集资犯罪帮助行为与正犯法益侵害结果间客观危险关联的要求,才能评价为非法集资犯罪的帮助行为。

3. 非法集资犯罪帮助行为的主观危险关联

共犯行为对正犯行为事实层面的从属性,要求日常行为在与正犯法益侵害结果间具备客观危险关联的基础上,还应具备主观的危险关联,才能充实作为非法集资犯罪共犯的不法内涵。

根据我国《刑法》第25条的规定以及共犯理论的基本法理,共犯刑事责任的认定要求犯罪参与人具备共同故意。在客观归责理论语境下,以日常行为人是否确切地认识到正犯的犯罪计划,也就是对正犯的犯罪计划具备"直接故意"或"未必的故意"为标准,来判断日常行为人的

[①] 德国刑法第202c条第1款规定："任何人制造、为自己或他人获取、出售、转让、传播或者通过其他方式,使他人获取可用于访问本法第202a条第2款规定之数据的密码,或其他安全代码,或者使他人获取用于实施数据探知或拦截的计算机程序,从而预备实施本法第202a条（探知数据罪）或第202b条（拦截数据罪）规定的犯罪的,处两年以下自由刑或者罚金刑。" Vgl. §202c StGB.

[②] BverfG, NJW 2006.

行为是否制造了法不允许的风险从而是否承担共犯责任的观点,[①] 事实上脱离了正犯的构成要件及其保护的特定法益,为"中立"的日常行为创设了独特的主观罪过认定标准,本书认为并不足取。根据本书确立的共犯处罚根据,帮助行为人应明知的,是自己的行为以及正犯实施的构成要件行为可造成共同的法益侵害结果,这一主观明知即为帮助行为与正犯法益侵害结果之间的主观危险关联。

具体来说,这一主观明知的内容应包括帮助行为与正犯行为整体的不法性,也就是二者结合可造成正犯构成要件所保护法益的侵害,共犯与正犯行为人之间关于实施共同法益侵害的意思联络,以及行为人对帮助行为与正犯行为整体造成法益侵害结果的追求或放任。而根据2014年《意见》第2条与第4条的规定,结合本书所考察非法集资犯罪共犯范围过度扩张的表现可以发现,在非法集资犯罪的场合,司法实践中认定的共犯"明知"通常不包含帮助行为与正犯行为整体的不法性,只要求共犯明知正犯行为的实施,并只需具备与正犯行为人之间共同实施行为的意思联络,在这一前提下,还只要求共犯具备对帮助行为与正犯行为整体造成法益侵害结果的放任,这使得待评价日常行为与正犯法益侵害结果间缺乏主观危险关联,进而导致非法集资犯罪共犯范围过度扩张。

本书认为,在非法集资犯罪共犯的主观明知中,对帮助行为与正犯行为整体不法性的认识,以及二者关于共同实施法益侵害的意思联络必不可少,前者要求区分对经营行为的认识与非法集资行为的认识,后者则要求区分对非法集资行为的认识与参与共同犯罪的故意。在前两者均具备的前提下,可以要求行为人对帮助行为与正犯行为整体造成法益侵害结果只具备放任的心态。否则,只要放任非法集资犯罪行为人获得自己的帮助便可与之构成共犯,这样的明知过于模糊,完全无法充实非法集资犯罪帮助行为所要求的主观危险关联,违反了个人责任原则的基本要求,以此为依据将日常行为作为非法集资犯罪共犯处罚不具备正当性。2010年《解释》第3条规定,"非法吸收或变相非法吸收公众存款的数额以行为人吸收的资金全额计算",实质体现了行为人只应为自己非法集

[①] Roxin, Strafrecht Allgemeiner Teil, Bd. 1, 2006, 4. Aufl., S. 206 ff. 我国学界持此类观点的参见刘艳红《网络犯罪帮助行为正犯化之批判》,《法商研究》2016年第3期。

资故意支配下直接吸收的资金承担刑事责任的要求。然而遗憾的是，只在定罪之后确定行为人吸收资金的数额时，该条才被予以考虑，未被纳入非法集资犯罪共犯入罪标准的体系考量中。通过厘清非法集资犯罪共犯明知的内容，可以明确非法集资犯罪帮助行为主观危险关联的评价标准，充实非法集资犯罪共犯的不法内涵。

最后还需探讨的一个问题是，在通过信息网络实施此类日常行为时，如何厘清非法集资犯罪共犯与帮助信息网络犯罪活动罪之间的关系。本书认为，帮助信息网络犯罪活动罪不属于所谓"帮助行为正犯化"，而是侵犯独立信息法益的实质预备犯。法条规定中的"利用信息网络实施犯罪"不是指利用信息网络实施所有的犯罪，而仅指利用信息网络实施侵犯独立信息法益的犯罪。[①] 那么，当单位或个人明知他人在实施非法集资犯罪，仍为之提供互联网接入、通信传输等技术支持，或广告推广、支付结算等帮助时，应当根据非法集资犯罪共犯可罚性的评价标准，判断是否应当作为非法集资犯罪的共犯进行处罚。

在当前的智慧金融语境下，面对严峻的非法集资犯罪态势，扩大刑法的打击范围似乎既可提前介入并阻断法益侵害进程，也能扩大退赔责任人的范围，最大限度实现刑法的法益保护功能。但是，如果这一目标的实现需要以滥用共犯原理、破坏个人责任原则为代价，恐怕是刑事法治不可承受之重。毕竟，"希望拥有自由者，必须要准备好承担只具有限制性功能的刑法所带来的代价，在并不是都以好人组成，但以自由作为基础价值的社会，希望通过刑法保障完全的安全，只能是一个不切实际的愿望"[②]。在非法集资犯罪的治理中，只有明确刑法介入的规范标准，非刑罚的金融交易市场治理机制才能充分发挥应有功能，以制度信赖为核心的金融交易秩序才能得以完善，金融创新的发展才能得以在有序中推动。

三 网络暴力行为的刑事归责

随着信息通信技术的飞速发展，信息自由传播的开放型信息社会在

---

① 参见敬力嘉《网络参与行为刑事归责的"风险犯"模式及其反思》，《政治与法律》2018年第6期。
② Frisch, Sicherheit durch Strafrecht? Erwartungen, Möglichkeiten und Grenzen, in: Duttge/Geilen/Mever-Großner/Warda（Hrsg.）: Gedächtnisschrift für Ellen Schlüchter, 2002, S. 686.

我国逐渐形成。在互联网已深深嵌入社会组织结构的当下，信息的自由传播是人类社会进步与发展的动力之源，激发了创新，创造了价值。但违法信息也在网络空间肆无忌惮地传播，可能形成网络暴力，引发广泛的社会风险。与此同时，移动互联网与自媒体的蓬勃发展，促使网络空间形成了自主型、去中心化的信息传播秩序，对社会治理的传统权力关系提出了挑战。有关实证研究显示，近1/3的中国人自称遭遇过网络暴力，近1/5的中国人自称实施过网络暴力。[1] 近年来媒体频繁报道的网络暴力事件，例如"粉发女孩"被网暴后自杀[2]、网红"管管"被网暴后在直播中自杀[3]、某211大学男生恶意P图"造黄谣"[4] 以及武汉被轧小学生母亲被网暴[5]等，充分暴露了网络暴力带来的现实危害。如何有效防控网络暴力成为极具理论与实践意义的议题。

目前，新闻与传播学、社会学、心理学、教育学以及情报学等领域已产出较多有关网络暴力防控的研究成果。而在法学领域，现有针对网络暴力的法律规制措施已严重滞后于我国网络空间的法治化进程。鉴于此，本书拟借鉴相关领域的研究成果，运用法学规范分析的研究方法，厘清网络暴力的概念内涵、主要类型与现实危害，并以此为基础，探索网络暴力法律规制的完善路径。

（一）网络暴力的概念界定

由于社会公众对网络暴力的认知与耐受度在不断变化，不同国家、

---

[1] 参见侯玉波、王婷《社会阶层与公正世界信念对中国人网络暴力行为的影响》，《西南大学学报》（社会科学版）2019年第2期。

[2] 参见《粉色头发女孩去世了，网暴者无人负责》，新周刊，https://mp.weixin.qq.com/s?__biz=MjM5ODMzMDMyMw==&mid=2654048944&idx=1&sn=3a08f70114ce831123f7101756c7b00b&chksm=bd09580c8a7ed11a5d0e0767488d38247a8f5e4cc99d5fbc57b31115c8f79b4c30d7b85e30a2&mpshare=1&scene=1&srcid=0601tCPM2ha24K6hcPC5oLPE&sharer_sharetime=1685577033379&sharer_shareid=bda524f71957fa9809b6fe66ea493978#rd，最后访问日期：2023年5月30日。

[3] 参见《网红"管管"直播中服农药自杀身亡，生前曾遭遇组团网暴，当地警方成立工作专班》，红星新闻百家号，https://baijiahao.baidu.com/s?id=1758355951642828764&wfr=spider&for=pc，最后访问日期：2023年5月30日。

[4] 参见《男生恶意P图造女生黄谣，苏州大学通报》，央广网，http://news.cnr.cn/dj/20230319/t20230319_526186966.shtml，最后访问日期：2023年5月30日。

[5] 参见《"校园碾压案"母亲妆容成口水 少点八卦多点反思》，潮新闻，https://view.inews.qq.com/k/20230530A040VY00?no-redirect=1&web_channel=wap&openApp=false，最后访问日期：2023年5月30日。

不同文化的背景下人们对网络暴力的认知也存在差异，探寻网络暴力的本体内涵与界定实质的犯罪概念一样，非常困难。当前在世界范围内并无对网络暴力的权威定义，而我国学界通常将网络暴力的行为特征界定为网络语言暴力，也就是个人或群体有意识地通过网络传播攻击性言论，以针对某一明确的个人或团体反复、持续实施侵害的行为，侵害形式主要包括威胁、骚扰、侮辱和社会性孤立等。[1] 但事实上，"言论"的概念依赖于行为主体的主观表达，无法完全涵盖言论表达之外经过"人肉搜索"所获取的公民个人信息、攻击国家政权的虚假信息等我国相关法律法规中规定的14类违法信息。[2]

此外，当前存在的"道德审判"与"言论自由异化"两种学说，均属于对网络暴力行为性质的片面性描述，没有厘定网络暴力行为的完整内涵。被普遍认可的一种观点认为，网络暴力区别于现实世界的暴力行为，是现实社会暴力取向的延伸。[3] 这一定义肯定了有关网络暴力认知的最大公约数——具备暴力属性，也指出了此类暴力的基本特征：不同于现实世界中可直接侵犯公民生命、人身、财产等权利的暴力，网络暴力行为只可间接侵犯以上权利，但是其可直接侵犯公民的人格权与信息权。这属于对网络暴力后果而非行为特征的描述。

本书认为，厘清网络暴力完整的行为特征，关键在于厘清其行为主体、对象、内容和性质。就行为主体而言，网络空间违法信息的传播并无技术门槛，一般网民均可参与。其中，未成年网民值得特别关注。就行为对象而言，网络暴力的"暴力"属性决定了此类行为以特定个人或

---

[1] 参见刘绩宏、柯惠新《道德心理的舆论张力：网络谣言向网络暴力的演化模式及其影响因素研究》，《国际新闻界》2018年第7期，第39页。

[2] 根据我国《网络安全法》第12条、《全国人民代表大会常务委员会关于加强网络信息保护的决定》第8条、《全国人民代表大会常务委员会关于维护互联网安全的决定》第1~3条、《互联网信息服务管理办法》第15条以及《计算机信息网络国际联网安全管理办法》第5条的规定，"违法信息"具体包括：（1）煽动颠覆国家政权信息；（2）煽动分裂国家信息；（3）损害国家机关信誉信息；（4）宣扬恐怖主义、极端主义信息；（5）煽动或宣扬民族仇恨、民族歧视信息；（6）暴力、淫秽信息；（7）虚假信息/谣言；（8）虚假宣传；（9）教唆犯罪信息；（10）宣扬邪教和封建迷信信息；（11）侮辱或诽谤信息；（12）侵犯名誉；（13）隐私信息；（14）侵害他人商业或者商品信誉的信息。

[3] 参见刘亚奇《"网络暴力"事件中传统媒体的角色》，《新闻窗》2010年第4期，第92页。

群体为侵害对象。就行为内容而言，网络暴力通常表现为在网络空间传播违法信息。就行为性质而言，网络暴力应超越一般的网络失范或网络欺凌的范畴，达到违法或犯罪的程度。基于以上认知，应将网络暴力界定为个人或群体有意识地通过网络传播违法信息，以针对特定个人或群体反复、持续实施侵害的违法犯罪行为。

2022年中央网信办秘书局发布的《关于切实加强网络暴力治理的通知》（以下简称《通知》）首次规范界定了网络暴力，即"针对个人集中发布侮辱谩骂、造谣诽谤、侵犯隐私等违法信息及其他不友善信息，侵害他人合法权益，扰乱正常网络秩序"。可以看到，《通知》将网络暴力的行为内容界定为发布信息，准确把握住了网络暴力的本质。但是，《通知》将发布的信息类型界定为"违法信息与其他不友善信息"，则不够清晰明确。所谓"不友善信息"范围太广，内容模糊，且与网络暴力的危害性并不相称。而《通知》第3条与第4条事实上也对"发布不友善信息"与"参与网络暴力"进行了明确区分。[①] 违法信息能够指向网络主体具体的人身、财产权益和公共利益的侵犯，网暴主要包括侮辱诽谤、网络谣言、人肉搜索等类型，以及"网课爆破"等新形式，能直接侵犯网络主体的人身与财产权益或公共利益。所谓"不友善信息"的内涵较为接近国家网信办发布的《网络信息内容生态治理规定》（以下简称《内容规定》）中的"不良信息"，包括违背公序良俗的信息，性暗示、恶意抬杠的评论等，传播类似信息应构成"类网暴"。"类网暴"违背了公序良俗，用户实施此类行为违背了道德对其的约束，其不能直接造成上述权益的减损。网暴与"类网暴"的共同点是均在网络空间中传播负面信息，区别在于信息的性质不同，以及行为的危险性（可能造成的直接危害）存在显著区别。2023年6月9日，最高人民法院、最高人民检察院、公安部联合发布的《关于依法惩治网络暴力违法犯罪的指导意见（征求意见稿）》（以下简称《指导意见征求意见稿》），在第16条第2款提及了"网暴信息"，但并未对其内涵进行明确界定。

可能会有观点认为，实践中的网暴信息大多并未达到"违法"程

[①] 参见敬力嘉《网络暴力公私合作治理模式的反思与调试》，《江汉论坛》2023年第5期，第136~137页。

度，如果不将网暴信息的范围扩张至不友善信息等不良信息，则无法实现对涉网暴账号信息的及时处置。有学者则主张，尽管不友善信息等不良信息的违法性不强，处于灰色地带，但可对被网暴者造成难以磨灭的精神损害，且由恶意情绪短时间快速聚集催生的聚合性不友善信息形成了"舆论场"，可使受害者陷入无力摆脱的心理瘫痪状态，进而导致受害者自杀等悲剧结果，有对其进行法律治理的必要。但由于不友善信息等不良信息的认定标准模糊，且难以实现对聚合性不友善信息传播中个人责任的准确认定，应当摒弃传统对信息内容的"违法 – 合法"二元界分，基于网络场域对网络暴力发生的决定性影响，借鉴对家庭暴力的治理思路，通过专门立法，加强重点场域管理以强化对不友善信息等不良信息的管理，以及建立对网暴施暴主体的告诫书制度，破解对不友善信息型网络暴力的治理难题。① 国家网信办于 2023 年 7 月 7 日发布的《网络暴力信息治理规定（征求意见稿）》（以下简称《网暴信息治理征求意见稿》）第 2 条第 2 款的规定便从事实上采纳了上述立场，将"网络暴力信息"界定为"通过网络对个人集中发布的，侮辱谩骂、造谣诽谤、侵犯隐私，以及严重影响身心健康的道德绑架、贬低歧视、恶意揣测等违法和不良信息"。

本书认为，在法治框架下治理网暴应当遵循的基本价值导向，是实现有效治理网暴（有效性）与防止公权力过度介入网络空间信息流动（正当性）之间的平衡。以上观点充分论述了治理不友善信息等不良信息对网暴治理的积极作用，却都回避了"如何界定不友善信息等不良信息"这一核心问题。这一问题的答案，决定了"网暴信息"的概念边界，以及网暴治理机制能否实现有效性和正当性的平衡。

在有效性层面，将不良信息纳入网暴信息的范畴，并在具体场景中结合发表内容、次数、行为方式等评价涉不良信息网暴行为的违法性，或许可以实现对该类行为更有效的事后追责，却无法为网络服务提供者

---

① 参见张凌寒《基于场域性的网络暴力治理研究：从"不良信息"型网络暴力展开》，探索与争鸣杂志，https://mp.weixin.qq.com/s?__biz=MzA4MjcxMDEwNQ==&mid=2686326076&idx=1&sn=d1f4b92287cd503433cc04549c02336e&chksm=ba6b2e0a8d1ca71c517153766b2c279c6fc16b99e535f318efa1e18e2ba003e52d6e152b7774&mpshare=1&scene=1&srcid=06101vho54sntpTfMX4gjr4z&sharer_sharetime=1686496034195&sharer_shareid=bda524f71957fa9809b6fe66ea493978#rd，最后访问日期：2023 年 6 月 11 日。

对该类信息的事前与事中的识别与监管提供明确标准。对所谓"不友善信息""不良信息"的列举难以穷尽，实践中各家网络服务提供者把握的范围并不一致。从规范界定来看，《内容规定》第7条列举了8类不良信息，并设置了"其他对网络生态造成不良影响的内容"的兜底条款；《网暴信息治理征求意见稿》第2条第2款则列举了"道德绑架、贬低歧视、恶意揣测"这3类不良信息，对《内容规定》列举的类型进行了扩张，并设置了"严重影响身心健康"作为不良信息的兜底条款。期待网络服务提供者能够结合具体情境精准识别缺乏实质、客观、清晰判断标准的"不良信息"，甚至主动识别与监管私信中的此类信息，不具有可能性。而且，将"不良信息"纳入网暴信息的范畴，不利于激励网络服务提供者对网暴信息的精准识别与有效治理。

在正当性层面，作为专门的部门规章，《网暴信息治理征求意见稿》对网暴信息的定义需接受合法性审查，[①] 内容模糊的"不良信息"无疑会导致网暴信息的定义难以符合明确性原则的要求，亦即难以具备基本的形式合法性。《内容规定》对于"不良信息"的界定，同样会面临以上质疑。而将"不良信息"纳入网暴信息的范畴，鉴于其内涵模糊，且相较于《内容规定》对不良信息的监管要求，《网暴信息治理征求意见稿》针对网暴信息为网络服务提供者设置的治理义务更为全面与前置化，为了实现涉网暴处罚风险与网暴治理成本的最小化，理性的网络服务提供者可能走向对监管要求阳奉阴违，或者过度管控信息流动（例如过度删帖控评）两个极端。[②] 以上两种做法常为网络服务提供者所采用，但社会效率[③]均属低下，且可能过度介入网络空间信息的自由流动与公民的言论自由，欠缺实质正当性。

基于以上认识，对全面激活不良信息管理制度的主张，因欠缺有效性与正当性基础，不值得提倡。本书认为，通过重新厘定"违法信息"的实质内涵，可以为如何界定网暴信息的难题提供解决思路。正如前文

[①] 参见王锴《合宪性、合法性、适当性审查的区别与联系》，《中国法学》2019年第1期。

[②] 参见敬力嘉《网络暴力公私合作治理模式的反思与调试》，《江汉论坛》2023年第5期，第138~139页。

[③] 本书所谓"社会效率"是指分配效率，即资源的最大化生产性利用。参见〔美〕杰克·奈特《制度与社会冲突》，周伟林译，上海人民出版社，2017，第35页。

所指出的,所谓"违法信息",是指内容指向对网络主体人身、财产权益或公共利益直接侵害(具备抽象危险)的信息。制造、获取、传播、利用"违法信息"的行为是否涉嫌违法,则还需进一步判断。信息类型的划定并不依赖于后续行为性质的评价结论。例如,给其他微博用户私信发送一次侮辱言论的行为,并不构成《治安管理处罚法》第42条规定的"公然侮辱"或者"多次发送",也不符合我国《刑法》第246条规定侮辱罪"情节严重"的标准,难以将其评价为违法犯罪行为,但并不妨碍将该侮辱言论评价为"违法信息",进而将其纳入网暴信息的范畴。例如在"粉发女孩"事件中,大量网民发布"一个研究生,把头发染得跟酒吧陪酒女一样"一类的评论,虽然单独的发布行为难以构成违法或犯罪,但也可将此类侮辱言论纳入涉网暴违法信息的范畴。而在武汉被轧小学生母亲被网暴事件中,网民发布的"这妈妈是化妆了?""还能穿这么正式?"等评论,虽说在具体语境下显得并不得体,但并不指向对人身、财产权益或公共利益的直接侵害,难以将其评价为涉网暴违法信息。

(二) 网络暴力的主要类型与现实危害

1. 网络暴力的主要类型

网络暴力有不同的类型,现有研究将其分为网络谣言、网络谩骂与"人肉搜索"[1],或个体攻击型、报复社会型与解构权威型等类型。[2] 根据本书对网络暴力的界定,前述对网络暴力类型的认知还处于经验归纳层面,并未进行有效提炼。根据网络暴力的定义,应以网络暴力的行为对象为基准,对其进行类型化。本书采取以上类型化标准的实质根据在于,网络暴力的行为对象不同,可能造成的危害后果也不同,故应当分别采取有针对性的措施进行防控。具体而言,网络暴力主要包含两种类型:针对特定个人的网络暴力与针对特定群体的网络暴力。依据《通知》的定义,网暴是指通过针对个人集中发布违法信息或其他不友善信息,侵犯他人合法权益与扰乱正常网络秩序的行为。《网暴信息治理征求意见

---

[1] 参见蔡荣《网络语言暴力入刑正当性及教义学分析》,《西南政法大学学报》2018年第2期。
[2] 参见柳思《网络语言暴力问题研究——欧盟治理经验及对我国的启示》,人民日报出版社,2018,第83页。

稿》第 2 条第 2 款虽未对行为的危害后果进行表述，但已在第 1 条将"保护公民合法权益、维护社会公共利益"确立为本法目的，在事实上吸收了《通知》的内容。从《通知》与《网暴信息治理征求意见稿》第 2 条第 2 款"针对个人"的对象要求来看，二者似乎都试图将网暴限定在针对特定个人的范畴。从"侵犯他人合法权益与扰乱（侵犯）正常网络秩序（社会公共利益）"的后果要求来看，网暴的受害者则不限于特定个人，可包含企业、社会、国家等特定超个人主体，两者存在一定冲突。厘清发布涉网暴违法信息所针对的对象，是进一步准确界定网暴治理协助实体义务的前提。有观点认为，网暴的暴力可用以侵犯人身以外的权益，但必须首先作用于人身权利。尽管网暴行为可导致的后果广泛，但在初期聚焦于人身性暴力会比较容易凝聚共识。[①] 也有观点认为，企业、国家机关等超个人主体较为强势，如果将损害企业商誉、发布针对热点公共事件或直接针对国家机关、特定社会群体的虚假信息等也纳入涉网暴违法信息，可能导致网暴治理机制的失焦，令网暴事件中真正弱势的个体受害人难以得到有效救济，且存在强势主体滥用网暴治理机制的风险。笔者认为，以上认识均有其合理之处，准确指出了划定网暴对象时需要考量的风险，但不能赞同其结论。

　　网暴的对象应当是特定的，这一点应无疑义。网暴典型的行为形象是在网络空间发生冲突的一方通过获取舆论优势形成对对方的心理强制，其可能进一步形成生理强制并造成现实伤害。如果对象不特定，其行为更像是一种博眼球的泄愤行为，难以对特定主体造成实质损害。然而，在当前的信息网络时代，除了特定个人以外，特定超个人主体无疑也是违法信息传播的受害者，企业商誉、公共秩序等非个人正当权益同样值得法律保护。国家网信办于 2023 年开展的"清朗·优化营商网络环境保护企业合法权益"专项行动，重点即在于处置涉企业、企业家的虚假信息。事实上，《指导意见征求意见稿》第 1~4 条、第 6 条对网暴的界定既包括针对特定个人的网络诽谤、侮辱、侵犯公民个人信息的行为，也包含针对超个人主体的借网暴事件实施的恶意炒作等扰乱网络秩序、

[①] 参见郭旨龙《网络暴力刑法治理的解释原理》，《江汉论坛》2023 年第 5 期，第 119~120 页。

破坏网络生态、严重影响社会公众安全感的行为，已体现了上文的界定思路。《指导意见征求意见稿》第5条规定的线下滋扰行为，应被视为网暴的关联行为，而非网暴行为本身。笔者认为，在《网暴信息治理征求意见稿》中，在符合统一的网暴行为特征的基础上，应将超个人主体也纳入网暴受害者，分别规定针对特定个人与超个人主体的涉网暴违法信息协助治理义务。如此，才能协调网暴治理措施的体系性与针对性。此外，将针对特定超个人主体的涉网暴违法信息纳入网暴治理的实体内容，将针对该类主体的网暴行为纳入网暴治理的规范体系，而非通过运动式的专项行动，让对此类行为的规制游离在网暴治理体系之外，才能真正在法治框架内有效识别与规避相应治理措施被滥用的风险。基于以上认识，本书仍然主张网络暴力应当包括针对特定个人与针对特定群体两个类型。

第一，针对特定个人的网络暴力主要有三种表现形式：第一种形式是个人或群体基于网络中经过截取、包装的片面事实，出于自身朴素的道德观和正义感，自发针对特定个人，多为公众人物进行的道德审判；第二种形式是相关个人或群体出于情绪宣泄或者利益驱使（如受雇专业"水军"当"黑粉"者）的需要，针对特定个人进行侮辱谩骂；第三种形式是相关个人或群体出于情绪宣泄或者利益驱使的需要，通过"人肉搜索"等方式获取特定公民的个人信息，并未经该特定个人同意而向他人提供或出售。这三种形式的网络暴力在危害程度上不存在递进关系，都可能造成严重的物质或精神损害，且相互之间并非截然割裂，在实践中往往呈现相结合的形态。第二，针对特定群体的网络暴力，主要是指特定个人或群体针对国家机关、特定社会群体等实施的反复、持续的违法信息传播行为。以"陕西神木四人传播网络谣言引发群体事件被刑拘"[1] 一案为例，四名被告人通过网络传播县政府非法集资案件处置不力的虚假信息，引发群众到县政府门口聚集，给现实社会秩序造成了严重危害。

2. 网络暴力的现实危害

网络暴力轻则妨害他人正常生活，重则严重侵蚀当前信息网络社会

---

[1] 参见《陕西神木因网络谣言引发群众聚集事件 4人被拘》，中国新闻网，http://www.chinanews.com/gn/2013/07-16/5049454.shtml，最后访问日期：2023年1月25日。

的公共秩序，破坏社会公众利益，诱发规模化且难以控制的社会风险，可能造成严重的危害结果。根据本书对网络暴力的分类，不同类型的网络暴力具备的潜在风险存在显著区别。

针对特定个人的网络暴力会导致被攻击者的社会评价降低，人格权与信息权受到侵犯，乃至人身、财产等权利受到威胁，"德阳安医生自杀事件"[①]就完整体现了它具备的潜在风险。在四川省德阳市一游泳池内，一名13岁男生（系常某一之子）在泳池内与同泳道相向而游的安医生发生冲突，她的丈夫乔某某将该男生的头按进水里并进行训斥，随后，常某一在更衣室与安医生发生了肢体冲突，报警后乔某某给男生道了歉。但事发后，常某一、常某二（系常某一堂妹）、孙某某（系常某一表妹）将乔某某和男生冲突的视频以打小孩的名义放在了网上，并且附上了安医生与乔某某的照片、职业、单位等个人信息，被众多媒体跟风转发，安医生受到网民的道德审判乃至谩骂，并被"人肉搜索"，导致有网民直接到安医生办公室对其恶言相向，给她施加了巨大压力，导致她不堪重负，自杀身亡。之后网络舆论反转，同样的过程又发生在男生一家身上，给该男生一家也造成了巨大的困扰。[②]

针对特定群体的网络暴力会导致现实社会公共秩序的混乱，甚至会成为现实社会中群体性事件的重要推动力。例如，在上文列举的"陕西神木四人传播网络谣言引发群体事件被刑拘"一案中，四名被告人通过网络传播虚假信息危害现实社会秩序，就是针对特定群体网络暴力行为所具备风险的直观体现。

针对特定群体的网络暴力还会导致企业商誉受损，给企业带来重大的财产损失。例如，因被他人伪造辱骂外卖员的微信聊天截图并在网络传播，武汉某连锁餐饮企业旗下门店被外卖骑手集体抵制，频繁接到骚扰电话和无效订单，门店还被送花圈，严重影响门店正常经营，造成了重大损失。[③]

---

① 参见《绵竹市人民法院关于常某一、常某二、孙某某犯侮辱罪一案的说明》，澎湃新闻，https://m.thepaper.cn/baijiahao_13943114，最后访问日期：2023年1月25日。

② 参见张微《网络暴力的传播研究——以8月25日德阳女医生自杀为例》，《新媒体研究》2019年第4期。

③ 参见《餐饮店遭骑手集体抵制，还被送花圈！原因竟然是……》，网易，https://www.163.com/dy/article/I5HGJ3UA05228QIT.html，最后访问日期：2023年6月4日。

（三）系统应对：网络暴力法律治理体系的健全

网络暴力属于综合性的社会问题，单一部门法不足以完成法律治理任务，需要整体法秩序予以系统应对。当前，我国已构建起较为完善的法律治理体系以规范公共网络空间的信息传播。网络暴力法律治理的整体框架，包括规制整体网络空间的民事、行政、刑事等相关法律法规。从整体立法体系来看，我国目前已有8部规制网络空间的专门立法（包括《网络安全法》《数据安全法》《个人信息保护法》等），21部涉及互联网法律规范的相关法律（包括《治安管理处罚法》《民法典》等）；从刑事立法层面来看，我国已有《刑法》《全国人民代表大会常务委员会关于维护互联网安全的决定》以及10部相关司法解释。从规范性文件的层面来看，目前我国已生效与即将生效的网络暴力治理专门规范性文件有3部，前文已有列举，此处不再赘述。根据相关立法的规定，网络服务提供者、互联网企业与公民的合作义务均显著增加。我国现有的网络空间法律治理的整体框架基本可以总结为以网信部门为中枢、以网安部门为支持、以网络服务提供者为辅助的多头共治。① 具体到网络暴力治理，则主要体现为网络监管部门与网络服务提供者共同承担风险识别与防控联能的公私合作治理模式。当前的主要趋势，是通过法律规范进一步明确网络服务提供者在自有互联网生态内治理主体的地位，同时加强网络监管部门与相关企业及行业内部的有效协作，进一步完善网络空间信息传播治理的法律法规体系，在法治框架内最大限度控制公共网络空间违法信息的传播。

在这一网络空间治理结构下，根据网络暴力危害程度的区别，厘清相关行为不同层次法律责任的联系与区别，组织起法规范体系对网络暴力风险有效且联动的反应，是完善网络暴力法律治理的基本方向。当网络暴力尚未造成值得科处治安管理处罚或刑罚的危害结果时，国家网信部门应承担更加广泛的监督检查与执法功能，督促网络服务提供者加强对其自有互联网生态系统的管理，防止网络暴力的危害升级。以"饭圈网络暴力"治理为例，2021年8月，中央网信办颁布了《关于进一步加

---

① 参见敬力嘉《信息网络犯罪规制的预防转向与限度》，社会科学文献出版社，2019，第11页。

强"饭圈"乱象治理的通知》，提出了十条整治措施，微博、豆瓣等社交媒体对多个违规账号作出了禁言或关闭处理。当网络暴力已侵犯他人民事权益时，根据《民法典》第1194条至第1197条的规定，网络用户或网络服务提供者应承担相应侵权责任。例如，当《民法典》第1197条规定的条件被满足时，网络服务提供者应与利用其服务实施网络暴力的用户承担连带责任。此外，对于《民法典》第1198条设定的一般性安全保障义务，也可以进一步探讨可否将其赋予经营场所、公共场所的经营者、管理者或群众性活动组织者，其中涵盖了社交媒体聊天群组的组织者、管理者或网络服务提供者等主体，使其为网络暴力造成的他人民事权益损害承担侵权责任。

当网络暴力已构成违反治安管理的违法行为时，应依据《治安管理处罚法》第42条的规定，根据行为的危害程度依法给予治安管理处罚。值得注意的是，在适用行政处罚规制网络暴力时，要认识到有关事件信息的模糊度与违法信息的滋生和传播呈正相关关系这一信息传播的规律，加强权威部门与主流媒体对社会公众关切问题的回应，及时、准确发布权威信息，避免简单依赖于行政权力加持的信息封锁，才能充分发挥治安管理处罚对违法信息产生与传播的治理作用。当网络暴力的危害程度已达到刑事不法要求涉嫌犯罪时，应当准确适用刑法规制此类行为。有关网络暴力的刑法规制，下文将进一步展开。总体来看，只有理顺网络暴力涉及不同类型法律责任之间的界限与联系，根据网络暴力行为的危害程度适当分配法律责任，才能实现民事、行政与刑事法律规范的有效衔接，将各部门法对网络暴力调控的有效性纳入综合考量，使我国整体的法规范体系能及时回应当代社会网络暴力的发展变化。

当前，社会大众与网络监管部门已充分认识到网络暴力的现实危害性，对网络暴力应当进行多元共治的共识已经形成，网络暴力防治的法律框架也已基本确立。以国家网信部门为中枢的网络空间法律治理，对于阻断网络空间违法信息的传播以及公民个人信息的泄露具有至关重要的作用，是网络暴力防控的基础框架。但是，随着我国网络空间治理法治化进程的加快，网络暴力的法律规制还存在以下两大问题亟待解决：一是在技术治理层面，虽已开始完善相关法律法规，落实网络服务提供者的监管责任，但还未以《民法典》《数据安全法》《个人信息保护法》

等新近生效的立法为依据,厘清网络服务提供者应承担的整体数据合规义务,也未以相应专门规范性文件为依据,体系性梳理网络服务提供者应承担的具体网暴合规义务;二是在刑事治理层面,对于情节严重的网络暴力行为,我国刑法中相关罪名的适用标准仍不够明确,对其进行有效的刑事规制存在一定障碍,不利于刑法发挥其作为保障法的功能。为此,下文拟重点从网络服务提供者数据合规体系的完善以及网络暴力刑法规制的强化两个方面,展开对网络暴力法律规制具体完善路径的探讨。

(四)技术治理:网络服务提供者数据合规体系的完善

1. 网络服务提供者数据合规的基本内涵

网络服务提供者应构建并完善数据合规体系,夯实网络暴力有效治理的制度根基。"网络服务提供者"既包括以数据为核心生产资料、以网络为主要运营空间的单位与个人,也包括利用信息网络设施开展业务的单位与个人。[①] 在数据治理领域,合理平衡促进信息流动、实现其经济与社会价值的时代需求,与防控企业加工处理所掌握数据,继而制造、获取、传播与利用信息可能具备的法益侵害风险的底线要求,是推动我国数字产业法治化长效发展的应然之义。以此为导向,按照网络安全保护、个人信息保护、数据安全保护等不同的规范目的,根据信息技术服务、电子商务、金融、交通、通信、医疗、政务等不同行业的实际情况,我国的数据监管模式已从强调控制准入转向强调事中事后合规监管,针对数据产业链中的获取、存储与传输以及使用主体,已初步确立了分层分业的监管体系。[②] 我国相关立法特别是《刑法》区分了数据和信息的概念。[③] 数据是信息内容的荷载符号,是载体,而信息是不同主体之间

[①] 根据2019年最高人民法院、最高人民检察院《关于办理非法利用信息网络、帮助信息网络犯罪活动等刑事案件适用法律若干问题的解释》第1条的规定,"网络服务提供者"包括提供网络接入、域名注册解析等信息网络接入、计算、存储、传输服务,信息发布、搜索引擎、即时通讯、网络支付、网络预约、网络购物、网络游戏、网络直播、网站建设、安全防护、广告推广、应用商店等信息网络应用服务,以及利用信息网络提供的电子政务、通信、能源、交通、水利、金融、教育、医疗等公共服务的单位与个人。

[②] 参见黄春林《网络与数据法律实务——法律适用及合规落地》,人民法院出版社,2019,第19~21页;于莽主编《规·据:大数据合规运用之道》,知识产权出版社,2019,第65~222页。

[③] 参见敬力嘉《论企业信息权的刑法保护》,《北方法学》2019年第4期。

的数据交换产生的"意义",或者说是内容。通过对数据的加工处理,可以获得不同类型的信息。① 行为人制造、获取、传播与利用特定类型的信息,可以侵害不同法益。那么,数据合规的范畴便不仅限于对产业链中"数据处理活动"②的规范,还应包括对企业制造、获取、传播与利用信息的各类行为的调整。

2. 网络暴力防控视域下网络服务提供者数据合规的整体要求

首先,根据数据合规的要求,网络服务提供者应在法治框架内进一步完善其技术治理手段,为网络暴力防控提供技术支撑。网络暴力发生的场域均在网络空间之内,而网络空间的规则是由技术(代码)所决定的。而根据美国著名网络法学家劳伦斯·莱斯格所提出的被广为接受的理论框架,互联网控制的焦点是网络服务提供者。③ 在政府公共政策与商业利益的驱动下,网络服务提供者被赋予了巨大的规制权力。因此,应规范网络服务提供者的业务行为,促使其在法治轨道内配合国家监管部门改变互联网的技术架构,实现对网络暴力有效的技术治理。通过在法治轨道内充分利用大数据、云计算、人工智能等先进技术手段,进一步完善网络空间的身份验证与行为追踪机制,确保信息流动有序且可追溯,可以全面提升网络空间管理者对信息流动趋向的研判能力,为进一步明确网络参与主体的行为规范提供技术支撑。

其次,网络服务提供者应分别针对不同的网络暴力类型,以动态的数据产业链为语境,以相关的法律法规为依据,严格履行数据合规要求,承担较为广泛的信息网络犯罪风险的审查与管控义务,以承担起网络暴力的治理责任。具体来看,在数据获取、存储、传输与使用的整个流程中,根据《网络信息内容生态治理规定》设立的网络信息内容治理义务、《网络安全法》第四章设立的网络信息安全保护义务、《刑法修正案(九)》设立的信息网络安全管理义务以及对信息网络犯罪风险的主动管

---

① SCHÖNFELD M v., Screen Scraping und Informationsfreiheit, 2018, S. 27.
② 根据《数据安全法》第3条第2款的规定,"数据处理"包括数据的收集、存储、使用、加工、传输、提供、公开等行为。
③ 参见〔美〕劳伦斯·莱斯格《代码2.0——网络空间中的法律》(修订版),李旭、沈伟伟译,清华大学出版社,2018,第132~150页。

控义务①等法定义务,明确网络服务提供者获取、存储、传输与使用数据的合法权限与具体的行为规范,切实保护好公民个人信息,避免制造、传播、获取与利用违法信息或为此类行为提供支持,落实数据合规的规范要求。作为个人信息处理者的网络服务提供者应遵循数据合规的有关要求,严格落实个人信息保护的相关规定,才能阻断公民个人信息这一网络暴力所需原料的供应链条,有效预防网络暴力的产生。

最后,为了实现以上目标,网络服务提供者应依照《网络安全法》《数据安全法》《个人信息保护法》《关键信息基础设施安全保护条例》等法律法规的要求,根据其服务内容、所需保护法益的类型及其重要性的不同,设置网络安全负责人、数据安全责任人、个人信息保护负责人等数据合规师职位,并支持数据合规师切实履行日常的制度建设义务,真正建立健全企业的数据合规体系,为网络暴力防控提供切实有效的支撑。

(五) 底线保障:网络暴力刑法规制的强化

对于情节较为严重的网络暴力,应当充分发挥刑法的保障作用,准确适用刑法进行严厉打击。基于最后手段性原则的要求,尽管刑法在当前的信息风险社会积极参与社会治理具有必要性与合理性,但仍应维持其介入社会治理的功能边界,确保行为刑事可罚性的判断标准明确且确定。②依据现行刑法规定,网络暴力主要涉及的罪名包括寻衅滋事罪、编造和故意传播虚假信息罪、侮辱罪与诽谤罪。尽管在此类网络化传统犯罪中,仅有编造和故意传播虚假信息罪属于网络安全保卫部门直接管辖的案件类型,③但在相关案件的侦查、证据固定、鉴定等过程中,要发挥多警种协同作战的优势,打破警种、层级间的信息壁垒,各级网安部门为办理网络暴力类案件提供了最为重要的技术支撑,对相关案件的成功侦办发挥了重要作用。因此,明确两类网络暴力所涉相关罪名解释

---

① 《刑法修正案(九)》所增设的第 287 条之一非法利用信息网络罪、第 287 条之二的帮助信息网络犯罪活动罪、第 291 条之一第 2 款编造和故意传播虚假信息罪,以及修改之后的第 253 条之一侵犯公民个人信息罪,事实上是给参与网络空间活动的一般企业与公民,包括网络服务提供者,增加了对信息网络犯罪风险广泛、多层次的管控义务。
② 参见敬力嘉《功能视域下刑法最后手段性原则的教义学重述》,江溯主编《刑事法评论 44:刑法的多元化》,北京大学出版社,2021,第 29~33 页。
③ 依据是 2020 年《公安部刑事案件管辖分工规定》第 9 条的规定。

适用的具体路径,有助于为网安部门对相关案件关键证据的搜集与固定、起诉意见书的撰写等具体工作提供切实可行的参考。

1. 针对特定群体网络暴力刑法规制的强化

笔者在小包公智能法律平台（https://www.xiaobaogong.com/）以"虚假信息"为关键词,选择刑事案由,以"判决书"为文书性质进行类案检索,得到2014~2021年利用信息网络传播虚假信息,且最终以寻衅滋事罪定罪的案件共279件,2016~2021年利用信息网络编造和故意传播四类特定虚假信息,最终以编造和故意传播虚假信息罪定罪的案件共37件。由此可以看到,针对特定群体网络暴力主要涉及的罪名包括寻衅滋事罪与编造和故意传播虚假信息罪。

这里需要明确的是,《刑法修正案（九）》生效后,利用信息网络或其他媒体编造和故意传播虚假信息的行为应当如何规制。有学者提出,原则上不应再对此类行为处以寻衅滋事罪[①]。[②] 本书认为,编造和故意传播虚假信息罪的规定明确了入罪的编造和故意传播虚假信息这一构成要件行为,以及编造和故意传播的虚假信息的类型,即险情、疫情、灾情、警情这四大类,因此,属于"网络寻衅滋事罪"规制的范畴只在这一法定范围内以该独立罪名存在,此法定范围之外,在网络空间造谣、传谣的行为既不应构成本罪,也不应再构成寻衅滋事罪。适用本罪的结论虽与前者一致,但理论进路截然不同。对于本罪的理解与适用,笔者已在其他文章中进行了详细探讨,于此不再进一步展开。[③]

2. 针对特定个人网络暴力刑法规制的强化

根据笔者在上述同一平台以"网络"为关键词,选择刑事案由,以"判决书"为文书性质进行的类案检索,结合媒体报道,得到2013~

---

① 处以寻衅滋事罪的依据是《关于办理利用信息网络实施诽谤等刑事案件适用法律若干问题的解释》（以下简称《网络诽谤解释》）第5条的规定："编造虚假信息,或者明知是编造的虚假信息,在信息网络上散布,或者组织、指使人员在信息网络上散布,起哄闹事,造成公共秩序严重混乱的,依照刑法第二百九十三条第一款第（四）项的规定,以寻衅滋事罪定罪处罚。"

② 参见苏青《网络谣言的刑法规制:基于〈刑法修正案（九）〉的解读》,《当代法学》2017年第1期。

③ 参见敬力嘉《网络空间秩序与刑法介入的正当性》,《刑法论丛》2017年第4卷,法律出版社,2018,第96~97页;敬力嘉《论编造、故意传播虚假信息的刑法规制——虚假疫情信息依法从严治理》,《中国西部》2020年第3期。

2021 年利用信息网络侮辱或诽谤他人，且最终以侮辱罪或诽谤罪定罪的案件共 174 件。其中，有两件涉及行为人侮辱他人致人自杀，最终以侮辱罪定罪处罚，即蔡某某"人肉搜索"徐某某致其自杀一案，[1] 以及德阳安医生被网络暴力致其自杀一案。由此可见，针对特定个人网络暴力涉及的罪名主要包括侮辱罪和诽谤罪。

对于侮辱谩骂形式的网络暴力，可以依靠上文所述的技术手段对相关侮辱谩骂的信息进行技术处理，避免此类信息在网络空间传播，造成风险的扩散。对于程度较为严重、造成严重后果的侮辱谩骂行为，可能构成诽谤罪、侮辱罪，应追究相应犯罪的刑事责任。对于针对特定个人网络暴力场合两罪的适用，首先值得探讨的是，侮辱谩骂形式的网络暴力形成的系统性精神压迫（伤害），能否与两罪所要求暴力行为具备相当性。随着 2018 年、2019 年最高人民法院、最高人民检察院、公安部、司法部相继颁布一系列司法解释，[2] "软暴力"成为我国刑法中半正式的规范概念。本书认为，软暴力应不限于黑恶势力犯罪，可以成为一般犯罪的构成要件行为或手段行为，因此也适用于网络暴力的场合。以严格区分刑法中的暴力与胁迫为前提，侮辱谩骂形式的网络暴力对被害人人身具备即时的强制性与攻击性，应被归类为强制性软暴力，[3] 而非区分为胁迫型与滋扰型网络暴力。[4]

通过侮辱谩骂形式的网络暴力导致他人自杀，是网络暴力强制性与攻击性最极致的体现，目前我国主要以诽谤罪或侮辱罪追究刑事责任。以德阳安医生自杀一案为例，四川省绵竹市人民法院最终以常某一、常某二与孙某某利用信息网络平台煽动网络暴力公然侮辱他人，致被害人安医生自杀身亡、情节严重为由，认定三人行为均构成侮辱罪。而在服装店店主蔡某某"人肉搜索"侮辱中学生徐某某一案中，被害人徐某某

---

[1] 参见云南省昆明市中级人民法院（2014）昆刑终字第 47 号刑事附带民事裁定书。
[2] 主要包括《关于办理黑恶势力犯罪案件若干问题的指导意见》《关于办理实施"软暴力"的刑事案件若干问题的意见》《关于办理利用信息网络实施黑恶势力犯罪刑事案件若干问题的意见》。
[3] 参见陈毅坚《软暴力刑法性质的教义学展开》，《中国刑事法杂志》2020 年第 4 期；陈代波《关于网络暴力概念的辨析》，《湖北社会科学》2013 年第 6 期，第 63 页。
[4] 参见张力《网络软暴力行为的司法认定》，《中国人民公安大学学报》（社会科学版）2021 年第 2 期，第 43~44 页。

跳河自杀，蔡某某最终也只以侮辱罪被判处有期徒刑1年并赔偿12万元。[1] 由于侮辱罪与诽谤罪的法定刑均较低，因此产生了以两罪评价网络暴力致人自杀罪刑并不均衡的争议。例如有学者主张，网络暴力形成的无形暴力与自杀意念高度相关，可被视为故意杀人罪的实行行为，应将其与诽谤和侮辱行为区别对待，根据行为目的的区别，分别处以过失杀人罪、故意伤害罪（致人死亡）或故意杀人罪。[2] 但是，这种论证思路存在显著缺陷。首先，难以认为针对特定个人网络暴力的行为人对谨慎发言以避免他人自杀具有法定的注意义务，认定过失杀人罪存在障碍。其次，在我国刑法语境下，针对特定个人网络暴力造成的精神伤害还难以评价为故意伤害罪构成要件中的伤害结果，直接将其认定为故意伤害罪（致人死亡）并不妥当。最后，网络暴力致人精神伤害进而致人自杀与故意杀人的实行行为或间接正犯（他杀）之间，还存在难以逾越的鸿沟。理由在于，在刑法的规范视域中，网络暴力带来的精神压迫（伤害）既没有直接造成死亡结果，也不能一概排除被害人的认知与判断能力，达不到教唆未成年人、无责任能力人自杀者，或教唆邪教组织人员自杀者对被害人具备的精神控制力[3],[4] 难以评价为故意杀人罪的实行犯或间接正犯。

本书认为，网络暴力致人自杀，其中一部分行为本质上应属于引起他人自杀意图的教唆自杀行为。对于教唆自杀行为的刑事可罚性，我国学界与实务界还存在较多争议。[5] 如果被害人是完全自我决定自杀的，则此时的教唆行为属于无效教唆，根据我国《刑法》第22条以及第29条第2款的规定，原则上应当不予处罚。[6] 而对于网络暴力场合的有效教

---

[1] 参见广东省陆丰市人民法院（2014）汕陆法刑初字第151号刑事判决书。
[2] 参见徐颖《论"网络暴力"致人自杀死亡的刑事责任》，《政法论坛》2020年第1期。
[3] 法律依据为2001年最高人民法院、最高人民检察院《关于办理组织和利用邪教组织犯罪案件具体应用法律若干问题的解释（二）》第9条。
[4] 参见陈青萍《精神控制论：从临床心理学视角分析膜拜现象》，人民出版社，2010，第82~114页。
[5] 参见王钢《自杀的认定及其相关行为的刑法评价》，《法学研究》2012年第4期；钱叶六《参与自杀的可罚性研究》，《中国法学》2012年第4期；周光权《教唆、帮助自杀行为的定性》，《中外法学》2014年第5期。
[6] 参见蔡颖《论教唆行为的两种性质——兼议〈刑法〉第29条第2款之理解》，《刑事法评论39：刑法规范的二重性论》，北京大学出版社，2017，第545~547页。

唆，应当通过将教唆他人自杀行为独立入罪规制此类行为。① 此外，不应将众多网民在网络空间针对自杀者发表的侮辱谩骂言论都视为有效教唆，应结合违法言论在网络空间的传播次数（排除异常不合理的失真传播次数）判断其对被害人自杀结果的促进作用，② 以此确定规范意义上的教唆自杀行为人，使其承担刑事责任。

对于无法评价为教唆他人自杀的，需适用侮辱、诽谤罪对其进行刑法评价。鉴于网络环境下诽谤、侮辱行为的行为主体、危害后果、因果关联等认定存在一定障碍，被害人自诉存在困难，探讨适度降低诽谤、侮辱罪的公诉门槛成为可行的选择。以杭州郎某、何某诽谤案为例，对于该案是否能适用我国《刑法》第246条第2款的"除外"规定"自诉"转"公诉"，本书赞同该案中犯罪行为人的诽谤行为没有特定理由地指向不特定个体，引发了陌生人社会中不特定个体名誉受损的风险，可以对诽谤行为例外提起公诉的观点，③ 对该款的理解同样应适用于侮辱罪。《指导意见征求意见稿》第11~13条更是进一步明确了侮辱罪、诽谤罪的公诉条件。基于以上认知，对侮辱谩骂形式的网络暴力不应再适用寻衅滋事罪。而根据《网络诽谤解释》第5条的规定，利用信息网络辱骂他人，情节恶劣、破坏社会秩序的，以寻衅滋事罪定罪处罚。本条曾经广泛适用于处罚在网络空间发表侮辱英雄烈士言论的行为，随着《刑法修正案（十一）》新增第299条之一侵害英雄烈士名誉、荣誉罪，此类行为今后应适用本罪而非寻衅滋事罪进行处罚。从"利用信息网络辱骂他人"的不法类型来看，既然对严重危害社会秩序与国家利益的侮辱、诽谤行为可以依法提起公诉，适用侮辱罪、诽谤罪而非寻衅滋事罪可以实现对此类行为刑事不法更加准确的评价。而对于以获取不法利益为目的、有组织实施此类犯罪行为的所谓网络"水军"，也要充分发挥违法所得没收制度的功能，剥夺其财产收益。④

对于"人肉搜索"形式的网络暴力，若行为人在"人肉搜索"过

---

① 参见刘仁文《规制自杀关联行为刑法的完善》，《法商研究》2018年第2期。
② 参见熊波《网络违法信息传播次数作为入罪标准的困境与出路——基于186份刑事裁判文书和相关司法解释的思考》，《新闻与传播研究》2020年第10期。
③ 参见车浩《诽谤罪的法益构造与诉讼机制》，《中国刑事法杂志》2021年第1期。
④ 参见王晓晓《刑事一体化视野下违法所得没收制度的完善——以毒品犯罪为视角》，《中国政法大学学报》2021年第3期。

程中非法获取被害人的公民个人信息,并向他人提供或出售,情节严重的可能构成侵犯公民个人信息罪,应当承担相应的刑事责任。值得注意的是,现实中常常存在个人信息保护意识不强的公民将重要个人信息,例如人脸、家庭住址、行踪轨迹等公开于社交媒体,被他人获取后用于实施"人肉搜索"形式网络暴力的情形。对于此类获取公开个人信息并以引发网络暴力为目的进行公开、传播的行为,当已涉及现实法益侵害,且行为人之间存在犯意联络时,此类行为人应承担侵犯相应法益犯罪的共犯责任。对于公开与传播个人信息而未造成现实法益侵害,或仅公开、传播个人信息引发网络暴力,但与造成现实法益侵害者无犯意联络的行为人,目前难以对其进行刑事规制。《指导意见征求意见稿》第4条的规定也并非直接将阻止"人肉搜索"的行为认定为侵犯公民个人信息罪,认定此类行为构成侵犯公民个人信息罪的前提是违法搜集且情节严重、符合本罪构成要件,因此无法依据该条规定否定以上结论。本书认同应完善刑事立法,将此类行为纳入刑法规制范围的观点,但相较于新设"网络暴力罪",[①] 将非法利用公民个人信息的行为入罪,更有利于准确界定此类提供或公开公民个人信息行为的刑事不法类型,是更为合理的选择。在此类行为尚未被入罪的当下,行为人至少需承担侵权责任。

以人脸信息为例,根据2021年最高人民法院发布的《关于审理使用人脸识别技术处理个人信息相关民事案件适用法律若干问题的规定》(以下简称《人脸识别规定》)第1条的界定,人脸信息应属生物识别信息,也应属于2017年最高人民法院、最高人民检察院联合发布的《关于办理侵犯公民个人信息刑事案件适用法律若干问题的解释》第5条规定的健康生理信息,具备直接的人身与财产法益关联性,属于重要的公民个人信息。但公民个人通常会在社交媒体等多个渠道公开其人脸信息,行为人单纯公开与传播人脸信息的行为难以纳入刑法规制。若采用人脸识别、深度伪造等技术对获取的人脸信息进行处理,并进一步用于不法目的的实现,当符合上文所述刑事可罚性要求时,应适用刑法进行处罚;

---

① 参见石经海、黄亚瑞《网络暴力刑法规制的困境分析与出路探究》,《安徽大学学报》(哲学社会科学版)2020年第4期。

当难以纳入刑法规制范围，但已侵犯被害人相应民事权益时，应根据《人脸识别规定》与《民法典》的相关规定，要求行为人承担相应的侵权责任。

（六）网络暴力公私合作治理模式的反思与调试

根据上文论述可知，我国对于网络暴力的多元共治模式，在相关法律规范中体现为网络服务提供者需分担网络暴力风险识别与防控职能的公私合作治理模式。通过2022年中央网信办开展的"清朗·网络暴力专项治理行动"及其出台的《通知》与《网暴信息治理征求意见稿》等规范性文件，网络服务提供者在网络暴力信息的识别、预警、处置，以及网络暴力当事人保护等方面应承担的义务得到进一步明确，网络暴力公私合作治理模式得以全面确立。需要特别说明的是，中央网信办有关规范性文件中使用的义务主体概念并不清晰，应统一厘定为网络服务提供者。《通知》采用了"网站平台"这一事实性表述，但并未对其进行规范界定。从中央网信办开展的"清朗"系列专项行动针对的对象来看，其主要涵盖了"微博""知乎""小红书"等主流网络社交平台。《网暴信息治理征求意见稿》将义务主体规定为"网络信息服务提供者"，却并未对该概念进行界定。《网络信息内容生态治理规定》第41条第2款使用了这一概念，将"网络信息内容生产平台"界定为"提供网络信息内容传播服务的网络信息服务提供者"。根据体系解释的原则，可以合理地认为"网络信息服务提供者"的范围应当大于"网络信息内容生产平台"，但究竟何为"网络信息服务提供者"，在上述规定中并未予以界定。本书认为，从网暴治理的实际需求出发，所谓"网络信息服务提供者"即为"网络服务提供者"，无须再创设内涵不清的新概念。从我国网暴发展的历程来看，其经历了从论坛、贴吧向微信、微博、视频平台等转移的过程。除了专门的网络社交平台之外，随着越来越多的网络服务应用开始具备社交功能，例如网络游戏、外卖平台甚至货运公司发布订单的App[①]都已具备聊天交互的功能，网暴可能发生的场域不断拓展，

[①] 参见《信号山：货拉拉再爆涉黄 平台履行责任还得多用心》，潇湘晨报百家号，https://baijiahao.baidu.com/s?id=1744650091187127123&wfr=spider&for=pc，最后访问日期：2023年6月1日。

且容易在不同应用之间跳转。因此，将网暴治理协助义务的主体界定为网络服务提供者，符合网暴治理的现实需要。鉴于我国相关立法中已确立"网络服务提供者"的规范概念，对该项义务主体进行如此界定，也符合明确性原则的要求。令人遗憾的是，法学界对于网络暴力治理的研究远滞后于实践发展，既有成果数量不多，且多着眼于具体部门法领域网络暴力责任的认定与立法完善，[1] 或是对既有治理手段有效性的简单否定，[2] 缺乏对公私合作治理模式的体系性思考。本书将厘清网络暴力公私合作治理模式的性质，在此基础上进一步厘清确立此种模式的现实需求及其存在的体系风险，最终在法治框架内提出平衡其正当性与有效性的调试进路。

1. 网络暴力公私合作治理模式的规范性质

当网络暴力尚为一般违法行为时，网络暴力治理应属公共行政[3]任务。不同于近年来学界在平台治理语境下对平台责任与监管模式进行的有限探讨，[4] 对于私主体与行政机关分担公共行政任务、共享社会治理公共职能的合作治理，行政法学界已进行了较为深入的研究。改革开放以来，随着我国经济体制、社会结构与行政管理体制的深刻变革，公私合作逐渐覆盖多个行政领域与行政活动的全流程，逐步形成了包含刚性（传统行政行为）、柔性（如行政契约）、中性（行政和解、评估等）等多种行为类型，私人和行政机关共同负责监管与提供服务的混合"监管体制"（regulatory regimes）。[5] 而我国由《网络安全法》开始确立的网络

---

[1] 参见徐颖《论"网络暴力"致人自杀死亡的刑事责任》，《政法论坛》2020年第1期；徐才淇《论网络暴力行为的刑法规制》，《法律适用》2016年第3期。

[2] 参见王静《数字公民伦理：网络暴力治理的新路径》，《华东政法大学学报》2022年第4期。

[3] 石佑启教授将公共行政界定为"不以营利为目的，旨在有效地增进与公平地分配社会公共利益而进行的组织、管理与调控活动"。石佑启：《论公共行政与行政法学的范式转换》，北京大学出版社，2003，第21页。

[4] 参见吴方程《网络平台参与内容治理的局限性及其优化》，《法治研究》2021年第6期；范如国《平台技术赋能、公共博弈与复杂适应性治理》，《中国社会科学》2021年第12期。

[5] 参见章志远《迈向公私合作型行政法》，《法学研究》2019年第2期；〔美〕乔迪·弗里曼《行政法中真正的民主问题：私人主体、公共职能与新行政法》，〔加拿大〕大卫·戴岑豪斯编著《重构法治：法秩序之局限》，程朝阳、李爱爽译，浙江大学出版社，2020，第467页。

空间共同治理原则，以及在此指导下进行的公共行政范畴的网络暴力公私合作治理，亦属此种混合"监管体制"的当然延伸。在此种混合"监管体制"下，尽管行政权力的行使方式已改变，但行政机关的中心地位并无改变。[①] 需通过"国家保留"与"国家担保"等方式明确公私合作的界限，识别并管控其潜在风险，有学者将以此种体制为内容的行政法归纳为"合作行政法"。[②]

然而，当网络暴力涉嫌犯罪，网络暴力公私合作治理便已超出"合作行政法"范畴。我国《刑法修正案（九）》增设了第286条之一拒不履行信息网络安全管理义务罪，[③] 尽管不能将本罪等同于对网络服务提供者的刑事合规要求，从刑法学界对本罪的主流认知，以及司法实践中本罪判例的稀缺程度来看，[④] 将本罪的制度功能定位于激励网络服务提供者积极配合信息网络犯罪风险防控，而非追究网络服务提供者的刑事责任，这一点应无争议。我国《刑法修正案（九）》还增设了第287条之二帮助信息网络犯罪活动罪，本罪"明知"要件的否定，同样有赖于网络服务提供者对他人利用其服务实施犯罪风险的识别与预防。依据以上两罪，网络服务提供者需承担较为广泛的配合信息网络犯罪风险防控的义务，[⑤] 此类风险也包括涉罪网络暴力风险。因此，对网络服务提供者而言，网络暴力公私合作治理已从公共行政任务转变为刑事作为义务。已有学者对我国应采纳网络犯罪公私合作治理模式进行了前瞻性探讨，[⑥] 但尚未厘清此种模式的规范性质，且对象仅限于网络犯罪，未涉及一般网络违法行为。基于以上分析可知，网络暴力公私合作治理模式不仅存在私

[①] 参见宋华琳《论政府规制中的合作治理》，《政治与法律》2016年第8期。

[②] 参见章志远《迈向公私合作型行政法》，《法学研究》2019年第2期。

[③] 信息网络安全管理义务属于行政管理义务，并非本罪为网络服务提供者创设的刑事作为义务。参见敬力嘉《信息网络安全管理义务的刑法教义学展开》，《东方法学》2017年第5期。

[④] 参见江溯主编《网络刑法原理》，北京大学出版社，2022，第316~337页；陈洪兵《拒不履行信息网络安全管理义务罪条款"僵尸化"的反思》，《学术论坛》2022年第3期。

[⑤] 有学者认为，我国《互联网信息服务管理办法（草案征求意见稿）》第21条，以及《反电信网络诈骗法》第四章等规定，"为平台增设了一种总体性、概括性的犯罪预防义务"，此种义务事实上已通过本罪转化为刑事作为义务。参见单勇《数字看门人与超大平台的犯罪治理》，《法律科学》2022年第2期，第85~86页。

[⑥] 参见江溯《论网络犯罪治理的公私合作模式》，《政治与法律》2020年第8期。

主体与公共部门的主体混合，还存在行政监管与犯罪风险防控的职能混合，本书将其归纳为"混合治理体制"，并以此作为本书的分析单位。

2. 网络暴力公私合作治理模式的现实需求与体系风险

（1）现实需求

对于在网络暴力治理领域确立公私合作的"混合治理体制"，公共部门与网络服务提供者均存在充足的内在动力。

第一，对公共部门而言，此种公私合作治理模式对于弥补现行法律规制效果的不足具有显著的积极作用。尽管我国目前已拥有网络暴力治理的基本法律框架，如前文所述，包括8部网络空间专门立法、21部相关立法、《刑法》及10部有关罪名的司法解释以及3部专门的规范性文件，但有关网络暴力的具体规定仍较为零散，且缺乏针对性，难以有效应对数量日益增长、形式愈加多样化的网络暴力，当事人也难以得到及时救济。无论是传统的道德审判、侮辱谩骂、"人肉搜索"，还是新型的"网课爆破"，现行立法为国家机关提供的网络暴力规制手段都是较为有限和滞后的，还需进一步完善，前文已对此进行了较为全面的分析。鉴于网络空间是网络暴力发生的行为场域，网络暴力者的行为直接体现为违法信息传播，网络服务提供者作为网络空间信息流动的枢纽，对治理涉网络暴力违法信息具有不可替代的重要作用。其中，大型网站平台具有雄厚的资金和技术实力，公共部门与其合作治理网络暴力，可以显著提升技术水平并降低治理成本。

第二，对网络服务提供者而言，此种公私合作治理模式可以提供事前自主网络暴力合规[①]的方向，有利于网络服务提供者尽早完善其管理机制，识别并防范有关合规风险。当前，我国在个人信息保护、网络安全等领域已确立较为完备的规范体系，为企业制定专门合规计划提供了规范基础。[②] 随着我国对网络暴力治理的重视程度不断提高，其规范基础也将迅速完善。《通知》与其他专门规范性文件已为网络服务提供者进行专门网络暴力合规指出了大致方向，但还未界定其义务主体的基本

[①] 本书使用的"合规"概念，若无特别说明，均指企业事前自主合规，而非检察机关主导的事后强制合规整改。

[②] 参见敬力嘉《个人信息保护合规的体系构建》，《法学研究》2022年第4期，第152～154页。

范围与类型。基于我国"具体媒介具体管理"的媒介内容管理模式,①不同类型的网络服务提供者应承担的具体义务内容并不相同。无论是《美国数字千年版权法》的两分法（网络信息内容服务提供者与网络中介服务提供者），还是德国的四分法（内容服务提供者、信息传输服务或通道服务提供者、临时性或自动性缓存服务提供者以及存储服务提供者），②均是以网络服务提供者提供的服务内容为分类标准。由于我国近二十年来信息网络化程度极大加深，网络服务嵌入社会基本结构的广度与深度均得到极大拓展，网络服务可能影响法益的数量与类型大幅增加，有必要在服务内容标准的基础上，辅以所需保护法益重要性标准，确定网络服务提供者的类型。依据最高人民法院、最高人民检察院《关于办理非法利用信息网络、帮助信息网络犯罪活动等刑事案件适用法律若干问题的解释》第1条的规定，网络服务提供者可分为信息网络技术服务提供者、应用服务提供者与公共服务提供者。前两者以服务内容为分类标准，后者则以所需保护法益的重要性为分类标准，前两者可进一步区分为信息网络私人服务提供者与公共服务提供者。网络服务提供者应根据自身业务需要制订专项合规计划并加以落实，预防涉网络暴力行政、刑事处罚风险以及附随的声誉与商业机会等损失。

(2) 体系风险

尽管在我国确立网络暴力公私合作治理模式具备充分的现实需求，学界主流观点也多强调"压实平台责任"对治理网络暴力具有重要意义，③但对于此种"混合治理体制"存在的体系风险，既有研究并未充分关注。作为一种社会治理公共职能的分配机制，网络暴力治理公私合作治理模式应受比例原则制约。下文将首先明确比例原则的审查标准，继而依据比例原则分别检验此种"混合治理体制"的目的与手段，厘清其体系风险。

本书无力对比例原则展开全面探讨，仅着眼于该原则视域下目的正

---

① 参见左亦鲁《具体媒介具体管理——中国媒介内容管理模式初探》，《开放时代》2023年第2期。
② 参见王华伟《网络犯罪的司法认定》，中国人民大学出版社，2022，第127～128页。
③ 参见刘艳红《加强网络暴力治理法治化研究 营造积极健康网络生态》，《法治日报》2022年11月2日，第9版；刘文杰《治理网络暴力 平台责任为先》，《上海法治报》2022年7月8日，第7版。

当性与手段合比例的关系，以确定该原则的审查标准。有关比例原则的内涵，行政法学界存在"三阶"与"四阶"之争，区别在于后者主张应将目的正当性纳为比例原则的子原则。持"三阶"论的学者认为，若将目的正当性纳入比例原则，可能导致合目的审查若不通过则无须进行后续审查，挤压比例原则裁量权，以及手段被目的吸收，增加比例原则适用方法逻辑缺失的风险。① 本书认为，若仅将比例原则视为对司法（解释适用法规范）与行政（执法）行为正当性的审查原则，以上风险确实存在。司法与行政人员无权也无须审查法规范的目的正当性，这应当属于立法者的职权。但是，若将比例原则视为公权力行使正当性的审查原则，鉴于立法权当然属于国家公权力的范畴，在立法层面对法规范目的正当性进行的审查，应当纳入比例原则的功能范畴。②

在立法阶段，应如持"四阶"论者所主张的，依照目的正当性、适当性、必要性与均衡性递进审查立法的正当性。③ 在司法适用与行政执法阶段，审查顺序则截然不同。司法与行政人员应先对其依据的法规范进行目的识别，继而以识别出的目的对其手段进行合目的性审查。在合目的性审查过程中，若发现法规范目的存在与宪法抵触、不具有重要价值、不够现实和具体等情形，则需由立法者对法规范的目的正当性进行审查。以刑法为例，法益是立法者通过特定罪名（构成要件）要保护的目的。在评价是否可动用刑法处罚一个行为时，法益保护原则要求司法者识别该行为侵犯何种法益，以及法益侵害的类型与程度。对于动用刑法保护该法益的合目的性审查，已通过最后手段性原则与罪刑法定原则的要求，转化为刑法教义学中刑事违法性的具体判断标准。④ 在司法层面对特定行为入罪进行合目的性审查的过程中，若发现该罪法益与宪法抵触、不具有重要价值、不够现实和具体，则需在立法层面反思该罪设立的目的正当性。⑤ 作为司法适用与行政执法阶段的"混合治理体制"，

---

① 参见梅扬《比例原则的适用范围与限度》，《法学研究》2020年第2期。
② 参见王锴《合宪性、合法性、适当性审查的区别与联系》，《中国法学》2019年第1期。
③ 参见刘权《目的正当性与比例原则的重构》，《中国法学》2014年第4期。
④ 参见敬力嘉《功能视域下刑法最后手段性原则的教义学重述》，江溯主编《刑事法评论44：刑法的多元化》，北京大学出版社，2021，第28~49页。
⑤ 参见敬力嘉《信息网络犯罪中集体法益保护范围的扩张与限度》，《政治与法律》2019年第11期。

网络暴力公私合作治理模式的体系风险主要体现在目的识别的挑战与手段合目的性缺陷。

第一，网络服务提供者在网络暴力公私合作治理模式中的角色错位，导致该"混合治理体制"产生了目的冲突，对准确识别该模式的目的提出了挑战。网络服务提供者的网络暴力合规，是我国网络暴力公私合作治理模式的主要制度载体。提供网络服务是民商事经营行为，是宪法赋予作为私主体的网络服务提供者的经营自由，[①] 追求经营利润是网络服务提供者理性且正当的追求。然而，企业合规固有的"命令与控制"特征，使其极易被企业管理层对利益最大化的追求扭曲异化，成为企业系统性从事违法犯罪的理想工具。[②] 网络暴力合规不同于其他专项合规，它不是要求网络服务提供者防控自身信息传播产生的网络暴力风险，而是出于配合网络暴力治理目的，防控用户利用其服务进行信息传播产生的网络暴力风险。由于网络服务提供者并非网络暴力实施主体或网络暴力治理的职能部门，是基于法律规范及有关规范性文件的强制规定，而非基于契约等柔性协商方式分担了公共部门的网络暴力治理职能，这无疑存在相当程度的角色错位，给网络服务提供者显著增加了负担，导致在网络暴力公私合作治理模式中，企业追逐私利的目标与配合网络暴力治理的公共目标之间存在更加明显的冲突。有观点主张，可根据超大型平台的"数字守门人"地位，[③] 或其基于宪法要求应承担的法秩序维护义务与基本权利促进义务，[④] 证成其已获得网暴治理的权力，从而成为网暴治理的主体，本书并不赞同以上思路。暂且不论网暴治理的义务主体并非仅限于超大型平台，即使"数字守门人"和宪法义务的适用范围能扩张至所有网络服务提供者，以上两种理论也仅能说明网络服务提供者获得了参与网暴治理的权限，并未说明网络服务提供者与网络监管部门的网暴治理权限应如何分配。作为私主体，追求盈利是网络服务提供者的理性选择。在强大的监管压力乃至潜在刑事责任的威慑下，各家重

[①] 参见何荣功《预防刑法的扩张及其限度》，《法学研究》2017年第4期。
[②] 参见敬力嘉《个人信息保护合规的体系构建》，《法学研究》2022年第4期。
[③] 参见单勇《数字看门人与超大平台的犯罪治理》，《法律科学（西北政法大学学报）》2022年第2期，第79~80页。
[④] 参见陈斌《数字平台义务创设的宪法基础》，《环球法律评论》2023年第3期。

点平台都投入了大量资金与人力成本开发了网暴治理技术工具，这与企业追求盈利的目标无疑存在显著冲突。因此，强制让网络服务提供者承担网暴治理义务，会引发其复杂的应对行为，① 令其在完全遵守与完全不遵守该项义务之间的巨大灰色地带，基于实际需求采取多种行动策略应对公共部门的强制要求。

真正的服从不是屈从或盲从，而是基于认同的自愿服从。② 若将网络暴力公私合作治理模式的目的界定为"强制网络服务提供者配合实现有效的网络暴力治理"，则难以获得网络服务提供者的真正认同。有学者指出，在"流量为王"的时代，平台存在滥用网络言论审查权牟利的动机，完全可能对网络暴力合规阳奉阴违。③ 如何准确识别该模式的目的，成为完善网络暴力治理需要直面的挑战。

第二，若以强制网络服务提供者配合实现有效网络暴力治理作为合作治理模式的目的，既有手段的合目的性也存在显著缺陷。

首先，既有合作治理手段不具有适当性。所谓适当性，即要求手段有助于目的实现。网络暴力治理的核心内容是规范网络空间的信息传播，依据我国网络暴力治理领域的既有规范，判断网络暴力治理有效性的核心标准，在于识别与阻止涉网络暴力违法信息的传播，体现了对网络暴力的"零容忍"取向。《通知》即要求建立健全网络暴力预警预防机制，严防网络暴力信息传播扩散。然而，网络平台的管理要求、法律规范的禁止性规定抑或公民数字伦理，④ 都只是潜在网络暴力实施者行为决策时考虑的要素之一，它们会影响其行为，但无法决定其行为。⑤ 正因如此，面对网络监管部门的持续打击，网络暴力数量和种类仍能日益增长。当出现新的、不在其案例样本库中的涉网络暴力违法信息时，网络服务

---

① 参见〔美〕劳伦斯·弗里德曼《碰撞：法律如何影响人的行为》，邱遥堃译，中国民主法制出版社，2021，第 118~124 页。
② 参见唐慧玲《公民服从的逻辑》，中国社会科学出版社，2016，第 178 页。
③ 参见王静《数字公民伦理：网络暴力治理的新路径》，《华东政法大学学报》2022 年第 4 期，第 30~31 页。
④ 参见王静《数字公民伦理：网络暴力治理的新路径》，《华东政法大学学报》2022 年第 4 期。
⑤ 参见〔美〕马克·格兰诺维特《社会与经济：信任、权力与制度》，王水雄、罗家德译，中信出版集团，2019，第 293~326 页。

提供者难以及时有效识别并阻止其传播。也就是说，涉网络暴力违法信息产生和传播的风险难以被完全消除，对网络暴力采取"零容忍"政策不具有现实可能性。

如上文所指出的，网络服务提供者的个人利益与网络暴力治理的公共利益存在冲突。在既有网络暴力公私合作治理模式下，网络服务提供者若完全放任涉网络暴力违法信息的传播，可能只涉嫌行政违法，需接受罚款、责令整改等行政处罚；网络服务提供者若遵循网络暴力合规要求，对其用户传播涉网络暴力违法信息的行为进行规范，但并未规范到位，就可能涉嫌犯罪，需接受刑事处罚。[①] 在真实社会中，网络暴力合规是由具体行为人执行的。基于狭隘理性人的假设，当个人利益与集体利益存在显著冲突时，如果社会效率低下的制度规则能够给自利的行为人带来更大的个人效用，那么他们将偏好这些规则。[②] 基于前文所述现实，若网络暴力合规要求网络服务提供者做到对网络暴力的"零容忍"，则能为网络服务提供者带来更大效用的网络暴力合规规则有两种：为了实现经营利润最大化，完全放任涉网络暴力违法信息传播，对合规要求阳奉阴违；或者为了实现合规风险最小化，全力迎合监管要求，过度管控信息流动（例如过度删帖控评）。第一种规则完全消解了网络暴力合规的制度功能，第二种规则尽管有利于实现网络暴力合规的制度功能，却可能不当妨害公民的言论自由和网络空间的信息流动自由。对网络暴力治理而言，两种非正式规则的社会效率均属低下，却常为网络服务提供者所采用，这充分验证了既有网络暴力合作治理手段不具有适当性的结论。

其次，既有合作治理手段未对网络服务提供者的网络暴力合规要求进行类型化区分，也未厘清其权限边界，其必要性存在疑问。

对一般的网络中介服务提供者而言，其业务一般不涉及内容信息的

---

① 例如，对于出现新型"网课爆破"的授课平台，若平台被责令整改后整改不到位，继续出现类似事件，导致涉网络暴力违法信息大量传播，或进一步导致被害人死亡等严重后果，授课平台完全可能构成拒不履行信息网络安全管理义务罪、帮助信息网络犯罪活动罪，或寻衅滋事罪、侮辱罪、诽谤罪的共犯。

② 本书所谓"社会效率"是指分配效率，即资源的最大化生产性利用。参见〔美〕杰克·奈特《制度与社会冲突》，周伟林译，上海人民出版社，2017，第35页。

制造与传播,要求其对网络暴力合规投入过多资源,属于不必要的负担。对网络信息内容服务提供者而言,需重视网络暴力合规对于企业经营的基础性价值。以网络媒体平台(包括网络化的传统媒体)与开展了传媒业务的大型网络平台为例,其对网络空间信息的产生与传播发挥着重要的建构性作用。当网络媒体在公司股东、广告主、消息来源和受众等因素影响下,将商业性置于媒体的独立性、中立性与公正性[①]之前,就可能通过不尽客观的报道促使网民群体极化,进而催化舆论热点牟利,这一点在崔某某案、夏某某案等涉城管执法重大案件的发展过程中得到了充分体现。[②] 对于在此过程中发生的网络暴力行为及其产生的危害结果,网络媒体无疑应当承担法律责任。网络暴力合规可以成为网络媒体信息剪裁之刀的刀鞘,应成为其经营管理的常态化要求。

既有网络暴力合规的重点在于为网络服务提供者设定义务要求,以及要求其保证绩效标准。《通知》及《网暴信息治理征求意见稿》对于网络暴力合规的要求体现了鲜明的技术治理取向,要求网站平台充分运用自身的技术能力,实现对涉网络暴力违法信息的识别、预警与处置。《通知》第1条与《网暴信息治理征求意见稿》第2条第2款的规定,实质是将涉网络暴力信息的界定与分类标准视为技术标准,并将制定标准的权力交给了网站平台。然而,这一技术标准自身不具有规范性效力,其规范性效力来自法规范本身。[③] 在法律规范并未恰当规定"涉网络暴力信息"概念的当下,网络服务提供者自行界定涉网络暴力信息,实质是在自行确定其网络暴力合规计划的规范性依据,超越了其应有的权限,企业履行网络暴力合规计划的过程也因此缺乏透明度和公众参与,难以得到有效监管。

最后,既有合作治理手段为网络服务提供者创设了过多合规要求,其均衡性存在疑问。例如,《通知》第3条要求网站平台及时清理涉网络暴力违法违规评论,《互联网跟帖评论服务管理规定》第4条要求跟帖评论服务提供者对评论先审后发,且要求对注册用户的真实身份信息进行验证,力求尽早阻止涉网络暴力评论信息的产生与传播。面对我国网

---

① 参见陈柏峰《传媒监督的法治》,法律出版社,2018,第105~106页。
② 参见陈柏峰《传媒监督的法治》,法律出版社,2018,第88~95页。
③ 参见陈伟《作为规范的技术标准及其与法律的关系》,《法学研究》2022年第5期。

民数量庞大、互联网资源应用高度丰富以及活跃度高的现状,[①] 以上对跟帖评论服务的合规要求,可能给企业增加过重的负担,妨碍企业的经营自由。

3. 网络暴力公私合作治理模式的调试进路

评价法律规范的有效性,需考量其产生的真实影响,以及在前者基础上进一步判断其是否有利于促进目标实现。[②] 从上文的考察来看,我国网络暴力公私合作治理模式的目标尚存在内在冲突,作为其制度载体的网络暴力合规也会引发网络服务提供者复杂的应对[③]行为,对实现有效网络暴力治理目标可能产生消极影响。因此,下文拟通过调整公私合作治理模式的目标设定与完善合规体系的制度设计,尝试对既有网络暴力公私合作治理模式进行调试。

(1) 目标调试

正如上文所指出的,网络暴力风险不可能被完全消除,对网络暴力采取"零容忍"政策不具有现实可能性。因此,网络暴力公私合作治理的目标应当定位为对网络暴力风险的合理分配,以实现对网络暴力风险的前置和有效管理,尽可能降低其转化为实害后果的可能性。

具体而言,面对网络暴力治理这一复杂且严峻的挑战,公私合作治理模式的优点已得到广泛认可。与此同时,也必须清晰认识到该模式下公共部门与私主体间现实存在的博弈关系。二者的行为决策都不是中性的,受到追求利益分配优势这一内在动力的驱使。[④] 为避免网络服务提供者为追逐私利妨碍公共利益,便限制其参与网络暴力治理的做法属于因噎废食,并不可取;仅依靠法律规范为其强制赋予"数字守门人"地

[①] 参见中国互联网络信息中心《第 50 次中国互联网络发展状况统计报告》,第 12~14 页、第 25~26 页。

[②] 参见〔美〕劳伦斯·弗里德曼《碰撞:法律如何影响人的行为》,邱遥堃译,中国民主法制出版社,2021,第 58~60 页。

[③] 在完全遵守与完全不遵守网络暴力合规要求之间,还存在巨大的灰色区域,网络服务提供者会基于实际需求,采取多种行动策略应对公共部门的强制合规要求。参见〔美〕劳伦斯·弗里德曼《碰撞:法律如何影响人的行为》,邱遥堃译,中国民主法制出版社,2021,第 118~124 页。

[④] 参见〔美〕杰克·奈特《制度与社会冲突》,周伟林译,上海人民出版社,2017,第 22~48 页。

位，强调网络暴力治理是其应当承担的社会公共责任或道德义务，① 也难以有效协调私主体与公主体的行为预期。只有明确公私合作中私主体参与公权力行使的方式，厘定合作主体的权限，才能尽可能减少冲突，实现此"混合治理体制"运行成本的最小化，保障其制度效率。② 明确网络暴力公私合作治理的目标后，还需以此为依据，进一步确立网络暴力公私合作治理的基本原则，以指导网络暴力合规计划的具体设计。

(2) 基本原则的确立

第一，网络暴力公私合作治理应遵循辅助性原则。在"合作行政法"视域下，辅助性原则是指个人相较于社会和国家、较小组织相较于较大组织具有事务处理优先权，若个人或较小下位组织能处理某项事务，社会、国家或较大上位组织就不应介入，反之则应积极支援直至亲自接手完成该事务。③ 这一原则的适用范围不包括公共行政任务分配阶段的职能权限，仅限于任务分配完成之后的执行权限，不能成为网络暴力公私合作治理模式的指导原则。对于合作治理中职能权限的分配，行政法学者主张可用"国家保留"与"国家担保"加以明确，④ 这样的界定还不够完整。本书主张网络暴力公私合作治理应遵循的辅助性原则是指，在网络暴力治理领域，无论是合作分担公共行政还是犯罪风险防控任务，需明确公共部门的主导地位，网络服务提供者配合提供运营和技术支持，才能厘清二者的权限边界，其旨趣更加接近于刑法中的法益保护辅助性原则。以此指导网络暴力公私合作治理，能更好地平衡涉网络暴力违法信息管控与信息流动自由、言论自由、企业经营自由之间的关系。

以辅助性原则为指导，首先应将涉网络暴力信息限定为违法信息。涉网络暴力信息类型的界定权应当属"国家保留"事项，应由法律规范明确界定而不能交给平台，是将涉网络暴力信息限于违法信息的实质理

---

① 参见单勇《数字看门人与超大平台的犯罪治理》，《法律科学》2022年第2期。
② 科斯定理有关在交易成本为正的情况下，清晰界定权利有利于降低交易成本、促进经济效率的观点，可支持本书对制度效率的分析。经济学中有关"效率"的争议较为复杂，本书采取的效率概念是分配效率。参见艾佳慧《科斯定理还是波斯纳定理：法律经济学基础理论的混乱与澄清》，《法制与社会发展》2019年第1期；方绍伟《制度效率论争：主客观思维的冲突与融合》，《经济学动态》2013年第12期。
③ 参见詹镇荣《民营化与管制创新》，台北：元照出版有限公司，2005，第285页。
④ 参见章志远《迈向公私合作型行政法》，《法学研究》2019年第2期，第146~148页。

由。网络服务提供者技术治理的功能，应限于依据法律规范的明确规定，对涉网络暴力违法信息进行识别、预警，并阻止其传播。如此，有助于明确网络服务提供者在网络暴力合作治理中的职能权限，助其形成更加稳定的行为预期，充分发挥自己的技术优势，采取更加有效的网络暴力风险预防措施。例如，对于"网课爆破"，即外来者闯入网课课堂，通过刷屏刷梗、开麦辱骂等方式破坏线上教学秩序的行为，预防重点在于强化师生的网络安全意识以及教师对网课的权限管理，而非简单的评论管控。作为网课的常用平台，腾讯会议开发了"网络研讨会"，区分了主持人、嘉宾、观众的参会角色，且对各个参会者的权限进行了精确划分，如此，可最大限度地降低"网课爆破"或其他类似行为发生的风险。

第二，网络暴力公私合作治理应遵循明确性原则。首先，应对涉网络暴力信息进行明确界定。如上文所述，涉网络暴力信息是网络暴力治理的基点，应限于法律规范有明确界定的违法信息。有论者主张可参考德国《网络执行法》的立法经验，将违法信息的范围进一步限定为我国刑法分则中规定的违法信息，理由在于刑法分则规定的违法信息最具危害性，且规定最为明确。[①] 本书基本赞同以上观点，尽管《通知》与《网暴信息治理征求意见稿》均未对涉网络暴力信息进行妥当界定，但除了期待《网暴信息治理征求意见稿》进一步完善之外，今后在实操层面，相关公共部门应为涉网络暴力信息违法性的判断提供必要的协助。以上论者关于可以参考德国《网络执行法》将"违法信息"的判断与刑法中构成要件进行关联的观点，[②] 本书也认为可以参考。

其次，对于网络服务提供者的网络暴力合规义务以及违反合规义务应承担的责任，均应进行类型化的明确界定。网暴治理重在预防，对于这一点应无疑义。而关于如何预防，《通知》给出的方案是"进一步压实网站平台主体责任"，为网络服务提供者赋予加强内容识别预警、构建识别技术模型、建立应急响应机制、强化当事人防护以及阻断网暴信息传播扩散的全链条技术治理义务。依据《通知》第5条的规定，网信部

[①] 参见孙禹《论网络服务提供者的合规规则——以德国〈网络执行法〉为借鉴》，《政治与法律》2018年第11期。

[②] 参见孙禹《论网络服务提供者的合规规则——以德国〈网络执行法〉为借鉴》，《政治与法律》2018年第11期。

门的职责则被定位为"指导督促网站平台压实主体责任"。无论学界[①]还是实务界[②]的主流观点,对于这一治理思路均持肯定态度。然而,网络服务提供者是否应为网暴治理主体,尚待追问。鉴于网暴行为的本质是网络空间中的信息传播,网络监管职能部门是网暴治理的当然主体。基于我国在网暴治理领域确立的"混合治理机制",网络服务提供者分担了涉网暴公共行政与犯罪防控任务。[③] 强制赋予网络服务提供者网暴治理的主体地位,让网络监管部门隐于幕后,成为网络服务提供者的监督者,固然会减轻网络监管部门的规制成本与问责压力,却会导致网络服务提供者与网络监管部门的互动过程"黑箱"化,难以在法治框架下厘清二者的权限分配,既不利于协调二者的行为预期,也不利于实现对网暴治理流程的法治化监督。因此,应摒弃"平台治理浪漫主义",充分尊重真实世界中网络服务提供者的正当利益诉求,明确网络服务提供者的网暴治理参与者地位,其应承担的网暴治理义务的性质应属协助义务。如此,可避免网暴治理决策的博弈过程形成"黑箱",为能接受正当性与有效性检验的网暴治理机制的形成提供规范基础。事实上,在《网暴信息治理征求意见稿》第3条、第4条的规定中,已明确网暴治理中网信部门作为治理主体、行业组织与网络服务提供者作为参与主体的定位,未来可以此作为确定网络服务提供者应承担网暴治理协助义务的规范依据。为了避免歧义与误导,《网暴信息治理征求意见稿》第5条规定的"信息内容管理主体责任"也应当修正为"信息内容管理责任"。

  此项协助义务具体包括实体与程序两方面内容。该项协助义务的实体内容,应是协助治理涉网暴违法信息。关于应排除"不良信息"的理由,前文已作阐释,此处不再赘述。违法信息的类型则包含虚假信息与真实信息。在司法实践中,网暴事件的发生通常与虚假信息[④]有关,虚

[①] 参见刘艳红《理念、逻辑与路径:网络暴力法治化治理研究》,《江淮论坛》2022年第6期。

[②] 参见喻海松《网络暴力的多维共治:以刑事法为侧重的展开》,《江汉论坛》2023年第5期。

[③] 参见敬力嘉《网络暴力公私合作治理模式的反思与调试》,《江汉论坛》2023年第5期,第137页。

[④] 所谓"谣言"不是规范概念,核心是未经证实,但未经证实的信息不必然虚假以及具备违法属性,应将通常指称的"谣言"限定为规范意义上的虚假信息。

假信息是刺激热点网暴事件高速传播的重要传播因素。[①] 如果仅仅是对事实完全的虚假描述，辟谣、证伪的难度相对不大。但目前越来越多的涉网暴虚假信息是含有一定负面事实的部分虚假信息，或利用技术手段对事实进行变造形成的虚假信息。若欲识别与处置此类虚假信息，网络服务提供者需要投入的资源相对较多。例如，针对前述"211大学"男生P图"造黄谣"，以及特效师利用深度伪造应用合成与知名女星热吻视频[②]等，网络服务提供者应当探索、应用深度伪造监测技术，[③] 遵循《互联网信息服务深度合成管理规定》第11条、第14~21条的有关合规要求，积极协助治理新型的涉网暴虚假信息。《指导意见征求意见稿》第8条也规定，利用"深度合成"技术发布违法或不良信息，违背公序良俗、伦理道德，构成涉网暴违法犯罪的，应从重处罚。

网暴事件的发生也常涉及真实信息，主要包括个人信息与不涉及侮辱、诽谤的道德审判、其他攻击性言论等。对于前者，网络服务提供者应当认真履行我国个人信息保护合规的有关要求，制订符合行业特点与企业能力的合规计划，[④] 保障用户的个人信息不被非法获取与公开披露，避免其个人信息被用于实施网暴。而对于后者，基于目前网络服务提供者主要应用了内容自动过滤技术对有关信息进行过滤的现实，如何避免技术措施妨碍用户正当的言论自由与信息流动自由，是需要考量的核心问题。在行政处罚乃至刑事责任的威慑下，我国的信息内容服务提供者、社交服务提供者等普遍采取了关键词过滤、截图审核、数据过滤等技术，对用户发布的信息进行事前过滤，但并未确立对技术措施正当性与有效性的审查标准。[⑤] 例如，笔者近期曾通过微信向朋友发送了一段自我介

---

① 参见丁汉青、韩玥《事件与传播：网络暴力事件传播力影响因素分析——基于49例网络暴力事件的定性比较分析（QCA）》，《广州大学学报》（社会科学版）2023年第1期，第187~191页。

② 参见付彪《当心"特效合成"突破法律底线》，《人民法院报》2023年4月1日，第2版。

③ 参见孙炜晨、田青、罗曼、刘健《视频深度伪造检测技术及应用》，《警察技术》2023年第1期。

④ 参见敬力嘉《个人信息保护合规的体系构建》，《法学研究》2022年第4期，第157~163页。

⑤ 参见魏露露《互联网创新视角下社交平台内容规制责任》，《东方法学》2020年第1期，第30~32页。

绍，只因其中含有"网络暴力"这个关键词，就被技术屏蔽了，导致对方无法接收。又如，虽然微信与QQ同属一家公司，但同样一个教学课件通过QQ可以正常传输，通过微信传输却被屏蔽，可见同一家公司的技术审查标准也不尽一致。

目前，人工智能算法的"黑箱"问题受到了普遍关注，学界也对此类算法提出了透明、可解释性等要求，并积极探索算法决策的事后问责机制，[①] 网络服务提供者采用的网络内容信息监管算法也没有理由游离在法治监管框架之外。因此，在网络服务提供者协助治理真实涉网暴违法信息的实体义务中，应当包含对内容信息监管技术措施透明、可解释，以及可检验与审计、受协议约束、保留人工权限等要求，[②] 避免网络信息过滤过程的"黑箱"化；也应当包含对内容信息监管算法效能与精确性的要求，促进网络服务提供者积极更新优化有关技术措施，[③] 为网络服务提供者优化内容信息监管合规机制提供明确的规范指引。

网络服务提供者网暴合规的程序义务，主要包括协助涉网暴违法信息的识别与处置、协助固定与提供涉网暴证据两个类型。

依据《通知》与《网暴信息治理征求意见稿》的规定，网站平台要建立网暴信息分类标准和典型案例样本分析库，并以此为基础实现对此类信息的识别、预警与及时处置。但是，涉网暴违法信息的类型更新非常快，且对于信息属性的规范评价多涉及真伪判断，要求网络服务提供者组建专业能力合格的团队从事这项工作，会给其增加较大负担。此外，网暴信息界定的技术标准本身不应具备规范性效力，其规范性效力应当来自法规范本身，[④] 不应将确定网暴信息规范标准的权力交给网络服务

[①] 参见沈伟伟：《算法透明原则的迷思——算法规制理论的批判》，《环球法律评论》2019年第6期；王莹：《算法侵害类型化研究与法律应对——以〈个人信息保护法〉为基点的算法规制扩展构想》，《法制与社会发展》2021年第6期。

[②] Vgl. Janique Brüning, Künstliche Intelligenz und strafrechtliche Haftung-Compliance-Anforderungen im digitalen Zeitalter mit Blick auf die Finanzwirtschaft, in: Rotsch (Hrsg.), Criminal Compliance-Status quo und Status futurus, 2021, S. 85 ff.

[③] 参见孙冉、安璐：《突发公共卫生事件中谣言识别研究》，《情报资料工作》2021年第5期。

[④] 参见陈伟：《作为规范的技术标准及其与法律的关系》，《法学研究》2022年第5期。

提供者。① 所以,《网暴信息治理征求意见稿》应当明确将网暴信息的概念限定为违法信息,并赋予网络监管部门对信息属性进行规范评价的义务,网络服务提供者的程序义务应当限于将评价结果转化为技术识别的具体样本与模型,以激励网络服务提供者充分发挥其资金与技术优势,通过技术治理实现对网暴风险的有效预防。

当网暴行为已经导致危害结果,证据固定与收集的困难是导致行为人难以被追责的症结所在。例如,在"粉发女孩"被网暴后自杀事件中,受害者被网暴后的第一时间就选择了积极维权,不仅自己积极固定证据,还在警方建议下向平台投诉,对网暴者的侵权证据进行了公证保全。但平台对于投诉的响应机制非常迟缓,向个人提供侵权证据的动力显著不足。而受害者自行保全和公证保全的难度大、周期长、成本高,也不易锁定真实的侵权人。在民事侵权之诉的情境下,尽管依据《最高人民法院关于民事诉讼证据的若干规定》(以下简称《证据规定》)第2条第2款,当事人因客观原因不能自行搜集的证据,可申请人民法院调查收集,但《证据规定》第20条第2款要求,当事人申请人民法院调查收集证据的申请书需要载明被调查人的姓名或单位名称、住所等基本情况,面对海量且前台匿名的网暴行为人,仅靠受害者自身很难满足申请法院向网络服务提供者收集调查网暴侵权证据的法律要求。在刑事自诉的场合,受害者同样面临民事诉讼中证据固定与收集的困境。只有如杭州郎某、何某诽谤案一般实现了自诉转公诉,证据收集与固定的困境才得以突破。②

《指导意见征求意见稿》第11~14条有关畅通诉讼程序、及时提供有效法律救济的规定,体现了我国最高司法机关积极探索网络诽谤、侮辱刑事自诉取证难破解之道,以及对扩大我国《刑法》第246条第2款的适用范围,适度降低诽谤、侮辱罪的公诉门槛的有益尝试。然而,《指导意见征求意见稿》第11条仅对如何落实公安机关协助取证的内容进行了规定,第13条、第14条也只确立了涉网暴案件侦办、审理过程中公安机关、检察院、法院的程序衔接机制,尚未规定网络服务提供者应当

---

① 参见敬力嘉《网络暴力公私合作治理模式的反思与调试》,《江汉论坛》2023年第5期,第140~141页。
② 参见车浩《诽谤罪的法益构造与诉讼机制》,《中国刑事法杂志》2021年第1期。

如何协助固定与提供涉网暴证据。《网暴信息治理征求意见稿》第22条的规定在这一方面作出了非常重要的积极探索。该条规定网络服务提供者应当为用户提供针对网暴信息的一键取证功能，并为司法机关、有关部门的调查取证工作提供必要的技术支持和协助。但是，该条规定还是过于概括，难以为网络服务提供者提供清晰明确的指引。只有结合我国现有的网络服务提供者信息披露（数据协助）义务的有关规定，[1] 明确网络服务提供者应承担的协助固定与提供涉网暴证据的程序义务，对网络服务提供者涉网暴投诉处理机制与公安机关、检察院、法院对网络服务提供者的涉网暴证据调取机制进行协调、细化，将其纳入法治轨道，才是衔接法律治理与技术治理的应有之义，才能真正有希望破解网暴追责取证难的顽疾。关于此，《监察法实施条例》第五章有关监察程序的规定可以提供有益的参考。

正如前文所指出的，网络服务提供者网暴治理协助义务的内容包含实体与程序两个维度。无论是否为信息网络公共服务提供者，均应承担完整的网暴治理协助义务，义务内容及强度的差异主要来自服务内容的区别。信息网络技术服务提供者对网暴过程一般并无认识，仅为涉网暴违法信息的流动提供技术支持，其应承担的协助义务应限于数据存储、提供等程序义务。在信息网络应用服务提供者中，网络信息内容服务提供者（例如网络媒体、自媒体等）能够通过对网络空间内信息的合目的裁剪与优势传播，实现对特定新闻事件的建构，诱发不特定或多数网民的主观情绪，刺激涉网暴违法信息的产生与传播。有实证研究即显示，首发内容的倾向性是引发高传播力网暴事件的充分条件之一。[2]《网暴信息治理征求意见稿》第16条规定的"互联网新闻信息服务单位"即可归属于这一类型。而网络社交服务提供者则在涉网暴违法信息的传播过程中居于枢纽地位，为恶性网暴事件的发生提供了行为场域。因此，网络信息内容服务提供者与网络社交服务提供者应承担完整的网暴治理协

---

[1] 参见裴炜《针对用户个人信息的网络服务提供者协助执法义务边界》，《网络信息法学研究》2018年第1期。
[2] 参见丁汉青、韩玥《事件与传播：网络暴力事件传播力影响因素分析——基于49例网络暴力事件的定性比较分析（QCA）》，载《广州大学学报》（社会科学版）2023年第1期，第183~191页。

助义务。对于其他提供社交功能的信息网络应用服务提供者而言，同样应对其具备社交功能的应用服务承担完整的网暴治理协助义务。需要特别说明的是，鉴于网络服务提供者履行网暴治理协助义务的成本由其自行承担，应根据不同规模网络服务提供者的经济能力确定其应承担的义务强度。小型信息网络内容、社交服务提供者实力有限，应主要承担协助涉网暴违法信息日常管理义务。大型平台的资金与技术实力雄厚，相较于前者，应承担更多的涉网暴违法犯罪风险积极审查义务。[①] 例如，"抖音"上线对不当评论的"发言警示"功能，对不当私信的"风险提示"和"负向内容过滤"等功能，即是履行此种积极审查义务。[②]《指导意见征求意见稿》第6条、第8条与第16条第2款都明确提及了"网络服务提供者"，上文的认知也可适用于对《指导意见征求意见稿》相关条款理解的进一步细化。厘定网络暴力公私合作治理模式的基本原则后，还需进一步完成对其有效性审查与底线保障机制的体系构建。

（3）有效性审查与底线保障机制的体系构建

首先，需构建网络暴力公私合作治理模式的有效性审查机制。对于网络暴力治理领域的"混合治理体制"而言，公共部门在其中的主要作用，应当是对任一参与网络暴力治理的行动组合施加干预，确保该组合实现利益最大化，并将公私合作的风险降到最低。[③] 因此，构建对网络暴力合规有效性的审查机制至关重要。本书主张，对于网络服务提供者进行网络暴力合规的有效性，应当贯彻三阶审查法进行审查，即对网络暴力合规计划的一般特征、具体要素及功能、企业成员的具体行为进行递进、过滤式审查。[④] 在事前自主合规阶段，网络暴力合规有效性审查的制度保障，主要是《网暴信息治理征求意见稿》第24条规定的网信部

[①] 参见敬力嘉《个人信息保护合规的体系构建》，载《法学研究》2022年第4期，第159页。

[②] 参见《治理网暴，抖音6个月处罚账号11348个》，钱江晚报百家号，https://baijiahao.baidu.com/s? id=17368852078598 53234&wfr=spider&for=pc，最后访问日期：2023年6月2日。

[③] 乔迪·弗里曼：《行政法中真正的民主问题：私人主体、公共职能与新行政法》，〔加拿大〕大卫·戴岑豪斯编著《重构法治：法秩序之局限》，程朝阳、李爱爽译，浙江大学出版社，2020年，第511页。

[④] 参见敬力嘉《个人信息保护合规的体系构建》，《法学研究》2022年第4期，第161～163页。

门对网络服务提供者进行的监督检查。在今后可能出现的网络暴力治理专门条例或立法中，可参考我国《个人信息保护法》第54条、第64条规定的合规审计，为网络暴力合规的有效性审查提供有效的制度保障。在事后强制合规阶段，鉴于在最高人民检察院发布的第三批、第四批涉案企业合规典型案例中，已出现涉非法获取计算机信息系统数据罪、帮助信息网络犯罪活动罪的案例，说明在企业合规改革试点工作中，信息网络犯罪案件已进入涉案企业合规第三方监督评估机制（以下简称"第三方机制"）的适用范围，应可预见涉罪网络暴力案件会进入第三方机制的适用范围。

在第三方组织对涉案企业事后合规考察中审查网络暴力合规计划的有效性，合理评价涉案企业合规整改的效果，也是完善网络暴力合规有效性审查机制的重要组成部分。需进一步探讨的，是在三阶审查的第二阶段审查中，基于第三方机制作为刑事合规措施的特性，针对用户利用其网络服务传播违法信息引发的涉罪网络暴力风险，如何确定网络服务提供者领导人、合规负责人的监管义务，与二者在合规考察中对第三方组织的信息披露义务。

第一，监管义务。在网络暴力合规考察的语境下，应根据网络服务提供者的类型、规模，以及在涉网络暴力违法信息制造、传播过程中实施的具体行为，以所涉具体犯罪构成要件为依据，判断企业领导人、合规负责人应承担的获取法益将受到侵害的认知、确认危险预防措施的积极效力以及查明或采取最有成功希望的救助策略等三类监管义务，并在合规考察中评估二者是否尽到相应监管义务，作为合规计划有效性的重要评价标准。

第二，信息披露义务。违规违法行为发生后，企业为避免案件恶化、最大限度争取宽大处理，一般会聘请第三方律师（事务所）进行合规内部调查。我国学者已从比较法视角出发，对企业领导人、合规负责人在内部调查中应尽的信息披露义务进行了一定探讨。[①] 在我国，第三方机制启动后由第三方组织对企业进行的合规考察，其性质应属国家调查。

---

① 参见陈瑞华《企业合规的基本问题》，《中国法律评论》2020年第1期，第191页；李本《企业视角下的合规计划建构方法》，《法学杂志》2020年第7期，第81~82页。

对于合规考察中企业领导人、合规负责人对第三方组织的信息披露义务，最高人民检察院、司法部、财政部等联合印发的《关于建立涉案企业合规第三方监督评估机制的指导意见（试行）》（以下简称《指导意见》）第 17 条作出了简要规定，中华全国工商业联合会 2022 年 1 月 4 日发布的《〈指导意见〉实施细则》第 36 条将之进一步细化，但学界暂未关注，本书拟作进一步厘清。尽管我国《刑法》中并未设置如德国刑法第 138 条的罪名，为公民赋予检举严重犯罪行为的一般性刑事作为义务，[1]当企业涉嫌网络暴力有关犯罪且已进入合规考察阶段时，基于企业领导人、合规负责人对企业所实施单位犯罪具备的保证人地位，二者应根据身心状况与具体行为情境，承担对第三方组织披露犯罪有关信息的积极义务，这是二者对企业实施犯罪所应承担监管义务的当然延伸。对于企业雇员实施的不为企业决策机制认可的个人犯罪行为，企业领导人、合规负责人不具有保证人地位，只有对第三方组织所开展调查的配合义务。为解决涉案企业倾向于在合规考察中掩盖事实、向外部调查人员披露信息动力不足的问题，一般认为可采取"胡萝卜加大棒"策略予以激励，越早披露的，减轻处罚的力度越大。[2]

企业领导人、合规负责人履行信息披露义务时，应遵循以下三点要求。第一，二者应充分遵循信赖原则，保护企业员工的信息权利。第二，二者应进行利益冲突、义务冲突的衡量，披露信息不能侵犯企业的商业秘密、知识产权等正当权益。若第三方组织成员在合规考察中导致二者违反以上两点要求，应遵循《指导意见》第 18 条、《〈指导意见〉实施细则》第 36 条的规定，向第三方机制管委会反映或提出异议，以及向负责办理案件的人民检察院提出申诉、控告，纠正其不当或涉嫌违法犯罪的检查、评估行为。第三，二者应披露真实信息。企业决策层在决定是否和如何披露犯罪有关信息时，企业需付出成本的高低是其主要考量因素。因此，将本为企业决策机制认可的单位犯罪归咎于具体责任人，对调查机关充分披露甚至虚构具体责任人与犯罪有关信息，隐瞒单位决策

---

[1] Wabnitz/Janovsky/Schmitt（Hrsg.）, Handbuch Wirtschafts-und Steuerstrafrecht, 5. Aufl., 2020, S. 397-402.
[2] Vgl. Ralf Köbel, Kriminologisch-empirische Forschung zu Criminal Compliance, in: Rotsch (Hrsg.), Criminal Compliance-Status quo und Status futurus, 2021, S. 151-157.

机制认可该个人行为有关信息,将具体责任人作为企业的替罪羊,以求实现责任转移的企业,在欧美刑事合规的实践中并不罕见。相较于权责更为分明的大企业,民营中小微企业(以下简称民营企业)更容易采取这样的"转移责任"策略。有实证研究即显示,涉案企业交出员工的频率,会随着企业科层化的加强和组织纠纷的增加而显著下降。[①] 在我国大量对民营企业适用第三方机制的国情下,应在合规考察中审慎审查企业所披露犯罪有关信息的真实性与完整性,以此评估企业领导人、合规负责人是否有效履行信息披露义务。

其次,需构建网络暴力公私合作治理模式的底线保障机制。网络服务提供者可能构成涉网络暴力罪名所设定的刑事责任,以及刑事领域对涉案企业的强制合规整改,二者共同构成了网络暴力公私合作治理模式的底线保障机制。鉴于网络暴力不是一个有待刑法评价的独立行为,需要将其还原为通过制造、传播违法信息可能构成的相应犯罪行为,本书认为,单独设立所谓"网络暴力罪"并不可取。通过完善相应罪名解释适用的标准,可实现涉网络暴力罪名更加顺畅、妥当的适用,充分发挥刑法在网络暴力治理中的底线保障功能。有关于此,前文已进行了较为充分的探讨,此处不再赘述。此外,还需对涉网络暴力有关罪名网络服务提供者适用合规不起诉进行合理限制,这样才能真正实现刑法对于网络暴力治理的底线保障功能。

与国外适用企业合规不起诉制度时放过涉案企业、严惩涉案企业领导人与直接责任人不同,对完成合规整改的涉案企业及其中的个人均不起诉的"双不起诉"现象,在我国企业合规试点改革中普遍存在。对于司法实践中的这一现象,支持其正当性观点的主要论据在于,与国外主要对权责明晰的大型企业适用企业合规不起诉不同,我国企业合规试点改革中大量对民营企业适用第三方机制,此类企业多具备"人企合一"的特点,只有"放过企业家",才能实现"放过企业"的目的。主张此类现象有待修正的学者,则是在认同对民营企业适用第三方机制"双不起诉"必要性的基础上,提出应明确企业合规不起诉只适用于企业,涉

---

① Vgl. Ralf Köbel, Kriminologisch-empirische Forschung zu Criminal Compliance, in: Rotsch (Hrsg.), Criminal Compliance-Status quo und Status futurus, 2021, S. 158.

案企业中具体个人刑事责任确需减免的,应适用认罪认罚从宽制度。且不起诉不等于一放了之,应适用严格的行政处罚与合规整改等刑罚替代措施,从严约束涉案企业及个人进行有效整改。① 本书基本认同后者结论,但不赞同其理由。企业合规整改后避免制裁的可能性越高、力度越大,制定并不折不扣执行网络暴力合规计划的动力越大,这并非一个不证自明的事实,而是一个理论假设,需要进一步分析予以证实或证伪。

第一,在企业合规不起诉场合,对涉案企业中的个人而非涉案企业施以刑罚,才能发挥刑罚对企业犯罪的特殊预防作用,"放过企业家"不符合企业合规不起诉的正当目的。依据刑法对实施单位犯罪的企业处以罚金,加上违法所得没收、商业机会损失等消极后果,会给企业的生产经营带来毁灭性打击,且会使无辜的企业股东、股民、雇员与合作伙伴等受到牵连。正因如此,学界主流观点认为,通过合规不起诉"放过企业",会给予涉案企业极大激励,促使其配合完成合规整改,从而达到特殊预防的效果。对于"人企合一"的民营企业,企业运营系于领导人一身,因此需要"放过企业家"才能实现激励企业的目的。但是,尽管有社会网络作为独立归责的现实基础,通过企业决策机制形成的单位犯罪意志仍需依靠具体自然人贯彻实施。且企业的规范、制度、文化只影响(塑造)其成员的行为,无法决定其行为。因此,处罚企业是否能有效消除其再犯单位犯罪的风险,取决于涉案企业中的个人是否对企业受到的处罚感同身受,从而愿意将合规要求内化为自己的行为规范,以换取企业应承担刑罚的减免,在民营企业实施单位犯罪的场合更是如此。然而,涉案企业中的个人往往并未理性衡量企业的成本收益,而是在追求自己的个人目的,才会让企业为此承担不合比例的风险,通过企业决策机制促成企业实施单位犯罪。② 那么,涉案企业中的个人未必会将减免企业的刑罚视为自己的可得利益,只有对相应个人的刑罚才具备特殊预防的效果。因此,减免涉案企业中个人刑事责任的依据,不是涉案企

---

① 参见陈卫东《从实体到程序:刑事合规与企业"非罪化"治理》,《中国刑事法杂志》2021年第2期;黎宏《企业合规不起诉:误解及纠正》,《中国法律评论》2021年第3期;李玉华《企业合规本土化中的"双不起诉"》,《法制与社会发展》2022年第1期。

② Vgl. Andreas Ransiek, Unternehmenssanktionen und Compliance, in: Rotsch (Hrsg.), Criminal Compliance-Status quo und Status futurus, 2021, S. 278 – 295.

业为民营企业,只应是相关个人符合认罪认罚从宽制度的适用条件。

第二,对不同规模的企业适用合规不起诉应遵循一致标准,不可对民营企业特别优待,避免企业合规成为刑事追诉的"挡箭牌"。在前两期企业合规试点改革中,检察机关出于保护民营企业的初心,对涉罪民营企业合规考察及不起诉制度进行的本土化探索,无疑值得充分肯定。但是,不能以特殊保护民营企业为由,走向对民营企业犯罪"宽进宽出"的治理模式,即从宽把握此类企业实施单位犯罪的成立条件与企业合规不起诉的适用条件。这既违背法治原则,也可能导致企业合规成为民营企业逃避刑事追诉的"挡箭牌",难以有效消除其再犯风险。在谨守刑法介入企业犯罪治理功能边界、避免犯罪圈过度扩张,以及遵循上文所提出基本原则确立适合企业的网络暴力合规计划的基础上,应统一严格把握合规不起诉的适用标准,主要是合规计划有效性的审查标准,才能避免企业合规改革偏离初心,让涉罪民营企业能够通过真正有效的合规整改获得新生。以遵循以上两方面规范限制为前提,对完成网络暴力合规整改的涉案企业可"双不起诉"。

随着网络技术的发展,网络空间的"公共属性"越发明显。网络暴力本质上作为一种违法信息传播行为,可能对现实社会产生巨大影响。在我国网络空间治理体系建设的完善阶段,只有充分重视网络暴力的潜在危害,建立健全网络暴力的法律规制体系,才能在法治轨道内完成对信息自由流动与法益侵害风险防控的有效平衡。而在刑法视域内,网络暴力属于典型的信息网络环境下的犯罪参与,应当遵循刑法教义学的理论基础,促进对此类行为立法与司法层面刑事规制的完善,使刑法能够较好地与其他法律规范及社会治理机制形成合力,避免网络"社死"的潜在危害,最终实现对网络暴力的长效综合治理。

第七章 故意不作为型犯罪参与的处罚边界

第一节 信息网络环境下故意不作为型犯罪参与归责的挑战

一 传统理论中"不作为犯罪参与"的定性争议

上文已对不作为的不法结构进行了较为全面的剖析，也已厘清不作为犯，包括不作为犯罪参与的评价对象，应是行为人意图控制下的容许行为。"不作为"本身并非行为类型，而是根据具体犯罪构成要件（归责标准）进行归责评价后的结果，即不法类型。本书将立足于以上理论基础，进一步展开对"不作为犯罪参与"的探讨。

近年来，我国刑法学界对不作为犯罪的研究有了长足进展，但总体仍未脱离对德日相关学说的介绍、评析与运用，[①] 对不作为犯罪参与[②]的研究更是如此。而作为"近几十年共犯理论中最引人注目的领域"[③]，不作为犯罪参与的处罚根据与边界至今仍常议常新，远未形成定论。有关这一问题，我国学界目前主要在是否区分不作为正犯与共犯，以及如果区分，应适用一元还是多元区分标准的分析框架下探讨。[④]

对于出租车司机不阻止乘客强奸[⑤]、妻子不阻止精神病丈夫杀人[⑥]、

[①] 参见陈兴良《不作为犯论的生成》，《中外法学》2012年第4期。
[②] 本书探讨的不作为犯罪参与，限于以不作为方式参与故意作为犯构成要件实现的情形。
[③] Claus Roxin, Täterschaft und Tatherrschaft, 9. Aufl., 2015, S. 458.
[④] 参见何龙《不阻止他人故意犯罪的行为性质认定》，《中外法学》2017年第6期；耿佳宁《不作为参与行为的评价与犯罪论根基的改变》，《当代法学》2015年第2期；杜文俊、陈洪兵《不作为共犯与犯罪阻止义务》，赵秉志主编《刑法论丛》2009年第3卷，法律出版社，2009；等等。
[⑤] 参见孟焕良、高欢《坐视车内少女被强暴，"冷漠的哥"获刑两年》，《人民法院报》2011年5月21日，第3版。
[⑥] 参见北京市海淀区人民法院（2016）海刑初字第2799号刑事附带民事判决书。

母亲不阻止其男友虐童①等传统犯罪的不作为参与,其不作为形态及刑事可罚性,已基本为我国学界与实务界认可,问题主要在于如何分配刑事责任,适用以上分析框架并无不妥。

二 信息网络环境下故意不作为型犯罪参与面临的归责挑战

在信息网络环境下,若试图进行故意不作为型犯罪参与的刑事归责,将主要面临以下挑战。

在传统犯罪迅速网络化②的当下,作为与不作为犯罪参与的界限日趋模糊。同时,随着网络环境下犯罪的链条化、产业化,不作为具备事实上的参与性已成常态,不作为犯罪参与和日常不可罚行为的界限也日趋模糊。

例如,在韩国引起轩然大波、引发全球关注的"N号房"事件③中,对于聊天室运营团伙在现实中胁迫、侵害女性,并发布相关图片、视频的犯罪行为,交纳会费观看图片与视频的 Telegram 聊天室会员,其行为能否被评价为不作为犯罪参与?若答案为肯定,如何认定相关会员的刑事责任?(案例一)又如,并无货源的行为人在网上发布出售防疫物资信息,中间人不知道也未核实上家是否有货源便转发此信息,买家所付款项被层层向上转付,最终,最初的信息发布者卷款500万元逃跑,对于这种针对信息发布者实施的诈骗犯罪,中间人的行为能否被评价为不作为犯罪参与?若答案为肯定,如何认定中间人的刑事责任?(案例二)再如,对于有合理依据了解或怀疑客户从事洗钱活动,面对监管机构的查询,却回复并无异常的金融机构从业人员,对于客户实施的网络洗钱犯罪,其行为能否被评价为不作为犯罪参与?若答案为肯定,如何认定金融机构从业人员的刑事责任?(案例三)

以上三个案例中,首先面临的问题是如何区分作为与不作为。其次,

---

① 参见河南省高级人民法院2017豫刑终289号刑事判决书。
② 本书所称"网络化传统犯罪",是指利用信息网络侵犯传统法益而非新型信息法益的犯罪行为。参见敬力嘉《信息网络犯罪规制的预防转向与限度》,社会科学文献出版社,2019,第29~38页。
③ "N号房"事件,是指通过社交平台 Telegram 建立多个秘密聊天房间,将被威胁的女性(包括未成年人)作为性奴役的对象,并在房间内共享非法拍摄的性视频和照片的事件。

对于犯罪参与行为类型及其刑事责任的认定，这些案例也带来了新的挑战。在案例一中，针对聊天室运营团伙在现实中实施的犯罪行为，相关会员与运营团伙间无意思联络、无共同认识、无共同行为，但客观上形成了促成相关犯罪实施的组织形态；在案例二中，针对信息发布者实施的诈骗犯罪，中间人与信息发布者客观上共同实施了诈骗行为，并造成了财产损失，但中间人仅与上家，而非信息发布者有意思联络和共同认识；在案例三中，针对客户实施的网络洗钱犯罪，金融机构从业人员与客户无意思联络、无共同认识，但客观上共同完成了网络洗钱犯罪。仅凭区分不作为正犯与共犯的相关学说，以上三个案例中，相关主体的刑事责任难以得到妥当认定。因此，本书拟通过厘定不作为参与网络化传统犯罪的评价对象、判断标准与归责结果，系统探讨不作为犯罪参与的行为不法内涵，明确刑法的处罚标准。

第二节 故意不作为型犯罪参与的归责标准

一 模型与类型：举止规范与作为义务的区分

对于不作为犯所创设举止规范与作为义务的区分，上文已有所论及，本书拟在故意不作为犯罪参与的语境下对此展开进一步论证。

作为义务，是不作为犯包括不作为犯罪参与行为不法判断（归责）标准的核心。在学界目前关于不纯正不作为犯作为义务来源的争论中，支持形式作为义务来源的观点，面临作为义务范围缺乏限定的难题，支持实质作为义务来源的观点，[1] 则需要面对义务内容不清晰的有力指责。若从归责视角出发，或许便可从上述争议中抽离，找到真正的问题所在：既然决定不作为行为不法是否存在的是作为义务是否存在，而非"如何"以及"为什么"存在，[2] 那么，就不能脱离具体的刑法规范（构成要件）去抽象地探讨容许行为人是否存在作为义务。明确不作为犯罪

---

[1] 参见田宏杰《深刻反思实质的作为义务理论》，《检察日报》2019年9月23日，第3版。
[2] Bastian Kreuzberg, Täterschaft und Teilnahme als Handlungsunrechtstypen. Zugleich ein Beitrag zur allgemeinen Verhaltensnormlehre, 2019, S. 671.

参与行为不法判断标准的前提,是厘清具体构成要件中举止规范和作为义务的关系。

刑法所创设举止规范的内容,在理论上可被视为一般的结果阻止义务,还需进行进一步的具体(个体)化判断。① 对不作为犯罪参与而言,由于不作为不是自然的因果流程,而是介入了积极的第三人行为,无论是纯正还是不纯正不作为犯,在举止规范层面,只能在事前行为人决定的情形下考察容许行为和结果的关系。在事前,行为人不可能预料到结果是否发生,只能认识到介入行为具备阻止结果发生的趋势。对行为人来说,只能要求他在事前的角度采取针对避免危险实现的适格行为。如果构成要件结果还是出现了,则考虑过失的不作为。② 以故意杀人罪为例,"禁止杀人"等于"要求不杀人",但"要求不杀人"不等于"要求救人",更不等于"要求采取达到某种程度的救助措施"。

而正如上文所述,不纯正不作为犯与作为犯"等价"的内涵,是前者的作为义务应与具体构成要件中一般的结果阻止义务一致。不纯正不作为犯以此为规范依据,以保证人地位为媒介,将一般的结果阻止义务具体化为个人的作为义务,才能达到与作为犯不法内涵一致的要求。无论是故意杀人罪这样的纯粹结果犯,还是强奸罪这样要求特定举止方式的举止关联犯的不纯正不作为犯,③ 都应符合等价性要求。④ 那么,不应强求故意的不作为犯罪参与有意图地完成救助,只应要求行为人采取积极的措施,引发或促成外在救援。如果行为人有意识地不引发外在救援,则构成要件结果的实现可归属于行为人的容许行为,因为在事前,他在行为决定的情形下,就掌握了被害人是否能够得到救助的能力。在英美

---

① 国内学界已有学者开始注意到归责判断中抽象规范与具体义务的关系。参见陈璇《刑法归责原理的规范化展开》,法律出版社,2019,第53~74、87~89页。
② Bastian Kreuzberg, Täterschaft und Teilnahme als Handlungsunrechtstypen. Zugleich ein Beitrag zur allgemeinen Verhaltensnormlehre, 2019, S. 214, 215.
③ 对作为德国主流学说的"模式等值"理论的介绍,以及我国学者对等价性概念的误解,参见吕翰岳《作为与不作为之区分的目的理性思考——以德国判例与学说为借镜》,《环球法律评论》2017年第4期,第93~95页。
④ 本书主张的等价性是举止规范一致基础上的不法内涵等价,与学界既有观点存在差异。对有关等价性既有学说的介绍,参见林亚刚、黄鹏《等价性在不纯正不作为犯罪中理论地位研究》,《西部法律评论》2014年第4期。

刑法理论与实务中，对不作为犯作为义务的内容基本也持这样的见解。①

基于这样的认识，可以认为不作为犯罪参与中也存在决定是否及如何发生侵害者，但不作为本身无法被支配。因为不作为者对举止规范的违反不依赖于对他人行为的考量，构成要件结果的可避免性，单纯依赖于不作为者积极作为具备的能量。因此，以支配标准区分不作为的共犯与正犯，无论是对结果、造成结果的原因抑或行为的支配，都不具备举止规范层面的基础。

二 抽象与具象：保证人地位规范定位的反思

厘清了举止规范与作为义务之间的衍生关系，本书拟进一步明确具体构成要件中"违反作为义务"的规范内涵。无论纯正还是不纯正不作为犯，行为人的社会功能角色均决定了其作为义务产生的根据和类型，但不决定其具体内容。其原因如上文所述，作为义务的具体内容，取决于具体构成要件中违反该作为义务与法益侵害结果之间的关系。不采取作为义务要求的积极介入行为，构成纯正不作为犯"违反作为义务"（行为不法）的内涵。需要进一步探讨的，是如何判断不纯正不作为形式的犯罪参与中"违反作为义务"的内涵。解决这一问题的核心，在于厘清保证人地位的规范定位。

（一）保证人地位与作为义务的关系

所谓保证人地位在不纯正不作为犯构成要件中的定位，主要是保证人地位与作为义务的关系。提出保证人说的那格勒（Nagler），在将不纯正不作为视为作为犯构成要件所处罚行为类型的基础上，已将保证人地位视为不纯正不作为犯的构成要件要素，从而认为保证人地位赋予了作为犯构成要件命令规范的资格，将保证人义务作为处罚不纯正不作为犯

---

① 例如，在 R v Taktak 一案判决中，澳大利亚的法院认为，对于从派对上带了一个嗑药的女性朋友回家，准备照顾她，若她还不好转就打电话叫医生，但女孩当天晚上就死亡了的行为人，从正面论证他只要带该女性朋友回家，就产生了保护她免于伤亡的作为义务争议较大。认定行为人带她回家，就阻断、排除（seclude）了别人，包括国家帮助她的可能性，从而论证行为人具备救助义务，理由更为充分。该案最终撤销了对行为人过失杀人罪的指控，因为法官认为，行为人合理履行了他的救助义务。Andrew Ashworth, *Positive Obligations in Criminal Law*, Hart Publishing, 2013, p. 52.

所依据命令规范的内容。① 以继受这一观念为基础，关于保证人地位和作为义务之间的关系，我国学者多持一体说观点，认为保证人就是作为义务人，保证人义务就是作为义务。②

这一观点值得商榷。虽然剥离了保证人地位，作为义务的内容的确无从谈起，但基于上文对举止规范与作为义务之间关系的认知，可以明确，刑法中命令规范的内容，不能是刑法外一般的作为义务。填补不纯正不作为犯构成要件要素的，只能是基于刑法构成要件的结果阻止义务。那么，所谓保证人义务，在刑法中就表现为一般结果阻止义务。保证人地位决定了保证人义务存在与否及其类型，但能否防止构成要件结果发生，才决定了行为人具体作为义务的内容。弗洛因德就曾指出，保证人地位是举止符合构成要件的一般、抽象标准，其本身不应是构成要件要素。本书不赞同他的结论，③ 但他对一体说的批判应当说是有力的。概言之，成立不纯正不作为犯所要求违反的"作为义务"，不是"保证人"这一社会角色集体应承担的一般义务，而是根据个人身心能力与具体行为情景，行为人在构成要件语境下应承担的具体作为义务。有关于此，上文已详细论证，此处不再展开。接下来，只就故意不作为参与语境下保证人的规范定位展开进一步反思，在厘清不作为行为不法结构的基础上，进一步明确故意不作为型犯罪参与的不法结构。

（二）机能二分说中保证人规范定位的反思

基于以上对保证人地位与作为义务关系的认识，试图以机能二分的保证人地位为依据，区分保证人义务的内容和质量，将应承担保护保证人（结果回避）义务者视作不作为正犯，应承担监督保证人（犯罪阻止）义务者视作不作为共犯的观点，缺乏规范依据。④ 因为，两种义务在功能和内容上都是一致的，无法实质区分。那么，这一观点的判断前

---

① Johannes Nagler, Die Problematik der Begehung durch Unterlassung, GS 111（1937）, S. 53 ff.
② 参见张明楷《刑法学（上）》（第五版），法律出版社，2016，第 151~152 页。
③ 他认为，应该区分保证人义务的内容和责任来源，构成要件只体现前者，不用体现后者。但区分两者是不现实的。Georg Freund, Erfolgsdelikt und Unterlassen, 1992, S. 43 f.
④ Rolf-Dietrich Herzberg, Die Unterlassung im Strafrecht und das Garantenprinzip, 1972, S. 259 ff; Bernd Schünemann, Grund und Grenzen der unechten Unterlassungsdelikte. Zugleich ein Beitrag zur strafrechtlichen Methodenlehre, 1971, S. 377.

提不是犯罪参与的贡献,正犯构成要件因此无法覆盖其处罚范围,分则规定的构成要件实质上被分为两类:保护保证人和监督保证人的构成要件。但是,本书认为不能支持这样的区分,理由主要有以下三点。

第一,对作为义务进行如此区分,标准并不清晰。由于不作为犯处罚的对象都是行为人容许危害结果发生,在不法结构上两类保证人并无区别。对一个人的保护可以是对别的危险源的监督,相反也是如此。因此,以保证人义务的类型区分不作为正犯与共犯的不法类型,并进一步认为保护保证人的刑罚应重于监督保证人,没有不法评价作为基础,失于恣意。

第二,为何要对监督保证人语境下针对自然外力和他人侵害的允许的不法做区分,没有合适的理由。保证人都是容许了法益侵害危险的实现,在监督保证人场合,法益侵害实现依赖于具体情境,改变不了保证人自主决定不作为(容许法益侵害实现)的正犯性质。

第三,监督保证人为共犯不是没有例外,例如监管下的无刑事责任能力人伤人,监督保证人应为正犯,而非共犯。

(三) 义务犯理论中保证人地位规范定位的反思

罗克辛与雅各布斯采取义务犯进路,试图对不作为正犯与共犯提出新的区分标准。按照罗克辛的义务犯理论,保证人阻止结果发生的一般义务,可分为"紧急义务"(Notpflicht)和"社会功能义务"(soziale Funktionspflicht),只有后者才会产生"社会性行为支配"的效果。例如,妈妈不喂养孩子致其饿死,不会被评价为违反某义务,而直接会被评价为杀人。但鉴于"社会功能义务"一定是每个人的具体义务,其内涵只能是在具体构成要件中一般性结果阻止义务的语境下探讨,这样的区分在举止规范层面无意义,不能成为不作为犯不法内涵的区分标准,只能在制裁规范层面发挥作用。[1] 与此同时,罗克辛又反对考夫曼有关不作为犯属于单一正犯的观点。他认为,不是每一个不作为者都是与作为等价的不作为正犯,只有负有特别义务者才是,进而在将保证人地位作为构成要件要素的同时,也将其作为正犯性要素。[2] 不过,既然保证人都

---

[1] Claus Roxin, Täterschaft und Tatherrschaft, 9. Aufl., 2015, S. 465 f.
[2] Claus Roxin, Täterschaft und Tatherrschaft, 9. Aufl., 2015, S. 477 f.

是结果阻止义务人，那么保证人地位与不纯正不作为犯个人的行为不法判断无关，将保证人作为正犯性要素也就没有意义。正因如此，他所提出的不作为正犯与共犯的区分标准，才会陷入进退维谷、理论立场难以一以贯之的尴尬境地。① 有关制裁规范层面不作为犯罪参与的区别处遇，下文将进一步展开。

雅各布斯则基于更纯粹的规范论立场重构了义务犯理论，将作为犯与不作为犯的实然区分消解在了支配犯与义务犯这一对概念范畴中。他认为，支配犯与义务犯的处罚根据，分别在于对基于组织管辖产生的消极（"不得伤害他人"）义务和基于制度管辖产生的积极（团结）义务。对不作为犯而言，违反消极义务（先行行为、监督义务、自我承担产生的义务等）者，保证人无法干预侵害行为的流程，是共犯；违反积极义务（家庭关系、公民对国家产生的义务等）者，作为义务的违反与法益侵害结果的发生有直接关联，是正犯。② 他的进路具备极强的理论创新价值，在我国学界也不乏支持者，③ 但也存在以下显著缺陷。

第一，他的理论完全构建于抽象归责原则之上，否定了社会存在的基础现实结构，包括作为与不作为的实然区分。

第二，他构建的抽象归责原则，可以作为刑法规范具备效力的社会原因，但不能作为举止规范的具体内容。简言之，不是特定的法益侵害侵犯了一般的积极或消极义务，而是在特定社会基础之上，特定管辖领域内的法益才值得特别保护。

第三，他的理论否定了作为犯与不作为犯行为不法的基本区别。所谓组织管辖和制度管辖，是作为义务具备效力的原因，但不影响不作为犯本身的行为不法。因为保证人为什么具备作为义务，与作为义务的对象（防果）和行为不法的内涵（容许结果发生）没有关系。但这样的区

---

① 国内学者的相关批判，参见欧阳本祺《论不作为正犯与共犯的区分》，《中外法学》2015年第3期，第718~719页；温登平《以不作为参与他人的法益侵害行为的性质——兼及不作为的正犯与帮助犯的区分》，《法学家》2016年第4期，第131~132页；何龙《不阻止他人故意犯罪的行为性质认定》，《中外法学》2017年第6期，第1481~1484页。

② Günther Jakobs, Strafrecht Allgemeiner Teil. Grundlagen und die Zurechnungslehre, 2. Aufl., 1991, § §2 Rn. 17; 7 Rn. 70; 29 Rn, 15; 21 S. 116 ff; 29 S. 57 ff.

③ 参见何庆仁《义务犯研究》，中国人民大学出版社，2010，第284页；耿佳宁《不作为参与行为的评价与犯罪论根基的改变》，《当代法学》2015年第2期。

分在制裁规范层面有其价值,下文将进一步展开。

通过对不作为犯罪参与归责标准的系统反思,本书认为,在举止规范层面,适用支配标准或区分不同保证人义务的功能和产生的理由,实质都是追求以对法益侵害的直接或间接作用为标准,实现对不作为正犯与共犯的区分,这并无必要。作为犯领域共犯对正犯的一般从属性原则不适用于不作为犯,不能以支配与否,或以保证人义务的类型区分不作为的正犯和共犯。

三 作为与不作为的层次化区分

通过上文对不作为犯罪参与评价对象与归责标准的系统探讨,本书在举止规范层面,否定了区分不作为正犯与共犯相关理论的妥当性,并进一步否定了区分二者的必要性。但仅仅否定还不够,接下来,本书拟根据不作为犯罪参与的评价对象与归责标准,判断具体行为的归责结果,即其不法类型(作为还是不作为)。本书认为,对于作为与不作为的区分,应结合行为、规范与法益,在具体构成要件中而非在行为层面进行。

在行为层面,由于不作为犯的评价对象与作为犯一样,都是行为人意图控制下的行为,没必要使用由考夫曼提出的"反转原则"阐释不作为犯的行为不法。但是,该原则揭示的形式逻辑,对于确立不作为犯的归责标准仍具有关键意义:出于不同的规范目的,可以为相同评价对象设置不同归责标准。那么,行为人意图控制下的容许行为作为一种社会现象,只有符合自己独立的构成要件,才可以被评价为"不作为",而非先在地将作为与不作为视为归责判断中不同的评价对象,却不区分二者的归责标准。

在规范层面,不作为犯违反的是命令规范,而非禁止规范。需要特别说明的是,通常认为命令规范的内容是要求行为人防止法益侵害结果发生,从而主张构成要件中同时包含命令规范与禁止规范,两者并无绝对区别、能够相互转化等认知,[①] 没有认识到抽象行为规范与具体作为义务的区分,存在理解上的偏差。有关于此,上文已进行了探讨。以此

---

① 有关此类观点的综述,参见马永强《不真正不作为犯的本质与归责——基于罪刑法定视角的展开》,陈兴良主编《刑事法评论 38:刑法的工具论》,北京大学出版社,2017,第 23~29 页。

为依据，处罚不纯正不作为犯不违反罪刑法定原则，还能在规范类型上与作为犯相区分。

在法益层面，本书认为，故意不作为犯不要求有意图地实现救助行为，只要求可以引发或促成外在救援。如果行为人有意识地不引发外在救援，则构成要件结果的实现可归属于行为人的容许行为，因为在事前，他在行为决定的情形下就掌握了被害人是否能够得到救助的能力。容许法益状态无法好转的是不作为，造成法益状态恶化的是作为，与既往的介入说或法益状态说存在本质区别。接下来，可以检验上文三个案例中具体的行为不法类型。

对于"N 号房"事件中交纳会费观看图片与视频的 Telegram 聊天室会员，在我国刑法语境下，"交纳会费观看色情图片与视频"本身不构成犯罪，① 有待判断的是，对于聊天室运营者在现实中胁迫、侵害女性，以获取相关图片与音视频来说，交纳会费观看者应属作为还是不作为参与？根据本书提出的标准，在行为人事前行为决定的情形下考察，交纳会费观看者不是故意造成被害女性相关法益状态的恶化，而是有意容许了法益状态无法好转。对于聊天室运营者实施故意伤害、强奸、猥亵等罪行侵害女性，交纳会费观看者由于其交费并观看的先行行为，为自己创设了对被害女性相关法益的保证人地位，并由此产生了阻止被害女性相关法益状态恶化的作为义务。② 因此，对于交纳会费观看者故意的容许行为，应当适用不作为犯的构成要件对其不法内涵进行评价。

对于转发防疫物资诈骗信息，并转付诈骗所得款项的中间人，其发

---

① 2020 年 4 月 29 日，韩国国会法制司法委员会全体会议通过的《Telegram "N 号房"事件防治法》，包括《关于性暴力犯罪处罚的特例法修订案》《刑法修正案》《关于限制犯罪收益隐匿的规定及处罚的法律修订案》等三个修正案，其中，《关于性暴力犯罪处罚的特例法修订案》规定，持有、购买、储存或收看非法性拍摄者，可处 3 年以下有期徒刑或 3000 万韩元（约合人民币 17.5 万元）以下罚款。参见《韩国通过 N 号房防治法　拟将性同意年龄提高至 16 岁》，搜狐网，https://www.sohu.com/a/392321297_114941，最后访问日期：2023 年 1 月 26 日。
② 关于先行行为是否能产生作为义务，以及如何限制其范围，学界争议颇多。本书主张，违法行为可以产生作为义务，至于是否成立不纯正不作为犯，只有结合具体构成要件结果进行归责判断后，才能得出结论。学界的相关争议，参见王莹《先行行为作为义务之理论谱系归整及其界定》，《中外法学》2013 年第 2 期；孙运梁《以客观归责理论限定不作为犯的先行行为》，《中外法学》2017 年第 5 期；尚勇《"先行行为引起作为义务"的限定》，《西南政法大学学报》2018 年第 3 期；等等。

送诈骗信息行为本身若满足最高人民法院、最高人民检察院《关于办理非法利用信息网络、帮助信息网络犯罪活动等刑事案件适用法律若干问题的解释》第10条有关"情节严重"的规定，则可能构成我国《刑法》第287条之一规定的非法利用信息网络罪。但本案行为事实、犯罪数额等非常清晰，不同于传统意义上难以查清犯罪数额、被害人数以及犯罪行为的电信网络诈骗犯罪，不能轻易用非法利用信息网络罪"兜底"。[①] 而且，该罪虽然足以评价中间人发送诈骗信息行为的不法，却难以评价其转付行为的不法。在行为人事前行为决定的情形下考察，中间人不是故意造成被害人财产法益状态的恶化，而是有意容许了其财产法益状态无法好转。对于本案中的诈骗罪而言，中间人转发诈骗信息的行为可以被视作先行行为，为自己创设了对被害人财产法益的保证人地位，由此产生了阻止被害人财产法益状态继续恶化的作为义务。因此，对于中间人故意的容许行为，应当适用不作为犯的构成要件对其不法内涵进行评价。对于可能产生的竞合问题，本书不做进一步探讨。

对于有合理依据了解或怀疑客户从事网络洗钱，面对监管机构查询却回复并无异常的金融机构从业人员，其回复行为本身不属于我国《刑法》第191条所规定洗钱罪的行为类型。而我国刑法也并未如美国、英国、法国等刑法一般，认定金融机构从业人员该类行为为纯正不作为犯。[②] 因此，有待判断的是，此类行为应为洗钱罪的作为还是不作为参与？在行为人事前行为决定的情形下考察，金融机构从业人员不是故意造成法益状态的恶化，而是有意容许了法益状态无法好转。基于《反洗钱法》第15~22条，以及《互联网金融从业机构反洗钱和反恐怖融资管理办法》第7~22条等有关规定，有合理依据了解或怀疑客户从事网络洗钱的金融机构从业人员，有协助公检法机关反洗钱司法查询的义务。因此，对于其故意的容许行为，应当适用不作为犯的构成要件对其不法内涵进行评价。

那么，如何认定这些不作为犯罪参与人应承担的刑事责任呢？下文将分别从举止规范和制裁规范层面，结合三个典型案例进一步展开分析。

[①] 参见喻海松《新型信息网络犯罪司法适用探微》，《中国应用法学》2019年第6期，第151页。

[②] 参见杨猛《网络金融平台反洗钱KYC的刑事风险与规制》，《法学》2019年第11期。

第三节　信息网络环境下故意不作为型
犯罪参与的刑事归责

一　理论重塑：类单一正犯的不法结构

首先，应在举止规范层面统一评价。在举止规范层面对区分不作为正犯与共犯的执着，"与其说是社会条件下符合构成要件的行为类型前置化，不如说是源自社会集体意识中区分中心人物和边缘人物的生动观念"[1]。但刑法并未预设中心人物和边缘人物的区分，应从归责对象开始，考察举止规范层面是否需要区分正犯和共犯行为。本书明确了不作为犯罪参与的评价对象是容许行为。由于容许行为的发生不依赖于他人的侵害行为，它的实现只依赖于行为人的容许。因此，以什么方式容许法益侵害结果发生不重要，不作为的不法不来自支配，只来自不作为者个人的举止不法：面对危险的情况，具备行为能力而未有任何防止结果发生的举止。[2] 有关于此，上文已进行了探讨，此处不再赘述。可以得出的结论是，鉴于刑法教义学关注的只是符合什么条件下，人的行为可以被视作符合不作为犯构成要件的作用情景，[3] 不作为犯罪参与（容许法益侵害结果发生）的行为不法，原则上应属单一正犯结构。对于不作为犯的因果关系与故意内容，上文已作详细探讨，此处不再赘述。

其次，在单一正犯结构下，为了确保不作为犯罪参与量刑的合比例性，还应实现制裁规范层面的区别处遇。主流观点对不作为犯单一正犯结构的第一个质疑在于，若其不法结构统一，则所有不作为都会被视作与作为犯具备相同的不法程度，从而导致处罚失衡。特别是，如果保证人单纯消极不作为的量刑重于积极的帮助，处罚会显得极不协调。[4] 区分不作为正犯与共犯，常常被视作解决这一问题的方案。但其实，通过

---

[1] Wolfgang Schild, in: Nomos Kommentar, Strafgesetzbuch, Vorbem. §§ 25 ff., Rn. 79, 81.
[2] Bastian Kreuzberg, Täterschaft und Teilnahme als Handlungsunrechtstypen. Zugleich ein Beitrag zur allgemeinen Verhaltensnormlehre, 2019, S. 685.
[3] Bastian Kreuzberg, Täterschaft und Teilnahme als Handlungsunrechtstypen. Zugleich ein Beitrag zur allgemeinen Verhaltensnormlehre, 2019, S. 664.
[4] Claus Roxin, Täterschaft und Tatherrschaft, 9. Aufl., 2015, S. 499 f.

这样的区分,让不作为的共犯比照作为的正犯减轻处罚,只会掩盖不作为不法其程度低于作为共犯不法的事实。作为的共犯原则上都创设了一个先行行为产生的义务,不履行者则可成立不作为的正犯。由于单纯的容许不会比积极支持的不法程度高,即使是单独的不作为正犯,他的不法和责任的内涵,与侵害流程的最终结果也无关,其不法程度低于作为犯。

第二个可能的质疑在于,认可不作为犯的单一正犯结构,会导致得出保证人积极帮助的未遂不可罚,而消极的不作为反而可罚的不合理结论。[1] 其实这个质疑并无意义,因为积极帮助的未遂往往伴随着正犯性的不作为,在责任承担上也并不冲突。当然,这样的理解只适用于社会角色本来就具备保证人地位的行为人,不适用于先行行为产生保证人地位的行为人。由于作为帮助者保证人地位来源的先行行为——帮助未遂不可罚,它不可以成为创设法益侵害危险的先行行为,该不作为自然不可罚,这个问题也就迎刃而解了。[2]

基于以上认知,本书认为,对不作为犯罪参与的区别处遇,并不以举止规范层面对不作为正犯与共犯的区分为前提,而是需要在制裁规范层面展开探讨。那么,如何在制裁规范层面实现对不作为犯罪参与的区分量刑?既然不作为犯罪参与的不法结构是容许法益侵害结果发生的单一正犯结构,保证人地位是将不作为置于作为犯构成要件范围的依据,在具体构成要件中保证人义务类型的区分,就决定了行为人对于构成要件结果实现的贡献大小,因此决定了制裁规范层面刑罚的区分。举止规范层面不作为犯的单一正犯结构,也就可以与制裁规范层面刑罚的区分适用相协调。德国学界较为主流的观点认为,对于不纯正不作为犯,可以适用共犯减轻处罚的规定,[3] 这样的主张也有实定法的支持,[4] 但这不意味着法定允许对不作为犯恣意的减轻处罚。对于一般情况下违反"紧急义务"的不作为犯,由于它和作为帮助的等价性,应当减轻处罚;当

---

[1] 我国学界也存在这样的质疑意见。参见欧阳本祺《论不作为正犯与共犯的区分》,《中外法学》2015 年第 3 期,第 719 页。

[2] Bastian Kreuzberg, Täterschaft und Teilnahme als Handlungsunrechtstypen. Zugleich ein Beitrag zur allgemeinen Verhaltensnormlehre, 2019, S. 678.

[3] Claus Roxin, Strafrecht Allgemeiner Teil II, 2006, § 31 Rn. 145.

[4] 德国刑法第 13 条第 2 款就明确规定,不纯正不作为犯可以减轻处罚。

违反"社会功能义务"时,则不得减轻处罚。

二 故意不作为参与网络化传统犯罪的刑事归责

最后需要探讨的是,举止规范层面统一评价、制裁规范层面区别处遇的不作为犯罪参与不法类型,是否符合我国有关共同犯罪的规定?一种较为流行的观点认为,不纯正不作为犯的等价性,要求不纯正不作为犯与作为犯的正犯与共犯分别等价。那么,我国《刑法》第27条有关从犯的规定自然也应当适用于不作为犯。主张不作为犯的单一正犯结构,等于否定我国刑法共犯规定在不作为犯领域的适用。[①] 但本书主张,所谓等价性,是指归责结果的等价,而非归责标准的等价。主张举止规范层面不作为犯的单一正犯结构,而准用制裁规范层面从犯减轻处罚的规定,与我国刑法中有关共同犯罪的规定并无冲突。

本书所主张的"举止规范层面统一评价,制裁规范层面区别处遇"的不作为犯罪参与不法类型,严格来说,不符合单一正犯体系的特征,属于"类单一正犯结构"。最后,可以适用上文三个故意不作为参与网络化传统犯罪的典型案例,对本书提出的故意不作为型犯罪参与归责模式的可适用性进行检验。

"N号房"事件中交纳会费观看图片与视频的 Telegram 聊天室会员所实施的对聊天室运营者实施故意伤害、强奸、猥亵等罪行的容许行为,可以被评价为造成被害女性相关法益侵害结果的真实、充分、最低限度条件。而他们也确信自己若不采取报警等干预行为,合乎犯罪构成要件的结果就会出现,对最终的法益侵害结果应当具备直接故意。

中间人转发防疫物资诈骗信息,并转付诈骗所得款项,其所实施的对诈骗行为的容许行为,可以被评价为造成被害人财产法益侵害结果的真实、充分、最低限度条件。中间人若确信自己不采取停止转发信息等干预行为,合乎犯罪构成要件的结果就会出现,则应认为对最终的法益侵害结果具备直接故意;若中间人缺乏对结果不出现的严格信赖,例如,非常确信上家真的有货源,仍确信自己若不采取停止转发信息等干预行

[①] 参见何龙《不阻止他人故意犯罪的行为性质认定》,《中外法学》2017年第6期,第1487~1488页。

为，合乎犯罪构成要件的结果可能会出现，则应认为对最终的法益侵害结果具备间接故意。

有合理依据了解或怀疑客户从事网络洗钱，面对监管机构查询却回复并无异常的金融机构从业人员，其所实施的对客户从事洗钱犯罪的容许行为，可以被评价为侵害国家依法追缴的相应犯罪所得①的真实、充分、最低限度条件。相关从业人员也确信自己若不采取及时报告等干预行为，合乎犯罪构成要件的结果就会出现，对最终的法益侵害结果应当具备直接故意。

"N 号房"事件中交纳会费观看图片与视频的 Telegram 聊天室会员，以及转发防疫物资诈骗信息并转付诈骗所得款项的中间人，作为义务都来自先行行为，属于"紧急义务"，应当适用我国刑法中有关从犯的规定，比照主犯减轻处罚；有合理依据了解或怀疑客户从事网络洗钱，面对监管机构查询却回复并无异常的金融机构从业人员，其作为义务来自职务要求，属于"社会功能义务"，不得对其减轻处罚。

---

① 通说认为洗钱罪保护的法益是金融管理秩序，但本书认为，其实质保护的具体法益，是国家依法追缴的相应犯罪所得。相关理论争议，参见李云飞《我国广义洗钱罪概念下的体系混乱及成因分析》，《政治与法律》2014 年第 8 期。

第八章　过失犯罪参与的处罚边界

第一节　过失犯罪参与的规范内涵

一　"过失参与"内涵的争议与反思

根据我国学界的通说观点，故意与过失属于主观罪过形式，作为二者对应客观方面的危害行为并无区别。① 随着我国对德日刑法学理论知识的继受，学者们逐渐认识到过失行为的独立意义，并且在（修正）旧过失论、（新）新过失论、客观归责理论的指引下，形成了三种不同认识。持（修正）旧过失论立场的学者，主张过失犯的构成要件行为与故意犯一样，均为具有导致结果发生紧迫（实质）危险的行为。② 持（新）新过失论立场的学者，主张过失犯的构成要件行为与故意犯不同，是违反结果回避义务的行为。③ 支持客观归责理论的学者，则主张对过失犯的构成要件行为进行更加实质化的理解，应为"制造法不容许的风险"。④ 但是，归责判断的对象不同于归责判断的标准，⑤ 上述学说争论的焦点在于过失犯的归责标准，⑥ 并在各自的归责标准之下界定作为归责对象的过失行为，而未能说明过失行为本身的行为内涵。

在过失共犯的研究中，由于过失行为的行为内涵未被厘清，关于

---

① 参见高铭暄、马克昌主编《刑法学》（第九版），北京大学出版社、高等教育出版社，2019，第60页。
② 参见张明楷《刑法学（上）》（第五版），法律出版社，2016，第262页。
③ 参见陈兴良《走向教义的刑法学》，北京大学出版社，2018，第183～207页；胡育《危惧感说的规范论基础及新冠病毒疫情背景下的司法适用》，《江西社会科学》2020年第4期，第176～180页。
④ 参见邹兵《过失共同正犯研究》，人民出版社，2012，第139页。
⑤ 参见张伟《过失共同正犯研究》，《清华法学》2016年第4期，第115页。
⑥ Bastian Kreuzberg, Täterschaft und Teilnahme als Handlungsunrechtstypen. Zugleich ein Beitrag zur allgemeinen Verhaltensnormlehre, 2019, S. 46.

"过失参与"的参与性(即共同性)争议较大。在区分制犯罪参与体系语境下,持共犯本质论,或共同风险创设与共同注意义务违反①等观点的学者,均将共同危险行为视作归责对象,肯定过失共犯。虽达到了共同归责的理论目的,但无法较好地回应否定论者对淡化共同行为意思正当性的批评。②而在持犯罪共同说、共同意思主体说、犯罪行为支配说等学者看来,过失犯由于缺乏共同行为决意而难以形成共同犯罪,但其却难以对过失共犯的成立无须要求共同行为决意这一肯定论者所持的核心论据进行有力的反驳。③在单一正犯体系语境下持否定论者,也并未较好地说明如何依据行为事实层面的参与性确立独立的归责标准。④

根据本书的主张,"参与"是(事实)行为层面的归责判断对象,具体构成要件是归责判断标准,"犯罪参与"是归责判断结果。"过失参与"的参与性产生以上争议的症结在于:既有观点尚未在行为论层面厘清过失行为,即"过失参与"归责对象的内涵,便直接参照故意共犯的归责标准,或以共同归责的先在需求为导向,试图为"过失参与"确立相应的归责标准,这是缺乏事实基础的。本书认为,为了突破这一理论困境,应从既有的平面思维转换到层次化的归责判断思维,在行为论层面考察作为过失归责评价对象的"过失参与"。

二 层次化归责判断中"过失参与"的界定

(一)"过失参与"的规范定位

从本书所主张意图行为论的立场出发,可以获得对过失行为本体内涵更加清晰的认识。作为归责对象的过失行为与故意行为一样,是意图支配下的身体举止。两者的区别在于:故意犯以身体举止表达了与侵害法益关联的意图,过失犯则以实施违反注意义务的风险行为表达了不谨慎(过失)的规范意义。因此,过失犯的行为不法也存在于行为人意图

---

① 参见邹兵《过失共同正犯研究》,人民出版社,2012,第52~90页。
② 参见胡东飞《过失共同正犯否定论》,《当代法学》2016年第1期。
③ 参见李世阳《共同过失犯罪研究》,浙江大学出版社,2018,第56~97页。
④ 参见张伟《过失共同正犯研究》,《清华法学》2016年第4期。

支配下的具体基础行为中。①

例如，若依法配备公务用枪的甲将用来保障安全的枪支随意乱丢乱放，乙将该枪支拿去玩弄了两天后，偶遇仇人丙，并用该枪打伤了丙。甲未参与乙的行为计划，不会因为乙的故意伤害行为承担刑事责任。实际上，甲违反枪支管理规定，丢失枪支不及时汇报，导致严重危害后果发生，涉嫌丢失枪支不报罪。之所以为依法配备公务用枪的甲设置"前置"注意义务，其目的在于预防危害结果发生。该示例并不意味着我国刑事立法例外承认过失的帮助犯，② 而是表明，在过失领域难以确立"责任自担"或"普遍的溯责禁止"原则。在过失犯领域，人们原则上不会为其他人"独立的"行为负责的定律已被打破，因为必定存在以防止他人过失为目的的注意义务。

那么，在层次化归责判断中，作为归责对象的过失行为与故意行为，在行为论层面并无区别，均为意图支配下的身体举止，二者的区别在于行为人意图的规范意义③。"过失"本身并非行为类型，而是根据具体犯罪构成要件（归责标准）进行归责评价后的结果，即不法类型。应将"过失参与"视为过失不法的参与行为，应脱离过失共犯存在与否的先在语境，聚焦于该参与行为本身的不法的判定。

（二）单位犯罪中企业合规师的"过失参与"

自 2019 年起，刑事合规成为我国刑事法学界关注的热点问题。④ 随着中共中央对"六稳六保"、法治营商环境建设、民营企业产权保护等工作的高度重视，我国已逐步推行企业合规不起诉、企业合规第三方监管等试点改革措施，开启了企业犯罪治理模式的变革。⑤ 从实践需求

---

① Urs Kindhäuser, Intentionale Handlung. Sprachphilosophische Untersuchungen zum Verständnis von Handlung im Strafrecht, 1980, S. 6.
② 参见李世阳《共同过失犯罪研究》，浙江大学出版社，2018，第 135 页。
③ 本书对过失行为的界定，剥离了规范意义的评价，不同于新过失论语境下的"基准行为"。
④ 在中国知网以"刑事合规"为关键词检索，2007~2018 年，以此为主题的文献数量从 1 篇上升至 24 篇，2019 年和 2020 年则分别跃升至 100 篇与 149 篇，热度骤增。代表性文献综述参见耿佳宁《单位固有刑事责任的提倡及其教义学形塑》，《中外法学》2020 年第 6 期，第 1489~1491 页。
⑤ 参见陈瑞华《企业合规不起诉制度研究》，《中国刑事法杂志》2021 年第 1 期；马明亮《论企业合规监管制度——以独立监管人为视角》，《中国刑事法杂志》2021 年第 1 期；等等。

出发，刑法学界对刑事合规是否以及如何影响企业犯罪刑事归责进行了探讨。主张全面引入刑事合规制度的学者，认为应明确企业作为单位主体的独立性，进而以企业合规计划完善与否、是否得到有效贯彻为标准判断企业犯罪的行为不法。[①] 对此持保留意见的学者认为，刑事合规无法替代刑法教义学关于企业犯罪定罪量刑的判断标准，功能极为有限。[②]

既有研究深陷单位犯罪主体资格的有关争议中，并未厘清合规对单位犯罪刑事归责路径的作用方式。刑事归责是对归责对象、标准与结果的层次化判断过程，[③] 从本书主张的意图行为论出发，单位犯罪的归责对象应为单位在其自身意图支配下实施的单位行为。单位意图并非存在论层面的独立心理事实，而是在特定规范要求与客观条件限制下，通过单位领导集体与其他成员个人意图的沟通塑造而成的集体意图。[④] 首先应明确企业合规师如何参与这一沟通塑造机制，厘定其参与单位犯罪的行为样态，并进一步厘清具体单位犯罪刑事归责中企业合规师的刑事归责标准，才能确定企业合规计划对于单位犯罪刑事归责的影响，从而判断是否以及如何在刑事实体法中引入合规计划。

合规师是企业意思形成或表示机关的组成部分，在其主管企业经营时，应属单位犯罪中的主管人员；在其不主管企业经营时，应属单位犯罪中的其他直接责任人。根据本书所持的不作为归责判断方法，"不作为"应属不法类型，而非行为类型，应结合行为样态、规范类型与法益状态区分"作为"与"不作为"，其归责对象应为行为人意图控制下的

---

① 持此类观点的学者较多，参见黎宏《组织体刑事责任论及其应用》，《法学研究》2020年第2期；时延安《合规计划实施与单位的刑事归责》，《法学杂志》2019年第9期；李本灿《刑事合规制度的法理根基》，《东方法学》2020年第5期；李本灿《法治化营商环境建设的合规机制——以刑事合规为中心》，《法学研究》2021年第1期；陈瑞华《企业合规基本理论》，法律出版社，2020，第177~210页；等等。
② 参见田宏杰《刑事合规的反思》，《北京大学学报》（哲学社会科学版）2020年第2期。
③ 参见敬力嘉《作为行为不法类型的犯罪参与——兼论非法发布深度伪造信息的行为不法》，《华东政法大学学报》2020年第6期。
④ 本书采纳了帕森斯对社会行动结构的分析路径，按照社会行动的描述性参照系（目的、手段、条件、规范），对有待分析的单位行为（不是帕森斯理论中的单位行动）结构进行了描述性界定。参见〔美〕塔尔科特·帕森斯《社会行动的结构》，张明德、夏遇南、彭刚译，译林出版社，2012，第825~832页。

容许（法益侵害风险实现）的行为。① 依据这一标准，无论企业合规师是否承担主管人员职能，其通过不履行合规义务使个人犯罪意志上升为单位意志的，应属过失不作为参与企业实施的单位犯罪。需要说明的是，此处的"过失参与"是指合规师参与了单位决策机制，是合规师行为的事实属性，不意味着合规师是企业实施单位犯罪的共犯，对合规师与企业行为不法内涵的规范判断并行不悖。对于单位犯罪中企业合规师过失参与的刑事归责标准，下文将进一步展开探讨。

第二节 过失犯罪参与的归责标准

一 一般过失犯罪参与的归责标准

根据本书的认识，过失犯（包括过失犯罪参与）的不法类型应为具体过失犯构成要件中的注意义务违反。有关过失作为和不作为犯的举止规范及相应的注意义务，上文已经进行了详细论证，此处不再赘述。接下来，本书拟分别就一般过失犯罪参与和单位犯罪中过失犯罪参与的归责标准展开论证。

无论是作为还是不作为的过失犯，尽管注意义务存在区别，但其行为不法的判断标准，均在于行为人违反注意义务与法益侵害结果之间存在事实关联与规范关联。事实关联是指二者间的因果关系，有关于此，上文已作具体探讨。对于二者间的规范关联，学界目前多主张运用规范保护目的理论加以解决。对于有关学说的争议，② 本书不进一步展开。总体而言，该理论主张通过对注意规范保护目的的判断，把与法益侵害结果具备因果关系，但不具有规范关联的违反注意义务的情形，从过失犯的归责范围中排除。但本书认为，规范保护目的理论存在以下两个问题。

第一，确定归责对象时容易脱离事实基础。例如，对于交通肇事后逃逸，从规范保护目的角度，我国学界产生了"逃避救助义务说"与

---

① 参见敬力嘉《网络不作为参与行为不法类型的重塑》，《政治与法律》2020年第11期，第46~47页。
② 参见李波《过失犯中的规范保护目的理论研究》，法律出版社，2018，第31~174页。

"逃避法律追究说"两种观点之争。而这样脱离作为归责判断对象的基础行为，径直探讨归责标准的争论，正如有学者所批评的，更像是对"子非鱼，焉知鱼之乐"的争论，缺乏事实基础。

第二，确定归责标准时欠缺《刑法》中的规范根据。学界对于注意规范的范围，以及相应规范保护目的的确定，一直存在较大争议。[①] 究其原因，主要在于未确定注意义务的规范内涵。无论是"结果预见"，还是"结果回避"，都过于抽象，需要具体化。但由于缺乏与过失犯举止规范之间的直接关联，只能求助于《刑法》之外的特别规范与理论解释，并以此为依据，探寻具体情境下个人注意义务的具体内涵。这样一来，就会陷入确定不纯正不作为犯的作为义务时面临的困境：若支持形式标准，直接援引行政法规，则义务范围缺乏限定；若支持实质标准，主张以刑法目的筛选注意规范，则注意义务内容不够清晰。

根据上文的界定，过失作为犯的举止规范，是对实施行为时所产生法益侵害抽象危险的禁止规范；过失不作为犯的举止规范，是采取对法益侵害危险的认知获取、预防与介入措施的命令规范。以行为人意图支配下的身体举止为依托，以不同的举止规范类型为基础，才能判断注意义务的类型与具体内容。《刑法》之外特别的注意规范，决定了过失犯中行为人注意义务的产生根据，但不决定其具体内容。更确切地说，过失犯归责判断的标准只能是具体构成要件中的注意义务违反，它是《刑法》确定禁止法益侵害行为方式与范围的根据。《刑法》之外的规范与价值标准，是对这一归责标准进行的解释，而非归责标准本身。由此看来，规范保护目的其实是如中间法益一般的学理概念，规范保护目的理论只是刑法适用者对构成要件的解释方案。没有它，危险创设和实现的评价标准依然可以得到细化。那么，规范保护目的之于刑法教义学，并非如有的学者所认为的那样，虽然内涵模糊，但"有总比没有好"[②]。本书认为，以坚持刑法规范的权威性、归责标准的确定性与解释方案的多元性为指导原则，应当用对过失犯举止规范与注意义务规范关联的判断，

[①] 关于注意规范的来源、规范保护目的的确定标准、合义务替代行为与注意规范保护目的理论的相互关系、规范保护目的理论的适用范围等核心问题，学界存在争议。参见陈璇《刑法归责原理的规范化展开》，法律出版社，2019，第138~180页。

[②] 参见李波《过失犯中的规范保护目的理论研究》，法律出版社，2018，第94~95页。

替代对注意规范保护目的的判断。

二 单位犯罪中过失犯罪参与的归责标准

企业合规师过失参与单位犯罪的归责标准,应为具体单位犯罪构成要件中的作为义务违反。需先厘清单位犯罪的刑事责任基础,才能进一步结合具体罪名进行分析。本书拟以企业实施的信息网络犯罪为语境,以企业数据合规师为对象,展开对过失参与单位犯罪刑事归责标准的具体探讨。

(一) 单位犯罪的"决策机制责任"

1. 单位犯罪刑事归责的既有逻辑:以"职务身份→支配关系"为核心

单位犯罪刑事归责的逻辑起点,是明确单位(包括企业)与个人的主体地位。这个问题在我国刑法理论中一直存在较大争议,相关争议在刑事合规的研究中得到延续。

有关单位犯罪的刑事责任,目前刑法学界主要存在否定论、责任分离论、替代责任论、组织体责任论等四类观点。持否定论的学者以法人拟制说为基础,试图确立单位犯罪及其刑事责任的拟制属性,将单位犯罪还原为自然人个人犯罪与个人刑事责任对法人的归属。[1] 持责任分离论、替代责任论与组织体责任论的学者则以法人实在说为基础,分别肯定了单位本身的犯罪主体地位。三者的区别在于,责任分离论者主张"单位犯罪"应为单位所实施犯罪与单位内自然人实施犯罪的特殊聚合体,单位责任与单位成员责任在构造与追诉上各自独立;[2] 替代责任论者主张,单位成员履职时为单位利益实施的犯罪(狭义替代责任),或单位领导集体实施的犯罪(同一视原则)应直接视为单位犯罪;[3] 持组

---

[1] 参见张克文《拟制犯罪和拟制刑事责任——法人犯罪否定论之回归》,《法学研究》2009年第3期。

[2] 参见叶良芳《论单位犯罪的形态结构——兼论单位与单位成员责任分离论》,《中国法学》2008年第6期。

[3] 需要说明的是,黎宏和李本灿所主张的"组织体责任",其判断根据仍是自然人的行为,应当被归入替代责任的范畴。参见黎宏《组织体刑事责任论及其应用》,《法学研究》2020年第2期,第84页;李本灿《单位刑事责任论的反思与重构》,《环球法律评论》2020年第4期,第52~53页。

织体责任论的学者主张,[1] 单位犯罪的刑事责任独立于个人刑事责任,为单位自身客观固有,应以单位自身是否履行犯罪控制义务为中心,考察单位是否存在以不容许的管理缺陷为根据的组织过失。[2]

可以看到,单位犯罪否定论者秉承"个人→单位"的归责判断逻辑,主张具备职务身份的自然人事实支配(实施)了单位犯罪行为;责任分离论、替代责任论与组织体责任论者则秉持"单位→个人"的归责判断逻辑,主张是单位(不合规)的治理方式或运营结构支配了其中的自然人实施犯罪行为。两种归责判断逻辑均以"职务身份→支配关系"为核心构建,在当前刑事合规的有关研究中,以后者为指引的替代责任论与组织体责任论更加受到学者青睐。那么,以"职务身份→支配关系"为核心构建归责判断逻辑,是否符合单位运营的实际情况?只有回归对法人本质的探讨,才能厘清这一问题的答案,明确单位犯罪中个人与单位的主体地位。

2. 单位犯罪刑事归责的应然起点:单位决策机制[3]

不同于刑法学者的标签化解读,[4] 我国民法学界对法人本质的认识经历了不断深化的过程。基于对法人是否具备独立本体与法律主体资格的不同理解,[5] 德国民法学界发展出了三种关于法人本质的学说,即实在说[6]、

---

[1] 参见周振杰《企业刑事责任二元模式研究》,《环球法律评论》2015年第6期,第157页;耿佳宁《单位固有刑事责任的提倡及其教义学形塑》,《中外法学》2020年第6期。

[2] 时延安:《合规计划实施与单位的刑事归责》,《法学杂志》2019年第9期,第28页;耿佳宁:《单位固有刑事责任的提倡及其教义学形塑》,《中外法学》2020年第6期。

[3] 本书采美国著名社会学家乔恩·埃尔斯特(Jon Elster)的定义:"机制是指在通常未知的条件下被触发或是带有不确定结果的、经常发生且容易识别的因果模式。"〔美〕乔恩·埃尔斯特:《解释社会行为:社会科学的机制视角》,刘骥、何淑静、熊彩等译,重庆大学出版社,2019,第34页。

[4] 例如,田宏杰教授在其文章中作出如下判断:"我国语境下一元主体论的含义是单位犯罪中只有单位整体这一个犯罪主体,自然人不是单位犯罪的主体,其理论基础是法人实在说。"这一判断仍停留在将法人拟制说与法人实在说简单对立的阶段,不具备充分的学理依据与现实基础。参见田宏杰《刑事合规的反思》,《北京大学学报》(哲学社会科学版)2020年第2期,第124页。

[5] 参见仲崇玉《法人本质学说的法律技术和价值理念》,《现代法学》2021年第1期,第58页。

[6] 参见〔德〕奥托·基尔克《私法的社会任务》,刘志阳、张晓丹译,中国法制出版社,2017,第58~81页。

拟制说[1]与否定说[2]。经历100余年的发展，除否定说不为主流学界接受之外，实在说与拟制说逐渐被视为"从不同的侧面对法人制度及其背后所存在的社会现象所作的不同的解释"，在实践导向下走向了相互渗透与融合。[3] 我国民法学界基本继受了德国相关学说，关于法人本质的认识也经历了与之相似的深化过程。[4] 我国民法学界的有力观点认为，《民法典》第57条至第59条的规定，表明我国《民法典》认可了法人具备独立的权利能力、行为能力与意思能力，与实在说的主张相合。但《民法典》第59条仅规定了法人民事权利能力与民事行为能力产生于法人"成立"之时，消灭于法人"终止"之时，并未确立法人"成立"与"终止"的时间与方式，属于不完全法条。而《民法典》第58条也仅规定法人的设立应当依照法律与行政法规的有关规定，不能排除特别法中规定的某些法人特殊的设立与终止方式，[5] 存在拟制说适用的空间。[6] 我国民法学界就有观点认为，有关法人成员对外活动代理、法人人格否认等方面的制度设计，宜以拟制说为基础。[7]

笔者认为，根据我国《民法典》的现行规定，法人及其民事权利能力、行为能力与意思能力均以法规范作为存续基础，只有通过法规范认可的程序，个人意志才能上升为法人意志，这表明法人人格（意志）是拟制而成的。[8]

---

[1] 参见〔德〕罗尔夫·克尼佩尔《法律与历史——论〈德国民法典〉的形成与变迁》，朱岩译，法律出版社，2003，第62~63页。

[2] Vgl. Jhering, Geist des römischen Rechts auf den Verschiedenen Stufen einer Entwicklung, Teil 3, 1906, S. 336 – 337.

[3] 参见马骏驹《法人制度的基本理论和立法问题之探讨（上）》，《法学评论》2004年第4期。

[4] 参见王利明主编《中国民法典释评（总则编）》，中国人民大学出版社，2020，第142~143页；梁慧星《民法总论》，法律出版社，2011，第120页；江平、龙卫球《法人本质及其基本构造研究——为拟制说辩护》，《中国法学》1998年第3期。

[5] 根据我国《民法典》第58条的规定，我国法人设立以准则主义为原则，以许可主义（还需主管行政机关批准）为例外。例如，我国的《社会团体登记管理条例》即体现了对非营利法人较为严格的管制。

[6] 参见陈甦主编《民法总则评注》，法律出版社，2017，第388~408页。

[7] 参见谢鸿飞《论民法典法人性质的定位——法律历史社会学与法教义学分析》，《中外法学》2015年第6期。

[8] 《民法典》的权威解读意见即指出，"作为法律上具有拟制人格的主体，法人的民事权利能力和民事行为能力与自然人有所不同"。黄薇主编《中华人民共和国民法典总则编解读》，中国法制出版社，2020，第177页。

作为组织体的法人实施的行为与造成的后果是否不依附于法人成员独立存在，决定了法人是否应独立为此承担相应的法律责任。解决这一问题的关键在于厘清法人人格的形成过程，即法人的决策机制。只有明确个人意志如何上升为法人意志，才能确定什么是个人行为，什么是法人行为。这一问题已超越了法规范范畴，需从更广泛的社会科学视角出发对此进行解析。

个人作出特定行为的原因、机制和意义，是哲学社会科学领域共同关注的问题。在社会学视角下，对行为的产生而言，行为前发挥作用的机制是"约束条件"，行为时发挥作用的机制是"选择"，行为后发挥作用的机制是"选取"，三者对于解释行为产生的机制都不可或缺。① 而在当前风险社会的背景下，将非意向性的"约束条件"与"选取"解释为行为的意义或者功能，从而将未来可能的损害都归因于行为主体的行为决定（"选择"），似乎已成为风险预防的应然之义。② 以此为前提，将自然人或单位视为单位犯罪的行为主体，进而以"职务身份→支配关系"为核心构建归责判断逻辑，也就成为顺理成章的选择。但笔者认为，如果不对单位犯罪中单位行为的"约束条件"与"选取"机制进行研究，就会陷入方法论上的整体主义（系统论或功能论）或化约主义（还原为生理层面的个人），本质都是将行为主体原子化，③ 无法厘清单位决策机制中单位与个人的关系，也就难以明确单位犯罪行为的本体内涵。

个人意志若欲上升为单位意志，需经法人机关按照法定程序认可，④ 这是"单位犯罪行为"得以实施的"约束条件"。这一"约束条件"征表的不是一个静态的规则系统，而是单位内部成员间，以及单位与其他社会主体间形成的社会网络。单位成员个人的意图行为诚然是单位行为

---

① 参见〔美〕乔恩·埃尔斯特《解释社会行为：社会科学的机制视角》，刘骥、何淑静、熊彩等译，重庆大学出版社，2019，第282~284页。
② 参见〔德〕尼克拉斯·卢曼（Niklas Luhmann）《风险社会学》，孙一洲译，广西人民出版社，2020，第153~182页。
③ 马克·格兰诺维特（Mark Granovetter）认为，两者分别以社会分工与对个人利益的狭隘追求为标准，实现对个人的原子化建构。参见〔美〕马克·格兰诺维特《社会与经济：信任、权力与制度》，王水雄、罗家德译，中信出版集团，2019，第18~23页。
④ 根据我国《公司法》第36~50条的规定，公司的意思形成与意思表示机关在不同层次对公司运营起到决策作用。关于法人机关的类别，参见杨立新《中华人民共和国民法典条文要义》，中国法制出版社，2020，第47页。

得以实施的实在基础,但以单位为连接点,自然人的意图已嵌入不断发展的社会网络。社会网络是连接个人行为与制度、文化的中间部分,具备超越个人的"涌现"特性。[1] 行为规范会通过社会网络传播,与他人的连接路径越多,即社会网络的结构越紧密,社会网络中的个人就越容易被网络上的行为规范影响。概言之,规范和利益借由社会网络共同塑造了人的行为。[2] 而所谓合规,形式上是在塑造一套单位成员的行为规范,实质是在构建单位成员间,以及单位与其他社会主体间存在大量连接的集成化社会网络,继而通过处于该网络核心位置的领导(集体)影响集体行为。因此,单位对成员的控制方式不是管束(支配)与封锁,而是通过促进人际交流与信息流动,进而丰富社会网络实现的。[3] 单位意志的来源是基于社会网络的单位决策机制,而非具体的个人意志。社会网络的实然存在为单位主体的独立归责提供了现实基础,不能再从单位成员的个人行为中寻找单位犯罪行为的现实基础。

尽管单位意志与单位行为的独立性应得到认可,但问题导向下的综合策略而非某种完满的制度逻辑,是单位行为得以实施的"选取机制",这完全可能导致单位行为的发展超出最初单位意志的预设。制度、规范、文化更像一个可供选择的"工具箱",而非作为行为界限、约束性的静态规则系统。它们影响(塑造)行为,但不决定行为。人们在解决问题的时候,往往会实践性地选择指引规则,而不在意它们的体系性。[4] 作为一种行为规范,合规也只是能代表单位意志的个人在作出行为决策时参考的要素之一,绝非唯一要素。最终上升为单位意志的行为决策,是行为人根据实际需求拼装不同规范体系后的产物。对单位是否合规的判断不能替

---

[1] 所谓"涌现特性",是指总体由各组成部分的连接和互动呈现出的新特性,且这种新特性只有总体具备,各个部分均不单独具备。可以用蛋糕或炒菜来类比,蛋糕或炒菜的味道超出了所有原料味道的简单相加。参见〔美〕尼古拉斯·克里斯塔基斯、詹姆斯·富勒《大连接:社会网络是如何形成的以及对人类现实行为的影响》,简学译,北京联合出版公司,2017,第35~44页。
[2] 参见〔美〕马克·格兰诺维特《社会与经济:信任、权力与制度》,王水雄、罗家德译,中信出版集团,2019,第91~141页。
[3] 参见〔德〕海因茨·布德《焦虑的社会:德国当代的恐惧症》,吴宁译,北京大学出版社,2020,第165页。
[4] 参见〔美〕马克·格兰诺维特《社会与经济:信任、权力与制度》,王水雄、罗家德译,中信出版集团,2019,第293~326页。

代对具体单位行为是否构成犯罪的考察，前者只能对后者起到补充作用。以单位是否合规为依据判断其组织过失的观点，属于"合规浪漫主义"。

综上所述，笔者认为单位犯罪既不是单位支配个人实施的犯罪，也不是个人支配单位资源实施的犯罪，而是个人意志经单位决策机制上升（不是一般认为的体现）为单位意志后，单位意志支配作为组织体的单位实施的犯罪行为。虽然单位犯罪行为确需由具体自然人实施，但当个人意志上升为单位意志，个人犯罪行为即上升为单位犯罪行为，在刑事归责中获得了独立的规范地位。[1] 单位犯罪刑事责任的基础不是雇员或领导个人的意志、单位成员与单位的雇佣关系或单位自身的组织缺陷，而是单位的决策机制。基于以上认识，笔者将单位犯罪的刑事责任类型归纳为"决策机制责任"。合规措施的核心功能，在于打开单位决策机制的"黑箱"，以合规计划为依据，明确单位运营中相关主体的权属关系，进而以合规义务的实际履行状况为依据，判断个人意志是否上升为单位意志。若答案为肯定，则应进一步判断具体的行为不法与责任；若答案为否定，则应只追究该自然人的刑事责任。[2] 遵循以上思路，可以较好地解释我国现行立法中有关单位犯罪的规定。我国《刑法》第31条的规定，应解释为单位为其决策机制产生的犯罪行为及危害后果承担独立的刑事责任，个人为其行为直接符合犯罪构成承担刑事责任。对于2014年全国人大常委会《关于〈中华人民共和国刑法〉第三十条的解释》，应解释为单位本就通过具体个人实施犯罪行为，即使不处罚单位，也不妨碍追究组织、策划、实施该危害社会行为的人的刑事责任。

以被称为"企业合规无罪抗辩第一案"的雀巢公司员工侵犯公民个人信息一案为例，兰州市中级人民法院在二审裁定中阐明："雀巢公司手

---

[1] See Celia Wells, *Corporations and Criminal Responsibility*, Oxford University Press, 2001, p. 11.
[2] 黄京平教授主编的《刑法案例分析》一书认为，"在判断单位犯罪与自然人犯罪的区别时，唯一的标准应该是单位主观方面的形成过程是否符合单位相对独立的人格，具体来讲，一方面，支配特定行为的意识/意志是否是单位的有权者所作的，其中有权者的管理单位的权力必须是根据单位的章程、惯例所确定的；另一方面，该意识/意志的形成是否是有权者依照单位的议事决策章程、惯例所作的"。本书与该书的着眼点一致，均尝试以单位决策机制为标准区分个人意志与单位意志。但本书进一步明确了单位意志与个人意志并不互斥，前者应由后者提升而非转化而来，真正厘清了单位意志与单位犯罪行为的形成过程。因此，本书主张的"决策机制责任"论与以上观点存在本质区别。参见黄京平主编《刑法案例分析》，中国人民大学出版社，2018，第81页。

册、员工行为规范等证据证实，雀巢公司禁止员工从事侵犯公民个人信息的违法犯罪行为，各上诉人违反公司管理规定，为提升个人业绩而实施的犯罪为个人行为。"[1] 最终裁定维持原判，不追究雀巢公司的刑事责任。本案中，雀巢公司以其履行了合规管理义务为依据，证明了员工个人的犯罪意志并未上升为公司意志，员工个人的犯罪行为自然也未上升为单位犯罪行为。[2] 而在北京匡达制药厂偷税案中，法院认为作为药厂法定代表人的王某并未直接参与犯罪，不应承担刑事责任。[3] 王某出罪的法理依据与前案相同。

与此同时，对于单位负责人破坏单位决策机制实施的犯罪行为，即使不法利益归属于单位，也不宜评价为单位犯罪。以吕某等走私制毒物品案为例，尽管吕某为赤峰AK公司国际销售部经理，主管该公司国际销售业务，但其伪造"绿茶减肥冲剂"等品名，将共计1075千克含有麻黄浸膏粉的混合物（麻黄浸膏粉含量为500余千克）申报出口墨西哥的行为并未经过单位决策机制的认可，包括经单位领导（集体）决定或属于单位决策机制认可的职权范围，[4] 法院认定其个人构成走私制毒物品罪，AK公司不成立单位犯罪。[5]

对于中小企业，即使是一人公司，如果其具备法人资格，且相关犯

---

[1] 兰州市中级人民法院（2017）甘01刑终89号刑事裁定书。一审判决参见兰州市城关区人民法院（2016）甘102刑初605号刑事判决书。
[2] 本书不认可完全与个人意志分离的单位意志，因此本书观点与学界主张的"责任分离论"与"企业独立意志论"等都存在本质区别。参见叶良芳《论单位犯罪的形态结构——兼论单位与单位成员责任分离论》，《中国法学》2008年第6期；陈瑞华《企业合规基本理论》，法律出版社，2020，第198~206页。
[3] 参见《北京匡达制药厂偷税案——如何认定单位犯罪直接负责的主管人员》，最高人民法院刑事审判第一庭、第二庭编《刑事审判参考》（2003年第4辑，总第33辑），法律出版社，2003，第1~6页。
[4] 犯罪所得是否归于单位，是判断的重要参考，而非唯一根据。此外，对陈兴良教授有关本案中国际销售部经理吕某及业务员崔某是以公司名义对外从事业务，"因此他们的行为是职务行为，尽管他们就走私行为对公司领导做了某种隐瞒，但这不能否认其公司走私的性质"的观点，笔者也不赞同。笔者认为，"为公司决策机制所认可"主要是指不由领导（集体）直接决定，但符合公司议事决策章程、惯例与合规体系要求，应以此为依据实质判断公司成员特定行为的职权范围。本案中，吕某与崔某谎报品名与价格，让公司生产部生产含有麻黄浸膏粉的混合物并走私，尽管属于职务行为，但已超越职权范围，应由个人而非单位承担刑事责任。陈兴良教授的观点，参见陈兴良《判例刑法学》，中国人民大学出版社，2017，第478~479页。
[5] 参见北京市高级人民法院（2008）高刑终字第459号刑事判决书。

罪行为经公司决策机制认可，也应评价为单位犯罪。例如在周某合同诈骗案中，尽管由被告人周某担任法定代表人的上海某工艺品有限公司、上海某镐工艺品有限公司为一人公司，但此两家公司具备独立的法人人格，周某作为公司的法定代表人是为公司利益实施的合同诈骗，公司成立单位犯罪，周某应作为直接负责的主管人员被追究刑事责任。[①]

需要特别说明的是，以上案例均是在单位成员所实施行为已构成犯罪的基础上，以单位决策机制为依据区分个人行为与单位行为。至于特定主体的行为是否构成犯罪，仍需以其具体的行为不法与责任为判断依据。

（二）企业数据合规师过失参与单位信息网络犯罪的刑事归责标准

基于上文对企业合规师过失参与单位犯罪行为样态的认识，在数据合规领域，无论是以数据为核心生产资料、以网络为主要运营空间的企业，例如互联网企业，还是利用信息网络设施开展业务的企业，例如快递企业、金融机构，当其实施狭义信息网络犯罪或计算机犯罪时，企业数据合规师为单位犯罪中的主管人员，当其实施网络化传统犯罪时，企业数据合规师为单位犯罪中的其他直接责任人。数据合规师通过不履行其合规义务，导致单位实施的信息网络犯罪行为得以实现，应属不作为参与单位犯罪，归责对象应为其容许单位犯罪法益侵害风险实现的容许行为。接下来，本书拟结合具体的信息网络犯罪构成要件，进一步厘清单位犯罪中数据合规师的保证人地位与保证人义务，确定数据合规师不作为参与企业所实施信息网络犯罪的归责标准。

1. 信息网络犯罪中数据合规师的保证人地位

首先需要明确的，是数据合规师是否对所在企业实施的信息网络犯罪具备保证人地位。传统不作为犯理论不区分刑法中的一般性举止规范与行为人的具体作为义务，将具备法规范所认可特定社会功能角色的保证人视为作为义务人，将一般性举止规范的内涵——一般的结果阻止义务——视作保证人义务。以此为基点，无论是机能二分说还是义务犯的理论进路，都试图将保证人义务界定为"保证人"这一类社会角色集体

[①] 参见《周敏合同诈骗案——如何理解和把握一人公司单位犯罪主体的认定》，最高人民法院刑事审判第一庭、第二庭、第三庭、第四庭、第五庭编《刑事审判参考》（2011年第5辑，总第82辑），法律出版社，2011，第15~22页。

应承担的义务,以其对法益侵害的直接与间接作用为标准界定保证人义务的内涵,进而区分保证人义务与保证人地位的类型。但根据本书的观点,不纯正不作为犯中,行为人的作为义务应当是个体化的举止规范,是根据个人身心能力与具体行为情景,行为人在特定构成要件语境下应承担的具体作为义务。那么,不纯正不作为犯中的保证人地位应属于一般性命令规范的内容,还不涉及与法益侵害关联的具体(作为义务)判断,其内涵应为法规范认可的社会角色分工。[①]

具体到数据治理领域,合理平衡促进信息流动、实现其经济与社会价值的时代需求,与防控企业加工处理所掌握的数据,继而制造、获取、传播与利用信息可能具备的法益侵害风险的底线要求,是推动我国数字产业法治化长效发展的应有之义。以此为导向,按照网络安全保护、个人信息保护、数据安全保护等不同的规范目的,根据信息技术服务、电子商务、金融、交通、通信、医疗、政务等不同行业的实际情况,我国的数据监管模式已从强调控制准入转向强调事中事后合规监管,针对数据产业链中的获取、存储与传输以及使用主体,已初步确立了分层分业的监管体系。[②] 需要特别指出的是,我国相关立法,特别是《刑法》区分了数据和信息的概念。数据是信息内容的荷载符号,是载体,而信息是不同主体之间的数据交换产生的"意义",或者说内容。通过对数据的加工处理,可以获得不同类型的信息。[③] 行为人制造、获取、传播与利用特定类型的信息,可以侵害不同法益。那么,数据合规的范畴不仅限于对产业链中"数据处理活动"[④] 的规范,还应包括对企业制造、获取、传播与利用信息的各类行为的调整。以动态的数据产业链为语境,以相关的法律法规为依据,数据合规师的保证人地位在我国得以确立。

---

① 参见敬力嘉《网络不作为参与行为不法类型的重塑》,《政治与法律》2020年第11期,第42~45页。
② 参见黄春林《网络与数据法律实务——法律适用及合规落地》,人民法院出版社,2019,第19~21页;于莽主编《规·据:大数据合规运用之道》,知识产权出版社,2019,第65~222页。
③ Max von Schönfeld, Screen Scraping und Informationsfreiheit, 2018, S. 27; Andréa Belliger, David J. Krieger, *Network Publicy Governance: On Privacy and the Informational Self*, Bielefeld: Transcript, 2018, p. 38.
④ 根据《数据安全法》第3条第2款的规定,"数据处理"包括数据的收集、存储、使用、加工、传输、提供、公开等行为。

根据我国《刑法》第 286 条之一拒不履行信息网络安全管理义务罪，以及 2019 年《信息网络犯罪解释》第 3~6 条的规定，网络服务提供者拒不履行"信息网络安全管理义务"、符合入罪标准的，需承担刑事责任。有关本罪对数据合规师的适用，下文将进一步展开探讨。目前可明确的是，本罪创设的"网络服务提供者"，可以作为实施信息网络犯罪的企业的规范形象。根据《信息网络犯罪解释》第 1 条[①]的规定，"网络服务提供者"既包括以数据为核心生产资料、以网络为主要运营空间的企业，也包括利用信息网络设施开展业务的企业。依照《网络安全法》《数据安全法》《关键信息基础设施安全保护条例》《网络安全等级保护条例》《网络安全等级保护基本要求》等法律法规的要求，网络服务提供者需根据其服务内容、所需保护法益的类型及其重要性的不同，设置网络安全负责人、数据安全责任人、个人信息保护负责人等数据合规师职位。[②]

以银行业为例，根据 2018 年中国银行保险监督管理委员会《银行业金融机构数据治理指引》的要求，利用信息网络提供服务的银行业金融机构需建立数据治理组织机构，包括作为决策层的数据治理管理委员会（或数据治理办公室）、作为管理层的数据治理综合管理部门以及作为执行层的各相关业务部门与人员。[③] 作为数据治理决策层与管理层负责人的数据合规师，应具备阻止银行实施信息网络犯罪的保证人地位。当银行实施狭义信息网络犯罪或计算机犯罪时，数据合规师为单位犯罪中的主管人员；当银行实施网络化传统犯罪时，数据合规师为单位犯罪中的其他直接责任人。

2. 信息网络犯罪中数据合规师的作为义务

笔者认为，成立不纯正不作为犯所要求违反的"作为义务"，不是

[①] 根据《信息网络犯罪解释》第 1 条的规定，"网络服务提供者"包括提供网络接入、域名注册解析等信息网络接入、计算、存储、传输服务，信息发布、搜索引擎、即时通讯、网络支付、网络预约、网络购物、网络游戏、网络直播、网站建设、安全防护、广告推广、应用商店等信息网络应用服务，以及利用信息网络提供的电子政务、通信、能源、交通、水利、金融、教育、医疗等公共服务的单位与个人。

[②] 参见黄春林《网络与数据法律实务——法律适用及合规落地》，人民法院出版社，2019，第 65~69 页。

[③] 参见黄春林《网络与数据法律实务——法律适用及合规落地》，人民法院出版社，2019，第 141~142 页；陆顾新、陈石军、王立等编著《银行数据治理》，机械工业出版社，2016，第 36~39 页。

"保证人"这一社会角色集体应承担的一般性结果阻止义务,而是站在行为前视角,根据行为人个人的身心能力与具体的行为情境,在具体构成要件中采取避免法益侵害危险实现适格行为的义务。[①] 也就是说,刑法不强求保证人完成救助,只要求行为人采取积极措施引发或促成外在救助。具体到数据合规师过失不作为参与单位犯罪的场合,还需在具体的信息网络犯罪构成要件中按照企业在数据产业链中所处主体地位与行业的区分,进一步明确数据合规师是否应承担获取法益将受到侵害的认知、确认某种危险预防措施的积极效力、仔细查明或实施最有成功希望的救助策略等三类作为义务。[②]

当企业作为数据获取主体时,可能涉及的信息网络犯罪主要包括非法获取计算机信息系统数据罪与非法获取型侵犯公民个人信息罪。对前罪适用的探讨近期主要集中在网络爬虫的刑事规制,前罪行为不法的判断标准在于,网络爬虫是否故意避开或突破计算机信息系统控制主体采取的技术防护措施。[③] 在数据保护语境下,构建企业的数据合规体系,明确企业获取数据的合法权限,是数据合规师日常的制度建设义务。后罪的行为不法判断标准在于,行为人是否突破公民个人信息(法定)处理主体对其合法处理权限所创设的安全保护措施。[④] 在个人信息保护语

[①] Vgl. Bastian Kreuzberg, Täterschaft und Teilnahme als Handlungsunrechtstypen. Zugleich ein Beitrag zur allgemeinen Verhaltensnormlehre, 2019, S. 214, 215.
[②] 参见敬力嘉《数字货币语境下"过失参与洗钱"的行为不法类型》,《武汉大学学报》(哲学社会科学版)2021年第4期。
[③] 参见刘艳红《网络爬虫行为的刑事规制研究——以侵犯公民个人信息犯罪为视角》,《政治与法律》2019年第11期;刘宪权《网络黑灰产上游犯罪的刑法规制》,《国家检察官学院学报》2021年第1期。
[④] 侵犯公民个人信息罪的保护法益决定了本罪行为不法的判断基准,有关本罪的保护法益应为个人还是集体法益,学界存在较大争议。马永强博士以本书所主张信息专有权为对象展开了批判,但其批判并未以《信息网络犯罪规制的预防转向与限度》一书中有关信息专有权的完整论述为基础展开,失之偏颇。笔者认为,马永强博士以"公民个人信息自决权+公民个体社会交往利益"为本罪的保护法益,以此得出的个人信息公共价值仅具有衍生定位,只要经公民个人同意,即使提供的公民个人信息被用于犯罪也无刑事违法性等结论,属于对本罪法益理想主义的建构,而非基于现实的"确证"。有关马永强博士的观点,以及本书所持信息专有权的观点,参见马永强《侵犯公民个人信息罪的法益属性确证》,《环球法律评论》2021年第2期;敬力嘉《信息网络犯罪规制的预防转向与限度》,社会科学文献出版社,2019,第73~124页。

境下，以《网络安全法》第 40~50 条、《个人信息保护法》、《民法典》第 1034~1039 条以及其他相关规范等为依据，明确企业获取公民个人信息的合法权限，是数据合规师日常的制度建设义务。

而在企业所实施以上两罪的刑事归责中，作为保证人的数据合规师应承担的具体作为义务，应为采取积极措施引发或促成对实现两罪法益侵害危险的阻止，具体包括获取企业行为将侵犯两罪法益的认知、确认数据合规措施的对预防此种法益侵害危险的积极效力以及查明或实施最有成功希望的救助策略。① 若数据合规师不履行，则其个人意志上升为单位意志，承担单位犯罪的刑事责任。以我国"网络爬虫第一案"为例，被告人公司使用"tt_spider"软件绕过字节跳动公司计算机信息系统服务器的访问限制抓取了视频数据，即被认定为未经允许进入字节跳动公司的计算机信息系统，构成非法获取计算机信息系统数据罪。若本案中被告人公司的数据合规师未履行以上三类作为义务，则应作为单位犯罪中的主管人员承担刑事责任。② 以鲁某等侵犯公民个人信息案为例，涉案的新泰市某快递公司负责人将 K8 软件和工号出卖给鲁某，用于查看和复制该快递公司的订单信息，鲁某之后将相关信息卖给王乙等电话促销人员。该快递公司负责人突破了该公司对其个人信息合法处理权限的安全保护措施，且其行为属于被单位决策机制认可的职权范围，被认定构成单位犯罪。若该快递公司的数据合规师未履行以上三类作为义务，同样应作为单位犯罪中的主管人员承担刑事责任。③

当企业作为数据存储与传输主体时，可能涉及的信息网络犯罪主要包括拒不履行信息网络犯罪安全管理义务罪与非法提供型侵犯公民个人信息罪。前罪行为不法的判断标准在于，企业是否因拒不履行配合网络信息安全保护义务导致法定后果的产生。在网络安全保护语境下，法律

---

① 李本灿教授认为，合规官的义务限于信息传递，这是以其职务身份而非其在单位犯罪中的具体功能为标准的设定，并不完整与具体。参见李本灿《合规官的保证人义务来源及其履行》，《法学》2020 年第 6 期，第 92~93 页。
② 参见北京市海淀区人民法院（2017）京 0108 刑初 2384 号刑事判决书。
③ 参见《侵犯公民个人信息犯罪典型案例》，中华人民共和国最高人民检察院官网，https://www.spp.gov.cn/spp/zxjy/qwfb/201801/t20180131_362951.shtml，最后访问日期：2023 年 1 月 26 日。

与行政法规①为企业创设的"信息网络安全管理义务"可具体化为数据合规师的日常制度建设义务。②后罪行为不法的判断标准在于,行为人是否侵犯公民个人信息(法定)处理主体的合法处理权限。以个人信息保护领域的相关法律规范为依据,明确企业处理公民个人信息的合法权限,是数据合规师应承担的日常制度建设义务。

在企业所实施拒不履行信息网络安全管理义务罪的刑事归责中,根据网络服务提供者的不同类型,作为保证人的数据合规师也应承担过失不作为犯的三类作为义务。若作为网络服务提供者的企业不履行"信息网络安全管理义务",经监管部门责令改正仍拒不改正,且数据合规师不履行其作为义务,则数据合规师的个人意志上升为单位意志,承担单位犯罪的刑事责任。以"圆通内鬼租售账号导致40万条个人信息泄露"一案为例,由于圆通公司的信息安全风控系统提示其内部查询系统账号登录异常,该公司主动向公安机关报警,抓获了侵犯公民个人信息的内部员工。尽管圆通公司的数据合规机制有待完善,但圆通公司及其数据合规师均已履行拒不履行信息网络安全管理义务罪语境下的作为义务,不应以圆通公司改正程度不足为理由,要求该公司及其数据合规师承担本罪的刑事责任。③

在企业所实施非法提供型侵犯公民个人信息罪的刑事归责中,公民个人的同意能否撤销公民个人信息(法定)处理主体的处理权限存在一定争议,笔者对此持否定态度。本罪创设的举止规范直接保护法定主体信息专有权这一集体法益,间接保护公民个人的信息自决权。公民个人的同意可以排除本罪创设的举止规范对公民个人信息自决权的保护,也

---

① 特别值得关注的有《数据安全法》与《个人信息保护法》,以及《民法典》第 1195 条对侵权责任领域网络服务提供者"通知—取下"规则的更新,本书不就此进一步展开。
② 参见敬力嘉《信息网络犯罪规制的预防转向与限度》,社会科学文献出版社,2019,第 177~188 页。
③ 周汉华教授曾在有关本案的访谈中主张,可以以本案中圆通公司对于用户信息大量泄露的问题并未整改到位为依据,对其适用拒不履行信息网络安全管理义务罪。本书不认同该观点,因为数据合规并不是本罪行为不法的判断根据。有关本案的介绍以及周汉华教授的访谈,参见 http://k.sina.com.cn/article_1644648333_6207578d01900u4qz.html,最后访问日期:2023 年 1 月 27 日。

就不能以非法出售、提供的公民个人信息条数以及获利数额为标准发动本罪的制裁规范。但公民个人的同意不能排除本罪创设的举止规范对法定主体信息专有权这一集体法益本身的保护，对于经公民个人同意却侵犯公民个人信息（法定）处理主体处理权限的行为，仍处于本罪创设的举止规范的保护范围内，可以根据其他情节标准发动制裁规范对此类行为进行处罚。① 也就是说，即使在公民个人已同意的场合，数据合规师也应承担过失不作为犯的三类作为义务，以确保信息流动的自主型秩序能够得以维持。

以睿思科管理顾问（北京）有限公司（以下简称睿思科公司）单位行贿一案为例，本案中该公司接受客户委托对应聘人员进行背景调查，为了调查应聘人员的犯罪记录，公司法定代表人董某联系到某派出所所长聂某，与其达成合意，伪造了一份以派出所名义出具的合作证明，由董某向聂某支付报酬，由聂某向其提供所需的个人犯罪记录信息。截至案发，聂某共提供个人犯罪记录信息 54618 条，获利 32.8 万余元。本案一审判决书认定睿思科公司构成单位行贿罪，聂某构成受贿罪。② 笔者认为，睿思科公司获取的背景调查业务收益是否属于"谋取不正当利益"，还有待探讨，本书不作进一步展开。③ 尽管员工同意睿思科公司获取其个人犯罪记录信息，但睿思科公司与聂某仍是以权钱交易的方式侵犯了派出所作为法定处理主体对此类信息的处理权限，可以根据最高人民法院、最高人民检察院《关于办理侵犯公民个人信息刑事案件适用法律若干问题的解释》第 6 条第 2 款关于"造成重大经济损失或者恶劣社会影响"的规定，评价为"情节特别严重"，以侵犯公民个人信息罪对此行为进行处罚。若睿思科公司的数据合规师未履行其作为

---

① 参见蔡颖《被害人同意与被害人自陷风险的统合——以刑法中被害人同意的对象为视角》，《法学评论》2021 年第 5 期，第 55~56 页。
② 参见北京市朝阳区人民法院（2018）京 0105 刑初 79 号刑事判决书。
③ 关于"谋取不正当利益"这一构成要件要素，学界一直存在保留论和取消论的争议。曾任最高人民法院副院长的李少平持取消论，车浩教授则持保留论，主张应将国家工作人员是否违背职务作为判断行为人所谋取利益是否正当的标准。若根据车浩教授的标准，则本案中睿思科公司谋取的应属不正当利益。参见李少平《行贿犯罪执法困局及其对策》，《中国法学》2015 年第 1 期；车浩《行贿罪之"谋取不正当利益"的法理内涵》，《法学研究》2017 年第 2 期。

义务，则该公司的数据合规师应作为单位犯罪中的主管人员承担刑事责任。

当企业作为数据使用主体时，可能涉及的信息网络犯罪主要包括破坏计算机信息系统罪、帮助信息网络犯罪活动罪、非法利用信息网络罪以及网络化传统犯罪。前三类犯罪行为不法的判断标准分别在于，破坏计算机信息系统的正常运行或其中存储处理或传输的数据与应用程序、行为与本罪所保护信息法益间存在客观与主观危险关联、行为具有侵害本罪所保护信息法益的抽象危险，网络化传统犯罪的行为不法判断标准则需要根据具体罪名加以确定。① 明确企业使用信息、数据、程序、网站等的行为规范，是数据合规师的日常制度建设义务。② 在以上四类犯罪的刑事归责中，数据合规师仍然都应承担过失不作为犯的三类作为义务。若数据合规师不履行其作为义务导致企业实施前三类犯罪，其应作为主管人员承担单位犯罪的刑事责任；若导致企业实施网络化传统犯罪，其应作为其他直接责任人承担单位犯罪的刑事责任。

以佛山市腾飞网络科技有限公司（以下简称腾飞公司）、广州成域电子科技有限公司（以下简称成域公司）破坏计算机信息系统案为例，鹏飞公司开发了"信息读写器"软件，可以绕开实名认证程序而开通电话卡，腾飞公司与成域公司向 1054 人销售安装上述软件 1070 次，销售金额为人民币 115 万余元。法院认为该软件导致了实名制登记系统无法正常运行，属于以非法控制手段破坏计算机信息系统，该公司构成破坏计算机信息系统罪。③ 若该公司数据合规师未积极获取公司开发这一款软件可能侵害本罪法益的认识、确认数据合规措施的预防效力以及查明或采取最有成功希望的救助策略，则应作为主管人员承担单位犯罪的刑事责任。对涉及其他三类犯罪的案件，也应适用以上分析思路判断企业数据合规师是否具备违反相应作为义务的情形。

---

① 参见敬力嘉《信息网络犯罪规制的预防转向与限度》，社会科学文献出版社，2019，第 198~256 页。
② 参见于莽主编《规·据：大数据合规运用之道》，知识产权出版社，2019，第 86~93 页。
③ 参见广州市中级人民法院（2018）粤 01 刑终 1216 号刑事裁定书。

第三节 信息网络环境下过失犯罪参与的刑事归责

一 过失犯罪参与的不法类型

本书认为,鉴于过失犯中的构成要件结果是过失举止所引起的,过失的不法内涵在于违反注意义务,应当适用单一正犯概念。此外,注意义务界定了"注意"(谨慎)的内涵。虽然逻辑上可以区分个人直接违反注意义务的风险行为和由他人相应行为造成的结果,从而区分犯罪参与形态,但是过失犯罪参与不同于故意共犯,犯罪参与人的行为计划事实上不由正犯的行为计划衍生而来,他人违反注意义务只能是因果要素,而不影响过失犯罪参与人的行为计划。①

伦齐科夫斯基(Renzikowski)从个人自治原则出发,以溯及禁止为理论工具,主张在过失犯中适用区分制概念。他的理由是,从一般的自主责任原则中可以推导出一般的溯及禁止,即过失犯因果链条中最后一个行为不能再往前回溯追责。②但在故意犯罪中,共同正犯、帮助犯等犯罪参与形式已打破了这种一般的溯及禁止。那种把共犯禁止规范的内容解释为危险禁止,把从属性要求解释为可罚性条件的说法,是没有说服力的。它的错误之处在于把过失正犯视作行为支配理论中"风险流程的中心角色"或"社会领域中功能角色的决定者",过失正犯就成了罗克辛归责体系中第二阶段(从行为到人)的归责类型。但这样的理解存在问题,因为所谓过失共同犯罪中归责判断的内容,是是否可以为行为人设定以避免他人违反注意义务为目的的注意义务,也就是确定各自注意义务的内容与范围。在这一内容和范围的确定过程中,会涉及"信赖原则""责任领域区分"等问题。因此,把过失犯的正犯性缩减为"对危险制造的支配"是有问题的,因为这忽视了故意和过失作为不法类型的差异——在故意犯中可以区分犯罪参与类型,是因为共犯的举止规范

---

① Bastian Kreuzberg, Täterschaft und Teilnahme als Handlungsunrechtstypen. Zugleich ein Beitrag zur allgemeinen Verhaltensnormlehre, 2019, S. 707 – 709.
② Joachim Renzikowski, Restriktiver Täterbegriff und fahrlässige Beteiligung, 1997, S. 72 ff, 153 ff.

与行为计划衍生自正犯,但过失犯中违反注意义务举止的禁止规范具有自主内涵,不存在这样的衍生关系。①

以不法行为的集体决策为例,② 本书认为不应当成立过失共同正犯的核心原因在于,共同正犯要求的共同行为决意是在交互协调过程中产生的。而集体决策中,每个决策者影响不到其他成员的决策,无法形成共同归责的责任基础。集体决策不是对共同不法行为的参与,在功能上无法与故意共同正犯的共同行为决意等同。过失共同正犯追求的无非是用对创设危险的集体的从属性,代替对个体行为与危害结果间因果关系的证明。但事实上,这种从属性不足以证成过失共同正犯的行为与危害结果之间的因果性。这是因为,个人对集体决策的影响不具备因果性,所以过失共同正犯的概念可以说是空中楼阁。

总之,不能把民法中"潜在的造成损失者作为赔偿责任人"的归责思路引用到刑法中,过失共犯没有归责给个人的基础。因为刑法不是要分配已存在的恶,而是要施加新的恶,因此必须有个人责任的正当根据作为归责基础。在过失参与情形中,行为在事实层面的参与性,并无对应的共同注意义务。但基于行为的参与性,行为人的注意义务之间存在事实层面的关联。需要明确的是,注意义务针对的不是抽象的共同行为,而是具体的个人行为。在对过失参与的归责判断中,标准不是参与,而是过失,判断核心在于认定行为人各自的注意义务,以及注意义务违反是否与法益侵害结果之间存在因果关系与规范关联。因此,在过失犯中运用单一正犯概念,不是无根据扩张注意义务,而是认真对待了注意义务。③ 以此为理论基础,本书可以进一步展开对数字货币语境下过失参与洗钱,以及企业数据合规师过失参与企业所实施信息网络犯罪刑事归责的探讨。

---

① Bastian Kreuzberg, Täterschaft und Teilnahme als Handlungsunrechtstypen. Zugleich ein Beitrag zur allgemeinen Verhaltensnormlehre, 2019, S. 710 – 711.
② 如学界探讨的"皮革喷雾剂案"。
③ Bastian Kreuzberg, Täterschaft und Teilnahme als Handlungsunrechtstypen. Zugleich ein Beitrag zur allgemeinen Verhaltensnormlehre, 2019, S. 726 – 730.

二　数字货币语境下过失参与洗钱的刑事归责

长期以来，以比特币为代表的非法定（私人）数字货币[①]由于聚集了显著的违法犯罪风险，其发展在我国受到严格限制[②]。尽管如此，在数字全球化的大背景下，我国的非法定数字货币交易市场仍然存在，并持续发展。此外，以助推实体经济与普惠金融以及提高虚拟经济金融系统的透明性与抗风险性为目标，我国在法定数字货币的研发方面一直走在世界前列。[③] 商务部 2020 年 8 月 12 日发布的《关于印发全面深化服务贸易创新发展试点总体方案的通知》中，公布了数字人民币试点地区[④]，这标志着我国审慎进行法定数字货币的落地尝试。以银行卡与移动支付的普及为代表的"货币数字化"，给洗钱犯罪的有效规制带来严峻挑战。以法定数字货币逐渐落地为象征的"数字货币化"，则会进一步推动洗钱犯罪模式的质变。在洗钱犯罪防控中，金融服务从业主体刑事责任的缺位已受到关注。新型金融业态具备数字化、普及化、去中心化的特征，从业主体正常业务行为与"过失参与洗钱"之间的界限愈加模糊。在此背景下，不可简单借鉴国外立法例设置独立的过失或不作为犯罪。应对数字货币的技术路线进行全面分析，以明确过失参与行为在洗钱罪中的可罚性边界。

以数字货币的底层技术架构为前提，前瞻性地厘定数字货币语境下"过失参与洗钱"的行为不法类型，对明确数字货币发展的法治边界至关重要。本书拟基于不同的数字货币类型与技术路径，厘清数字货币语境下不同参与主体的"过失参与洗钱"行为，明确此类行为归责评价依据的举止规范与注意义务类型及其违反注意义务的规范内涵，进而确定

[①] 本书采用经济学对数字货币的定义，将其划分为主权与非主权数字货币，不包括网络社区型虚拟货币（Q 币、脸书信用币等），以及数字化的传统主权货币（电子货币）。参见谢平、石午光《数字货币新论》，中国人民大学出版社，2019，第 28~39 页。

[②] 2013 年 12 月 5 日，由中国人民银行牵头的五部委联合发布的《关于防范比特币风险的通知》，以及 2017 年 9 月 4 日由中国人民银行牵头的七部委联合发布的《关于防范代币发行融资风险的公告》，对包括比特币在内各类非主权数字货币的融资发行（ICO）与兑换交易活动进行了非常严格的限制。

[③] 参见谢平、石午光《数字货币新论》，中国人民大学出版社，2019，第 48~49 页。

[④] 该通知提出，在京津冀、长三角、粤港澳大湾区及中西部具备条件的试点地区开展数字人民币试点。

此类行为的归责结果，厘定数字货币语境下"过失参与洗钱"的刑法处罚边界。本书拟借此超越立法论层面的抽象建构，为完善新技术环境下洗钱犯罪治理思路提供教义学层面的理论方案。

（一）数字货币语境下"过失参与洗钱"的行为

厘定过失参与的规范内涵后，本书拟以数字货币的技术路径为前提，进一步明确数字货币语境下过失不法中参与洗钱的行为内涵，为进一步确定归责判断的标准奠定事实基础。在数字货币的法律监管以及数字货币语境下洗钱犯罪规制的研究中，学界主要以我国《刑法》第191条、最高人民法院《关于审理洗钱等刑事案件具体应用法律若干问题的解释》（以下简称《洗钱犯罪解释》）的相关规定为论证依据，以区块链技术支撑的非法定加密数字货币为研究对象，以勾勒出数字货币语境下匿名化、多样化、去中心化的洗钱犯罪行为。[①] 但是，区块链技术只是支撑完整数字货币方案的金融基础设施建设技术路径之一，而非唯一路径。即使是区块链技术本身，以去中心化程度为区分标准，也存在公有链、私有链、联盟链等多种方案。[②] 因此，仅以基于公有链发行的比特币作为洗钱犯罪的标准行为对象，并确定相应的洗钱行为，其现实意义与前瞻性均比较有限。就非法定数字货币而言，采用不同的技术路径，洗钱涉及的主体与行为特征会存在显著差别。就法定数字货币而言，其支付清算系统有两种可能的建设思路：第一，直接使用既有支付清算平台，并对其进行调整和完善；第二，以区块链技术为基础，建立全新的支付清算体系。中国人民银行目前提出的法定数字货币系统架构建设方案，即建设基于账户和"中央银行—商业银行"二元并行的"私有云+高性能数据库+移动终端"的分布式系统结构，体现出其在支付清算系统建设思路上的开放性。本书以上述两种思路为标准，分别探讨各自技术路径下相关从业主体"过失参与洗钱"行为的内涵。

若以非法定数字货币为对象，涉及的从业主体主要包括非法定数字货币交易服务提供者、区块链服务提供者、网络支付服务提供者以及传

[①] 参见兰立宏、师秀霞《国际视域下网络洗钱犯罪防控策略研究》，中国人民公安大学出版社，2016，第34~39页。

[②] 参见华为区块链技术开发团队编著《区块链技术及应用》，清华大学出版社，2019，第56~59页。

统金融机构。

非法定数字货币交易服务提供者（即数字货币交易所），例如曾经是全球最大的比特币交易所之一的 Mt. Gox 交易所，是连接非法定数字货币生态系统与现实金融系统的枢纽[1]。虽然我国目前并未开放非法定数字货币交易市场，但随着相关技术与市场生态的进一步完善，对非法定数字货币交易的规制模式从全面禁止转向从严监管，是可以期待的。因此，明确非法定数字货币交易服务提供者的"过失参与洗钱"行为的内涵具有理论与实践意义。无论是国际反洗钱组织金融行动特别工作组于2013年发布的《关于以风险为基础的方法之指引：预付卡、移动支付与以互联网为基础的支付服务》，还是世界各主要国家的相关法律规范，[2]都对非法定数字货币交易服务提供者的服务准入、用户身份信息收集与验证、资金来源核查、货币兑换、交易信息留存等行为进行了规范。尽管我国未承认非法定数字货币交易服务提供者的法定地位，但在《反洗钱法》《非金融机构支付服务管理办法》《支付机构反洗钱和反恐怖融资管理办法》《互联网金融从业机构反洗钱和反恐怖融资管理办法（试行）》等法律法规中，规制的也是互联网金融、支付从业主体的此类行为，因此，在衔接方面不会有显著障碍[3]。综上，此类行为应属数字货币交易服务提供者"过失参与洗钱"的行为，至于能否被评价为"过失参与洗钱"，仍需根据归责标准进行判断。

区块链服务提供者在非法定数字货币生态系统中也发挥着关键作用。虽然我国目前对于非法定数字货币仍持严格监管的基本立场，但对于区块链技术本身及其在金融基础设施建设、政府公共管理以及企业创新等方面的应用抱有极大热情，各地政府都在积极推动相关项目落地。[4] 从国家互联网信息办公室2019年发布的《区块链信息服务管理规定》以及《信息网络犯罪解释》第1条的规定来看，我国对于区块链服务提供者的

---

[1] 运行于公共链的比特币交易本身不需中介，但若要转换为现实的法定货币，则需要借助交易所，其他类型的非法定数字货币同样需要交易所。
[2] 参见兰立宏、师秀霞《国际视域下网络洗钱犯罪防控策略研究》，中国人民公安大学出版社，2016，第141~163页。
[3] 网络支付服务提供者与传统金融机构待规制的自然也是此类行为，本书不再赘述。
[4] 参见长铗、韩锋等《区块链：从数字货币到信用社会》，中信出版社，2019，第139~176页。

定位,是网络服务提供者中的信息网络公共服务提供者。根据我国《网络安全法》和《区块链信息服务管理规定》的有关规定,为了防控非法定数字货币交易中的洗钱犯罪风险,区块链服务提供者有待规制的"过失参与洗钱"行为包括:用户身份的信息收集与验证,区块链服务信息的备案与公示,区块链信息的审核与管理。

若以法定数字货币为对象,则需要根据两种不同的支付清算系统建设思路,分别探讨涉及的从业主体和相应主体"过失参与洗钱"行为的内涵。

如果使用既有支付清算平台发行法定数字货币,与非法定数字货币的生态系统相比在从业主体方面存在一定区别。这种区别主要体现在区块链服务提供者缺位、中央银行主要承担了数字货币交易服务提供者的角色。通过国际间央行清算系统的互联互通[1],以及向国内零售和小额参与者开放,可以实现中国人民银行对于数字货币账户松耦合、数字货币钱包有限度去匿名化监管、小额频繁支付无手续费(可点对点、双离线接触式支付)等设计思路,[2] 实现与数字货币生态系统的兼容。若采用这一技术路径,为了防控法定数字货币交易中的洗钱犯罪风险,中国人民银行有待规制的"过失参与洗钱"行为主要包括:用户身份信息收集与验证、法定数字货币权属登记与确认、支付清算、交易信息留存等。

如果使用区块链技术构建全新的支付清算体系,以此为基础发行法定数字货币,可以实现制度层面中心管控与技术层面分布式处理的融合。[3] 在从业主体方面,这种支付清算体系与非法定数字货币的生态系统也存在一定区别,这种区别主要体现在中央银行与商业银行共同承担了数字货币交易服务提供者的角色。基于区块链技术衍生出的分布式账本技术,中央银行与商业银行均需进行数字货币权属登记与确认。而由于商业银行仍负责法定数字货币账户的设立与管理,是法定数字货币流通的枢纽,因此还需要进行用户身份信息收集与验证、资金来源核查、货币兑换、支付清算以及交易信息留存等。中央银行与商业银行的此类行为即其"过失参与洗钱"的行为。

---

[1] 例如美联储监管的"CLS持续联系清算系统",便是可以参照的雏形。
[2] 参见谢平、石午光《数字货币新论》,中国人民大学出版社,2019,第204~207页。
[3] 参见姚前《区块链与央行数字货币》,《清华金融评论》2020年第3期,第66~69页。

（二）洗钱罪构成要件中的注意义务违反

随着非法定数字货币实践发展出的区块链技术，是未来法定数字货币发行的重要技术选项。在区块链技术追求的安全、去中心化和效率这三大价值中，安全不可妥协，可以适当限制去中心化以换取效率。在技术层面提升效率的方案有：异步共识、随机共识、分区、子链、可信执行环境、隐形中心化等。[①] 既然无法做到完全去中心化，更为理性的选择是，尽早将更好的理念贯彻到监管规则的设计中。

我国《刑法》第191条规定的洗钱罪是否可以容纳对于过失洗钱的处罚，是本书需要厘清的核心问题。若能得到肯定答案，则可以此为实定法依据，明确洗钱罪构成要件中"过失参与洗钱"的举止规范与注意义务类型。需要明确的是，洗钱罪中的"明知"不排除过失。根据本书的界定，我国《刑法》第191条洗钱罪的构成要件应是数字货币语境下从业主体注意义务的唯一规范来源。但依据目前学界的通说，由于洗钱罪的成立要求"明知"[②]违法所得及其收益来自七类上游犯罪，因此该罪应属故意犯罪。而随着互联网金融乃至数字货币的发展，违法所得及其收益的存在形式、转移方式以及涉及的主体类型都产生了根本性变化，这催生了处罚过失洗钱行为的实践需求。因此，学界多有观点主张，尽管我国未将过失洗钱纳入洗钱罪的处罚范围，但应借鉴世界各法治发达国家的先进经验，在我国刑法中增设过失洗钱罪；或针对金融机构反洗钱职能部门及其从业人员不履行反洗钱申报义务，增设纯正不作为犯罪。也有学者将网络环境下产业化的犯罪参与体系理解为"犯罪协作"，主张对属于犯罪协作但不属于共同犯罪的多个行为人，应分别认定其应承担的罪责，并在此理论基础上指出：过失不履行反洗钱义务的数字货币交易平台，因其过失违法行为产生了作为义务，应构成间接故意的不作为洗钱罪。[③]

---

① 参见华为区块链技术开发团队编著《区块链技术及应用》，清华大学出版社，2019，第88~89页。

② 尽管《刑法修正案（十一）》中删除了本罪的"明知"，但学界通说观点一般认为，对违法所得及其收益来自七类上游犯罪的"明知"，仍是本罪的内在要求，因此本书仍就此展开探讨。

③ 参见时延安、王熠珏《比特币洗钱犯罪的刑事治理》，《国家检察官学院学报》2019年第2期。

增设新罪的建议缺乏对我国现行洗钱罪构成要件规制功能不足的具体论证，且难以解决刑事立法滞后性与洗钱治理实践需求之间的矛盾。而将过失犯解释为不纯正不作为犯的思路，在刑法教义学上也存在较为明显的缺陷。① 本书认为，无论是适用现行洗钱罪规制过失洗钱行为，还是认为现行罪名无力规制此类行为，如果需要增设独立罪名，都应先在数字货币语境下对本罪"明知"的规范内涵进行解读。以此为前提，才能准确认定数字货币语境下"过失参与洗钱"的不法判断标准。

在信息网络环境下，同一犯罪行为以流动的信息为载体，在可侵害对象与可侵害法益两个层面、在数量与程度两个维度，都有了几何倍数的提升，形成了"法益侵害风险社会化"② 的基本特征，洗钱犯罪风险也随之变得规模化且难以预测。随着数字货币的产生与进一步发展，洗钱犯罪的置入、培植与融合也进一步呈现出去中心化、技术化与产业化的趋势，使犯罪参与人对于洗钱犯罪过程的"明知"程度日益降低，多个犯罪参与人之间的意思联络愈加稀薄。洗钱罪的"明知"要素，与我国《刑法》第287条之二中帮助信息网络犯罪活动罪的"明知"要素面临同样的解释困境。对于两罪中"明知"的规范内涵，均应当解释为具备法益侵害目的的客观体现。该"明知"是对行为特征的要求，而不是"故意"的体现。而《洗钱犯罪解释》第1条和《信息网络犯罪解释》第11条有关"明知"的推定规则，也与这一认知不矛盾。换言之，所谓"明知"，是认识要素而非意志要素③，对于意志要素是否"追求或放任"还需进一步判断。从举止规范所体现的不法结构来看，作为实质预备犯的帮助信息网络犯罪活动罪，要求犯罪行为人具备造成直接法益侵害结果的目的，因此要求其至少具备间接故意；而从洗钱罪举止规范所体现的不法结构来看，仅要求行为人具备实施违反注意义务的风险行为的计划，是完全可能的。因此，洗钱罪可以容纳对于过失洗钱行为的处罚。

既然洗钱罪中的"明知"不排除过失，那么，探讨数字货币语境下

---

① 参见李世阳《共同过失犯罪研究》，浙江大学出版社，2018，第73~74页；陈璇《刑法归责原理的规范化展开》，法律出版社，2019，第108~111页。
② 参见敬力嘉《网络参与行为刑事归责的"风险犯"模式及其反思》，《政治与法律》2018年第6期。
③ 参见王肃之《网络犯罪原理》，人民法院出版社，2019，第400~403页。

"过失参与洗钱"的刑法处罚，便具备了实定法依据，可以在过失犯语境下展开进一步研究。对洗钱罪而言，既然"明知"并非处罚"过失参与洗钱"的规范障碍，那么，以洗钱罪的构成要件作为规范根据，判断数字货币交易从业主体的注意义务就切实可行。根据前文明确的标准，从业主体明知其相应业务行为可能为洗钱行为人提供支持，且严格信赖危害结果不会出现，未采取相应的干预措施，导致危害结果发生的，应属洗钱罪中的过失不作为参与。其举止规范类型主要包括：采取对法益侵害危险的认知获取与预防措施的命令规范，即上文所述过失不作为的第二种与第三种类型。

（三）洗钱罪中注意义务违反与法益侵害结果的规范关联

上文已指出，过失犯所创设举止规范与行为人具体作为义务之间的具体化衍生关系，才是过失犯注意义务违反与法益侵害结果之间的规范关联。具体到数字货币语境下"过失参与洗钱"的归责判断，需要以其不同的技术路径为基础，结合法律法规，判断相关从业主体对数字货币流动中相关信息的控制权限，以此作为举止规范具体化为注意义务的事实基础。

在公有链运行的非法定数字货币，例如比特币，其去中心化、匿名性与交易信息的不可撤销和不可追溯性，得到了技术架构最大限度的保障。[①] 因此，在洗钱罪的构成要件中，对于非法定数字货币交易服务提供者，以及因业务行为事实参与了数字货币交易流程的网络支付服务提供者与传统金融机构，本罪举止规范可以具体化为此两类主体实施相关业务行为时的注意义务。此类注意义务的主体不应包括区块链服务提供者。但对于在联盟链运行的非法定数字货币，例如对 Libra 而言，其 21 个创始会员可以访问区块链的分类账[②]，区块链服务提供者也应当属于反洗钱注意义务主体。而对法定数字货币而言，在洗钱罪的构成要件中，本罪举止规范都可以具体化为相关从业主体实施业务行为时的注意义务。

---

① 参见王延川《加密货币的治理路径：全球视角与中国策略》，《西北大学学报》（哲学社会科学版）2020 年第 5 期，第 88~89 页。
② 参见王延川《加密货币的治理路径：全球视角与中国策略》，《西北大学学报》（哲学社会科学版）2020 年第 5 期，第 83~85 页。

(四) 单一正犯视域下"过失参与洗钱"的刑事归责结果

在数字货币语境下，随着金融服务的数字化、普及化与去中心化，相关从业主体的业务行为具备事实上的犯罪参与性逐渐成为常态，行为权限日益成为区分业务行为与刑法可罚的犯罪参与行为的核心标准。

对于从业主体明知其相应业务行为可能为洗钱行为人提供支持，且充分信赖危害结果不会出现，未采取相应的干预措施，导致最后的危害结果发生的情形，其过失行为的参与性并非将其纳入共犯结构的归责依据，而是作为归责对象的行为特征。因此，应在洗钱罪的构成要件中遵循单一正犯的归责路径，判断不同类型从业主体的注意义务，并在此基础上，判断违反特定注意义务是否满足侵害洗钱罪法益的真实、充分、最低限度条件，进而准确判断其行为不法内涵。

三 数据合规师过失参与单位犯罪的刑事归责

依据上文确定的信息网络犯罪构成要件中数据合规师的保证人地位及其具体作为义务，还需进一步厘清数据合规师刑事责任的认定路径。依据本书的主张，不作为犯包括不作为犯罪参与具备"类单一正犯"的不法结构，在举止规范层面应统一评价，在制裁规范层面应区别处遇。尽管保证人地位（义务）类型的区分不影响行为不法的内涵，却能体现行为人对于构成要件结果实现的贡献大小，因此决定了制裁规范层面刑罚的区分。对于稳定承担特定社会功能、承担"社会功能义务"的保证人，其不作为参与不得比照作为正犯减轻处罚；对于由于先行行为等产生保证人地位、需承担"紧急义务"的保证人，由于其不作为参与和作为帮助具备等价性，得比照作为正犯减轻处罚。主张举止规范层面不作为犯的单一正犯结构，而准用制裁规范层面从犯减轻处罚的规定，与我国刑法中有关共同犯罪的规定并无冲突。①

而在单位犯罪的语境下，根据《最高人民法院关于审理单位犯罪案件对其直接负责的主管人员和其他直接责任人员是否区分主犯、从犯问题的批复》（以下简称《批复》）以及《全国法院审理金融犯罪案件工作

---

① 参见敬力嘉《网络不作为参与行为不法类型的重塑》，《政治与法律》2020年第11期，第42~45页。

座谈会纪要》（以下简称《金融犯罪会议纪要》）的规定，[①] 在必要时，可以对单位犯罪中的主管人员与其他直接责任人区分主从犯。以赵某某等非法吸收公众存款案为例，被告人赵某某为北京某公司实际控制人，陈某为公司运营副总监，李某某为公司出纳。对于该公司涉案的非法吸收公众存款项目，赵某某为决定者、组织者与资金的实际支配者，为单位犯罪中的主管人员，是主犯；陈某与李某某为负责犯罪具体实施的人员，为其他直接责任人，是从犯。[②] 那么，虽然不能区分企业数据合规师不作为参与单位犯罪的正犯与共犯，但能够以其应承担"社会功能义务"或"紧急义务"为标准，区分数据合规师应当承担主犯还是从犯的刑事责任。作为单位犯罪中主管人员的数据合规师，其应承担"社会功能义务"，应被评价为单位犯罪中的主犯；作为单位犯罪中其他责任人的数据合规师，其应承担"紧急义务"，应被评价为单位犯罪中的从犯。

　　本书需要说明的最后一个问题，是探讨数据合规师刑事责任的必要性。在我国当前企业犯罪治理模式变革的大背景下，主张全面改造刑事实体法中单位犯罪刑事责任，将合规制度从刑事程序法领域引入实体法领域的观点，已经形成了一股越来越有力的思潮，这极大地推动了我国单位犯罪研究的深化。在此过程中，应避免走向"合规无用论"与"合规浪漫主义"两个极端。前者属于故步自封，无视我国企业犯罪治理模式变革的现实，后者存在将合规塑造为隔绝单位犯罪中单位与个人刑事责任的"面纱"，甚至单位避免刑事追究"挡箭牌"的可能。我们应当充分认识到，合规被赋予的制度功能越强，合规师需承担的责任越大。对合规师刑事责任的探讨，不能脱离具体的刑事归责判断过程。不履行制度建设层面的合规义务，不会给数据合规师带来刑事风险。在具备完

[①] 《批复》规定："在审理单位故意犯罪案件时，对其直接负责的主管人员和其他直接责任人员，可不区分主犯、从犯，按照其在单位犯罪中所起的作用判处刑罚。"《金融犯罪会议纪要》规定："对单位犯罪中的直接负责的主管人员和其他直接责任人员，应根据其在单位犯罪中的地位、作用和犯罪情节，分别处以相应的刑罚，主管人员与直接责任人员，在个案中，不是当然的主、从犯关系，有的案件，主管人员与直接责任人员在实施犯罪行为的主从关系不明显的，可不分主、从犯。但具体案件可以分清主、从犯，且不分清主、从犯，在同一法定刑档次、幅度内量刑无法做到罪刑相适应的，应当分清主、从犯，依法处罚。"

[②] 参见北京市朝阳区人民法院（2017）京0105刑初1560号刑事判决书。

善数据合规架构的企业中，数据合规师的保证人地位得以充分确立，若其不履行具体信息网络犯罪构成要件中的作为义务，则应被评价为不作为参与了企业决策机制导致其实施犯罪行为，应根据不同的作为义务类型承担相应的刑事责任。至此，数据合规对单位犯罪刑事归责的作用方式得以厘清。

参考文献

（一）中文专著类

1. 蔡桂生：《构成要件论》，中国人民大学出版社，2015。
2. 陈柏峰：《传媒监督的法治》，法律出版社，2018。
3. 陈青萍：《精神控制论：从临床心理学视角分析膜拜现象》，人民出版社，2010。
4. 陈瑞华：《企业合规基本理论》，法律出版社，2020。
5. 陈甦主编《民法总则评注》，法律出版社，2017。
6. 陈兴良：《判例刑法学》，中国人民大学出版社，2017。
7. 陈兴良：《走向教义的刑法学》，北京大学出版社，2018。
8. 陈璇：《刑法归责原理的规范化展开》，法律出版社，2019。
9. 陈子平：《刑法总论》，中国人民大学出版社，2009。
10. 邓春梅：《消极自由与积极自由——柏林法价值理论及其发展研究》，湘潭大学出版社，2014。
11. 高铭暄、马克昌主编《刑法学》（第七版），北京大学出版社、高等教育出版社，2016。
12. 高铭暄、马克昌主编《刑法学》（第九版），北京大学出版社、高等教育出版社，2019。
13. 郭华：《互联网金融犯罪概说》，法律出版社，2015。
14. 郝艳兵：《风险刑法——以危险犯为中心展开》，中国政法大学出版社，2012。
15. 何庆仁：《义务犯研究》，中国人民大学出版社，2010。
16. 华为区块链技术开发团队编著《区块链技术及应用》，清华大学出版社，2019。
17. 黄春林：《网络与数据法律实务——法律适用及合规落地》，人民法院出版社，2019。

18. 黄京平主编《刑法案例分析》，中国人民大学出版社，2018。
19. 黄薇主编《中华人民共和国民法典总则编解读》，中国法制出版社，2020。
20. 江溯主编《网络刑法原理》，北京大学出版社，2022。
21. 敬力嘉：《信息网络犯罪规制的预防转向与限度》，社会科学文献出版社，2019。
22. 兰立宏、师秀霞：《国际视域下网络洗钱犯罪防控策略研究》，中国人民公安大学出版社，2016。
23. 李波：《过失犯中的规范保护目的理论研究》，法律出版社，2018。
24. 李世阳：《共同过失犯罪研究》，浙江大学出版社，2018。
25. 梁慧星：《民法总论》，法律出版社，2011。
26. 柳思：《网络语言暴力问题研究——欧盟治理经验及对我国的启示》，人民日报出版社，2018。
27. 卢勤忠：《非法集资犯罪刑法理论与实务》，上海人民出版社，2014。
28. 陆顾新、陈石军、王立等编著《银行数据治理》，机械工业出版社，2016。
29. 全国人大常委会法工委刑法室编著《〈中华人民共和国刑法修正案（九）〉释解与适用》，人民法院出版社，2015。
30. 钱叶六：《共犯论的基础及其展开》，中国政法大学出版社，2014。
31. 石佑启：《论公共行政与行政法学的范式转换》，北京大学出版社，2003。
32. 唐慧玲：《公民服从的逻辑》，中国社会科学出版社，2016。
33. 王利明主编《中国民法典释评（总则编）》，中国人民大学出版社，2020。
34. 王肃之：《网络犯罪原理》，人民法院出版社，2019。
35. 谢平、石午光：《数字货币新论》，中国人民大学出版社，2019。
36. 熊琦：《德国刑法问题研究》，台北：元照出版有限公司，2008。
37. 杨立新：《中华人民共和国民法典条文要义》，中国法制出版社，2020。
38. 于莽主编《规·据：大数据合规运用之道》，知识产权出版社，2019。
39. 詹镇荣：《民营化与管制创新》，台北：元照出版有限公司，2005。
40. 张明楷：《外国刑法纲要》（第三版），法律出版社，2020。

41. 张明楷：《刑法学（上）》（第五版），法律出版社，2016。
42. 长铗、韩锋等：《区块链：从数字货币到信用社会》，中信出版社，2019。
43. 周光权：《刑法总论》（第三版），中国人民大学出版社，2016。
44. 邹兵：《过失共同正犯研究》，人民出版社，2012。
45. 最高人民法院刑事审判第一庭、第二庭编《刑事审判参考》（2003年第4辑，总第33辑），法律出版社，2003。
46. 最高人民法院刑事审判第一庭、第二庭、第三庭、第四庭、第五庭编《刑事审判参考》（2011年第5辑，总第82辑），法律出版社，2011。

（二）中文译著类

1. 〔爱尔兰〕J. M. 凯利：《西方法律思想简史》，王笑红译，法律出版社，2002。
2. 〔德〕奥托·基尔克：《私法的社会任务》，刘志阳、张晓丹译，中国法制出版社，2017。
3. 〔德〕海因茨·布德：《焦虑的社会：德国当代的恐惧症》，吴宁译，北京大学出版社，2020。
4. 〔德〕汉斯·约格·阿尔布莱希特：《安全、犯罪预防与刑法》，赵书鸿译，《人民检察》2014年第16期。
5. 〔德〕罗尔夫·克尼佩尔：《法律与历史——论〈德国民法典〉的形成与变迁》，朱岩译，法律出版社，2003。
6. 〔德〕尼克拉斯·卢曼：《风险社会学》，孙一洲译，广西人民出版社，2020。
7. 〔美〕E. 博登海默：《法理学：法律哲学与法律方法》，邓正来译，中国政法大学出版社，2004。
8. 〔美〕戈尔茨坦：《认知心理学：心智，研究与你的生活》（第三版），张明等译，中国轻工业出版社，2019。
9. 〔美〕杰克·奈特：《制度与社会冲突》，周伟林译，上海人民出版社，2017。
10. 〔美〕劳伦斯·弗里德曼：《碰撞：法律如何影响人的行为》，邱遥堃译，中国民主法制出版社，2021。
11. 〔美〕劳伦斯·莱斯格：《代码2.0——网络空间中的法律》（修订

版),李旭、沈伟伟译,清华大学出版社,2018。

12. 〔美〕马克·格兰诺维特:《社会与经济:信任、权力与制度》,王水雄、罗家德译,中信出版集团,2019。

13. 〔美〕尼古拉斯·克里斯塔基斯、詹姆斯·富勒:《大连接:社会网络是如何形成的以及对人类现实行为的影响》,简学译,北京联合出版公司,2017。

14. 〔美〕乔迪·弗里曼:《行政法中真正的民主问题:私人主体、公共职能与新行政法》,〔加拿大〕大卫·戴岑豪斯编著《重构法治:法秩序之局限》,程朝阳、李爱爽译,浙江大学出版社,2020。

15. 〔美〕乔恩·埃尔斯特:《解释社会行为:社会科学的机制视角》,刘骥、何淑静、熊彩等译,重庆大学出版社,2019。

16. 〔美〕塔尔科特·帕森斯:《社会行动的结构》,张明德、夏遇南、彭刚译,译林出版社,2012。

17. 〔美〕沃尔特·李普曼:《舆论》,常江、肖寒译,北京大学出版社,2018。

18. 〔日〕大谷实:《刑法讲义总论》,黎宏译,中国人民大学出版社,2008。

19. 〔日〕高桥则夫:《共犯体系和共犯理论》,冯军等译,中国人民大学出版社,2010。

20. 〔日〕高桥则夫:《刑法总论》,李世阳译,中国政法大学出版社,2020。

21. 〔日〕松官孝明:《刑法总论讲义》,钱叶六译,中国人民大学出版社,2013。

22. 〔英〕弗里德里希·奥古斯特·冯·哈耶克:《自由宪章》,杨玉生等译,中国社会科学出版社,2012。

23. 〔英〕以赛亚·柏林:《自由论》,胡传胜译,译林出版社,2003。

(三)中文论文类

1. 艾佳慧:《科斯定理还是波斯纳定理:法律经济学基础理论的混乱与澄清》,《法制与社会发展》2019年第1期。

2. 《深入开展打击非法集资犯罪专项行动 坚决维护国家政治安全经济安全和社会稳定》,《中国防伪报道》2019年第1期。

3. 蔡荣:《网络语言暴力入刑正当性及教义学分析》,《西南政法大学学报》2018 年第 2 期。

4. 蔡颖：《被害人同意与被害人自陷风险的统合——以刑法中被害人同意的对象为视角》，《法学评论》2021 年第 5 期。

5. 蔡颖：《论教唆行为的两种性质——兼议〈刑法〉第 29 条第 2 款之理解》，《刑事法评论 39：刑法规范的二重性论》，北京大学出版社，2017。

6. 车浩：《诽谤罪的法益构造与诉讼机制》，《中国刑事法杂志》2021 年第 1 期。

7. 车浩：《行贿罪之"谋取不正当利益"的法理内涵》，《法学研究》2017 年第 2 期。

8. 陈代波：《关于网络暴力概念的辨析》，《湖北社会科学》2013 年第 6 期。

9. 陈洪兵：《论中立帮助行为的处罚边界》，《中国法学》2017 年第 1 期。

10. 陈洪兵：《拒不履行信息网络安全管理义务罪条款"僵尸化"的反思》，《学术论坛》2022 年第 3 期。

11. 陈瑞华：《行政不法事实与犯罪事实的层次性理论——兼论行政不法行为向犯罪转化的事实认定问题》，《中外法学》2019 年第 1 期。

12. 陈瑞华：《企业合规不起诉制度研究》，《中国刑事法杂志》2021 年第 1 期。

13. 陈瑞华：《企业合规的基本问题》，《中国法律评论》2020 年第 1 期。

14. 陈伟：《作为规范的技术标准及其与法律的关系》，《法学研究》2022 年第 5 期。

15. 陈卫东：《从实体到程序：刑事合规与企业"非罪化"治理》，《中国刑事法杂志》2021 年第 2 期。

16. 陈小杉：《论 P2P 平台非法吸收公众存款罪风险及承担》，《时代法学》2016 年第 3 期。

17. 陈兴良：《不作为犯论的生成》，《中外法学》2012 年第 4 期。

18. 陈兴良：《行为论的正本清源——一个学术史的考察》，《中国法学》2009 年第 5 期。

19. 陈璇：《结果无价值论与二元论之争的共识、误区与发展方向》，《中外法学》2016 年第 3 期。

20. 陈璇：《论主客观归责间的界限与因果流程的偏离》，《法学家》2014

年第 6 期。

21. 陈毅坚：《软暴力刑法性质的教义学展开》，《中国刑事法杂志》2020 年第 4 期。

22. 杜文俊、陈洪兵：《不作为共犯与犯罪阻止义务》，赵秉志主编《刑法论丛》2009 年第 3 卷，法律出版社，2009。

23. 范如国：《平台技术赋能、公共博弈与复杂适应性治理》，《中国社会科学》2021 年第 12 期。

24. 方绍伟：《制度效率论争：主客观思维的冲突与融合》，《经济学动态》2013 年第 12 期。

25. 高巍：《刑法教义学视野下法益原则的畛域》，《法学》2018 年第 4 期。

26. 耿佳宁：《不作为参与行为的评价与犯罪论根基的改变》，《当代法学》2015 年第 2 期。

27. 耿佳宁：《单位固有刑事责任的提倡及其教义学形塑》，《中外法学》2020 年第 6 期。

28. 郝艳兵：《互联网金融时代下的金融风险及其刑事规制——以非法吸收公众存款罪为分析重点》，《当代法学》2018 年第 3 期。

29. 何龙：《不阻止他人故意犯罪的行为性质认定》，《中外法学》2017 年第 6 期。

30. 何庆仁：《归责视野下共同犯罪的区分制与单一制》，《法学研究》2016 年第 3 期。

31. 何荣功：《预防刑法的扩张及其限度》，《法学研究》2017 年第 4 期。

32. 侯玉波，王婷：《社会阶层与公正世界信念对中国人网络暴力行为的影响》，《西南大学学报》（社会科学版）2019 年第 2 期。

33. 胡东飞：《过失共同正犯否定论》，《当代法学》2016 年第 1 期。

34. 胡育：《危惧感说的规范论基础及新冠病毒疫情背景下的司法适用》，《江西社会科学》2020 年第 4 期。

35. 黄芳：《非法集资定罪困局之解析》，《法律适用》2018 年第 24 期。

36. 贾健：《人类图像与刑法中的超个人法益——以自由主义和社群主义为视角》，《法制与社会发展》2015 年第 6 期。

37. 江海洋：《金融脱实向虚背景下非法吸收公众存款罪法益的重新定位》，《政治与法律》2019 年第 2 期。

38. 江平、龙卫球:《法人本质及其基本构造研究——为拟制说辩护》,《中国法学》1998 年第 3 期。

39. 江溯:《论网络犯罪治理的公私合作模式》,《政治与法律》2020 年第 8 期。

40. 姜育良:《法益解释论下非法利用信息网络罪的司法适用——基于〈刑法修正案(九)〉以来裁判文书样本的分析》,《法律适用》2019 年第 15 期。

41. 敬力嘉:《个人信息保护合规的体系构建》,《法学研究》2022 年第 4 期。

42. 敬力嘉:《大数据环境下侵犯公民个人信息罪法益的应然转向》,《法学评论》2018 年第 2 期。

43. 敬力嘉:《功能视域下刑法最后手段性原则的教义学重述》,江溯主编《刑事法评论 44:刑法的多元化》,北京大学出版社,2021。

44. 敬力嘉:《论编造、故意传播虚假信息的刑法规制——虚假疫情信息依法从严治理》,《中国西部》2020 年第 3 期。

45. 敬力嘉:《论企业信息权的刑法保护》,《北方法学》2019 年第 5 期。

46. 敬力嘉:《实质预备犯语境下宣扬恐怖主义、极端主义罪的教义学重述》,《当代法学》2019 年第 4 期。

47. 敬力嘉:《数字货币语境下"过失参与洗钱"的行为不法类型》,《武汉大学学报》(哲学社会科学版)2021 年第 4 期。

48. 敬力嘉:《网络不作为参与行为不法类型的重塑》,《政治与法律》2020 年第 11 期。

49. 敬力嘉:《网络参与行为刑事归责的"风险犯"模式及其反思》,《政治与法律》2018 年第 6 期。

50. 敬力嘉:《网络服务提供者的间接刑事责任——兼论刑事责任与非刑事法律责任的衔接》,《网络法律评论》2016 年第 2 期。

51. 敬力嘉:《网络空间秩序与刑法介入的正当性》,赵秉志主编《刑法论丛》2017 年第 4 卷,法律出版社,2018。

52. 敬力嘉:《信息网络安全管理义务的刑法教义学展开》,《东方法学》2017 年第 5 期。

53. 敬力嘉:《信息网络犯罪中集体法益保护范围的扩张与限度》,《政治与法律》2019 年第 11 期。

54. 敬力嘉：《作为行为不法类型的犯罪参与——兼论非法发布深度伪造信息的行为不法》，《华东政法大学学报》2020 年第 6 期。

55. 劳东燕：《风险社会与功能主义的刑法立法观》，《法学评论》2017 年第 6 期。

56. 劳东燕：《功能主义刑法解释论的方法与立场》，《政法论坛》2018 年第 2 期。

57. 黎宏：《组织体刑事责任论及其应用》，《法学研究》2020 年第 2 期。

58. 黎宏：《企业合规不起诉：误解及纠正》，《中国法律评论》2021 年第 3 期。

59. 李本灿：《单位刑事责任论的反思与重构》，《环球法律评论》2020 年第 4 期。

60. 李本灿：《法治化营商环境建设的合规机制——以刑事合规为中心》，《法学研究》2021 年第 1 期。

61. 李本灿：《合规官的保证人义务来源及其履行》，《法学》2020 年第 6 期。

62. 李本灿：《刑事合规制度的法理根基》，《东方法学》2020 年第 5 期。

63. 李本灿：《企业视角下的合规计划建构方法》，《法学杂志》2020 年第 7 期。

64. 李波：《规范保护目的：概念解构与具体适用》，《法学》2018 年第 2 期。

65. 李赪：《集资诈骗罪的保护法益探析》，《中州学刊》2015 年第 2 期。

66. 李川：《不作为因果关系的理论流变与研究进路》，《法律科学》2016 年第 1 期。

67. 李少平：《行贿犯罪执法困局及其对策》，《中国法学》2015 年第 1 期。

68. 李世阳：《拒不履行网络安全管理义务罪的适用困境与解释出路》，《当代法学》2018 年第 5 期。

69. 李世阳：《刑法中行为论的新展开》，《中国法学》2018 第 2 期。

70. 李永升、胡冬阳：《P2P 网络借贷的刑法规制问题研究——以去了近三年的裁判文书为研究样本》，《政治与法律》2016 年第 5 期。

71. 李玉华：《企业合规本土化中的"双不起诉"》，《法制与社会发展》

2022 年第 1 期。

72. 李云飞：《我国广义洗钱罪概念下的体系混乱及成因分析》，《政治与法律》2014 年第 8 期。

73. 梁根林：《罪刑法定原则：挑战、重申与重述——刑事影响力案件引发的思考与检讨》，《清华法学》2019 年第 6 期。

74. 廖天虎：《论 P2P 网贷的刑事法律风险及其防范》，《中国政法大学学报》2018 年第 1 期。

75. 林亚刚、黄鹏：《等价性在不纯正不作为犯罪中理论地位研究》，《西部法律评论》2014 年第 4 期。

76. 刘绩宏、柯惠新：《道德心理的舆论张力：网络谣言向网络暴力的演化模式及其影响因素研究》，《国际新闻界》2018 年第 7 期。

77. 刘权：《目的正当性与比例原则的重构》，《中国法学》2014 年第 4 期。

78. 刘仁文：《规制自杀关联行为刑法的完善》，《法商研究》2018 年第 2 期。

79. 刘士心：《不纯正不作为犯的共犯》，《国家检察官学院学报》2009 年第 4 期。

80. 刘文杰：《治理网络暴力平台责任为先》，《上海法治报》2022 年 7 月 8 日。

81. 刘宪权：《人工智能时代刑法中行为的内涵新解》，《中国刑事法杂志》2019 年第 4 期。

82. 刘宪权：《网络黑灰产上游犯罪的刑法规制》，《国家检察官学院学报》2021 年第 1 期。

83. 刘宪权：《网络造谣、传谣行为刑法规制体系的构建与完善》，《法学家》2016 年第 6 期。

84. 刘亚奇：《"网络暴力"事件中传统媒体的角色》，《新闻窗》2010 年第 4 期。

85. 刘艳红：《加强网络暴力治理法治化研究　营造积极健康网络生态》，《法治日报》2022 年 11 月 2 日。

86. 刘艳红：《"法益性"的欠缺与法定犯的出罪——以行政要素的双重限缩解释为路径》，《比较法研究》2019 年第 1 期。

87. 刘艳红：《论法定犯的不成文构成要件要素》，《中外法学》2019 年第 5 期。

88. 刘艳红：《网络犯罪帮助行为正犯化之批判》，《法商研究》2016 年第 3 期。

89. 刘艳红：《网络爬虫行为的刑事规制研究——以侵犯公民个人信息犯罪为视角》，《政治与法律》2019 年第 11 期。

90. 吕翰岳：《实行行为概念之解构》，《北大法律评论》2016 年第 2 期。

91. 吕翰岳：《作为与不作为之区分的目的理性思考——以德国判例与学说为借镜》，《环球法律评论》2017 年第 4 期。

92. 马骏驹：《法人制度的基本理论和立法问题之探讨（上）》，《法学评论》2004 年第 4 期。

93. 马明亮：《论企业合规监管制度——以独立监管人为视角》，《中国刑事法杂志》2021 年第 1 期。

94. 马永强：《不真正不作为犯的本质与归责——基于罪刑法定视角的展开》，陈兴良主编《刑事法评论 38：刑法的工具论》，北京大学出版社，2017。

95. 马永强：《侵犯公民个人信息罪的法益属性确证》，《环球法律评论》2021 年第 2 期。

96. 梅扬：《比例原则的适用范围与限度》，《法学研究》2020 年第 2 期。

97. 孟焕良、高欢：《坐视车内少女被强暴，"冷漠的哥"获刑两年》，《人民法院报》2011 年 5 月 21 日。

98. 莫洪宪、敬力嘉：《被害人保护与涉众型经济犯罪治理——以风险分配为视角》，《人民检察》2017 年第 11 期。

99. 欧阳本祺、王倩：《〈刑法修正案（九）〉新增网络犯罪的法律适用》，《江苏行政学院学报》2016 年第 4 期。

100. 欧阳本祺：《论不作为正犯与共犯的区分》，《中外法学》2015 年第 3 期。

101. 皮勇：《论网络服务提供者的管理义务及刑事责任》，《法商研究》2017 年第 5 期。

102. 钱小平：《中国金融刑法立法的应然转向：从"秩序法益观"到"利益法益观"》，《政治与法律》2017 年第 5 期。

103. 钱叶六：《参与自杀的可罚性研究》，《中国法学》2012 年第 4 期。

104. 钱叶六：《双层区分制下正犯与共犯的区分》，《法学研究》2012年第1期。

105. 乔远：《刑法视域中的P2P融资担保行为》，《政法论丛》2017年第1期。

106. 单勇：《数字看门人与超大平台的犯罪治理》，《法律科学》2022年第2期。

107. 尚勇：《"先行行为引起作为义务"的限定》，《西南政法大学学报》2018年第3期。

108. 石经海、黄亚瑞：《网络暴力刑法规制的困境分析与出路探究》，《安徽大学学报》（哲学社会科学版）2020年第4期。

109. 石聚航：《侵犯公民个人信息罪"情节严重"的法理重述》，《法学研究》2018年第2期。

110. 时延安、王熠珏：《比特币洗钱犯罪的刑事治理》，《国家检察官学院学报》2019年第2期。

111. 时延安：《合规计划实施与单位的刑事归责》，《法学杂志》2019年第9期。

112. 宋华琳：《论政府规制中的合作治理》，《政治与法律》2016年第8期。

113. 苏青：《网络谣言的刑法规制：基于刑法修正案（九）的解读》，《当代法学》2017年第1期。

114. 孙国祥：《集体法益的刑法保护及其边界》，《法学研究》2018年第6期。

115. 孙禹：《论网络服务提供者的合规规则——以德国〈网络执行法〉为借鉴》，《政治与法律》2018年第11期。

116. 孙运梁：《帮助行为正犯化的教义学反思》，《比较法研究》2018年第6期。

117. 孙运梁：《以客观归责理论限定不作为犯的先行行为》，《中外法学》2017年第5期。

118. 田宏杰：《深刻反思实质的作为义务理论》，《检察日报》2019年9月23日。

119. 田宏杰：《刑事合规的反思》，《北京大学学报》（哲学社会科学版）

2020 年第 2 期。

120. 王钢:《自杀的认定及其相关行为的刑法评价》,《法学研究》2012 年第 4 期。

121. 王静:《数字公民伦理:网络暴力治理的新路径》,《华东政法大学学报》2022 年第 4 期。

122. 王锴:《合宪性、合法性、适当性审查的区别与联系》,《中国法学》2019 年第 1 期。

123. 王霖:《网络犯罪参与行为刑事责任模式的教义学塑造——共犯归责模式的回归》,《政治与法律》2016 年第 9 期。

124. 王禄生:《论"深度伪造"智能技术的一体化规制》,《东方法学》2019 年第 6 期。

125. 王全、陈祥民、李胜楠:《互联网非法集资犯罪"加盟型"共犯的认定与证据规格——以"e租宝"互联网非法集资案为研究视角》,《中国刑警学院学报》2016 年第 4 期。

126. 王肃之:《被害人教义学核心原则的发展——基于侵犯公民个人信息罪法益的反思》,《政治与法律》2017 年第 10 期。

127. 王肃之:《从回应式到前瞻式:网络犯罪刑法立法的应然转向——兼评〈刑法修正案(九)〉相关立法规定》,《河北法学》2016 年第 8 期。

128. 王晓晓:《刑事一体化视野下违法所得没收制度的完善——以毒品犯罪为视角》,《中国政法大学学报》2021 年第 3 期。

129. 王延川:《加密货币的治理路径:全球视角与中国策略》,《西北大学学报》(哲学社会科学版) 2020 年第 5 期。

130. 王莹:《先行行为作为义务之理论谱系归整及其界定》,《中外法学》2013 年第 2 期。

131. 王永茜:《论集体法益的刑法保护》,《环球法律评论》2013 年第 4 期。

132. 魏东、田馨睿:《论非法吸收公众存款罪的保守解释——侧重以〈网络借贷信息中介机构业务活动管理暂行办法〉为参照》,《河南财经政法大学学报》2017 年第 3 期。

133. 温登平:《以不作为参与他人的法益侵害行为的性质——兼及不作

为的正犯与帮助犯的区分》,《法学家》2016年第4期。

134. 吴方程:《网络平台参与内容治理的局限性及其优化》,《法治研究》2021年第6期。

135. 谢鸿飞:《论民法典法人性质的定位——法律历史社会学与法教义学分析》,《中外法学》2015年第6期。

136. 熊波:《网络违法信息传播次数作为入罪标准的困境与出路——基于186份刑事裁判文书和相关司法解释的思考》,《新闻与传播研究》2020年第10期。

137. 熊波:《信息网络刑法立法类型化的症结与化解——基于信息网络犯罪技术差异性的考量》,《学习论坛》2019年第6期。

138. 徐才淇:《论网络暴力行为的刑法规制》,《法律适用》2016年第3期。

139. 徐颖:《论"网络暴力"致人自杀死亡的刑事责任》,《政法论坛》2020年第1期。

140. 阎二鹏:《帮助犯因果关系:反思性检讨与教义学重塑》,《政治与法律》2019年第2期。

141. 阎二鹏:《预备行为实行化的法教义学审视与重构——基于〈中华人民共和国刑法修正案(九)〉的思考》,《法商研究》2016年第5期。

142. 杨猛:《网络金融平台反洗钱KYC的刑事风险与规制》,《法学》2019年第11期。

143. 姚前:《区块链与央行数字货币》,《清华金融评论》2020年第3期。

144. 叶良芳:《论单位犯罪的形态结构——兼论单位与单位成员责任分离论》,《中国法学》2008年第6期。

145. 于志刚:《共犯行为正犯化的立法探索与理论梳理——以"帮助信息网络犯罪活动罪"立法定位为角度的分析》,《法律科学》2017年第3期。

146. 于志刚:《网络空间中犯罪预备行为的制裁思路与体系完善——截至〈刑法修正案(九)〉的网络预备行为规制体系的反思》,《法学家》2017年第6期。

147. 喻海松:《网络犯罪的立法扩张与司法适用》,《法律适用》2016年第9期。

148. 喻海松：《新型信息网络犯罪司法适用探微》，《中国应用法学》2019年第6期。

149. 张凯：《法益嬗变的困境与坚守》，《中国刑事法杂志》2017年第2期。

150. 张克文：《拟制犯罪和拟制刑事责任——法人犯罪否定论之回归》，《法学研究》2009年第3期。

151. 张力：《网络软暴力行为的司法认定》，《中国人民公安大学学报》（社会科学版）2021年第2期。

152. 张明楷：《论帮助信息网络犯罪活动罪》，《政治与法律》2016年第2期。

153. 张明楷：《网络诽谤的争议问题探究》，《中国法学》2015年第3期。

154. 张爽：《P2P网络借贷风险化解的说理语境探析——也谈P2P非法集资出资人的被害性》，《重庆理工大学学报》（社会科学版）2018年第10期。

155. 张微：《网络暴力的传播研究——以8月25日德阳女医生自杀为例》，《新媒体研究》2019年第4期。

156. 张伟：《过失共同正犯研究》，《清华法学》2016年第4期。

157. 张志钢：《论累积犯的法理——以污染环境罪为中心》，《环球法律评论》2017年第2期。

158. 章志远：《迈向公私合作型行政法》，《法学研究》2019年第2期。

159. 赵书鸿：《犯罪化的正当性：法益保护？》，《中国刑事法杂志》2019年第3期。

160. 仲崇玉：《法人本质学说的法律技术和价值理念》，《现代法学》2021年第1期。

161. 周光权：《教唆、帮助自杀行为的定性》，《中外法学》2014年第5期。

162. 周光权：《中性业务活动与帮助犯的限定——以林小青被控诈骗、敲诈勒索案为切入点》，《比较法研究》2019年第5期。

163. 周啸天：《正犯与主犯关系辨正》，《法学》2016年第6期。

164. 周振杰：《企业刑事责任二元模式研究》，《环球法律评论》2015年第6期。

165. 庄劲：《客观归责还是主观归责？——一条"过时"的结果归责思路之重拾》，《法学家》2015 年第 3 期。
166. 邹兵建：《合法则性条件说的厘清与质疑》，《环球法律评论》2017 年第 3 期。
167. 朱梦云：《我国互联网企业"数据协助"义务的困境与出路》，《求是学刊》2022 年第 6 期。

（四）英文文献

1. Ali Razavi, Aäron van den Oord, Oriol Vinyals, "Generating Diverse High-Fidelity Images with VQ-VAE-2," https://arxiv.org/abs/1906.00446, 2019.
2. Andréa Belliger, David J. Krieger, *Network Publicy Governance: On Privacy and the Informational Self*, Bielefeld：Transcript, 2018.
3. Andrew Ashworth, *Positive Obligations in Criminal Law*, Hart Publishing, 2013.
4. Celia Wells, *Corporations and Criminal Responsibility*, Oxford University Press, 2001.
5. *Cybersecurity in Europe*, Springer International Publisher, 2017.
6. Graham M. Jones, *Deep Fakes*, in FAKE 15, 21 (Jacob Copeman & Giovanni de Col eds., 2018).
7. Henrique Carvalho, *The Preventive Turn in Criminal Law*, Oxford University Press, 2017.
8. Herbert L. Packer, *The Limits of the Criminal Sanction*, Stanford University Press, 2008.
9. Jessica Silbey, Woodrow Hartzog, "The Upside of Deep Fakes," 78 *Md. L. Rev.* 961 (2019).
10. Pavel Korshunov and Sebastien Marcel, "DeepFakes: a New Threat to Face Recognition? Assessment and Detection," arXiv, 2018, pp.2-3, https://arxiv.org/pdf/1812.08685.pdf.

（五）德文文献

1. Albin Eser, Verhaltensregeln und Behandlungsnormen. Bedenkliches zur

Rolle des Normadressanten im Strafrecht, in: Albin Eser u. a. (Hrsg.), Lenckner-FS (1998).

2. Alexander Gottlieb Baumgarten, Initia philosophiae practicae primae acroamatice, Halle, 1760. Christian Wolff und Alexander Gottlieb Baumgarten, Rechtstheorie, Bd. 42, 2011.

3. Andreas Ransiek, Unternehmenssanktionen und Compliance, in: Rotsch (Hrsg.), Criminal Compliance-Status quo und Status futurus, 2021.

4. Armin Kaufmann, Die Dogmatik der Unterlassungsdelikte, 1959.

5. Armin Kaufmann, Lebendiges und Totes in Bindings. Normlogik und moderne Strafrechtsdogmatik, 1954.

6. Armin Kaufmann, Rechtspflichtbegründung und Tatbestandseinschränkung, in: Günther Kohlmann (Hrsg.), Klug-FS (1983).

7. Armin Kaufmann, Vom Stand der Lehre vom personalen Unrecht, in Günther Stratenwerth u. a. (Hrsg.), Festschrift für Hans Welzel zum 70. Gerburtstag, 1974.

8. Bastian Kreuzberg, Täterschaft und Teilnahme als Handlungsunrechtstypen. Zugleich ein Beitrag zur allgemeinen Verhaltensnormlehre, 2019.

9. Baumann/Weber/Mitsch/Eisele, Strafrecht Allgemeiner Teil, 12. Aufl., 2016.

10. Bernd Schünemann, Grund und Grenzen der unechten Unterlassungsdelikte. Zugleich ein Beitrag zur strafrechtlichen Methodenlehre, 1971.

11. Bernd Schünemann, Strafrechtsdogmatik als Wissenschaft, in Schünemann, Bernd u. a. (Hrsg.), Festschrift für Claus Roxin zum 70. Geburtstag am 15. Mai 2001.

12. Bettina Noltenius, Kriterien der Abgrenzung von Anstiftung und mittelbarer Täterschaft. Ein Beitrag auf der Grundlage einer personalen Handlungslehre, 2003.

13. Carl Doersch. Tutorial on variational autoencoders, arXiv: 1606.05908, 2016.

14. Christoph Gusy, Objektive und subjektive Sicherheit-was schützt das Recht?, in: Saskia Steiger/Jochen Schiller/Lars Gerhold (Hrsg.), Sicherheitsforschung im Dialog. Beiträge aus dem Forschungsforum Öffentliche

Sicherheit, 2015.

15. Claus Roxin, Die provozierte Notwehrlage, ZStW 78 (1966).
16. Claus Roxin, Literaturbericht Allgemeiner Teil, ZStW 78 (1966).
17. Claus Roxin, Offene Tatbestände und Rechtspflichtmerkmale, 1970.
18. Claus Roxin, Rechtsgüterschutz als Aufgabe des Strafrechts?, in: Roland Hefendehl (Hrsg.), Empirische und dogmatische Fundamente, kriminalpolitischer Impetus, 2005.
19. Claus Roxin, Strafrecht Allgemeiner Teil I, 2006.
20. Claus Roxin, Strafrecht Allgemeiner Teil II, 2006.
21. Claus Roxin, Täterschaft und Tatherrschaft, 10. Aufl., 2019.
22. Claus Roxin, Täterschaft und Tatherrschaft, 9. Aufl., 2015.
23. Claus Roxin, Zur Kritik der finalen Handlungslehre, ZStW 74 (1962).
24. Cornelius Prittwitz, Strafrecht und Risiko, 1993.
25. Diethart Zielinski, Handlungs-und Erfolgsunwert im Unrechtsbegriff. Untersuchungen zur Struktur von Unrechtsbegründung und Unrechtsausschluss, 1973.
26. Diethelm Klesczewski, Selbstständigkeit und Akzessorität der Beteiligung zu einer Straftat. Grundlage zu einer strafrechtlichen Lehre von Täterschaft und Teilnahme, 1998.
27. Ebehard Schmidhäuser, Strafrecht AT, 2. Aufl., 1976.
28. Eberhard Schmidt, Soziale Handlungslehre, in: Bockelmann, Paul u.a. (Hrsg.), Festschrift für Karl Engisch, 1969.
29. Eberhard Struensee, Der subjektive Tatbestand des fahrlässigen Delikts, JZ 1987.
30. Erich Samson, Das Verhältnis von Erfolgsunwert und Handlungsunwert im Strafrecht, in: Erich Samson u.a. (Hrsg.), Grünwald-FS (1999).
31. Ernst Amadeus Wolff, Das Problem der Handlung im Strafrecht, in: Arthur Kaufmann (Hrsg.), Radbruch-GedS (1968).
32. Ernst Landsberg, Die sogenannten Commisivdelikte im Deutschen Strafrecht, 1890.
33. Ernst Ludwig v. Beling, Die Lehre vom Tatbestand, in: Hegler/August

(Hrsg.), Festgabe für Reinhard von Frank, 1930.

34. Eva Maria Maier, "Organisierte Kriminalität oder ziviler Ungehorsam?, Methodische und rechtsphilosophische Anmerkungen zur rechtsstaatlichen Problematik der Strafverfolgung von Tierschutzaktivistinnen gemäß § 278a StGB", JK 2010.

35. Felix Francke, Netzneutralität in Europa. Ursprünge-Bausteine-Regulierungen, 2019.

36. Franz v. Liszt, Lehrbuch des deutschen Strafrechts, 22. Aufl., 1919.

37. Friedrich Nowakowski, Zu Welzels Lehre von der Fahrlässigkeit. Eine Besprechungsabhandlung. JZ 1958.

38. Friedrich-Christian Schroeder, Das Strafgesetz zwischen Tatvergeltung und Verhaltensverbot, in: Gerhard Dannecker u. a. (Hrsg.), Otto-FS (2007).

39. Friedrich-Christian Schroeder, Der Täter hinter dem Täter. Ein Beitrag zur Lehre von der mittelbaren Täterschaft, 1965.

40. Georg Freund, Erfolgsdelikt und Unterlassen. Zu den Legitimationsbedingungen von Schuld und Strafe, 1992.

41. Georg Freund, Strafrecht Allgemeiner Teil. Personale Straftatlehre, 2 Aufl., 2009.

42. Georg Freund, Erfolgsdelikt und Unterlassen. Zu den Legitimationsbedingungen von Schuld und Strafe, 1992.

43. Gerald Grünwald, Der Vorsatz des Unterlassungsdelikts, in: Geerds/Naucke (Hrsg.), Mayer-FS (1966).

44. Gerald Grünwald, Die Beteiligung durch Unterlassen, GA 1959.

45. Gunnar Duttge, Zur Bestimmtheit des Handlungsunwertes von Fahrlässigkeitsdelikten, 2001.

46. Günther Jakobs, Kriminalisierung im Vorfeld einer Rechtsgutsverletzung, ZStW 97 (1985).

47. Günther Jakobs, Akzessorietät-Zu den Voraussetzungen gemeinsamer Organisation, GA 1996.

48. Günther Jakobs, Beteiligung, in Dölling, Dieter (Hrsg.), Jus humanum-Grundlage des Rechts und Strafrecht-Festschrift für Ernst Joachim Lampe

zum 70. Geburtstag, Duncker & Humblot, 2003.

49. Günther Jakobs, Das Schuldprinzip. 357. Sitzung am 17. Juni 1992 in Düsseldorf, 1993.

50. Günther Jakobs, Norm, Person und Gesellschaft. Vorüberlegungen zu einer Rechtsphilosophie, 3. Aufl., 2008, S. 28 ff.

51. Günther Jakobs, Rechtsgüterschutz?, Zur Legitimation des Strafrechts, 2012.

52. Günther Jakobs, Strafrecht Allgemeiner Teil. Die Grundlagen und die Zurechnungslehre, 2. Aufl., 1991.

53. Günther Jakobs, Studien zum fahrlässigen Erfolgsdelikt, 1972.

54. Günther Jakobs, System der strafrechtlichen Zurechnung, 2012.

55. Günther Jakobs, Theorie der Beteiligung, 2014.

56. Günther Spendel, Kausalität und Unterlassung, in: Holm Putzke u. a. (Hrsg.), Herzberg-FS (2008).

57. Günther Stratenwerth, Zur Relevanz des Erfolgsunwertes im Strafrecht, in: Gerald Grünwald u. a. (Hrsg.), Schaffstein-FS (1975).

58. Gustav Radbruch, Der Handlungsbegriff in seiner Bedeutung für das Strafrechtssystem. Zugleich ein Beitrag zur Lehre der rechtswissenschaftlichen Systematik, 1904.

59. Gustav Radbruch, Rechtsphilosophie, 6. Aufl., 1963.

60. Gustav Radbruch, Zur Systematik der Verbrechenslehre, in: Hegler/August (Hrsg.), Festgabe für Reinhard von Frank, 1930, Bd. 1.

61. Hannes Schürmann, Unterlassungsstrafbarkeit und Gesetylichkeitsgrundsatz, 1986.

62. Hans Bernhard Schmidt, Wir Intentionalität. Kritik des ontologischen Individualismus und Rekontruktion der Gemeinschaft, 2. Aufl., 2012.

63. Hans Kelsen, Hauptprobleme der Staatslehre, entwickelt aus der Lehre vom Rechtssatze, 1911.

64. Hans Kelsen, Reine Rechtslehre. Einleitung in der rechtswissenschaftlichen Problematik, 1934.

65. Hans Welzel, Abhandlungenzum Strafrecht und zur Rechtsphilosophie, 1975.

66. Hans Welzel, Das Deutsche Strafrecht. Eine Systematische Darstellung, 11

Aufl. , 1969.

67. Hans Welzel, Der Allgemeiner Teil des deutschen Strafrechts in seinen Grundzügen, 1940.

68. Hans-Jörg Schwab, Täterschaft undTeilnahme bei Unterlassungen, 1996.

69. Hans-Ullrich Paeffgen, Das "Rechtsgut" . ein obsoleter Begriff? in: Mark A. Zöller u. a. (Hrsg.), Wolter-FS (2013).

70. Hans-Ullrich Paeffgen, Der Verrat in irriger Annahme eines Illegalen Geheimnisses (§ 97 b StGB) und dieallgemeine Irrtumslehre, 1979.

71. Harro Otto, Täterschaft, Mittäterschaft, mittelbare Täterschaft, Jura 1987, S. 246 (247 ff).

72. Roland Hefendehl, Kollektive Rechtsgüter, 2002.

73. Heinz Wagner, Amtsverbrechen, 1975.

74. Immanuel Kant, Metaphysische Anfangsgründe der Rechtslehre. Metaphysik der Sitten, Erster Teil, hrsg. Von Bernd Ludwig, 3. Aufl. , 2009.

75. Ingeborg Puppe, Der Erfolg und seine kausale Erklärung im Strafrecht, ZStW 92 (1980).

76. Ingeborg Puppe, in: Neumann/Puppe/Schild (Hrsg.), Nomos-Kommentar zum Strafgesetzbuch, 1. Aufl. , 1995, Vorbem. § § 13 ff.

77. Ingeborg Puppe, Wider die fahrlässige Mittäterschaft, GA 2004.

78. Günther Jakobs, Kriminalisierung im Vorfeld einer Rechtsgutsverletzung, ZStW 97 (1985).

79. Javier Sánchez-Vera, Pflichtdelikt und Beteiligung. Zugleich ein Beitrag zur Einheitlichkeit der Zurechnung bei Tun und Unterlassen, 1999.

80. Jens Puschke, Legitimation, Grenzen und Dogmatik von Vorbereitungstatbeständen, 2017.

81. Jescheck/Weigend, Lehrbuch des Strafrechts Allgemeiner Teil, 1996.

82. Jhering, Geist des römischen Rechts auf den Verschiedenen Stufen einer Entwicklung, Teil 3, 1906.

83. Joachim Renzikowski, Restriktiver Täterbegriff und fahrlässige Beteiligung, 1997.

84. Joachim Vogel, Norm und Pflicht bei den unechten Unterlassungsdelikten,

1993.

85. Johannes Nagler, Die Problematik der Begehung durch Unterlassung, GS 111 (1937).

86. Johannes Nagler, Die Teilnahme am Sonderverbrechen, Ein Beitrag zur Lehre von der Teilnahme, 1903.

87. Jürgen Wolter (Hrsg.), Objektive und personale Zurechnung von Verhalten, Gefahr und Verletzung in einemfunktionalen Straftatsystem, 1981.

88. Karl Binding, Die Normen und ihre Übertretung. Eine Untersuchung über die rechtsmäßige Handlung die Arten des Delikts, Bd. 2, Häfte, 1918.

89. Karl Engisch, Gerhart Husserl, Negativen Sollen im Bürgerlichen Recht, Besprechung, in: Monnatsschrift für Kriminalpsychologie und Strafrechtsreform, 1933.

90. Karl Engisch, Kausalität als Merkmal der strafrechtlichen Tatbestände, 1931.

91. Karl Engisch, Literaturbericht zu Armin Kaufmann. Die Dogmatik der Unterlassungsdelikte, JZ 1962.

92. KarlEngisch, Untersuchungen über Vorsatz und Fahrlässigkeit im Strafrecht, 1930.

93. Karl-Ludwig Kunz/Martino Mona, Rechtsphilosophie, Rechtstheorie, Rechtssoziologie. Eine Einführung in die theoretischen Grundlagen der Rechtswissenschaft, 1. Aufl., 2006.

94. Knut Amelung, Rechtsgüterschutz und Schutz der Gesellschaft, 1972.

95. Urs Kindhäuser, Hollerbach FS, 2001.

96. Kindhäuser/Zimmermann, Strafrecht Allgemeiner Teil, 9. Aufl., 2020.

97. Klaus Henning Busse, Täterschaft und Teilnahme bei Unterlassungsdelikten, 1974.

98. Klaus Hoffmann-Holland, Die Beteiligung des Garanten am Rechtsgutsangriff. Zur Abgrenzung von Täterschaft und Beihilfe durch Unterlassen, ZStW 118 (2006).

99. Kristian Kühl, Die strafrechtliche Garantenstellung. Eine Einführung mit Hinweisen zur Vertiefung, JuS 2007.

100. Klaus Lüderseen, Zum Strafgrund der Teilnahme, 1967.

101. Lüderssen/Nestler-Tremel/Weigend （Hrsg.）, Modernes Strafrecht und ultima-ratio-Prinzip, 1990.

102. Manfred Heinrich, Rechtsgutzugriff und Entscheidungsträgerschaft, 2002.

103. Marc Langrock, Das Eigenhändige Delikt. Eine nachrechtsphilosophischen Kriterien durchgeführte Untersuchung und Systematisierung einer Deliktsgruppe, 2001.

104. Marcus Marlie, Unrecht und Beteiligung. Zur Kritik der Tatherrschaftsbegriff, 2009.

105. Maria Lauram Böhm, Der Gefährder und das Gefährdungsrecht. Eine rechtssoziologische Analyse am Beispiel der Urteile des Bundesverfassungsgerichts über die nachträgliche Sicherungsverwahrung und die akustische Wohnraumüberwachung, 2011.

106. Martin Bernhardt, Der Einfluß persönliche Verhältnisse auf die Strafbarkeit der Teilnehmer （§ 50 StGB）, 1909.

107. Max von Schönfeld, Screen Scraping und Informationsfreiheit, 2018.

108. Michael Bolowich, Urheberschaft und reflexives Verständnis. Untersuchungen zur Grundlage einer strafrechtlichen Beteiligungslehre, 1995.

109. Michael Kahlo, Die Handlungsform der Unterlassung als Kriminaldelikt. Eine strafrechtliche und rechtphilosophische Untersuchung zur Theorie des personalen Handelns, 2001.

110. Michael Köhler, Die bewusste Fahrlässigkeit. Eine strafrechtlich-rechtsphilosophisch Untersuchung, 1982.

111. Michael Pawlik, Das Strafrecht der Gesellschaft. Sozialphilosophische und sozialtheoretische Grundlagen von Günther Jakobs Strafrechtsdenken, in: Urs Kindhäuser u. a. （Hrsg.）, Strafrecht und Gesellschaft, 2019.

112. Nicole Geisler, Korruptionsstrafrecht undBeteiligungslehre, 2013.

113. Niklas Luhmann, Grundrechte als Institution. Ein Beitrag zur politischen Soziologie, 1965.

114. Niklaus Luhmann, Vertrauen, 1999.

115. Paul Bockelmann, Zur Abgrenzung der Vorbereitung vom Versuch, JZ 1954.

116. Peter Blauth, "Handeln für einen anderen" nach geltendem und kommen-

dem Strafrecht, 1968, S. 61;

117. Petra Velten, Die Organisationsdelikte haben Konjunktur: Eine moderne Form der Sippenhaftung?, Banken und Tierschützer vor Gericht, JS (2) 2009, S. 57.

118. Rainer Zaczyk, Strafrechtliches Unrecht und die Selbstverantwortung des Verletzten, 1993.

119. Ralf Köbel, Kriminologisch-empirische Forschung zu Criminal Compliance, in: Rotsch (Hrsg.), Criminal Compliance-Status quo und Status futurus, 2021.

120. Reinhard Kreissl, Sicherheit als symbolisches Gut, in: Steiger/Schiller/Gerhold (Hrsg.), Sicherheitsforschung im Dialog. Beiträge aus dem Forschungsforum Öffentliche Sicherheit, 2015.

121. René Bloy, Anstiftung durch Unterlassen? JA 1987.

122. René Bloy, Die Beteiligungsform als Zurechnungstypus im Strafrecht, 1985.

123. Richard Lange, Der moderne Täterbegriff und der deutsche Strafgesetzentwurf, 1935.

124. Roland Hefendehl, Das Rechtsgut als materialer Angelpunkt einer Strafnorm, in: Hefendehl/von Hirsch/Wohlers (Hrsg.), Die Rechtsgutstheorie. Legitimationsbasis des Strafrechts oder dogmatisches Glasperlenspiel?, 2003.

125. Rolf-Dietrich Herzberg, Die Unterlassung im Strafrecht und das Garantenprinzip, 1972.

126. Rolf-Dietrich Herzberg, Eigenhändige Delikte, ZStW 82 (1970).

127. Rolf-Dietrich Herzberg, Mittelbare Täterschaft bei rechtmäßig oder unverboten handelndem Werkzeug, 1967,

128. Rolf-Dietrich Herzberg, Täterschaft und Teilnahme. Eine Systematische Darstellung anhand von Grundfällen, 1977.

129. Rüdiger Breuer, Gefahrenabwehr und Risikovorsorge im Atomrecht, Deutsches Verwaltungsblatt, 93. Jahrgang des Reichsverwaltungsblatt, 1978.

130. S. Lisa Kathrin Sander, Grenzen instrumenteller Vernunft im Strafrecht. Eine Kritik der Präventionsdoktrin aus strafrechtsgeschichtlicher und empirischer Perspektive, 2007.

131. Schuld und Strafe. Studien zur Strafrechtsdogmatik, 2. Aufl., 1983.
132. Sebastian Bosch, Straftaten in virtuellen Welten. Eine materiellrechtliche Untersuchung, 2018.
133. Sebastian Löffler, Rechtsgut als Verfassungsbegriff?, Der Rekurs auf Güter im Verfassungsrecht unter besonderer Berücksichtigung der Rechtsprechung des Bundesverfassungsgerichts, 2017.
134. Sophie Zaufal, Was kann ein strafrechtlicher Tatbestand leisten?, Die Bestimmtheit von Strafnormen als hermeneutisch-methodisches Problem im Verfassungsstaat., 2018.
135. Stephan Ast, Handlung und Zurechnung, 2019.
136. Thomas Fischer (Hrsg.), Strafgesetzbuch mit Nebengesetzen, 64 Aufl., 2017.
137. Thomas Rotsch, "Einheitstäterbegriff" statts Tatherrschaft. Zur Abkehr von einem differenzierenden Beteiligungsformensystem in einer normativ-funktionalen Straftatlehre, 2009.
138. Tobias Singelnstein, Logik der Prävention. Eine kriminologische Perspektive auf das Strafrecht und andere Formen sozialer Kontrolle, in: Brunhöber (Hrsg.) 2014, Strafrecht im Präventionsstaat.
139. Ulrich Stein, Die strafrechtliche Beteiligungsformenlehre, 1988.
140. Urs Kinderhäuser, Schuld und Strafe. Zur Diskussion um ein "Feindstrafrecht", in: Andreas Hoyer u. a. (Hrsg.), Schroeder-FS (2006).
141. Urs Kindhäuser, Gefährdung als Straftat. Rechtstheoretische Untersuchungen zur Dogmatik der abstrakten und konkreten Gefährdungsdelikte, 1989.
142. Urs Kindhäuser, Günther Jakobs und Hans Welzel, in: Kindhäuser u. a. (Hrsg.), Strafrecht und Gesellschaft, 2019.
143. Urs Kindhäuser, in: Neumann/Puppe/Schild (Hrsg.), Nomos-Kommentar zum Strafgesetzbuch, 1. Aufl., 1995, Vorbem. § § 266.
144. Urs Kindhäuser, Intentionale Handlung. Sprachphilosophische Untersuchungen zum Verständnis von Handlung im Strafrecht, 1980.
145. Uwe Murmann, Die Nebentäterschaft im Strafrecht. Ein Beitrag zu einer personalen Tatherrschaftslehre, 1993.

146. Volker Haas, Kritik der Tatherrschaftslehre, ZStW 2007.
147. Wabnitz/Janovsky/Schmitt (Hrsg.), Handbuch Wirtschafts-und Steuerstrafrecht, 5. Aufl., 2020.
148. Walter Gropp, Tatstrafrecht und Verbrechenssystem und die Vorverlagerung der Strafbarkeit, in: Sinn/Gropp/Nagy (Hrsg.), Grenzen der Vorverlagerung in einem Tatstrafrecht, 2011.
149. Werner Flume, Allgemeiner Teil des Bürgerlichen Rechts. Das Rechtsgeschäft, 4. unveränderte Aufl., 1992.
150. Werner Hardwig, Die Zurechnung: Ein Zentralproblem des Strafrechts, 1957.
151. Werner Maihofer, Der Handlungsbegriff im Verbrechenssystem, 1953.
152. Wilfried Bottke, Adolf Hitler und die Tötung von Eva Braun und Geli Raubal. Zugleich Versuch einer Personeröterung, in: Grau/Wolf (Hrsg.), Gedächtnisschrift für Dieter Meurer, 2002.
153. Wilfried Bottke, Täterschaft und Gestaltungsherrschaft. Zur Struktur von Täterschaft bei aktiver Begehung und Unterlassung als Baustein eines gemeineuropäischen Strafrechtssystems, 1992.
154. Wilfried Küper, Ein "neues Bild" der Lehre von Täterschaft und Teilnahme. Die strafrechtliche Beteiligungsformenlehre Ulrich Steins, ZStW 105 (1993).
155. Wilhelm Gallas, Die moderne Entwicklung der Begriffe Täterschaft und Teilnahme im Strafrecht, in: Mezger, Edmund u. a. (Hrsg.), Deutsche Beiträge zum VII. Internationalen Strafrechtskongreß in Athen vom 26. September bis 2. Oktober 1957, ZStW Sonderheft Athen, 1957.
156. Wilhelm Gallas, Zur Revision des § 330 c StGB, JZ 1952.
157. Willhelm Gallas, Strafbares Unterlassen im Fall einer Selbsttötung, JZ 1960.
158. Willhelm Gallas, Täterschaft und Teilnahme, in: Willhelm Gallas (Hrsg.), Beiträge zur Verbrechenslehre, 1968.
159. Winfried Hassemer, Theorie und Soziologie des Verbrechens. Ansätze zueiner praxisorientierten Rechtsgutslehre, 1973.
160. Winrich Langer, Das Sonderverbrechen. Eine dogmatische Untersuchung

zum Allgemeinen Teil des Strafrechts, 1972.

161. Winrich Langer, Die Sonderstraftat. Eine gesamtsystematische Grundlegung der Lehre vom Verbrechen, 2. Aufl., 2007.

162. Wolfgang Frisch, Sicherheit durch Strafrecht? Erwartungen, Möglichkeiten und Grenzen, in: Duttge/Geilen/Mever-Großner/Warda (Hrsg.): Gedächtnisschrift für Ellen Schlüchter, 2002.

163. Wolfgang Schild, in: Neumann/Puppe/Schild (Hrsg.), Nomos-Kommentar zum Strafgesetzbuch, 1. Aufl., 1995, Vorbem. § 25.

164. Wolfgang Schild, in: Nomos Kommentar, Strafgesetzbuch, Vorbem. § § 25 ff.

165. Wolfgang Schild, Täterschaft als Tatherrschaft. Erweiterte Fassung eines Vortrages gehalten von der juristischen Gesellschaft zu Berlin am 22. Januar 1992, 1994.

166. Wolfgang Schöne, Unterlassungsbegriff und Fahrlässigkeit, JZ 1977.

图书在版编目（CIP）数据

犯罪参与行为的处罚边界：网络时代的新展开 / 敬力嘉著 . -- 北京：社会科学文献出版社，2023.11
国家社科基金后期资助项目
ISBN 978 - 7 - 5228 - 2789 - 6

Ⅰ.①犯… Ⅱ.①敬… Ⅲ.①互联网络 - 计算机犯罪 - 研究 - 中国 Ⅳ.①D924.364

中国国家版本馆 CIP 数据核字（2023）第 219473 号

国家社科基金后期资助项目
犯罪参与行为的处罚边界：网络时代的新展开

著　　者 / 敬力嘉

出 版 人 / 冀祥德
责任编辑 / 易　卉
文稿编辑 / 郭锡超
责任印制 / 王京美

出　　　 / 社会科学文献出版社（010）59367161
　　　　　地址：北京市北三环中路甲 29 号院华龙大厦　邮编：100029
　　　　　网址：www.ssap.com.cn
发　　行 / 社会科学文献出版社（010）59367028
印　　装 / 三河市龙林印务有限公司

规　　格 / 开　本：787mm × 1092mm　1/16
　　　　　印　张：19.75　字　数：311 千字
版　　次 / 2023 年 11 月第 1 版　2023 年 11 月第 1 次印刷
书　　号 / ISBN 978 - 7 - 5228 - 2789 - 6
定　　价 / 128.00 元

读者服务电话：4008918866

版权所有 翻印必究